the Hunter

L.J. SHEN

the Hunter

ROMAN

Traduit de l'anglais (États-Unis) par
LAURIANE CRETTENAND

&H

Titre original :
THE HUNTER

Ce livre est publié avec l'aimable autorisation de Brower Literary Agency.

HARPERCOLLINS FRANCE
83-85, boulevard Vincent-Auriol, 75646 PARIS CEDEX 13.

www.harlequin.fr

ISBN 978-2-2804-5459-9 — ISSN 2271-0256

À Yamina Kirky et Nina Delfs.
Merci d'être absolument fabuleuses.

« J'espère qu'elle sera idiote – c'est ce qu'on peut souhaiter de mieux à une fille dans ce monde, être une belle petite idiote. »

F. SCOTT FITZGERALD, *Gatsby le Magnifique*

Dans ce livre, elle ne l'est pas.

Playlist

A Little Party Never Killed Nobody – Fergie

The Quiet Things That No One Ever Knows – Brand New

Kill and Run – Sia

Truly, Madly, Deeply – Savage Garden

One Armed Scissor – At The Drive-in

When You Were Young – The Killers

Lullaby – The Cure

Prologue

Il était une fois un château magique dans lequel tout se fanait, sauf l'âme d'un garçon.

Il avait six ans quand la fillette le rencontra pour la première fois.

Elle avait accompagné sa mère, venue préparer un repas de fête pour la famille du garçon, et errait en chaussettes dans les couloirs, faisant des glissades sur le sol en marbre. Elle avait cinq ans – bien trop jeune pour apprécier les arches majestueuses et les cours où grimpaient les rosiers. Elle allait et venait, attendant que sa mère ait fini, alors que l'orage grondait dehors.

C'était le genre d'hiver dont Boston parlerait pendant des années, un hiver rude et persistant. Le ciel noir lançait ses aiguilles de grêle sur le château, la glace tapait furieusement sur les vitres incurvées. La fillette approcha une des fenêtres gothiques, pressant sa main contre le verre glacé.

Quelle ne fut pas sa surprise lorsqu'elle aperçut une ombre allongée sur une chaise longue au bord de la piscine, sous la pluie. Un *garçon*. Il restait immobile, n'opposant aucune résistance au déluge qui s'abattait sur lui. Il encaissait, acceptant les coups sévères de la grêle sur sa peau.

Paniquée, la fille se mit à marteler la vitre. Et s'il était blessé ? Inconscient ? *Mort ?* Savait-elle seulement ce qu'était la mort ? Elle en entendait parler parfois, quand ses parents pensaient qu'elle n'écoutait pas.

Elle frappa plus fort contre le carreau. Il tourna lentement la tête vers elle – paresseusement, presque comme si elle n'avait aucune importance.

Les yeux bleu-gris du garçon croisèrent ceux, vert clair, de la fillette.

— Rentre ! cria-t-elle, cherchant désespérément une poignée de porte.

Il secoua la tête.

— S'il te plaît ! lança-t-elle.

— Ils m'ont chassé, lut-elle sur ses lèvres, sans entendre sa voix. Je m'en vais.

— Où ? Où vas-tu ? demanda-t-elle.

Mais le garçon se contenta de tourner la tête vers le ciel, accueillant la grêle qui lui fouettait le visage.

Il avait les yeux ouverts ; elle suivit son regard levé vers le velours noir de la nuit. Il n'y avait pas de lune.

Pas de soleil.

La Terre semblait d'une solitude terrible sans ces astres pour veiller sur elle.

La fillette se demanda ce qui se passerait si le soleil embrassait la lune.

Elle ne savait pas qu'un jour elle trouverait la réponse à cette question.

Ni que ce serait ce garçon solitaire qui la lui donnerait.

1

Hunter

Présent

— C'est l'heure de se réveiller, Capitaine McMorpions ! décréta Knight Cole, mon ange gardien, tout en posant un pied sur mon épaule pour me secouer.

À en croire la surface dure sous mes muscles endoloris, je m'étais encore écrasé sur le sol. Et, à en croire la sensation collante entre mes jambes et la brise qui caressait mes poils pubiens soigneusement taillés, j'avais fourré ma queue là où je n'aurais pas dû et j'étais magnifiquement nu.

Je grognai, fermai les yeux et roulai sur un autre corps nu et chaud. *Des seins*. Je sentis des seins contre mon visage. Ronds, dodus et naturels. Sans ouvrir les yeux, je pris un téton dans ma bouche et me mis à le sucer distraitement.

— Tu veux du café avec ton lait ? demanda Knight.

Ma main descendit le long du ventre de la fille, jusqu'à son Saint-Graal. Elle était déjà mouillée et chaude, et elle cambra le dos, les cuisses tremblant de désir. Je caressai son clitoris enflé pour la préparer. Ma queue se dressa paresseusement en demi-molle quand un autre corps se colla contre mon dos.

Jackpot.

— Mettre du lait dans son café, c'est comme faire un cunni avec une capote sur la langue. Les Italiens t'exileraient pour moins que ça, murmurai-je, les yeux fermés, les lèvres contre la peau de la première fille.

— Merci pour cette image, lança Vaughn Spencer, mon autre ami, d'un ton blasé.

— Ne faites pas attention à moi, les gars, répondis-je.

De ma main libre, je touchai à tâtons la cuisse de la fille derrière moi pour enrouler sa jambe autour de ma taille. *Où sont mes capotes, bordel ?* Pourquoi Knight et Vaughn me proposaient-ils du café et une conversation au lieu d'un préservatif ? Ils méritaient d'être virés et remplacés par de nouveaux potes qui m'aideraient vraiment à conclure – même si je n'avais pas besoin d'aide dans ce domaine.

— Eh, Vaughn, balance-moi une capote avant de partir, please !

— Donne un temps mort à ta bite et lève-toi, tocard.

Une chaussure boueuse s'écrasa sur ma tempe, menaçant de me broyer le crâne.

Vaughn, alias le diable qui murmurait à mon oreille.

Ou bien à celle de n'importe qui, d'ailleurs.

J'entretenais une relation entre amour et haine avec cet enfoiré.

Amour, parce qu'il était, après tout, un de mes meilleurs amis.

Haine, parce qu'il était, malgré le titre susnommé, un connard de première.

J'ouvris les yeux. Mon cerveau enregistra l'information – décevante – que cette orgie allait connaître une fin prématurée, et je pris conscience des grains de sable et de terre qui se collaient à ma tempe, sous la rangers de Vaughn, puis de mes narines qui se dilataient, et mon pouls s'accéléra.

La fille face à moi, Alice, sourit lascivement en cambrant le dos pour plaquer ses seins contre mon torse, comme pour m'encourager. *Merde*. J'étais encore en train de la doigter. Difficile de m'en empêcher, avec les délicieux gémissements qu'elle poussait. Je retirai ma main de son sexe à contrecœur. La fille dans mon dos eut au moins la décence d'arrêter de se frotter contre moi comme un cochon d'Inde qui viendrait tout juste de découvrir ses organes génitaux.

— Dégage ta chaussure dégueulasse de mon visage avant que je t'arrache la colonne vertébrale pour m'en faire une écharpe, sifflai-je entre mes dents.

Vaughn et moi savions tous les deux que c'était une menace en l'air. Mes mains manucurées n'aimaient pas la violence. D'ailleurs, je ne ferais pas de mal à la fourmi qui aurait tué toute ma famille. Je serais en colère, oui. *Furieux*, même. Et je lui collerais un procès pour préjudice moral. Mais me salir les mains ? Très peu pour moi.

Ce n'était pas la peur de me battre qui m'en empêchait, mais la pure indolence héritée de mon éducation aristocratique. En tant que fils de Gerald Fitzpatrick, propriétaire et P-DG de Royal Pipelines, la plus grande entreprise pétrolière des États-Unis, j'avais rarement besoin de régler mes propres problèmes. La famille Fitzpatrick était la quatrième plus riche des États-Unis, ce qui faisait de moi un petit con paresseux qui se croyait tout permis.

— Avec un autre mec, vous vous êtes tapé cinq filles hier, dit Vaughn sans retirer son pied de ma tempe.

Cet acte de violence était certainement le temps fort de sa semaine. Ça me dépassait, qu'il soit si peu enclin à apprécier les joies simples de la vie – à savoir l'alcool, les femmes et les fringues hors de prix de rappeurs en fin de carrière. Tout semblait si compliqué avec lui.

— Sérieux ?

Ma surprise était réelle, tout comme la fierté qui me gonfla la poitrine. Je demandai :

— Les gens du *Guinness des records* sont en chemin ? Ils apportent de la Guinness ? Je préfère de loin la bière brune à la blonde.

— Défonce-lui le crâne. Il le mérite, grogna Knight.

C'était gonflé, venant de lui. Avec son historique d'alcoolique, il pourrait rivaliser avec Lord Byron et Benjamin Franklin à un openbar de Ko Samui. Si jamais il se reproduisait avec sa petite amie, maintenant qu'il en avait une, je craignais qu'elle ne donne naissance à une bouteille de tequila et deux tickets pour Coachella.

— Je répondrai mieux si vous m'appelez « Mon Dieu » ou « La vache, Hunter, elle est énorme », marmonnai-je.

J'avais presque envie de piquer un petit somme sous la rangers de Vaughn. Ce n'était pas comme s'il appuyait pour de vrai.

Les deux filles se détachèrent de moi, leurs gémissements laissant place à des bruits de fond – elles ramassaient leurs vêtements et s'habillaient. Je regardai autour de moi pour la première fois depuis que j'avais émergé. À en croire les luxuriants tissus crème, les lustres imposants et les lampes en laiton à huit mille dollars pièce, je me trouvais dans le salon de Vaughn.

Le tapis était couvert de taches suspectes et les stores déchirés. Quand ils découvriraient les dégâts, papa et maman Spencer seraient ravis de se débarrasser de leur connard de fils, qui s'envolerait bientôt pour l'Angleterre pour son stage.

— Hunter, t'es vraiment baisé, cette fois.

Knight m'arracha à la botte de Vaughn et me poussa sur le canapé, avant de me jeter un édredon pour couvrir mon sexe qui se dressait à présent dans toute sa splendeur.

Il évitait de me regarder, comme si c'était ma faute si j'avais été doté d'une queue de vingt centimètres et d'un physique incroyable qui méritait que je sois constamment nu.

— Tout ce que j'ai entendu c'est le mot « baiser », et je suis partant, dis-je.

Je tâtonnai sur la table à côté du canapé, trouvai un briquet et un paquet de cigarettes qui n'étaient pas à moi et m'en grillai une, soufflant la fumée vers le haut. Je ne fumais que ponctuellement, mais je ne pouvais pas résister à la tentation de passer pour un connard quand l'occasion se présentait.

— Pourquoi vous m'avez cassé mon coup ? demandai-je en pointant ma cigarette sur mes amis debout devant moi.

Vaughn me fusilla du regard avant de lâcher :

— Il y a eu une fuite.

— Ce n'est qu'une décharge naturelle destinée à te faire comprendre que le corps féminin est prêt à l'accouplement, répondis-je. Tu le saurais si tu baisais des femmes vivantes. Tu t'inquiètes pour la moquette de tes parents ? J'enverrai la facture à Syllie.

Syllie – Sylvester Lewis – était le bras droit de mon père et directeur général de son entreprise à Boston. Je pouvais compter sur lui. Son job était, entre autres, de me maintenir en vie et loin des ennuis, une mission vouée à l'échec. Je ne l'appelais pas souvent mais, quand je le faisais, c'était pour qu'il me tire d'une situation abominable dans laquelle je m'étais fourré.

Mes parents détestaient que je leur fasse mauvaise presse.

Jusqu'à présent, Syllie m'avait aidé à régler des amendes, à éviter une accusation de conduite en état d'ivresse et à gérer une sordide histoire de morpions en toute discrétion.

— Une fuite sur les réseaux sociaux, espèce de débile, clarifia Knight en me donnant un coup à l'arrière de la tête.

Cela ne ressemblait pas à mes amis d'être si sérieux – inquiets, même. Je m'assis et fixai l'édredon autour de ma taille, puis posai le menton sur mes doigts, pensif.

— Je vous écoute.

Je ne les écoutais pas. Je me demandais quelle fille j'allais baiser ce soir.

Peut-être Arabella.

Oui, Arabella, incontestablement. C'était la plus chaude de toutes.

— Pour résumer, dit Knight en tapant dans ses mains, hier, après la soirée pour fêter le stage de Vaughn, on est revenus s'éclater ici. Tu t'es fait une orgie avec cinq nanas au rez-de-chaussée. À un moment donné, un autre mec s'est fourré dans le tas, mais c'était surtout toi qui fourrais – t'as compris le jeu de mots ? Puisque vous n'étiez pas dans la salle de jeu, aucun téléphone n'avait été confisqué. Vaughn et moi, on était à l'étage et on n'a pas pu te sauver de ta propre connerie.

Knight se tourna vers Vaughn et lui fit un signe de tête pour qu'il raconte la fin de l'histoire.

Vaughn croisa les bras et prit le relais.

— Je vais t'épargner le récit détaillé de cette histoire longue et sordide, mais retiens qu'une douzaine de personnes ont filmé ce qui s'est passé avec leur téléphone. Certaines ont posté leur vidéo sur YouTube, d'autres sur Twitter, d'autres sur Snapchat. Elles ont été retirées, d'après ce qu'on sait. Mais celles qui ont été mises sur les sites pornos sont toujours disponibles. Et disons qu'il semblerait que tu rattrapes ta médiocrité scolaire par des talents reconnus d'acteur X.

Dès que Vaughn eut fini sa phrase, Knight me tendit son téléphone, son navigateur ouvert sur la page Internet avec ladite sextape. C'était le site le plus populaire sur Internet, et il était gratuit, ce qui, à en croire les rumeurs, était apprécié par la classe moyenne.

La vidéo comptabilisait déjà un million deux cent mille vues et un taux de satisfaction de quatre-vingt-neuf pour cent.

Bordel.

Les hashtags de la vidéo incluaient : #FratParty #Orgie #Chaudasses #Cheerleaders #Milliardaire #Anal #Oral #69 #Creampie #GangBang #BestFriendsEx

Et moi, je n'avais qu'une chose en tête : *J'ai réussi à faire tout ça en l'espace de vingt minutes avec une seule bite ? Énorme !*

Sérieux, les mecs du *Guinness des records* étaient en route ou quoi ?

La vidéo était intitulée « Prince du Polo Milliardaire Baise Cinq Nanas ».

J'adorais le « prince » : ça faisait noble, genre mec au-dessus des autres. Le polo n'était pas ma passion, mais j'y jouais pour contenter mon père jamais-content. Tout le reste de la description était plutôt juste, sauf cette histoire de « FratParty ». Comme nous étions tous majeurs (je connaissais toutes les filles de la soirée), ce serait un enfer de faire retirer cette vidéo.

J'appuyai sur lecture. Sur l'écran, Alice, Stacee, et Sophia – trois filles fraîchement diplômées du lycée, comme moi – regardaient l'objectif en gloussant, puis venaient jusqu'à moi en tortillant du cul, perchées sur leurs talons hauts. J'étais sur le canapé, en train de me faire sucer par une certaine Kylie tandis qu'une autre fille, Bianca, me léchait les tétons avec son piercing à la langue. Je portais un blouson d'université ouvert sur mon torse nu, et mon jean était descendu jusqu'à mes tibias. La caméra fit un zoom arrière. Le mec qui filmait avait l'air de s'éclater autant que moi : quand il baissa le téléphone, je compris qu'il était en train de prendre Kylie par-derrière pendant qu'elle me suçait. Il éjacula sur son dos, recula d'un pas et rangea sa demi-molle dans son froc. Après cinq minutes d'acrobaties, je parvins d'une manière ou d'une autre à m'occuper des cinq filles en même temps avec mes mains, ma bouche et ma queue.

La vidéo durait presque vingt minutes, et – à mon humble avis – était carrément torride. Une fois le visionnage terminé, je levai les yeux et rendis son téléphone à Knight. Il y eut un moment de silence tandis que mes amis attendaient que j'enregistre l'information qu'ils avaient martelée dans mon cerveau en pleine gueule de bois.

— C'était qui, l'autre mec ? demandai-je en bâillant.

Knight plissa le nez.

— Brian quelque chose.

— Branson, compléta Vaughn.

— Brian Branson ? (Je clignai des yeux. *Quel nom pourri !*) Ses parents doivent le détester encore plus que les miens.

— Pas après le gros tas de porno que t'as laissé comme une merde sur leur paillasson ce matin, commenta Knight.

Je n'avais jamais entendu parler de Brian Branson avant aujourd'hui, mais j'avais partagé une partie de jambes en l'air avec lui. Ce que je pouvais dire de la majorité des habitants de Todos Santos, d'ailleurs. Je me frappai la cuisse, passant à la suite.

— Bon, on va petit-déjeuner chez Benny ou… ?

— Abruti ! lança Knight en serrant son téléphone dans son poing, résistant à l'envie de me le jeter à la figure. T'es dans la merde. Stacee, Kylie et Bianca portent plainte contre toi. Elles sont déjà au commissariat. On vient de l'apprendre par message.

Ce qui expliquait pourquoi Alice et Sophia étaient les seules à être encore là ce matin.

— Elles portent plainte pour quoi ? Ce n'est pas moi qui filmais. D'ailleurs, je suis tout autant une victime qu'elles, dis-je en écrasant ma cigarette à moitié entamée sur son paquet pour l'éteindre, de la fumée s'élevant de ma bouche. Et puis, elles ne peuvent pas dire que ce n'était pas consenti. Enfin…

D'un geste, je montrai le téléphone de Knight : dans la vidéo, Stacee me laissait me retirer, enlever la capote et lui faire une faciale. Elle léchait le sperme chaud sur sa joue et gloussait de plaisir, tandis que Kylie me suçait si fort qu'elle avalait presque mon engin. Sans parler de Bianca, qui faisait tout le travail en position de la balançoire, et de Kylie, assise sur mon visage, à rebondir dessus comme sur un trampoline.

— T'es con comme un balai et, malheureusement, aussi attachant que stupide, pesta Vaughn avec gravité, avant de se mettre à soulever des affaires, à la recherche de quelque chose. Hunter, tu es l'héritier d'une entreprise multimillionnaire : elles n'ont pas besoin d'une raison pour essayer de te coller un procès. Tu leur éternues dessus ? Elles diront que tu leur as refilé la grippe porcine. Tu les prends dans tes bras ? Elles clameront que tu leur as brisé les os. Tu les baises…

Vaughn se tut, ayant trouvé ce qu'il cherchait sur une des lampes – mon jean. Il me le lança, et je l'attrapai au vol.

— Allez, habille-toi. Je vais devoir remeubler toute la baraque après ton festival de MST d'hier soir. Et passer les murs à la javel.

— Faut que je passe mes *yeux* à la javel, ajouta Knight.

— Faut que j'efface mon cerveau comme dans *Men in Black*, renchérit Vaughn.

Knight se saisit d'une télécommande imaginaire et fit semblant de cliquer en direction de Vaughn.

— Si tu pouvais effacer aussi le cerveau de Hunter pour qu'il oublie comment utiliser sa queue, ça nous éviterait d'autres orgies publiques.

Ricanant sèchement, je fourrai une jambe dans mon jean. La situation ne me paraissait pas aussi catastrophique que les gars semblaient le penser ; comme d'habitude, Syllie allait me sortir de là. Ou, à défaut, mon oncle et ma tante, Jean et Michael Brady. (Oui, comme le *Brady Bunch* et, oui, je trouvais ça toujours aussi amusant, puisque mes parents m'avaient envoyé chez eux dans l'espoir qu'ils arriveraient à me convertir aux manières bourgeoises que les écoles privées n'avaient jamais pu m'inculquer.)

En bref, quelqu'un était toujours là pour me tirer d'affaire, et, immanquablement, ce quelqu'un n'était *pas moi*. Régler les problèmes semblait être une tâche bien trop pénible – et je ne voulais même pas penser au côté paperasse.

Cela dit, j'avais compris la leçon. À partir de maintenant, je ferais attention au théâtre de mes orgies. L'imprudence avait ses limites. Il était temps d'être plus vigilant. Et tant qu'on y était peut-être devrais-je me limiter à trois filles à la fois.

Je me levai, serrai ma ceinture Louboutin en cuir clouté et me tournai vers Knight.

— Bon. Je crois que je suis prêt pour ce café maintenant.

Knight me donna une tape à l'arrière de la tête. *Encore.*

— T'as toujours pas pigé, hein ? (Son front se creusa.) Bon, je dois appeler qui ? Tu connais le nom de ton avocat au moins ?

— Punaise, mec. Pourquoi cet air si sérieux ? T'as besoin d'un verre de *purple drank.*

Autrement dit, de codéine. Autrement dit, de ce que Knight considérait comme de l'eau, avant de devenir clean. Je savais que c'était salaud de mentionner son problème de drogue, mais il laissa passer. Et puis, il s'était bien repris en main. Vaughn et lui avaient réussi à trouver les études de leurs rêves, à savoir ce qu'ils voulaient faire de leur vie. Moi, je rapatriais mon petit cul à Boston pour étudier à Harvard, spécialité affaires, économie, et toutes ces conneries qui donnent envie de se jeter du haut d'un gratte-ciel. Ne me demandez pas comment j'étais entré à Harvard ; papa avait dû faire un don suffisant à nourrir tout l'État du Massachusetts pendant dix ans. J'étais déjà bien incapable d'écrire une liste de courses, alors un dossier de candidature…

Je n'avais pas non plus hâte d'être en stage forcé chez Royal Pipelines tous les étés.

— Ton père ? Ta mère ? Ton frère ? Ta sœur ? Qui dois-je appeler ? Les Brady, peut-être ?

Knight agitait la main devant mon visage. J'étais sur le point de répondre, quand on frappa à la porte. Vaughn alla ouvrir. Une seconde plus tard, trois policiers entraient. Je jure que l'un d'eux contractait ses biceps – ils étaient en plein ego trip. Le plus baraqué, un roux aux cheveux ras dont le visage me faisait penser à un babouin constipé, récita mes droits Miranda en me saisissant les deux mains pour me menotter.

— Hunter Ernest Vincent Fitzpatrick, vous êtes en état d'arrestation pour harcèlement sexuel, atteinte sexuelle sur mineures et entrave à la justice. Vous avez le droit de garder le silence. Tout ce que vous direz pourra être et sera utilisé contre vous devant une cour de justice. Vous avez le droit de parler à un avocat, et à la présence d'un avocat lors de tout interrogatoire. Si vous n'en avez pas les moyens…

Le policier s'arrêta et pouffa de façon grotesque. Les deux autres éclatèrent de rire.

Ouais, ouais, je suis pété de thunes. C'est tordant.

— Si… si…, dit-il de nouveau, avant de renverser la tête en arrière, tellement hilare qu'on aurait cru que c'était lui qui était plein aux as. Si vous n'en avez pas les moyens, un avocat vous sera commis d'office par le gouvernement, conclut-il enfin en essuyant une larme au coin de son œil.

Je le fusillai du regard, mâchoire crispée, sentant la colère pulser dans mes veines pour la première fois depuis mon réveil. Je n'avais ni violé ni harcelé ces filles. Ni *aucune* fille, jamais. C'était un coup monté.

L'agent de police plongea une main dans sa poche pour en sortir un billet de cinquante dollars qu'il plaqua dans la paume ouverte de son collègue.

— Bon sang, j'ai pas réussi à le dire en restant sérieux, Mo.

Ils avaient parié sur mon arrestation. Sympa. Les menottes froides me mordaient inutilement la peau. Je ne risquais pas de m'échapper ni de me jeter sur la policière plantée là dans toute sa gloire – elle perdait ses cheveux, avait des cicatrices d'acné, et il lui manquait trois dents.

Knight et Vaughn vinrent à mes côtés.

— Eh, les trouducs, vous voulez bien ne pas justifier tous les clichés sur la violence policière ? lança Vaughn. Et toi, fit-il en me désignant du menton. J'appelle mon père. Il est en Virginie avec ma mère, mais il sautera dans un avion, au besoin.

Knight redemanda :

— Qui j'appelle, mec ? Dis-moi.

La réponse était Jean et Michael, bien sûr. Je les considérais davantage comme mes parents que ceux qui m'avaient éloigné de Boston dès que j'avais su faire sur le pot. Les policiers me poussèrent vers la porte.

Vaughn nous suivit, me sifflant :

— Ne leur parle pas, tu m'entends ?

Je hochai la tête.

— Dis à Knight de ne pas appeler mon père.

— Quoi ?

Les policiers m'entraînèrent vers la voiture.

— Pas mon père ! hurlai-je juste avant qu'ils m'appuient sur le crâne pour me forcer à m'asseoir sur la banquette arrière. Appelle qui tu veux, mais surtout pas lui !

Knight leva les deux pouces en l'air et hocha la tête depuis le seuil de la maison.

— Pas de problème, mec. J'appelle ton père !

— Non, il ne faut *pas* appeler mon père ! m'écriai-je alors que la portière de la voiture de police me claquait au visage.

Knight ne m'entendit pas.

Merde.

— C'est l'accusation d'agression sexuelle sur mineures qui m'inquiétait le plus, mais elle ne tenait pas la route, en définitive. Vous avez tous les six plus de dix-huit ans. Les flics n'ont même pas eu le bon sens de vérifier les cartes d'identité des plaignantes quand ils ont rédigé leur rapport, ce qui veut dire non seulement qu'ils vont abandonner ces charges, mais que nous pouvons aussi leur taper sur les doigts – c'est toujours un bon moyen de limiter les dégâts.

Baron « Vicious » Spencer, le père de Vaughn, était assis en face de moi dans le grenier étouffant de mon oncle et ma tante, et feuilletait mon épais dossier. À cause de ma grande taille, j'étais obligé de me recroqueviller sur ma chaise, comme Arnold Schwarzenegger dans une maison de poupée.

Vingt-quatre heures s'étaient écoulées depuis mon arrestation, et je n'avais toujours pas pris de douche, je n'étais pas allé aux toilettes et je ne m'étais pas non plus branlé pour décompresser. Baron était avocat, mais il ne pratiquait pas le droit pénal. Cela dit, j'avais cru comprendre qu'il aidait parfois sa famille ou ses proches amis sur des questions juridiques. J'avais également cru comprendre qu'il facturait cinq mille dollars de l'heure pour justifier sa réputation de connard de première – en réalité, ce mec avait besoin d'argent comme Kylie Jenner de lèvres plus pulpeuses.

« Juste pour que tu voies ce que c'est de se faire baiser. On ne peut pas passer sa vie à baiser les autres », m'avait-il dit de but en blanc à son arrivée, une heure plus tôt, après que Jean et Michael avaient payé ma caution. Il avait clairement l'intention de me faire payer plein pot.

Je pris une gorgée de bière au goulot en tirant sur mon collier en cuir duquel pendait mon cheval de Dalécarlie en bois.

— Et concernant les autres accusations ?

— Ils vont avoir du mal à arguer le harcèlement sexuel, puisque les filles semblent lucides, actives et conscientes. Tu es également accusé d'entrave à la justice parce que M. Cole a confisqué le téléphone de Bianca. D'après Mlle Evans, c'est toi qui en as donné l'ordre. Heureusement pour toi, quand elle est entrée dans la salle de jeu pour faire la fête avec le reste des étudiants à qui on avait confisqué leur téléphone, l'orgie était terminée depuis belle lurette, et tu étais dans les vapes, ta bite déjà plus molle qu'un chamallow. Plusieurs témoins peuvent attester de ce laps de temps. En d'autres termes, ton manque d'endurance te sauve.

Il leva la tête de sa pile de documents, ses yeux bleu arctique faisant baisser la température de la pièce de dix degrés.

— Toujours ravi d'être un loser. *Sláinte*[1].

Je levai ma bière dans les airs avant d'en prendre une autre gorgée.

Baron avait les mêmes cheveux noir d'encre que son fils, les mêmes yeux glacials, et cette soif de succès, de pouvoir, de grandeur. Je me demandais ce que ça faisait d'être un Spencer – doué, déterminé, motivé. *Talentueux.*

Je n'étais rien de tout ça. J'avais de l'argent, oui – plus que je ne pourrais jamais en dépenser – et le physique qui allait avec. Mais ces caractéristiques superficielles mises à part, je n'étais rien. Un bocal vide. Mon père m'avait prévenu : bientôt, ma frivolité me serait reprochée. Je le croyais.

C'est pourquoi je redoutais mon retour à Boston, mes débuts à la fac – et la cohabitation avec ma famille. Mais je ne pouvais pas faire autrement : Royal Pipelines se transmettait de père en fils depuis six générations.

Inutile de dire que ça m'intéressait moins de diriger une entreprise que d'organiser une autre orgie publique, même si ça me valait un petit séjour en cellule. Mais je ne pouvais échapper à la réalité :

1 « À la tienne », en gaélique. (NdT) (Toutes les notes sont de la traductrice.)

Cillian, mon frère aîné, deviendrait P-DG de Royal Pipelines dès que notre père mourrait, et j'en serais le directeur général.

— C'est quand le procès ? demandai-je.

— Jamais.

Baron ferma mon dossier et noua ses doigts sur le bureau.

— Un procès serait public, ferait tache, prendrait du temps et, surtout, ferait mauvaise presse. Ces dames – si je puis dire – n'ont pas plus envie que toi de déballer à la barre les détails sordides d'une orgie. J'ai proposé un arrangement généreux à chacune. Elles sont satisfaites de conclure un accord, tout comme leurs familles. Il comprend un chèque de compensation de deux millions de dollars et la prise en charge de tous leurs frais universitaires. Ton père et ton frère sont heureux que l'affaire soit réglée.

Je n'imaginais pas une seule seconde que l'enthousiasme de mon père vis-à-vis de cet accord ait quoi que ce soit à voir avec moi. C'étaient les gros titres qui l'inquiétaient. Quant à Cillian, si ça ne tenait qu'à lui, je serais attaché en laisse et enfermé dans le sous-sol d'Avebury Court Manor, le manoir de mes parents.

Je me rassis, jouant avec le cheval porte-bonheur pendu à mon cou.

— Pourquoi passons-nous un accord ? Je n'ai rien fait. Vous l'avez dit vous-même. Ils n'ont rien contre moi.

— Malgré cela, un procès nuirait à l'image de ta famille ainsi qu'à la tienne et emmerderait les actionnaires de Royal Pipelines.

— Alors je dois céder parce que mon papounet tient un grand magasin ? demandai-je, renfrogné.

— En gros, oui.

— Non, rétorquai-je, catégorique.

Baron consulta son téléphone, parfaitement indifférent à mon refus.

— Si nous allons face aux jurés, il est impossible de savoir comment ils réagiront. Un milliardaire blanc pris dans un gigantesque scandale sexuel n'est pas la créature qui inspire le plus d'empathie.

— Je ne les ai pas violées. Je ne les ai même pas draguées. Ce sont elles qui sont venues à *moi*.

Baron se leva et rassembla ses documents dans sa serviette en cuir. Cette conversation et ma frustration ne le concernaient plus.

— Mieux vaut être un escroc qu'un idiot. Le plus intelligent est d'accepter le marché et de leur faire signer un contrat de non-divulgation. Dès que ton précieux ego aura besoin d'une bonne branlette, tu te connecteras sur ce site porno pour te rappeler que la personne qui épousera ces filles te verra toujours comme le mec qui a réussi à les faire jouir alors qu'il était à moitié conscient.

— Il me faut un alcool plus fort, dis-je soudain en secouant la tête.

— Ce qu'il te faut, c'est une bonne fessée.

Je portai de nouveau la bouteille à mes lèvres et soupirai.

— Bordel, vous avez raison. Une bonne baise salace avec fessée, c'est pile ce qu'il me faut. Mais dans une chambre fermée à double tour, cette fois-ci.

Baron me toisa avec condescendance avant de se diriger vers la porte. J'aurais dû le remercier pour tout ce qu'il avait fait pour moi, mais je n'étais pas d'humeur aux politesses. Et puis, le chèque de papa lui paierait un autre yacht.

— Oh ! et, Hunter ? demanda Baron depuis la porte.

Je levai les yeux, toujours assis derrière le bureau.

— Oui ?

— Bonne chance pour ton prochain rendez-vous. Tu vas en avoir besoin.

2

Hunter

— C'est une honte ! hurla mon père, postillonnant sur le bureau entre nous.

Son visage d'Irlandais, pâle et constellé de taches de rousseur, avait viré au violet, et il me dominait de toute sa hauteur dans les combles, transformées en bureau, où j'avais eu mon entrevue avec Baron un peu plus tôt.

Les Brady avaient le genre de maison que Gerald Fitzpatrick trouvait désuète et simple, pour ne pas dire sans intérêt. À Boston, il avait fait détruire toute une rangée d'habitations de Beacon Hill pour y faire construire une demeure qui conviendrait mieux aux membres de la famille royale et à toutes les personnes qu'ils avaient saluées dans leur vie. Avebury Court Manor comportait vingt chambres, quinze salles de bains, une piscine intérieure, un terrain de tennis et une allée chauffée – après tout, pourquoi ne pas être un trou du cul complet quand on pouvait se le permettre ?

La bâtisse s'inspirait de l'architecture du Mont-Saint-Michel, en Normandie – grands espaces, arches et statues à foison. Sincèrement, je préférais mille fois la maison de ville vieillotte des Brady à ce monstre en marbre de nouveau riche.

— Espèce de crétin, ridicule et stupide ! Espèce de… foutu…

Il se tut, serrant les poings pour se préparer au cri retentissant qui suivit.

— Déception monumentale !

Il poussa le bureau, qui vint me percuter les genoux dans un bruit sourd et glaçant. Je pinçai les lèvres mais restai stoïque, ignorant la douleur fulgurante.

J'étais tenté de me barrer mentalement, me coupant de la scène présente pour ne refaire surface qu'une fois son déferlement verbal terminé, mais je me forçai à garder la tête haute et à encaisser. Ma sœur et mon frère étaient parfaits chacun à leur manière, ce qui faisait de moi la source de récriminations favorite de mon père.

— Dieu merci, tu n'as pas engendré de bâtards !

Mon père leva les yeux au ciel en faisant un signe de croix, comme si Dieu était responsable de mon usage indéfectible de la capote. On aurait pu au moins me féliciter pour ma prudence.

— La journée n'est pas terminée, dis-je sèchement.

Il me fusilla du regard et me pointa de son doigt boudiné.

— Ta petite folie vient de me coûter six millions de dollars en pots-de-vin – voire plus, si les autres décident de suivre le mouvement et de te coller un procès. Tu trouves ça drôle ? J'en ai fini avec toi.

Il secoua le poing et se mit à arpenter la petite pièce.

— Je *veux* en avoir fini avec toi. Ta mère, bénie soit-elle, a une tendresse particulière pour toi. Peut-être parce que tu es le cadet.

Ou peut-être parce qu'elle m'a envoyé dans un internat en Angleterre quand j'avais six ans, avant de m'expédier de pays en pays chaque fois que je me suis fait virer, sans jamais songer à m'élever elle-même.

— Moi, en revanche, je te vois tel que tu es et j'ai du nouveau pour toi. Tu iras bien à la fac à Boston, mais Harvard n'est plus d'actualité. Tu suivras les cours du soir, comme les roturiers. Et hors de question que tu vives sous mon toit.

Il planta son doigt dans sa poitrine pour appuyer ses dires.

Mon père mesurait presque un mètre quatre-vingt-six, il était un poil plus petit que moi et corpulent. Des années de petits plaisirs avaient amolli son corps et endurci son caractère. Son front était balayé de mèches blanches, mais il avait d'épais sourcils noirs.

Ma mère, en comparaison, était légère et délicate, à la fois par sa personnalité et son physique.

— Snif snif, trop dommage, me moquai-je en levant les yeux au ciel.

Mes oreilles se mirent à chauffer. J'avais horreur de ça.

— J'ai entendu dire qu'il y avait deux trois appartements à Boston. Je serai ravi de dégager le plancher, ajoutai-je.

Quant à Harvard, je ne pensais pas qu'un idiot comme moi y survivrait, de toute façon. Déjà que j'aurais eu du mal à localiser les amphis, alors comprendre les cours… C'était aussi bien.

— Et avec quel argent comptes-tu louer un appartement, je te prie ?

Une veine palpita sur son front. Je la voyais presque onduler sous sa peau.

— Pas le mien, je suis au regret de t'en informer, lâcha-t-il.

Je le dévisageai sans un mot, m'attendant au pire.

— Tu n'es jamais allé au bout de rien dans ta vie, Hunter.

Faux. J'allais au bout des pintes de bière et d'orgasmes au quotidien. Je me retins de le lui préciser.

— Tu fais tes valises et tu quittes cet endroit sur-le-champ, ordonna-t-il froidement, et avec une telle maîtrise que je compris qu'il avait décidé de mon sort avant même que son jet privé touche le sol californien.

— Yep.

— Pas le temps de dire au revoir à tes amis, ajouta-t-il sèchement.

Je levai brusquement la tête. Être populaire était un taf solitaire, mais je tenais aux amis que je m'étais faits ici.

— Ça ne prendra qu'une heure.

— Quand bien même ça ne prendrait qu'une minute, je m'en contrefiche. Et *ensuite*, continua-t-il, sa voix ricochant sur les murs telle une balle de dessin animé poursuivant un méchant, tu vas faire un petit séjour de six mois pour me prouver que tu n'es pas le ramassis de MST et de mauvaises décisions que j'imagine.

Je m'étranglai sur ma bière matinale.

— Tu me demandes d'aller en cure de désintox ?

— Non. J'ai parlé à ton oncle et ta tante, ils ne pensent pas que tu sois dépendant à la drogue ou à l'alcool. Ton problème, c'est l'engagement. Tu dois trouver un but à ta vie. Prendre tes responsabilités.

C'était curieux qu'un homme qui m'avait vu deux fois par an à raison de séjours d'une semaine (voire moins) au cours des quinze dernières années soit en train de me dire quel était mon plus gros problème.

— Alors quoi ? demandai-je.

Plus jeune, je m'étais inventé un jeu, puisque j'étais mon seul compagnon stable dans la vie. Je changeais si souvent d'endroit et d'amis, il fallait bien que je m'accroche à quelque chose. Le jeu consistait à choisir chaque jour une chanson qui définissait mon humeur. Aujourd'hui, c'était clairement *Gimme Shelter* des Rolling Stones. Parce que, merde, j'aurais bien eu besoin d'un endroit où me terrer dans l'immédiat.

— Tu vas travailler pour moi pour subvenir à tes besoins pendant tes études et vivre dans un appartement de l'Oval Building, où mon personnel pourra surveiller tes allées et venues et ton évolution.

L'Oval Building appartenait à ma famille. C'était un gratte-ciel censé ressembler à un élégant stick de rouge à lèvres, mais qui rappelait en réalité à un vilain pénis circoncis. J'aurais averti mon père s'il m'avait demandé mon avis.

Il se baissa pour croiser mon regard, les doigts posés sur le bureau en chêne entre nous.

— Et tu seras aussi sobre qu'un chameau et aussi chaste qu'une nonne.

— Pendant six mois ? Tu déconnes !

Je bondis en levant les bras en l'air, exaspéré, et me cognai la tête au plafond. Ça ne me fit ni chaud ni froid. Autant qu'il me tue sur-le-champ. Qu'était la vie sans tirer des coups ni en boire ? Un simple enchaînement d'événements insipides, voilà ce que c'était. J'allais mourir d'ennui. Merci, mais non merci.

— C'est non négociable.

Mon père essaya de se dresser de toute sa hauteur, en vain. Il faisait de plus en plus chaud dans la pièce, dont les murs semblaient se refermer sur nous. La sueur perla à mes tempes. Je remarquai que lui transpirait comme un porc dans son costume.

Je croisai les bras.

— Hors de question.

— Alors tu peux dire au revoir à ton héritage.

Un sourire satisfait aux lèvres, il tira de la poche de sa veste un papier qu'il me fourra sous le nez.

— J'ai anticipé ta réaction, et ta mère – par inquiétude pour toi, bien entendu – m'a gentiment autorisé à te retirer légalement de notre testament, puisque tu n'as aucune envie de t'investir dans l'entreprise familiale et d'honorer ses valeurs.

Je lui arrachai la feuille des doigts et la dépliai, les mains tremblantes. Cet enfoiré ne plaisantait pas. Le document portait le tampon de son cabinet d'avocats. Le papier froissé, bien que non signé, stipulait que je ne toucherais pas un seul centime de la fortune Fitzpatrick à moins que l'accord de six mois ne soit exécuté à l'entière satisfaction de mon père.

Je relevai les yeux, une sensation brûlante et pesante m'oppressant la poitrine.

— Tu ne peux pas faire ça, sifflai-je.

— Quoi, te sauver de toi-même ? J'y compte bien pourtant, affirma-t-il en écartant les bras. Accepte mes conditions, et tu auras droit à ta part de mon royaume, Hunter. Continue de nous décevoir, moi, ta mère et toi-même, et tu ne fais plus partie de la famille.

— Très bien, crachai-je. Comme tu veux. Enferme-moi dans ton immeuble en forme de bite. Je ne m'attirerai pas d'ennuis, je ne boirai pas et je ne baiserai pas pendant six mois.

— J'y compte bien, répondit mon père en reprenant le papier, qu'il plia soigneusement avant de le ranger dans sa poche. Parce que tu vivras avec quelqu'un qui sera là pour s'assurer que tu restes sur le bon chemin. Qui te surveillera en permanence.

Je renversai la tête en arrière avec un rire amer.

— Hors de question que je partage un appartement avec Cillian. Je suis sûr qu'il s'adonne à des rituels sataniques avec du sang de chiot et des larmes de bébé tous les jours.

Mon grand frère était la définition même du connard. Il avait cette attitude moralisatrice d'enfant prodige qui m'avait fait abandonner l'idée de devenir quoi que ce soit d'autre que le bouffon de la famille. Égaler ses nombreuses réussites, à la fois académiques et professionnelles, semblait futile. Il était le préféré, la grande promesse, l'empereur sans pitié admiré de tous.

Mon père secoua la tête.

— Je t'en prie, comme si *mo órga* allait s'abaisser à vivre sous le même toit que toi.

Mo órga signifiait, en gaélique, « enfant chéri ».

Très subtil, 'pa.

— Au temps pour moi. J'oubliais qu'il doit retirer son costume d'être humain après une longue journée pour pouvoir se détendre en solo. Alors qui ?

— Eh bien, nous n'avons pas encore approché la personne en question. C'est à toi de la convaincre. Si elle dit non, tout le plan s'effondre. Mais ta mère et moi avons trouvé la candidate parfaite.

Candidate. Il avait dit « candidate ». Une femme ? Ce qui voulait dire que je pouvais la baiser à l'insu de mon père. Peu importaient son âge et son physique, du moment que je pouvais mettre ma bite dans autre chose que ma main.

— Qui ? demandai-je, mâchoire serrée.

Mon père savourait notre échange. Il adorait m'avoir à sa merci.

— Sailor Brennan.

J'oubliai instantanément mes projets de sauter ma nounou. Il était hors de question que je touche cette fille, même avec une perche de trois mètres et une capote au bout.

Pourquoi ? Voyons voir :

1. Sailor était une sainte-nitouche. Une fille bien réglo, bien coincée, bien chiante ;

2. C'était un garçon manqué, possiblement lesbienne (ce qui ne me posait aucun problème), et elle faisait du tir à l'arc (ce qui me posait problème, puisque cela voulait dire qu'elle pouvait me tuer sans grand effort) ;

3. C'était la fille de Troy Brennan, et Troy Brennan n'était pas un homme que vous vouliez avoir pour ennemi. C'était lui qui réglait les problèmes de la pègre de Boston, le type à la botte de tous les grands pontes de la haute pour faire leur sale boulot ;

4. Les quelques fois où j'avais rencontré Sailor, elle avait semblé affreusement insensible à mes charmes (je vous le dis, lesbienne).

— C'est pas un peu exagéré ?

Je feignais l'ennui, mais j'avais envie de me tirer dans l'hémisphère Sud pour échapper à ce verdict.

— Mieux vaut ça plutôt que ton pénis aille se fourrer dans des recoins où il n'a rien à faire, contra mon père, impassible, en prenant un mouchoir dans sa poche pour y essuyer ses mains moites, les yeux rivés sur le tissu vert trèfle.

— Six mois à jouer au papa et à la maman avec une parfaite inconnue, c'est peu orthodoxe ! Certains iraient même jusqu'à dire que c'est d'une bassesse moyenâgeuse.

— Tu viens de te faire pincer en train de coucher avec cinq jeunes femmes sur le mobilier italien antique de ton ami – que nous devons rembourser ; au passage, ce sera retenu sur ton salaire. Tu es bien trop loin du cadre de l'orthodoxie pour t'inquiéter pour ta réputation.

— Et la réputation de Sailor ?

— Elle n'en a pas – une ardoise vierge. Et personne n'est assez fou pour dire du mal d'elle, vu qui est son père.

Il m'envoie vivre avec une fille dont le père est un tueur sanguinaire. Moi. Avec ma bouche ordurière et sans filtre.

— Qu'est-ce qui te fait croire que Sailor acceptera ? demandai-je, les yeux plissés.

J'avais dû rencontrer Sailor Brennan trois ou quatre fois dans ma vie. Ses parents possédaient des restaurants dans tout Boston. Sa mère était chef, et il lui était arrivé de faire traiteur pour des événements organisés par la mienne. Chaque fois, Sailor avait passé son temps sur son téléphone ou à regarder ma sœur avec insistance (encore une preuve appuyant la théorie lesbienne).

À vrai dire, je me souvenais à peine d'elle. Je n'avais retenu que ses cheveux carotte qui semblaient aussi doux que des pieds couverts de cloques, un visage disparaissant sous les taches de rousseur et un corps de garçon de cinq ans sous-alimenté.

— J'ai mes raisons, mais il va falloir la convaincre.

— Alors, comment tu envisages la chose ? Je vais la voir et je lui dis : « Eh, viens, on habite ensemble ? »

Je n'avais pas envie de perdre mon héritage parce que ma bite avait la vie sociale de tout le clan Kardashian. Vivre avec une coincée et six mois de célibat n'allaient pas me tuer.

Probablement pas.

Seul l'avenir le dirait.

Mon père haussa les épaules.

— Fais ce qu'il faut pour que Sailor dise oui. Je jette l'hameçon, mais c'est toi qui pêches. Pas Syllie – à qui, au passage, j'ai ordonné de ne plus jamais t'aider. Fini de glander. Si tu veux quelque chose, à toi de l'obtenir. Il ne tient qu'à toi de convaincre Sailor. Tu es seul maintenant, Hunter. Si, au cours des six prochains mois, tu échoues à me prouver que tu es l'homme dont j'ai besoin, tu dégages. Et Sailor est pile celle qu'il faut pour te contenir.

3

Sailor

Cher Dieu,

Je sais que je vous sollicite souvent, surtout pour vous demander des services, mais je jure que cette fois c'est la dernière.

...

D'accord. Ce n'est probablement pas la dernière fois, mais écoutez-moi quand même, d'accord ?

S'il vous plaît, envoyez-moi un signe pour me dire que mon rêve olympique n'est pas mort.

Faites pleuvoir.

Faites chier un pigeon sur ma tête.

N'importe quoi.

C'est tout ce qui compte pour moi. C'est la seule chose que je veux vraiment.

Bien à vous,

Sailor Brennan

P-S : J'ai totalement arrêté le chocolat et les biscuits salés pour le carême, alors si jamais vous faites les comptes et que vous trouvez la liste des péchés de ma famille, en particulier ceux de mon père et de mon frère, rappelez-vous que je suis réglo, moi, OK ?

P-P-S : Je prie pour eux, aussi.

Je traçai une ligne imaginaire entre la cible et moi, plissant les yeux sous le soleil agressif, le front couvert de sueur. Tirant la corde avec trois doigts, je levai l'arc vers la cible, le coude parallèle au sol. Je pouvais presque sentir mes pupilles se dilater sous l'effet de la concentration, un frisson d'excitation remontant le long de ma colonne vertébrale. Je décochai la flèche, qui tournoya dans les airs et manqua le centre de la cible de quelques millimètres à peine.

J'abaissai l'arc et m'essuyai le front.

— Sailor, dit Junsu, mon entraîneur, d'un ton cassant.

Il approcha depuis la zone ombragée réservée au public, les mains derrière le dos.

— Tu as de la visite.

Je retirai mon bracelet de protection et ma palette en cuir, que je laissai tomber dans le sac en toile ouvert derrière moi. Puis j'attrapai une bouteille d'eau sur la chaise en plastique et en bus une grande gorgée.

— De la visite ? Qui pourrait me rendre visite ?

La question paraissait moins pathétique dans ma tête. Beaucoup de monde pouvait me rendre visite. Mes parents, par exemple. Maman passait souvent me déposer à manger à l'accueil, parce qu'elle savait que j'oubliais toujours de me nourrir. J'avais des amies, aussi – Perséphone (Persy) et Emmabelle (Belle) Penrose, qui essayaient à longueur de temps de me traîner à des soirées auxquelles je ne voulais pas aller. Mais tout le monde savait que je n'aimais pas être dérangée pendant l'entraînement. Et j'étais tout le temps à l'entraînement.

— Un garçon.

La bouche de Junsu se tordit quand il prononça le mot. L'accusation pointait derrière son accent coréen.

— Un grand blond.

Junsu était petit et musclé et ne paraissait pas avoir plus de trente ans, bien qu'il fût certainement proche des cinquante, ayant connu la gloire aux jeux Olympiques trente ans plus tôt. Ses cheveux étaient encore d'un noir de jais et son visage hâlé dénué de rides. Il portait des vêtements simples et ajustés en tissus fastueux, qui semblaient toujours impeccablement repassés.

Je secouai la tête, faisant voler ma crinière – on m'avait souvent comparée à Merida, l'héroïne du dessin animé *Rebelle*, à cause d'elle.

— Je ne vois pas de qui tu parles.

Je ramassai mon sac et passai mon arc sur mon épaule, quittant le champ pour rentrer dans le club. Junsu avait dû mal comprendre ; le « garçon » devait être à la recherche de quelqu'un d'autre.

— Je peux venir une demi-heure plus tôt demain pour que tu m'aides à régler mon arc ? Je crois que j'ai besoin d'une nouvelle corde.

Junsu hocha la tête, l'air encore troublé.

— Le garçon, insista-t-il en se frottant le menton, est-ce – comment vous dites ? – ton *petit ami* ?

Il insista sur ce dernier mot, connaissant pertinemment la réponse. J'avais remis l'université (et la vie en général) à plus tard pour me focaliser uniquement sur le tir à l'arc. Plus précisément : sur les jeux Olympiques, qui avaient lieu dans un an. Une chance de participer aux JO, ça n'arrivait qu'une fois dans une vie.

La fac attendrait. Je pourrais m'y inscrire l'année suivante, après avoir gagné la médaille d'or.

Et les garçons ? Ce n'était pas au programme non plus. D'ailleurs, ils étaient si loin de mon écran radar que je n'étais même pas certaine de *posséder* ledit radar.

Et puis, j'avais eu le plaisir de grandir auprès de deux hommes qui m'avaient appris tout ce qu'il y avait à savoir sur les porteurs du gène Y : ils étaient sauvages, violents, et de véritables pertes de temps. Ils n'avaient pas leur place dans ma vie.

— Je ne vois pas de qui tu parles, Junsu, dis-je avec un soupir.

Nous avancions à présent dans l'étroit couloir du bâtiment principal où étaient affichées aux murs les photos d'archers d'hier et d'aujourd'hui qui avaient couvert le club de fierté et de médailles. J'humai le parfum addictif mêlant sueur, équipements en cuir et poudre.

— Qui que ce soit, il n'est personne pour moi, affirmai-je en me grattant le front, tentant de tirer cette histoire au clair. C'est peut-être Dorian Sanchez. Il était en cours avec moi et me supplie de demander à ma mère de lui donner un job.

Dorian était blond et plutôt grand, et c'était le seul autre élève de ma classe à ne pas avoir décroché son entrée dans une bonne université. Il tenait un food truck en dernière année, qu'il avait revendu avant la remise des diplômes, donc je savais qu'il avait besoin d'argent.

Oui. Ce devait être Dorian.

— Eh bien, le garçon traîne sur le parking, grommela Junsu en tendant sa paume ouverte vers la porte d'entrée. Ce serait bien qu'il ne recommence pas. Ce n'est pas Tinder ici.

Me mordant la lèvre pour ne pas rire, je hochai la tête avec sérieux.

— À l'avenir, j'inviterai mes conquêtes directement chez moi.

— Ce n'est pas drôle, dit-il en me faisant les gros yeux, l'air sévère.

— Si, ça l'est, répliquai-je en me dirigeant tranquillement vers la porte, avant de me retourner pour décocher un clin d'œil à mon coach olympique. Parce qu'on sait tous les deux que c'est des conner…

— Pas de gros mots ! pesta-t-il en agitant l'index vers moi. Ton épaule droite t'embête encore ?

— Oui. (Je haussai les épaules.) Elle me fait même un mal de chien.

Cela faisait plusieurs semaines qu'elle était douloureuse mais, chaque fois que j'allais chez le kinésithérapeute, je faisais comme si de rien n'était pour qu'il me laisse m'entraîner. Junsu était très strict : il ne voulait pas que je manque un seul entraînement et, dès que je me plaignais de mon épaule, il m'intimait d'un regard d'encaisser, comme un bon petit soldat.

Il hocha la tête.

— C'est normal. À demain, Sailor.

— À demain.

Je sortis sur le parking et me dirigeai vers ma Golf GTI blanche. Il faisait une chaleur insupportable à Boston l'été. Quelques degrés de plus et les bâtiments coloniaux et fédéralistes aux tons foncés auraient fondu sur le béton. Le club de tir à l'arc se trouvait dans une rue calme du West End, assez loin de l'appartement de mes parents en centre-ville, de sorte qu'il me fallait cinquante minutes pour y aller et en revenir chaque jour, embouteillages compris.

Je fourrai mon équipement dans le coffre et enfonçai mes AirPods dans mes oreilles. J'étais en train de fredonner *Kill and Run*, de Sia quand on me tapa sur l'épaule.

Je me retournai, surprise bien que Junsu m'ait prévenue. Un visage inconnu me faisait face.

Un visage magnifique, à couper le souffle même.

Rien à voir avec Dorian Sanchez.

— Sailor Brennan ? demanda l'homme – pas un garçon – en

me toisant comme si j'étais une call-girl à qui il venait d'ouvrir la porte et qui ne correspondait pas à ses attentes.

Je sentis mon corps se raidir et secouai la tête pour me libérer de l'étrange pouvoir que son apparence exerçait sur moi.

— Oui.

Je reculai la tête pour mieux le voir – et me préparer éventuellement à lui donner un coup de boule. Ce mec était un parfait inconnu, après tout.

— Je peux vous aider ?

— Je suis Hunter Fitzpatrick.

Il se désigna du doigt avec un sourire suffisant bien répété et un parfait ratio dents/fossettes.

— Et… ?

Je le dévisageai, attendant davantage d'explications, avant de comprendre que sa déclaration était censée se suffire à elle-même.

Il écarquilla les yeux, surpris, mais se reprit aussitôt pour afficher un air neutre, et s'éclaircit la gorge.

— On peut aller quelque part pour parler ?

— On *est* quelque part en train de parler. (Je retirai mes AirPods et les rangeai dans ma poche.) Et si vous ne me dites pas de quoi il s'agit j'ai bien peur de devoir monter dans ma voiture pour partir.

— Et j'ai bien peur de devoir te barrer la route, si tu fais ça.

Il passa les doigts dans ses cheveux bouclés, chaque mèche se soumettant au mouvement comme un champ de blé balayé par une rafale de vent.

Sale gosse pourri gâté. Il suscitait en moi un mélange de confusion et de profonde irritation.

— Dans ce cas, poursuivis-je, j'ai bien peur de devoir t'écraser. Alors épargne-toi la visite à l'hôpital et épargne-moi ce désagrément. Tu peux me dire ce que tu fais là ? Tu es en train de m'attirer des ennuis.

— Sérieusement ?

— Mon coach pensait que t'étais mon rencard ou un truc dans le genre.

— OMG, même pas en rêve.

Oui, il avait abrégé *Oh, My God !* à l'oral.

Il jeta un autre coup d'œil à ma poitrine non existante avec un rire obscène.

Je portais un T-shirt moulant à manches longues et un legging de yoga avec une vieille paire de baskets que j'aurais pu changer il y a trois ans. J'eus beau lutter, son rejet évident me fit rougir.

Je savais à quoi je ressemblais, et ce n'était pas à une mannequin ni à une influenceuse sexy. J'étais maigrichonne, j'avais des cheveux roux tout emmêlés longs jusqu'aux fesses, et des taches de rousseur couvraient toutes les parties de ma peau exposées au soleil. Sur une échelle de un à dix, j'étais un six, si on était d'humeur généreuse. Hunter, lui, était un million.

— Je voulais te soumettre une idée.

Il appuya le bassin contre mon coffre ouvert.

Il respirait la nonchalance et la complaisance – tout l'inverse de mon frère et de mon père. Il s'aimait et savait pertinemment qu'il était beau. Ça me rebutait.

— À quel sujet ?

Je me balançai d'un pied sur l'autre. J'avais les nerfs en pelote. Les garçons ne m'adressaient jamais la parole et, les rares fois où cela arrivait, ils ne ressemblaient pas à *ça*.

— Nous.

— Tu viens de dire qu'il n'y a pas de « nous ». Et je souhaiterais corroborer cette déclaration.

Je tirai mes clés de mon sac, fermai brutalement le coffre et fis le tour de ma voiture. Il me suivit, aussi rapide qu'un tigre, surtout pour un mec de sa taille. Il était très grand et très fin, et – pire que tout – il sentait très, *très* bon. Un mélange de linge propre, de cannelle et de corruption.

— Holà, attends une seconde. Tu ne sais vraiment pas qui je suis ?

J'ouvris la portière côté conducteur, et il me toucha l'épaule pour m'empêcher de monter dans la voiture.

Je haussai un sourcil avec un regard appuyé sur sa main.

— Ne me touche pas, dis-je avant qu'il la retire.

— OK. Alors ? Tu ne vois pas ?

Il me dévisagea, l'air ahuri. Je secouai la tête.

— Pas la moindre idée. Mes condoléances à ton ego.

— H-u-n-t-e-r F-i-t-z-p-a-t-r-i-c-k, dit-il lentement, comme si j'étais en CP et que j'apprenais les lettres de l'alphabet. Tu sais, de Royal Pipelines.

— Si c'est une allusion sexuelle, je vais devoir te mettre mon genou dans les couilles, annonçai-je d'un ton neutre.

Cependant, j'étais loin d'être aussi calme que je le prétendais. Sa simple présence remuait quelque chose au plus profond de mon ventre, et je me sentais nauséeuse d'excitation.

— Je ne suis pas un objet, miss.

Il tira un bonnet VLTN de la poche arrière de son jean griffé et se l'enfonça sur le front, se couvrant les yeux en faisant la moue.

Ce machin coûtait quatre cents dollars. Je le savais, parce que j'avais acheté le même à Belle pour son anniversaire. Sauf que c'était un cadeau commun auquel sa sœur, ses parents et sa cousine avaient participé. C'était qui ce mec, à la fin ?

— Je viens de la quatrième famille la plus riche du pays.

Il fit de nouveau la moue, me regardant par-dessous le rebord de son bonnet, l'air ridiculement mais adorablement gamin.

— Félicitations. Y a-t-il d'autres détails inutiles de ta vie que tu aimerais partager avec moi avant que je parte ? Ta couleur préférée ? L'âge que tu avais quand tu as perdu ta première dent de lait, peut-être ? Hmm ?

Mais, à présent qu'il avait répété son nom, j'eus un déclic et je compris sa surprise que je ne l'aie pas reconnu plus tôt – notamment parce que tout le monde savait qui il était.

Hunter Fitzpatrick était d'une beauté injuste, indéniable, irréfutable. Choquante. J'étais donc forcée de lui en vouloir, pour la simple raison que les hommes aussi séduisants n'étaient pas dignes de confiance.

Correction : les hommes *en général* n'étaient pas dignes de confiance. Mais les hommes séduisants étaient les pires. Je l'avais appris au lycée, même si ce n'était pas au programme.

À Boston, la rumeur disait que quatre ans plus tôt les parents de Hunter l'avaient envoyé à Todos Santos, en Californie, après qu'il s'était fait expulser d'une école anglaise. Ils l'avaient placé chez son oncle et sa tante catholiques dans l'espoir de lui faire changer d'attitude, ou au moins de l'éloigner de la presse de la côte Est. Celle-ci harcelait la famille Fitzpatrick, en particulier Hunter, puisqu'il avait l'incroyable capacité à se comporter comme un idiot. D'ailleurs, je me souvenais d'un journal le surnommant « Gatsby le Maléfique » après une de ses soirées piscine sur la côte Ouest, qui s'était soldée par des bras et des jambes cassés quand des fêtards avaient voulu sauter du toit dans la piscine.

Même depuis la Californie, le rebelle de la famille Fitzpatrick avait réussi à faire les gros titres. À en croire les ragots, ses conquêtes sexuelles se comptaient par centaines et, si des anges obtenaient leurs ailes chaque fois qu'il avait une liaison, il y aurait bientôt tant de monde au paradis qu'ils seraient obligés de construire de nouveaux quartiers branchés en enfer.

Hunter avait les cheveux d'un or trouble, avec des boucles angéliques sur les oreilles, les tempes et la nuque, rehaussant sa beauté époustouflante. Il avait les yeux en amande, d'une magnifique teinte claire, mélange de gris et de bleu vif, aux iris mouchetés d'or. Ses pommettes hautes, sa mâchoire carrée et ses lèvres boudeuses lui conféraient l'élégance d'un prince revêche et privilégié. Il avait un nez droit et fin, des sourcils épais et masculins, et ce teint hâlé resplendissant de celui qui a la chance de voyager dans les plus beaux endroits du monde.

On parlait du corps de Hunter autant que de ses frasques. Il avait joué au polo en club pendant ses études au Royaume-Uni, et continué en privé après s'être fait virer et avoir déménagé en Californie. Il était élancé, musclé, et exceptionnellement grand pour un joueur de polo. D'après les rumeurs, il avait des abdos à vous faire baver d'envie et un pénis aussi impressionnant que la tour Eiffel.

En résumé, il n'était qu'une source d'ennuis, et je n'avais pas de temps à perdre à ça.

— J'ai une proposition de dingue à te faire, dit-il en levant le visage, comme pour avoir l'air détaché.

Bon sang, ce qu'il était arrogant ! J'avais envie de dégobiller sur ses baskets Jungle Fear of God (neuf cent quatre-vingt-quinze dollars, m'avait un jour dit Emmabelle – à croire qu'il voulait qu'on le rackette).

— La réponse est non.

— Tu es bien catégorique. Tu ne sais même pas de quoi il est question.

Je souris poliment, paume en l'air, et expliquai :

— Si je me fie à ta seule réputation et au fait que tu es planté là depuis dix minutes sans m'avoir rien dit de concret, j'en déduis que nous ne sommes pas compatibles. Pour *quoi que ce soit*.

— Il faut que tu habites avec moi pendant six mois. Mais, genre, dans un putain d'appart en centre-ville. Un truc de dingue.

Mon refus lui passa au-dessus de la tête. Et, à l'entendre, c'était lui qui me faisait une faveur. Certes, mes parents ne figuraient pas sur la liste des gens les plus riches du pays, du continent ni du cosmos, mais ils s'en sortaient très bien. J'avais même grandi dans le luxe. Mais, à l'instar de ma mère, je réfutais l'idée que l'argent faisait le bonheur. Bien souvent, l'inverse était vrai.

— Oh ! eh bien, dans ce cas, la réponse est toujours *non*.

— Attends ! J'ai un truc que tu veux en échange.

Il eut l'audace de claquer la portière conducteur derrière moi pour me prendre au piège contre la carrosserie, les mains posées sur la voiture de chaque côté de mes épaules.

Je le dévisageai, outrée. Pour qui se prenait-il ?

— Quoi ? crachai-je.

J'aurais voulu que quelqu'un sorte du club, nous voie et lui transperce le crâne d'une flèche. Et en même temps... une toute-petite-mini-partie de moi appréciait l'attention que ce beau mâle m'accordait. Je notai mentalement de noyer ce fragment de moi-même dans la baignoire en rentrant.

— Mon père dit que si tu acceptes le marché il est prêt à te sponsoriser jusqu'aux JO. Qu'il te fera un nom dans toute l'Amérique, qu'il fera de toi la petite chérie de Boston. On parle pub, mise en relation avec le meilleur agent sportif du pays et contrat d'édition de dingue pour un futur bouquin. Tu seras célèbre, bébé.

Il m'offrit un autre de ses sourires suffisants, dents et fossettes comprises.

— Je ne veux rien de tout ça. Je veux juste faire ce que j'aime.

— C'est mignon, mais je sais que tu as Lana Alder du Nouveau-Mexique aux trousses et qu'elle pourrait prendre ta place dans l'équipe olympique. Et elle a des campagnes beauté de dingue et des contrats ciné qui lui tombent de tous les côtés, alors tu devrais peut-être réfléchir à deux fois.

— Tu as bien étudié le sujet, dis-je, maussade.

Lana était un sujet sensible pour moi. Son nom suffisait à me donner la chair de poule.

— Première et dernière fois, répondit-il en faisant danser ses sourcils.

Je me mordis l'ongle du pouce. Il avait raison. Alder était ma principale concurrente et, malheureusement, elle était aussi belle que talentueuse. Il était prévu qu'elle vienne à Boston dans cinq mois pour que nous nous entraînions ensemble sous la supervision de Junsu, et elle s'était déjà attiré plus d'attention de la part des médias dans ma ville natale que je n'en avais eue pendant toute l'année.

Je secouai la tête.

— Non.

— Tu es sûre ? Même appart, chambres séparées. Mes parents veulent seulement que tu me surveilles.

— Pourquoi ? demandai-je, agacée. Pourquoi moi ? Pourquoi pas une fille qui serait vraiment contente de le faire ? Il doit y en avoir des tonnes.

— Justement. Tu ne veux *pas* le faire. Ils pensent que je ne pourrai ni te persuader ni te séduire. Que tu es incorruptible. Que tu as bon caractère et connais le sens de la responsabilité.

— Euh, merci.

— Seigneur, ce n'était *pas* un compliment !

Il éclata de rire. Je fronçai les sourcils.

— Eh bien, désolée de décevoir tes parents, mais la réponse est toujours non.

— Sérieusement ?

Il grogna quand je repoussai ses bras pour ouvrir ma portière et me glisser dans la voiture en vitesse, avant de pouvoir envisager ce projet insensé.

— Mon père connaît le tien et lui a soufflé l'idée. Apparemment, il est méga partant. Demande-lui. Mon vieux peut faire ta carrière.

Si tu tiens tant que ça au tir à l'arc, rends-toi service et prends sur toi, meuf.

— Mon père aussi a de l'influence, répliquai-je, sans croire un mot de ce que je disais.

La folie était-elle contagieuse ?

— Ton père a de l'influence sur le nombre de victimes journalières à Boston, mais ce n'est pas une figure publique. *Le mien*, en revanche, a fait don de millions de dollars pour la construction du nouveau stade de football américain des Patriots. Tu as besoin de contacts, Sailor. Laisse-moi t'aider.

Je mis le contact sans avoir fermé la portière, déjà attachée, m'agrippant si fort au volant que mes doigts étaient tout engourdis.

— Tu dois seulement faire en sorte que je reste sobre et abstinent. C'est tout.

Je levai les yeux vers lui, atterrée.

— Genre être ta nounou ?

Il haussa les épaules.

— Je suis propre, je fais mes nuits – je dors parfois même toute la matinée jusque dans l'après-midi – et je fais une omelette de dingue.

— Tu peux arrêter de répéter « de dingue » toutes les cinq minutes ? demandai-je, question à la fois réelle et rhétorique.

— J'arrêterai si tu acceptes mon offre unique au monde.

Pour que nous puissions poursuivre notre conversation, il appuya sur le bouton pour baisser ma fenêtre une seconde avant que je lui claque la portière au nez. Bel instinct.

— C'est de la folie, marmonnai-je.

— Je vais prendre ça pour un oui.

Il tapa des deux mains sur le rebord de ma vitre, tout sourires.

Junsu me tuerait s'il avait vent de ce marché – même s'il y avait peu de chances qu'il l'apprenne. Selon lui, le tir à l'arc était un art respectable, pas une émission Disney Channel exigeant que je m'affiche dans la presse. Il disait qu'il ne fallait pas brûler les étapes. Mais j'étais à la traîne et je savais que Lana Alder pouvait anéantir mon rêve olympique – et y prendre plaisir, qui plus est.

Et puis, papa tuerait Hunter Fitzpatrick s'il me causait du tort. Et mon frère, Sam, se débarrasserait du corps. C'était l'avantage d'avoir une famille de truands.

En définitive, la question ne se posait pas vraiment. J'avais besoin d'un soutien pour avancer. Tout le monde le disait, à part Junsu. Je ne manquais pas de compétences ni de talent, là n'était pas le problème ; mais j'étais trop timide et faisais trop tapisserie pour attirer l'attention sur moi.

Pourtant, je ne dis rien.

Hunter se mit à genoux, les mains en prière.

— Aide un mec en galère, meuf. Je te promets que je ne suis pas un connard. Je n'irais pas jusqu'à dire que je suis un mec bien, mais je suis inoffensif. Mon héritage est en jeu. Je veux juste qu'on survive à cette période merdique tous les deux. Je le jure.

Il semblait sincère. Et puis, ça ne pouvait pas être si dur, si ? Il prenait part à cet étrange arrangement de son plein gré. En plus, cela faisait un moment que je voulais partir de chez mes parents, qui n'arrêtaient pas de me bassiner sur ma vie amoureuse – ou mon absence de vie amoureuse. Pouvoir échapper à leurs réflexions casse-pieds pour me forcer à sortir de ma coquille me ferait le plus grand bien.

— L'appartement est grand comment ? grognai-je, sentant ma résolution me glisser entre les doigts.

— Trois chambres, deux cents mètres carrés. Gratte-ciel. À quelques minutes à pied d'ici. Tu peux te servir de la troisième chambre pour ranger ton équipement.

— Waouh !

Il battait à plates coutures les studios que j'avais trouvés.

— Et il y aura aussi un chef cuistot à domicile. Je plaisantais pour l'omelette ; je suis à peine capable d'ouvrir un paquet de pâtes. Et tu peux faire venir tes potes ou tes rencards Tinder. Je suis un super copilote : je te filerai des capotes et leur appellerai un Uber pour les mettre à la porte quand ce sera fini, histoire que tu puisses aller te doucher et chier tranquille sans avoir à jouer l'hôtesse.

— Tu me dégoûtes.

— Pourquoi ? Je demanderai le service premium pour eux. Je suis même prêt à risquer ma notation – de 4,98 sur 5, au passage – parce que je suis ce genre de gars : un mec altruiste et sur qui on peut compter.

— C'est pas toi qui as fait des travaux d'intérêt général pour outrage à la pudeur il n'y a pas longtemps, parce que tu avais couru tout nu dans la rue ?

Il y avait eu un article là-dessus. Il chassa ma remarque d'un geste de la main.

— C'était il y a un an. Je ne suis plus le même homme.

J'étais en train de faire une erreur. J'en étais consciente *alors même* que je prenais la décision. Mais mon désir de réussite l'emporta sur le reste.

— Où est l'arnaque ? demandai-je, méfiante. Si tu as besoin d'une nounou, il doit bien y avoir une raison.

— Contrôle de pulsions, dit-il.

— C'est-à-dire ?

— Je n'en ai aucun. Considère-moi comme Bambi : grave mignon mais méga stupide et en besoin constant qu'on le surveille.

Il se traitait lui-même d'idiot. J'eus un pincement au cœur, avant de me rappeler qui il était.

— Il y aura des règles à respecter, annonçai-je.

Je m'adossai à mon siège, le moteur toujours en route.

Quand Hunter comprit que je capitulais, ses yeux semblables à des diamants se mirent à briller.

— Tout ce que tu voudras.

— Premièrement, comme précisé, nous aurons des chambres bien séparées.

— Tellement séparées que c'est à peine si elles auront le même code postal.

— Deuxièmement, pas de drogues, pas d'alcool, pas de filles dans l'appartement. Je ne vais pas faire les choses à moitié, et sache que je ne suis pas du genre à être soudoyée, au cas où tu prévoirais de me faire des coups tordus.

— Pas de coups tordus.

Il posa ses coudes sur le rebord de ma vitre, le haut de son corps envahissant mon espace vital dans l'habitacle, un peu comme un labrador surexcité.

— Quoi d'autre ?

— Tu ne me dragues pas.

— D'accord, répondit-il un peu trop vite à mon goût, la paume en l'air comme pour un serment scout. Tu m'as vite cerné, hein ?

— Ta réputation te précède.

— Tout comme un certain organe.

Je levai la main pour l'arrêter.

— Tu vois ? C'est exactement ce que je veux dire. Tu vas devoir arrêter ça, parce que tolérer ta vulgarité, ça dépasse mes attributions de nounou.

— D'accord. Pas de sous-entendus sexuels. Je peux dire à mon père que c'est OK ?

Tout allait trop vite. Je n'avais pas encore réellement enregistré la présence de Hunter, et encore moins ce que j'étais en train d'accepter. Mais quelque chose me disait qu'il était le signe que j'avais demandé. Ce garçon débauché et écervelé était mon porte-bonheur. Grâce à lui, j'irais aux jeux Olympiques de Tallinn l'année prochaine.

Et puis, Persy et Belle allaient devenir hystériques quand elles apprendraient que j'allais me mettre en colocation avec *le* Hunter Fitzpatrick.

Et ce n'était pas comme si j'enfreignais ma règle pas-de-mecs-jusqu'aux-JO.

Hunter était un mec, mais il n'était pas pour moi. Je ne risquais pas de tomber amoureuse de lui ni de me déconcentrer.

Il m'attrapa la main et la serra avec une exagération comique. Sa paume était plus douce que la mienne – probablement la seule chose chez lui à ne pas être salie.

— Je peux établir une règle, moi aussi ? demanda-t-il.

— Non, dis-je, catégorique, avant de soupirer. D'accord, quoi ?

— Ne tape pas mon nom sur Google.

— Pourquoi ?

Et pourquoi était-il toujours en train de me serrer la main ? Et pourquoi, pourquoi, *pourquoi* diable ne retirais-je pas la mienne ?

— Parce que.

Simple comme bonjour. Aussi simple que de vivre avec l'image parfaite et inutile d'un dieu grec.

4

Sailor

En réalité, ce n'était pas du tout comme de vivre avec l'image parfaite et inutile d'un dieu grec. Cela s'apparentait plutôt à partager une cage avec un diable de Tasmanie, à en juger par les cinq premières minutes de notre prétendue « colocunion » (union parfaite entre colocataires) pour reprendre le terme affreux inventé par ma mère, Sparrow, toute fière d'elle.

Une semaine après que Hunter m'avait coincée devant le club de tir à l'arc, j'emménageais officiellement dans son appartement du West End. Maman et Persy m'avaient aidée à porter mes valises et cartons, et Belle voulait venir aussi, mais elle avait « un truc ». Telle que je connaissais mon amie, ce truc impliquait un mec qu'elle allait manger tout cru et jeter après quelques semaines à prendre du bon temps. À peine sorties de l'ascenseur privé, nous lâchâmes ce que nous portions, nos mâchoires se décrochant à l'unisson.

Au premier abord, l'appartement correspondait à ce à quoi je m'attendais : peu meublé mais avec goût, doté d'électroménager neuf dans la cuisine et d'immenses baies vitrées, avec une vue panoramique sur Boston qui me refit tomber amoureuse de ma ville natale. La gamme de couleurs, marine et bordeaux, conférait à l'appartement une atmosphère luxueuse mais branchée.

Cependant, dès qu'on s'attardait, on avait l'impression que tous les ratons laveurs d'Amérique du Nord s'étaient donné rendez-vous pour saccager cet endroit. Les vêtements de Hunter jonchaient le sol et presque tous les meubles – canapé, télé, table basse et même l'évier.

Le niveau maximal de bazar était atteint dans la cuisine ouverte, de style moderne avec des notes de gris. La moindre surface semblait poisseuse. Il y avait des boîtes de conserve dégoulinantes et des boîtes vides de plats à emporter partout, y compris *sur* la poubelle. Je vis même une procession de fourmis en train de monter jusqu'à un bocal de sauce ouvert sur l'îlot central.

— Eh bien, lança Persy avec entrain. S'il y a un chef, il y aura certainement une femme de ménage. Et puis, tu le tiens par les couilles. Tu peux le menacer : si l'appartement ne reste pas propre, tu rentres chez tes parents. N'est-ce pas, madame Brennan ?

Elle posa un carton sur un coin libre de la table basse, puis posa les mains sur ses hanches.

Tirant ma valise d'une main, maman ramassa ses cheveux roux en chignon de l'autre, et répondit :

— À vrai dire, on a déjà prévu de transformer la chambre de Sailor en donjon sexuel.

Je lui jetai un regard noir.

— *Maman !* Super méga dégueu.

Elle rit de bon cœur. Le mien se serra.

— On prévoit de la transformer en second bureau. Mes papiers débordent, et on ne voit pas l'intérêt d'emménager dans un appartement plus grand.

— Pourquoi ne pas transformer la chambre de Sam en second bureau ? Ça fait des années qu'il n'habite plus à la maison, objectai-je.

— Parce que je n'ai aucune inquiétude vis-à-vis de sa vie sociale, répondit ma mère sans détour. Donc il peut rentrer à la maison quand il veut.

— C'est-à-dire jamais.

Je pouffai. Sam était un célibataire notoire de Boston avec un penchant pour la bringue, à la Warren Beatty.

— Exactement, conclut-elle.

Super. Je n'avais même plus d'endroit où battre en retraite si ce truc implosait – non, *quand* il imploserait. À en croire l'état de l'appartement, ça avait *déjà* implosé.

Pour moi, cela ne faisait aucun doute : mes parents avaient décidé de transformer ma chambre en bureau pour me forcer à rester ici. Ils m'aimaient profondément, mais me tannaient pour que je sois plus sociable. Si ça ne tenait qu'à moi, je tirerais sur des cibles et traînerais avec les sœurs Penrose jusqu'à la fin des temps.

— Vous savez quoi ?

Je me retournai en m'efforçant de paraître plus optimiste que je ne l'étais. En réalité, j'étais au bord de la rupture d'anévrisme. Il avait fallu exactement dix secondes à Hunter pour m'énerver.

— Je vais tout ranger moi-même et tout agencer comme je veux, pour donner le ton pour les six mois à venir.

Pendant la semaine qui s'était écoulée depuis le moment où Hunter m'avait fait sa proposition sur le parking, nos pères respectifs s'étaient retrouvés à de nombreuses reprises pour négocier les termes de cet accord insensé. Maman et moi avions rencontré Gerald et Jane Fitzpatrick pour signer le contrat. Gerald était plus froid que la banquise, et Jane était agréable mais réservée. Hunter n'était jamais présent à ces rendez-vous – soit parce que Gerald craignait que son fils ne dise quelque chose de gênant, soit parce qu'il ne voulait pas que Hunter ait la sensation d'avoir un quelconque contrôle dans toute cette affaire.

— Tu es sûre ? demanda maman, l'air soucieux. Ça ne nous dérange pas de rester, et tu aurais bien besoin d'aide.

— Sûre et certaine, maman.

Je les poussais déjà sur le palier. Je savais qu'elles refuseraient de coopérer si je leur dévoilais mon plan.

Ce ne fut pas difficile de me débarrasser de maman. Elle comprenait ma volonté d'indépendance et mon besoin de faire les choses à ma manière, parce que je tenais d'elle sur ce plan-là. Persy, c'était une autre histoire. C'était une âme charitable, innocente et gentille à l'excès. Je me demandais parfois pourquoi nous étions si fusionnelles car, bien que nous ayons le même âge – dix-huit ans –, nous étions aux antipodes l'une de l'autre, tant dans notre apparence que dans notre personnalité. Elle avait de longs cheveux ondulés couleur sable, d'immenses yeux bleus, et la beauté douce et classique de la rose. Elle allait à l'université, comme ses parents l'avaient souhaité, et n'avait pas une once de rébellion en elle.

Moi, j'étais effrontée, déterminée et monomaniaque. Je cachais mon corps maigrichon sous des vêtements trop grands, des hauts amples, des baskets et des jeans. À l'inverse de Perséphone – qui portait le nom de la déesse grecque enlevée par Hadès pour vivre et régner sur les Enfers avec lui –, discrète mais sûre d'elle, je manquais cruellement de confiance en moi. J'aimais Persy de tout mon cœur parce que nous partagions les deux qualités qui me tenaient le plus à cœur : nous étions loyales et nous restions à distance des potins.

D'ailleurs, c'était la raison pour laquelle nous étions devenues amies. Quand j'étais entrée à l'école élémentaire, les ragots sur mon père allaient bon train. Troy Brennan était le fameux « réparateur » de Boston, et on disait qu'il avait beaucoup de sang sur les mains. Malgré cela, Persy et sa sœur aînée, Belle, étaient venues me trouver pour que j'aie quelqu'un avec qui jouer à la récré et avec qui m'asseoir à la cantine.

Belle était tout ce que Persy et moi n'étions pas : une nymphe, une déesse déchue. Rusée et téméraire, avec une langue acérée. Débrouillarde et audacieuse. Les avoir toutes deux à mes côtés pendant ces années d'école m'avait évité persécution, harcèlement et tyrannie.

— Tu es sûre ? demanda Persy en plissant son petit nez.

— Oui, affirmai-je en la poussant vers la porte. Va-t'en !

Je passai les trois heures suivantes à ranger l'appartement du mieux possible et à défaire mes bagages, utilisant la chambre libre pour mon équipement de tir à l'arc, comme prévu au contrat. Hunter et moi n'avions même pas échangé nos numéros de téléphone, mais un accord était un accord.

La nuit tombait quand je m'écroulai enfin sur le somptueux canapé en soie avec un grognement, les cheveux collés au front. Deux cercles de sueur parfaitement ronds ornaient mon T-shirt sous les aisselles – pas hyper sexy.

J'avais beau lutter, je commençais à sombrer lorsque les portes de l'ascenseur privé s'ouvrirent pour laisser entrer Hunter, les mains chargées de sacs de courses.

— Salut, coloc, ça roule ?

Il me salua d'un signe de tête, puis avança dans le salon de sa démarche arrogante. Il posa les sacs sur la table basse et s'y assit, plantant ses coudes sur ses genoux. Son odeur vint me chatouiller le nez : assouplissant et musc de petit riche, qui me mit l'eau à la bouche malgré toute mon aversion pour lui.

Je levai lentement les yeux vers lui, me préparant à sa beauté époustouflante. Si j'avais cru qu'une semaine loin de lui atténuerait son impact sur moi, je me fourrais le doigt dans l'œil. Ses yeux gris-bleu, semblables à des pierres de glace, luisaient malicieusement ;

il avait les joues rougies par le vent du soir, les lèvres enflées et pleines, et ses boucles blondes toutes ébouriffées. Il n'était que virilité, puissance et tranchant.

— Je t'ai acheté un cadeau.

Il me jeta quelque chose entre les mains. Une petite enveloppe. En l'ouvrant, je découvris une carte cadeau de chez Target. Je levai les yeux au ciel et lui adressai un sourire las.

— Merci.

— Sympa, le nouvel aménagement, dit-il en regardant autour de lui.

Puis il prit un de mes pieds sur la table basse et retira ma basket trouée, qu'il laissa tomber au sol. Atterrée, je le vis prendre mon pied et planter les pouces sur ma chaussette. J'eus comme premier réflexe de vouloir retirer mon pied mais, après des heures de travail – et des années de sport –, mes muscles étaient raides, tendus. Ce massage était trop tentant pour que je ne l'accepte pas.

— Qu'est-ce que tu fais ?

Il posa mon pied sur sa jambe musclée et le massa avec application. Sa cuisse était si dure… je me demandais comment ce serait, de toucher le reste de son corps.

MST. Ce serait comme choper une MST, grosse débile.

Je ne pouvais pas nier qu'il était doué de ses mains. Combien de filles étaient tombées dans ce panneau ?

— Aucune, dit-il avec un sourire entendu, comme s'il lisait dans mes pensées.

— Qu… quoi ?

Je me maudis intérieurement d'être devenue cette greluche incapable de s'exprimer. Son père n'aurait pas dû placer sa confiance en moi. S'il me voyait avec Hunter à l'instant T, il verrait toute mon impuissance – cela ne voulait pas dire que je serais laxiste avec son fils, mais il était manifeste que je n'étais pas insensible à son charme.

— Tu te demandes combien de fois j'ai utilisé ce truc en préliminaires. La réponse est jamais. Je le fais parce que tu as une sale gueule et que tu as besoin d'une pause, et parce que tu as nettoyé l'appart alors que la femme de ménage vient demain.

— Oh ! dis-je, me sentant stupide mais trop épuisée pour m'en agacer. Tu sais parler aux femmes, toi.

J'en avais assez de l'entendre dire à quel point il me trouvait repoussante. Et puis, tout ce qu'il faisait – même ce divin massage – était accompagné de raillerie, comme s'il ne prenait jamais rien au sérieux.

— Tu voudrais que je te fasse des compliments ?

Il haussa un sourcil, plantant ses doigts plus profondément dans la chair de mon talon.

J'écarquillai les yeux à cette sensation et laissai échapper un gémissement, la douleur délicieuse dénouant mes muscles.

— Ça m'est égal, répondis-je en renversant la tête sur le canapé, les yeux fermés. T'étais où, d'abord ?

C'était le moment idéal pour le cuisiner et faire preuve d'autorité.

— Je faisais des courses.

— Avec qui ?

— Ma sœur, Aisling.

Bizarrement, je me souvenais de sa sœur. De son frère, aussi. J'avais dû effacer Hunter de mon cerveau parce que c'était un garçon de mon âge et qu'il était aussi inatteignable que la planète Mars. Ce qui en faisait automatiquement un ennemi à mes yeux.

— Tu vas l'adorer. Elle a horreur de tout ce qui est masculin ou sympa. Comme toi.

— Je n'apprécie pas ces sous-entendus.

— Tu n'apprécies rien.

Je me mordis la langue pour me retenir de l'agresser – uniquement parce que je m'étais déjà vengée pour la journée – et changeai de sujet.

— Comment je sais que tu n'étais pas en vadrouille avec une autre fille ?

J'ouvris les yeux. Il souffla, les joues gonflées, faisant passer ses longs doigts puissants de mon pied à ma cheville, pétrissant ma chair par mouvements circulaires.

— Déjà, tu le saurais si j'avais baisé, parce que j'aurais cet éclat postcoïtal qui me rend ultra-canon.

— Je m'en veux d'encourager cette conversation, mais ça ressemblerait à quoi, cet éclat postcoïtal ?

— J'ai bien peur de ne pas pouvoir le simuler.

Il me décocha un clin d'œil, retirant ma jambe de sa cuisse pour la reposer doucement sur la table. Mon cœur s'arrêta de battre un instant quand ses doigts quittèrent ma peau. Puis il prit mon autre pied pour lui accorder le même traitement, retirant ma basket usée pour me masser la plante du pied.

— Il te faudra me donner un orgasme pour le découvrir.

— Non merci, dis-je.

Il me dévisagea, amusé, pétrissant ma cheville de ses doigts. Le silence nous enveloppa. Puis il demanda :

— Alors qui va s'occuper de Hunter Jr ?

— Ta main ? suggérai-je. Ou une tarte à la pomme, si tu aimes les clichés.

Ça ne me plaisait pas trop de parler de sexe avec Hunter – ni avec qui que ce soit, d'ailleurs –, mais je ne voulais pas qu'il remarque ma gêne, d'autant qu'il était manifestement en train de tester mes limites. Belle et Persy mourraient si elles apprenaient que j'avais parlé de cul avec le roi du cul en personne. Dès que j'avais évoqué mon accord avec Hunter, elles m'avaient bombardée de tous les potins notables qui m'avaient échappé sur mon nouveau colocataire.

Belle avait aussi glissé qu'elle aimerait bien le chevaucher comme un vélo volé.

— Et si on passait un marché – si je joue le bon petit ange toute la semaine et que je te laisse tranquille, tu m'accordes une bonne baise avec une fille ? Il faudra que je la ramène ici parce que mon père me fait suivre – j'ai déjà repéré ses hommes –, mais tu pourrais dire au personnel que c'est ton amie. Tu ferais ça pour moi ?

Mes yeux faillirent sortir de leurs orbites, et le sang dans mes veines bouillonna de colère.

— *Pardon ?*

— OK. (Il leva les mains en l'air.) Pas quelques galipettes. Juste une. Vingt minutes. Mais c'est ma dernière offre.

— Non.

— D'accord. Dix minutes. Et je lui demanderai de ne pas crier trop fort. Voilà, *ça*, c'est ma dernière offre.

Il ferait un homme d'affaires pitoyable.

— Ce n'est pas comme ça que ça fonctionne, le marchandage, et la réponse est toujours non.

— Quoi ? (Son sourire s'évanouit.) Pourquoi ?

— Je te l'ai dit, je prends cet accord avec ton père très au sérieux.

Je me levai. Ce n'était pas une bonne idée de le laisser me toucher pendant qu'on négociait. C'était exaspérant que son contact me prive ainsi de ma logique, comme toutes les autres filles. Je m'efforçai de réorganiser mes pensées, tentant de réassembler ladite logique, qui n'était plus une statue solide mais un amas de pièces brisées.

Hunter se leva à son tour, me dominant de toute sa hauteur. Ma tête arrivait au niveau du bas de ses pectoraux. Je dus tendre le cou pour croiser son regard.

— Sérieux ?

Son ton n'était plus badin mais d'une extrême sévérité.

— Tu vas vraiment m'empêcher de baiser ?

Au moins, maintenant, je savais à quoi je devais ce massage et cette carte cadeau.

— Ce n'est pas comme si j'allais rapporter à mon père que tu faisais venir des filles en douce pour moi. Ce sera notre petit secret.

— Je ne veux partager aucun secret avec toi, m'emportai-je en levant les bras. Je ne veux *rien* partager avec toi. Ton père a raison de te faire suivre. Tu es prêt à gâcher ton avenir pour du cul.

— Je ne suis pas censé choisir, répliqua-t-il en s'ébouriffant les cheveux. Pourquoi tu fais ta fliquette ? Et, tant qu'on y est, pourquoi t'es bizarre ? Pourquoi tu fais du tir à l'arc et pas, je sais pas, moi, de la zumba ? Qu'est-ce qui cloche chez toi ? Tu compliques tout.

— En étant honnête ?

Je me mis à rire comme une hystérique et me dirigeai vers ma chambre.

Il s'élança à ma poursuite à grandes enjambées féroces, faisant battre mon cœur à tout rompre. Je ne me rappelais pas la dernière fois que mon cœur avait battu si vite. Hunter bondit devant moi et me bloqua le passage, plaquant les coudes contre les murs du couloir.

— Ça ne te va pas, le manque d'assurance, sale gosse.

Il m'adressa un rictus moqueur.

Je sentis le rouge monter de mon cou au sommet de mon crâne et sus que mes yeux brillaient de honte et de rage.

« Sale môme moche, super moche. T'es une fille ou un garçon ? Oh ! peu importe. Je te prendrai tout ce que tu as, de toute façon. » Ces mots me poursuivraient jusqu'au bout du monde.

Il me faisait penser à *elle*.

Il était sa version masculine.

Le pendant de la fille qui voulait me briser et que je m'étais juré de briser la première.

J'avais envie d'étrangler Hunter. Il avait été si persuadé que j'allais le laisser faire tout ce qu'il voulait, quand il m'avait acculée sur le parking. Il savait que s'il couchait avec une fille en dehors de l'appartement son père le prendrait la main dans le sac. J'étais sa seule chance, et je refusais de coopérer.

— Va te faire foutre, crachai-je en montrant les dents.

— Continue comme ça, et j'y réfléchirai sérieusement, Carrot Top[1], dit-il, avant d'approcher son visage du mien, menaçant. Tu veux quoi ? De l'argent ? Du pouvoir ? Je peux te mettre en contact avec n'importe lequel de mes amis influents. Vas-y, Sailor. Dis oui, et les paparazzis suivront tes moindres mouvements ; tu seras la nouvelle Serena Williams. Tout le monde a un prix.

Je secouai la tête.

— Pas moi.

— C'est faux. Tu es ici, ce qui veut dire que tu as été achetée par mon père. Dis-moi ce que je dois faire pour surenchérir et me garantir la loyauté que tu lui as promise ?

Crève, avais-je envie de crier. Sauf que ce n'était pas vrai. S'il crevait là tout de suite, ma loyauté ne changerait pas de camp. Je danserais sur son cadavre, cela dit, en remerciant le ciel de m'avoir épargné six mois de torture.

Consciente que nos premiers échanges dicteraient le reste de notre relation, je le tirai par le col, si près de mon visage que nos nez se touchaient. Sa bouche, toute proche, exhalait une odeur de chewing-gum à la cannelle, de menthe, et promettait un baiser charnel et obscène que je n'autoriserais jamais.

Si mon comportement le surprit, il n'en montra rien.

— Écoute-moi bien, Hunter Fitzpatrick. Peut-être qu'à tes yeux je ne suis qu'une intello ordinaire et mal dans sa peau. Et tu sais

1 Humoriste américain connu pour ses boucles rousses et son visage particulier après plusieurs opérations de chirurgie esthétique.

quoi ? C'est ce que je suis. Mais ne t'y trompe pas, la petite intello mal dans sa peau vient d'une longue lignée de gens que tu n'as pas envie d'emmerder, et leur violence impitoyable a déteint sur moi. Je n'hésiterai pas à transpercer ton joli petit cœur de prince pourri gâté avec une de mes flèches aiguisées. Mais tu as raison. J'ai un prix. Mon prix, c'est mon succès. Mon prix, c'est battre Lana Alder à ce jeu. Et tu n'as *rien* à m'offrir pour que j'y arrive. Tu resteras chaste, sobre et aimable. On assistera aux réunions de famille, on jouera au papa et à la maman, et on sera tout ce que nos parents nous demandent d'être. Puis nos chemins se sépareront, et on ne se parlera plus jamais. C'est clair ?

Au lieu de me répondre, il se dégagea, tourna les talons et gagna sa chambre d'un pas raide. Il ouvrit sa porte à la volée et la claqua derrière lui. J'attendis dans le couloir, les bras croisés ; la *véritable* explosion aurait lieu dans quelques secondes.

Hunter était assez lucide sur lui-même : il cédait à ses pulsions et agissait de façon irréfléchie.

— Trois, murmurai-je, trois doigts en l'air. Deux. Un.

J'abaissai mes doigts l'un après l'autre, les yeux rivés sur sa porte fermée. Chaque fibre de mon corps vibrait, animée par l'adrénaline, la peur, la joie.

— Que le spectacle commence ! dis-je en claquant des doigts.

Hunter surgit de sa chambre, les joues écarlates et les yeux noirs.

— Putaaaaaaaaiiiiiiiiiiiiiin !

Il fit traîner le son « ain » à l'infini. Il avait des saloperies plein les mains : boîtes de conserve ouvertes d'où coulaient encore des sauces suspectes, vêtements sales, une paire de chaussures de marque et une manette de jeu.

— T'as mis toutes les ordures dans ma chambre. T'es tarée ou quoi ?

— Joli cri de guerre. Tout ça t'appartient, dis-je durement, tête haute. Je me suis dit que tu voudrais sûrement tout récupérer, puisque ça traînait dans l'espace commun.

Il me dévisagea, hébété, comme si j'étais un animal sauvage qu'il devait apprivoiser, un rongeur en train de saccager son luxueux appartement.

— Tu es folle à lier.

Je souris.

— J'ai connu pire insulte.

— Je comprends maintenant, souffla-t-il en laissant tomber son bazar au sol pour pointer un doigt sur moi. Tu es ma punition pour ce que j'ai fait. Il a choisi la fille la plus tarée de Boston pour me remettre sur le droit chemin, ce vieux dégénéré.

Peut-être Hunter avait-il raison. Peut-être son père savait-il que j'étais une trouble-fête imbuvable centrée uniquement sur sa carrière – même si, techniquement, on ne pouvait pas me traiter de trouble-fête, puisque je n'allais jamais à aucune.

— Que l'appartement reste propre, Hunter. Que la femme de ménage vienne ou pas, je refuse de vivre dans la crasse, ne serait-ce qu'une heure. Bonne nuit, *coloc*, lui lançai-je avant de rentrer dans ma chambre et de lui claquer la porte au nez.

1-0 pour l'équipe visiteuse.

5

Hunter

Le principal, c'était que mes couilles n'allaient pas tomber.

J'avais cherché plusieurs fois sur Google (vingt-trois, précisément) pour en être sûr. C'était scientifiquement confirmé : je pouvais passer six mois sans avoir de rapports sexuels et survivre. Survivre physiquement. Pour mon mental, c'était une autre histoire. Si mon abstinence forcée l'atteignait, il se pourrait alors que je découpe Sailor Brennan en petits morceaux pour ensuite la recoudre et en faire ma poupée sexuelle.

Cette banshee[1] au fort tempérament et aux cheveux cuivrés avait affirmé qu'on ne s'adresserait plus la parole une fois nos six mois écoulés, mais elle avait tort de supposer qu'elle pourrait se débarrasser de moi aussi facilement. J'imaginais déjà avec grand plaisir les façons de la tuer dans différentes positions, différents paysages, et avec différentes armes une fois que tout ça serait fini. Exemples :

Moi étranglant Sailor devant un coucher de soleil sicilien.

1 Créature surnaturelle qui annonce la mort, selon la mythologie celtique irlandaise.

Moi tranchant la gorge de Sailor aux Bahamas, nos maillots de bain assortis.

Moi poussant Sailor d'un téléphérique pendant des vacances pittoresques à Aspen.

Parfois, dans ces fantasmes, elle était endormie, mais la plupart du temps elle était bien éveillée et pleinement consciente de sa mise à mort.

J'avais passé la nuit sur le canapé ; je ne voulais pas dormir dans ma chambre remplie de saletés, et il était hors de question que je nettoie le bordel qu'elle y avait laissé.

D'accord, peut-être que je n'étais pas totalement innocent. Avant l'arrivée de Sailor, je m'étais un peu laissé aller et j'avais dégueulassé l'appartement pour la mettre mal à l'aise. Mais elle n'avait pas besoin d'en faire toute une histoire.

Je n'avais gardé que mon boxer pour dormir et je me réveillai avec une érection grosse comme une saucisse allemande – le genre qui implique un bras de fer avec votre queue pour que vous puissiez pisser correctement de bon matin. J'espérais que Sailor l'avait vue avant de détaler pour sa journée de merde, dont le programme se limitait à envoyer des flèches sur des cibles avant de sautiller gaiement vers le soleil couchant main dans la main avec son hymen.

Eh ouais, Sailor. T'es pas la seule enfoirée à posséder une arme létale sous ce toit.

Ce qui m'amenait à mon point suivant : *qui fait ce genre de truc ?* Tirer sur que dalle ? Elle ne chassait pas, ne faisait rien de productif de son talent, elle se contentait de tirer sur des cibles inutiles. Pourquoi était-ce un sport olympique ? Le tir à l'arc était le jeu de dames des psychorigides.

— Monsieur, nous sommes arrivés, annonça mon chauffeur à l'avant de la voiture.

Cette année, *en plus* de devoir réussir mes examens universitaires, je devais travailler pour mon père et Cillian. J'allais diviser mon temps à cinquante-cinquante entre les cours le soir et le travail en journée. Je n'étais pas très doué en maths, mais je savais que tout ça ne me laisserait pas le temps d'avoir une vie. Papa me l'avait mis bien profond cette fois ; pendant que je m'étais éclaté en Californie, il avait patiemment attendu son heure pour bien me baiser.

Nous étions au jour deux sur cent quatre-vingt-deux, mais qui tenait le compte ?

Réponse : moi. Je tenais le compte.

Je sortis de la voiture de fonction en chancelant et, à contrecœur, je me frayai un chemin dans la foule du centre-ville de Boston jusqu'à l'immense gratte-ciel en chrome de Royal Pipelines, détesté par quatre-vingt-quinze pour cent des Bostoniens (il y avait eu bon nombre de manifestations quand ils avaient entamé la construction). Ce monstre avait gâché la silhouette de la ville, mais celui qui se trouvait à l'intérieur avait personnellement gâché ma vie.

Seul point positif de cette journée, outre le fait que je ne la passais pas avec cette emmerdeuse de Sailor Brennan : c'était l'occasion de mettre un costume Brioni. J'adorais porter des costumes. Au point que j'avais arrêté de chercher des prétextes pour les sortir : j'allais en soirée, au ciné, au restaurant, sapé comme Jay Gatsby.

Je restai une demi-heure à la sécurité pour récupérer mon badge, mon passe électronique et une tonne d'autres trucs chiants, puis montai au huitième étage, où se trouvait le bureau de mon père.

Je m'approchai de l'accueil et de sa jolie réceptionniste, aux yeux si vides qu'elle aurait pu passer pour une Barbie grandeur nature.

Je parie qu'elle peut plier les genoux, cela dit.

— *Hey ! Hunter Fitzpatrick is here.* (Je posai un coude sur le comptoir.) Où est mon bureau ?

Derrière moi, deux hommes à l'air sévère pouffèrent, secouèrent la tête et s'en allèrent. La blonde me regarda, à la fois horrifiée et hésitante – peut-être que je dégageais des ondes agressives parce que ça faisait presque deux semaines que je ne m'étais pas fait sucer.

— P… p… passe électronique ? bégaya-t-elle, toute tremblante.

J'étais *persona non grata* entre ces murs de verre. Alors pourquoi avait-elle si peur ? Quelque chose m'échappait.

Je lui montrai la carte qu'on m'avait donnée à mon arrivée dans le bâtiment et qui retrouva sa place dans la poche de ma veste une fois qu'elle l'eut scannée.

— S… s… suivez-moi.

Aussi flippée qu'une souris de laboratoire, elle me guida à travers l'open-space, avec son sol en marbre noir et or, ses larges baies vitrées et ses longs bureaux occupés par des Mac, des secrétaires et assistantes canon, et des préposés au courrier courant dans tous les sens.

Autour de cet espace se greffaient des bureaux rappelant des bocaux à poissons. Le plus grand appartenait à mon père, le deuxième plus grand à Cillian et le troisième plus grand à Syllie. La blonde me conduisit jusqu'à un vieux bureau en chêne qui semblait venir du sous-sol du Dr Frankenstein, avec un téléphone et un écran d'ordinateur sortis tout droit des années 1980. J'aurais pu utiliser ces deux derniers comme arme contondante pour briser les os d'un gars façon Moyen Âge. Le bureau improvisé était collé à la paroi en verre du bocal de mon père.

— C'est quoi, ce bordel ? demandai-je avec un sourire courtois mais pincé.

— C… c… c'est votre poste de travail. J… j… juste devant le bureau de votre père, pour qu'il puisse surveiller vos p… p… progrès.

Elle prononça sa phrase comme si elle l'avait répétée mille fois.

Je me tournai vers elle, sourcils froncés. *Voilà* pourquoi elle avait peur. Elle craignait que je ne m'en prenne à la messagère.

À la limite, j'aurais pu l'étrangler en la laissant me branler dans les toilettes, si elle kiffait ce genre de truc ; mais c'était mon maximum. Comme je l'ai mentionné, je ne suis pas un mec violent.

Elle s'éclaircit la gorge et se redressa.

— V… v… votre père dit que si vous avez un problème, vous devez aller voir les RH, et p… p… puis…

Au lieu de la laisser finir sa phrase – ce n'était pas pour tout de suite – j'ouvris brusquement la porte en verre du bureau de mon père et entrai, un sourire affable aux lèvres. La blonde se précipita derrière moi en bégayant des excuses à mon père, qui étudiait avec attention un plan étalé sur son bureau et était entouré de Sylvester et Cillian.

Je chassai la blonde de la main.

— Le spectacle est terminé, ma jolie. Tu peux retourner regarder *The Masked Singer* sous ton bureau en pensant que personne ne sait ce que tu fais.

Je voulus lui claquer le battant au nez pour marquer le coup, mais c'était une de ces portes design qui se ferment au ralenti, et nous attendîmes huit secondes, tous plantés là à la regarder se fermer tout doucement, summum de la frustration. De l'autre côté de la vitre, le visage choqué de la réceptionniste trahissait son émoi.

Je me tournai vers mon père et ouvris les bras avec un sourire forcé.

— *Athair*[1], dis-je. Je suis tellement heureux de te voir. Et par heureux je veux dire : pourquoi cherches-tu encore à m'enfoncer alors que tu m'as déjà tout pris ?

Ça ne me faisait ni chaud ni froid que Cillian et Syllie assistent

1 « Père », en gaélique.

à la scène. Syllie était presque un membre de la famille, et Cillian *était* de ma famille. Malheureusement.

Chanson de mon humeur actuelle : *Greek Tragedy*, des Wombats.

— *Ceann beag*, je vois que la chasteté attaque à la fois ton cerveau et tes bonnes manières, lança Cillian en arquant un sourcil, d'une teinte plus sombre que les miens.

Tout était plus sombre chez lui – y compris son âme. J'avais toujours trouvé très à propos que « Cillian » et « vilain » aient autant de lettres en commun.

— Il n'a pas de cerveau de toute façon, alors ne perds pas ton temps à t'en soucier, rétorqua mon père, avant de se reconcentrer sur les documents.

C'étaient les plans de la nouvelle raffinerie dont tout le monde parlait. Il remonta ses lunettes sur l'arête de son nez, son stylo feutre en suspens au-dessus du papier.

— Quel est le problème, *ceann beag* ? demanda-t-il.

Ceann beag signifiait « le petit », en gaélique, ce qui aurait pu être mignon, sauf que je n'étais *pas* le bébé de la famille. C'était Aisling. Moi, j'étais celui du milieu. Cela dit, il avait raison sur un point : de nous trois, j'étais celui qui avait obtenu le plus *petit* morceau du cœur de mon père.

— Ta colocataire ne te plaît pas ? demanda-t-il en notant des choses au marqueur rouge sur le plan, un petit rictus au coin des lèvres.

Je ne mordis pas à l'hameçon. Il voulait m'entendre dire que je détestais Sailor, alias la coincée casse-couilles. Ce qui était vrai, mais pourquoi lui accorder cette satisfaction ?

— Sailor ? Elle est super. Et très très sexy. C'est vraiment dommage que je t'aie promis de ne plus coucher avec des filles…, claironnai-je en m'appuyant contre une des parois en verre.

C'était la meilleure façon de le narguer. Si mon père avait l'impression que je me tapais Sailor alors que je ne me la tapais *pas*, et que Sailor niait avec insistance – ce qu'elle ferait – mon père devrait honorer son contrat avec nous deux.

On disait que Troy Brennan, le père de Sailor, faisait concurrence à la grande Faucheuse. Ce qui voulait dire que Sailor aurait tout ce qui lui avait été promis, et moi tout ce qui m'avait été promis. Mon père n'était pas assez stupide pour provoquer un type comme Brennan en insinuant que j'avais baisé sa fille chérie.

Je n'avais pas encore eu le déplaisir de le rencontrer, il m'était donc facile de me servir de Sailor comme d'un pion.

Le visage de mon père se décomposa. Il leva les yeux vers moi.

— Si tout va pour le mieux dans le meilleur des mondes, que fais-tu dans mon bureau sans y avoir été invité ?

Je montrai mon bureau du doigt.

— Un panier pour chien aurait été plus approprié.

— Peut-être, mais ça aurait fait tache au milieu du reste, répondit-il avec un sourire.

— Vais-je aussi avoir droit aux restes après la pause déjeuner de l'équipe ?

— Du moment que tu te conduis en homme civilisé et pas comme un type refoulé de *Girls Gone Wild*.

Cette conversation l'enchantait, et mon indifférence pourtant perfectionnée au fil des années arrivait à bout. Là, je n'étais pas indifférent, j'étais furieux. En l'occurrence, je n'étais pas indifférent à la haine que me vouait ma famille. C'était déjà assez pénible de n'avoir aucun ami à Boston et d'éviter ma famille comme la peste, voilà que je devais passer mes journées au coin devant le bureau de mon père.

— Je veux un bureau, dis-je sèchement.

— Mérite-le, répliqua mon père. Je te veux au garde-à-vous en permanence.

Comme ma bite.

OK. Pas nécessaire. Putain.

— Allons, allons, intervint Syllie.

Il se leva, nous faisant signe des deux mains de calmer la tempête qui grondait dans la pièce. C'était un homme dégingandé et aussi pâle qu'un cadavre, avec la mâchoire légèrement bleutée par l'ombre de sa barbe rasée de près.

Le silence de Cillian ne m'étonnait pas. Voir notre père me passer un savon était son passe-temps favori – à part sacrifier des vierges et des chatons en l'honneur de Satan, peut-être.

— On se calme, dit Syllie. Et si je faisais quelques changements pour l'installer dans un bureau avec les assistants ? Il apprendrait le métier plus facilement.

— Non, gronda mon père. Il reste là où je peux le voir. Kill et moi lui apprendrons nous-mêmes les ficelles du métier.

— Je comprends. Mais Hunter reste un Fitzpatrick et doit être considéré comme tel pour prouver votre solidarité. Avec tout le respect que je vous dois…

Cillian le fit taire en se levant et en agitant le doigt avec réprobation, comme si le vieil ami de la famille était un simple domestique. Mon frère était même incapable de respirer sans afficher une condescendance perverse.

— Merci, lança-t-il sèchement à Syllie, qui avait deux fois son âge.

Connard.

— Pour quoi ? demanda Syllie, confus.

— De vous excuser pour nous offrir un peu d'intimité. Allez, vous pouvez nous laisser.

— Mais…

— Sachez accepter gracieusement votre défaite, dit Kill avec un sourire carnassier augurant d'une attaque perfide si Syllie le provoquait. Vous vous couvrez de ridicule et ridiculisez le petit aussi. *Sortez.*

Sylvester lui jeta un regard noir, bouche bée, avant de hocher la tête avec résignation. Puis il s'approcha de moi et posa une main sur mon épaule avec un sourire compatissant.

— Content de t'avoir de nouveau parmi nous, fiston, murmura-t-il.

Je serrai sa main posée sur mon épaule et lui adressai un bref hochement de tête. Dès qu'il fut sorti, je me tournai vers mon frère.

— Putain, mec, t'es un vrai connard.

— Et dire que ça nous a coûté douze ans de frais de scolarité en écoles privées pour ce niveau d'expression.

Cillian roula proprement le plan sur la table, dos à moi. Il ne jurait jamais, ce trouduc.

— C'est trop tard pour te faire rembourser, *Athair ?* demanda-t-il à mon père.

— Malheureusement oui, *mo órga.*

Enfant préféré.

— Pardon d'exister. Pour ce que ça vaut, j'aurais préféré que tu te retires avant de me concevoir, marmonnai-je, incapable de me taire.

J'étais le seul Fitzpatrick dont le vocabulaire ordurier pouvait rivaliser avec celui de nos ancêtres, débarqués dans le Massachusets depuis l'Irlande en bons marins cradingues au langage de charretiers.

Mon père et mon frère me considérèrent avec dédain. Je détestais ça. Ça me mettait hors de moi qu'ils soient ainsi unis, qu'ils aient une vraie relation père-fils, alors que j'étais un étranger dans cette ville, dans ce bâtiment et même chez eux, où je n'étais pas le bienvenu.

— En parlant de se retirer…

Mon frère se tourna vers moi. J'avais oublié à quel point il était grand. Son costume Armani lui allait comme un gant. Ses cheveux châtains étaient parfaitement taillés, et ses yeux aussi dorés que son blason.

— Ta sextape circule toujours sur Internet ? demanda-t-il.

Après avoir embarqué dans le jet privé de mon père à San Diego, direction Boston, j'avais découvert qu'il avait engagé six magiciens de l'informatique non seulement pour essayer de supprimer la vidéo de la Toile, mais aussi pour éviter que les médias s'en mêlent.

C'est dire à quel point mon père ignorait le fonctionnement d'Internet : si c'était là une seconde, c'était là *ad vitam aeternam*. Il y avait toujours quelqu'un pour enregistrer l'info et la reposter. Je ne voulais pas être celui qui lui apprendrait que même lui n'avait pas suffisamment de pouvoir pour contrôler le Net et je préférais donc le laisser se bercer d'illusions. Entre nous, cette vidéo n'était pas près de disparaître.

Quand j'étais passé à Avebury Court Manor avant d'emménager dans mon immeuble en forme de bite, maman m'avait demandé si je n'avais pas peur que ma future femme voie la vidéo. J'avais répondu que si elle la regardait elle aurait toutes les raisons de se *réjouir* de ma performance.

En réalité, je m'en foutais car je savais que je ne me marierais jamais. Pourquoi acheter une vache alors que vous pouviez boire le lait de tous les mamelons à votre portée, quitte à développer une intolérance au lactose ? J'avais vu mes amis tomber amoureux et faire l'impossible pour conquérir la fille de leurs rêves. Ça avait l'air particulièrement chiant.

— Non, répondis-je avec un sourire suffisant.

Il fallait bien que je sauve ce qui me restait de fierté. Je commençais tout juste à accepter le fait que mon père avait décidé de gâcher les six prochains mois de ma vie et que je devais encaisser. C'était rageant de ne même pas me rappeler la stupide orgie qui m'avait mis dans la merde. J'aurais aimé pouvoir me raccrocher à ces précieux souvenirs chaque fois que je devrais affronter mon père ou Kill.

— RAS. Aux yeux du monde, je suis aussi irréprochable que toi, vieille branche.

— Arrête de dire « vieille branche », intervint mon père. Tu n'es pas Gatsby le Magnifique.

— Kill est persuadé que toute la vie n'est qu'un combat, grognai-je.

— C'est le cas. Ceux qui perdent sont ceux qui s'en plaignent.

— Grave, mec, répondis-je tout en faisant éclater mon chewing-gum à la cannelle.

Kill me regarda comme si j'avais été victime d'un affreux accident de la route.

— *Grave, mec ?* Qui parle comme ça ? Qu'est-ce que tu as contre notre langue ? Tu la malmènes à la moindre occasion. Elle t'a fait du mal quand tu étais petit ? Montre-moi où sur la poupée.

— Là.

Je pointai ma tempe de mon index, comme si c'était un pistolet, et gonflai les joues pour faire semblant de me tirer une balle dans la tête.

Mon frère secoua la sienne et quitta le bureau, me laissant seul avec mon père. C'était étrange de partager le même espace sans personne pour faire tampon, cela arrivait si rarement.

Il avait toujours semblé avoir une affection particulière pour l'innocente Aisling, et il portait Cillian aux nues, son fils si diablement intelligent et maître de lui-même. Moi, j'étais la créature sauvage à qui il manquait le lustre Fitzpatrick, et nous savions tous les deux pourquoi, même si aucun de nous n'avait les couilles de le dire à voix haute.

Mon père retira ses lunettes et les posa sur son bureau, avant de se laisser aller contre le dossier de son fauteuil pour me demander :

— Tu te souviens du document que je t'ai montré ? Celui dans lequel je te retire de notre testament ?

— Je ne risque pas de l'oublier.

Je crachai mon chewing-gum dans la poubelle de l'autre côté de la pièce, en plein dans le mille. Je n'avais aucune honte à dire que je voulais la fortune de ma famille : mon héritage était ma seule chance de survie. Je n'étais bon à rien, à part baiser et organiser des soirées. Avec ces deux compétences, je ne pouvais prétendre qu'à une carrière de meneuse de revue à Vegas et, malheureusement, je n'avais pas le décolleté pour ça.

— Je l'ai envoyé à mon avocat, signé par ta mère et moi, annonça-t-il, l'air songeur.

Je sentis mes veines s'enflammer et mes poings se serrer le long de mon corps.

— Pourquoi tu ferais ça alors que j'ai accepté tes conditions ? demandai-je d'un ton plus calme que je ne m'en serais cru capable.

L'hystérie ne vous menait pas très loin, dans le clan Fitzpatrick. Plus vous étiez dans l'émotion, plus vous aviez de chances que votre cœur soit broyé par mon père et Kill.

— Je leur ai dit de le garder sous le coude jusqu'au terme de tes six mois, pour que tu saches que ta mère et moi prenons cette histoire très au sérieux.

Je ne dis rien. J'étais à sa merci, et cela me faisait enrager. Finalement, peut-être n'était-ce pas une si mauvaise idée d'aller à la fac, histoire d'avoir un plan B. Je contemplai les gratte-ciel de Boston qui se dressaient de l'autre côté de la vitre. Mes doigts s'enroulèrent autour du cheval en bois pendu à mon cou.

— Arrête d'agripper tes perles et ne gâche pas tout avec la petite Brennan, grogna papa.

Lâchant le cheval de Dalécarlie, je me mordis l'intérieur de la joue jusqu'à sentir la saveur douce et salée du sang couler dans ma bouche.

— Maintenant, déguerpis de mon bureau et va t'installer à ton poste.

— Oui, *monsieur.*

Je ne pensais pas que cette journée pourrait empirer, mais je n'aurais pas dû la sous-estimer. Je passai les heures suivantes à lire tous les documents concernant l'entreprise et à me familiariser avec sa politique, son histoire et ses origines.

Il y avait un tas de trucs que je ne savais pas.

Comme le fait qu'en 2015 des activistes de GreenWorld avaient bloqué soixante-huit de nos stations aux États-Unis pour protester contre notre forage dans l'Arctique.

Ou que nous étions parmi les premières entreprises des États-Unis à employer des personnes ayant des besoins spéciaux, ou que des écoles en Asie de l'Est et en Afrique portaient notre nom parce que nous les avions financées.

Royal Pipelines semblait être une épée à double tranchant : bénéfique pour certaines communautés, désastreuse pour d'autres. Je me demandais si ça inquiétait mon père et Kill de foutre la planète en l'air. À mon avis, ça ne leur faisait ni chaud ni froid.

Après une journée en enfer, mes connaissances sur l'entreprise furent testées par mon connard de frère condescendant, qui me renvoya à mon bureau avec six autres pavés à lire. Voilà comment je me retrouvai à quitter le bureau à 19 heures, sonné, affamé, loupant mon premier cours du soir à la fac et avec une migraine qui me laissait penser qu'une rave composée uniquement de meufs en talons aiguilles avait été organisée dans mon crâne.

Je n'avais qu'une envie : sauter dans un taxi, rentrer à la maison et m'enfiler le repas préparé par le chef à domicile. Je commandai un Uber et me postai au bord du trottoir, regardant la nuit bleu velours descendre sur la rue éclairée de jaune. Une Maserati flambant neuve s'arrêta devant moi. La porte passager s'ouvrit à la volée.

— *Monte*, m'ordonna une voix avec un fort accent du Sud.

Je haussai un sourcil et penchai la tête sur le côté.

— Charmante invitation, mais je passe mon tour.

C'était bon de savoir que je plaisais toujours, même en bossant à plein temps. Peu importait que ce soit un mec : un compliment était un compliment, un signe vital. *Plus que cent quatre-vingt-un jours d'abstinence.*

— Monte tout de suite, ou j'irai te rendre visite dans ton nouvel appartement de luxe. Et, crois-moi, tu ne veux pas qu'une femme assiste à la conversation qui va suivre.

Troy Brennan.

Merdemerdemerdemerdemerde.

Mon père et lui avaient élaboré ensemble les modalités de mon arrangement avec Sailor, mais je ne l'avais jamais rencontré – sûrement selon la volonté de mon père qui voulait me protéger d'une mort certaine et était sûr que j'aurais lâché quelque chose d'inapproprié ou d'offensant. Ou peut-être parce qu'il était plus fier de ses étrons que de moi et mes conneries.

Quoi qu'il en soit, Brennan était là, et il voulait me parler. Il m'était impossible de refuser. Je montai dans sa voiture, qui sentait le cuir lustré et la richesse. J'en avais le goût sur la langue. Je pris une profonde inspiration ; je sortais de neuf heures de boulot, mais c'était comme si j'avais bossé dix ans à la mine.

J'appuyai la tête contre le cuir moelleux et frais du siège, fermant les yeux, conscient qu'il m'observait. Ma pomme d'Adam tressauta, et je m'humectai les lèvres, ignorant son regard aussi tranchant qu'un fil de rasoir.

Troy démarra. Je ne demandai pas où nous allions ; il y avait peu de chances qu'il me réponde et je n'aurais pas eu mon mot à dire de toute façon. L'avantage c'est que, si je mourais, je n'aurais pas à me pointer au boulot demain.

— Tu sais qui je suis, je te fais confiance là-dessus.

Il tourna dans une rue transversale, coupant Haymarket et Bowdoin.

— Tout juste, lâchai-je, un peu groggy.

J'étais à deux doigts de m'endormir dans sa voiture. Il pouvait me découper en morceaux, je ne penserais qu'au confort et à la chaleur du sac mortuaire qui m'attendrait. Ça m'était même égal de faire baisser ma note Uber parce que j'avais posé un lapin au chauffeur.

— Alors tu sais pourquoi tu es ici.

Troy avait une vraie voix de méchant. On aurait dit Shredder des Tortues Ninja. Et il accordait bien facilement sa confiance pour un mec censé avoir assez de squelettes dans son placard pour ouvrir un cimetière. Je me forçai à rouvrir les yeux, réprimant un bâillement, et me concentrai sur sa silhouette sombre.

— J'imagine que c'est pour entendre quelque chose du style : touche pas à ma fille, ne lui brise pas le cœur – ni l'hymen –, ne lui mets pas d'idées dans la tête, bla-bla-bla…

Je me tus, me demandant ce que le chef avait préparé à manger. Je ne savais même pas si le cuistot en question était une fille ou un mec, vieux ou jeune. Je ne le saurais probablement jamais, vu mon rendez-vous actuel.

Troy stoppa soudain la voiture alors que nous roulions assez vite, laissant des marques de freinage sur le bitume, à en croire le crissement des pneus. Les voitures klaxonnèrent derrière lui. J'entendis même un bruit de dérapage, suivi d'un accrochage. Mais Troy se contenta de me fixer du regard comme si j'étais le mec le plus fou qu'il ait jamais rencontré.

— Non, petit rigolo. Tu n'as aucune chance avec ma fille. Elle n'est pas de la même trempe que les garces auxquelles tu es habitué. Pourquoi supposerais-je qu'elle a besoin qu'on la protège de toi plus que tu n'as besoin qu'on te protège d'elle ?

— Ouais. Pourquoi ? demanda une voix derrière moi.

Je fis un tel bond sur mon siège que je me cognai au toit de la voiture. Bordel de merde. Je tournai vivement la tête, furieux. Un homme était assis dans l'ombre à l'arrière. Il semblait un peu plus âgé que moi et grand ; les traits ciselés, caucasien, il ressemblait à un gangster – avec son air cruel à souhait.

— Et vous êtes ? demandai-je.

— Sam Brennan. Le fils adoptif de Troy.

— Mon fils tout court, corrigea Troy d'un ton neutre.

Oooh ! même ce connard de ninja tueur en série aimait son fils plus que mon père ne m'aimait.

J'avais entendu parler de Sam. La rumeur disait qu'il était très jeune quand il avait perdu ses parents – le meilleur ami de Troy et son ancienne maîtresse. Troy et sa femme, Sparrow, l'avaient officiellement adopté quasiment au moment où Sailor était née.

— Ce qui fait de moi le frère un peu dérangé, aigri et surprotecteur de Sailor. Ce qui fait de *toi* le candidat idéal pour mon poing.

Quelle famille, putain ! Pas étonnant que Sailor soit une dure à cuire. La testostérone chez les Brennan devait être au même niveau que celui de toutes les fraternités de la côte Est réunies.

— C'est une menace ? demandai-je en montrant les dents.

— Oui, répondirent Troy et Sam d'une même voix monocorde.

La petite diablesse savait manier une arme mortelle à un niveau olympique, si quelqu'un avait besoin qu'on le protège dans cet appartement, c'était *moi*.

— Si vous croyez que votre précieuse petite Sailor est trop bien pour moi, alors qu'est-ce que je fous ici ?

D'autres voitures se mirent à klaxonner. Une Honda blanche fit beugler son klaxon en continu, augmentant la pression dans mon crâne, prêt à exploser. J'avais envie de foutre le feu à tout Boston, à commencer par Troy, Sam, Sailor et ma famille proche (à l'exception peut-être d'Aisling et de son furet de compagnie, Shelly, si elle l'avait encore).

— Tu es ici parce que j'ai eu vent de tes exploits en Californie et que je ne veux pas que ma fille souffre parce que tu es moins civilisé qu'un chimpanzé. Alors je préfère te prévenir : pas de coups fourrés, pas de blagues, pas de mauvaises farces. Tu fais en sorte que l'appartement soit propre et rangé, tu ne fais pas de bruit, et tu restes poli et courtois avec elle. *Amical.* Compris ?

Pour un mec qui bloquait une rue passante de Boston à l'heure de pointe, Troy avait l'air sacrément nonchalant. Je me demandais ce que ça faisait, de marcher avec des couilles de cinq tonnes. Beaucoup de problèmes de dos, certainement.

Je le regardai comme s'il était fou. À sa décharge, il l'était.

Sailor avait-elle rapporté à son père que j'étais bordélique ? Elle ne semblait pas du genre à cafter, mais que savais-je vraiment d'elle, après tout ?

Je sais qu'elle peut me tuer. Et que cette possibilité ne lui déplaît pas.

— Je suis amical à mort, monsieur. Je lui ai offert une carte cadeau hier.

Et je lui ai massé les pieds avant qu'elle foute tous mes plans en l'air. Je passai ce contact physique sous silence par égard pour mes parties.

— Elle n'a pas besoin de cartes cadeaux. Offre lui le cadeau de ne pas être idiot. Parce que si tu la blesses je devrai te tuer. Et ce n'est pas une façon de parler : je te tuerai, littéralement.

Je gardai les yeux rivés sur lui, attendant un rire et une tape dans le dos qui n'arrivèrent jamais.

— Il est retardé ou sous le choc ? demanda Sam en s'allumant une cigarette.

— Les deux, répliqua son père, impassible.

— Juste sous le choc, lâchai-je. Ce n'est pas tous les jours qu'on me menace de mort.

— Étonnant, fit remarquer Troy avec sarcasme.

— Plus qu'une menace, c'est une promesse, si tu dépasses les limites, corrigea Sam.

J'essayai de trouver quoi dire sans passer pour un chouineur.

— Je vais le dire à mon père.

Raté. Je passais pour un chouineur *et* une flippette.

— Il le sait déjà, et disons que ce ne serait pas une grande perte pour lui, fit Troy avec dédain.

Touché.

— Je pourrais le dire à la police, rétorquai-je.

— Elle est à notre solde, répondit Sam dans mon dos en bâillant. Il y a d'autres personnes à qui tu veux rapporter notre conversation, ou tu peux avoir des couilles et être un être humain correct ?

Dit comme ça, je n'avais pas trop le choix.

Et puis, est-ce que j'étais réellement en train de me faire juger par deux tueurs ? *Il faudrait vraiment que je remette ma vie en question.*

Troy redémarra enfin, ne prêtant toujours aucune attention aux autres automobilistes qui nous doublaient à toute vitesse en criant et en nous faisant des doigts d'honneur. Ce fut seulement quand nous fûmes arrivés au pied de l'immeuble-pénis du West End où Sailor et moi habitions que je me rendis compte que j'avais retenu ma respiration pendant tout le trajet.

J'inspirai des goulées d'oxygène comme si je remontais d'une apnée de trois minutes. Troy déverrouilla les portières, et j'ouvris la mienne.

— Souviens-toi, dit-il depuis les profondeurs de sa voiture, le visage obscurci par les ombres de la rue. Tu es gentil.

— Et irréprochable, lança la voix de Sam à l'arrière.

— Je serai si gentil qu'elle ne s'en relèvera pas, répliquai-je, hargneux.

— Bon sang, je n'avais jamais rencontré quelqu'un qui a autant envie de s'en prendre une ! souffla Troy. Dégage avant que je te donne satisfaction.

Dans l'ascenseur montant en flèche jusqu'au *penthouse*, je pris conscience d'un détail, cerise sur le gâteau merdique de la journée tout aussi merdique que je venais de passer : les sous-fifres de mon père avaient dû me voir embarquer dans la voiture de Troy – ils gardaient un œil sur moi où que je sois. Et ils n'avaient rien fait pour me sortir de là.

J'étais vraiment seul au monde.

6

Sailor

Cette semaine-là, mon visage s'affichait sur tous les bus de Boston. C'était une vieille photo où je souriais à l'objectif, mon arc serré contre ma poitrine. La légende disait :

Sailor Brennan en route pour les jeux Olympiques !

L'œuvre de Gerald Fitzpatrick, à n'en pas douter. Il honorait sa promesse de me garantir plus de visibilité. Il avait engagé une équipe pour alimenter mes profils négligés (ou plutôt : inexistants) sur les réseaux sociaux, notamment Twitter, Instagram et Facebook. Il m'avait également assigné une chargée de communication, Crystal, dont le fort accent de Long Island donnait l'impression qu'elle fumait cinq paquets de cigarettes par jour.

Chaque fois que je me voyais avec ce sourire hystérique sur un bus, j'avais envie de disparaître… mais je ne me plaignais pas.

Et puis, il y avait Hunter.

Il avait passé ces cinq derniers jours à faire comme si je n'existais pas. Au moins, il restait poli et ordonné.

À sa décharge, nous n'avions ni l'un ni l'autre le temps de

sociabiliser. Je quittais l'appartement à 6 heures tous les matins pour aller à la salle de sport, puis au club de tir à l'arc jusqu'au soir pour m'entraîner ou donner des cours. De 9 heures à 20 heures, Hunter travaillait, puis allait en cours.

Quand il rentrait, il prenait deux assiettes du plat que la chef, Nora, avait laissé sur la cuisinière, allait dans sa chambre avec des tas de manuels sous le bras et claquait la porte derrière lui avec le pied. Le matin, je trouvais les assiettes lavées et la porte de sa chambre légèrement entrouverte, laissant filtrer son léger ronflement dans le couloir.

Cela m'inquiétait qu'il ne fasse pas de pause. Même si ça n'aurait pas dû ; Hunter n'était pas mon problème.

Sauf que… si, en réalité.

Mon travail était en partie de m'assurer qu'il allait bien. Peut-être devrais-je envoyer un mail à Gerald concernant l'humeur de son fils. J'étais censée faire un rapport détaillé chaque semaine au patriarche Fitzpatrick, mais ces rapports étaient d'ordre technique, et il n'avait jamais évoqué la santé mentale de Hunter dans son briefing.

J'avais pris l'habitude de ne pas parler de Hunter à mes parents. J'ignorais toutes les questions à son sujet et concentrais mes conversations avec eux sur Junsu et l'entraînement, de plus en plus éreintant. Samedi, Hunter et moi devions assister à un gala de bienfaisance organisé par Royal Pipelines ; je me rassurais en me disant que je pourrais vérifier si tout allait bien à ce moment-là.

Les Fitzpatrick avaient préféré que nous nous retrouvions dans un endroit neutre afin de pouvoir nous familiariser les uns avec les autres avant de dîner ensemble. Ils étaient loin de se douter que ça ne me gênerait pas le moins du monde de les retrouver en Antarctique ou dans une ruelle glauque du moment que je pouvais me pointer en jean déchiré, baskets et T-shirt de sport. Puisqu'une telle tenue n'était pas envisageable à une soirée à cinq mille dollars par tête au clinquant Roosevelt Hotel, je dus acheter une vraie robe.

Je possédais précisément zéro robe. Belle et Persy, toutes deux plus voluptueuses que moi et donc dans l'incapacité de me prêter quoi que ce soit, volèrent à mon secours. Je pensais qu'elles me traîneraient au centre commercial – la définition de la torture à mes yeux – et me préparais déjà à un après-midi en enfer.

Le vendredi, dès qu'elles eurent fini les cours et que Junsu m'eut libérée de l'entraînement, Emmabelle m'envoya un message pour que je les retrouve à une adresse dans le sud de la ville. Quand je la rentrai dans Google Maps, je découvris que c'était une boucherie. Je m'abstins de tout commentaire ; ça aurait été ingrat de ma part de poser des questions, et elles savaient très bien que je n'étais pas le genre de fille à assumer un look fort comme la robe en viande de Lady Gaga.

Je me garai devant une rangée de bâtiments en briques rouges, dont un doté d'une porte en métal noir, clairement celle du boucher. J'attendis dans ma voiture, moteur toujours en route, à me mordiller la peau morte autour des ongles. *There's No Home for You Here*, des White Stripes retentissait via Bluetooth. Ce titre me fit penser à Hunter.

J'hésitais à aller à ce gala. Je détestais les soirées, n'avais jamais dansé de ma vie, et ce n'était pas pour rien que je n'allais jamais faire les boutiques – j'avais l'impression de n'être qu'un pauvre cintre quand j'essayais des vêtements chics. Je voyais toujours mes côtes pointer à travers le tissu, le contour de mon sternum pareil à celui d'un cadavre.

Pourtant, la compétitrice en moi voulait aller au bout. La famille de Hunter comptait sur moi, j'avais besoin de l'appui de son père pour ma carrière, et puis je le devais à Hunter, malgré mon aversion pour lui.

On toqua à ma fenêtre, ce qui me fit bondir. Je ne sais pas pourquoi, je pensais que ce serait lui. Mais non. De l'autre côté de la vitre, Belle me montrait sa rangée de dents blanches et nacrées. Elle fit danser ses sourcils et ouvrit la portière en exécutant une courbette. Derrière elle, Perséphone sautillait sur place en lançant des petits cris de joie. Je sortis de la voiture, non sans méfiance.

— Une boucherie, hein ?

Je pris ma besace en cuir marron, que je pendis à mon épaule. Leur excitation m'inquiétait.

— Garde l'esprit ouvert, meuf, me dit Belle en souriant. L'autre couillon ne saura pas ce qui lui arrive quand il verra comme t'es canon sous tes guenilles.

— Sérieux, Hunter va *décéder* quand on en aura fini avec toi, renchérit Persy en me poussant vers la mystérieuse porte noire de l'autre côté de la rue.

— Au sens propre ? marmonnai-je.

Demain, j'allais être obligée de discuter avec Hunter. Après cinq jours de silence radio. À ma grande surprise, ma haine envers lui s'était dissipée, pour n'être plus qu'une petite étincelle d'antipathie.

— Persy et moi sommes arrivées à la conclusion que pour que Hunter grandisse et prenne ses responsabilités, et pour que toi tu… eh bien, pour que tu apprennes la vie et que tu en aies une tout court, il faut que vous tombiez amoureux, expliqua Belle en frappant à la porte en métal, qui fit un bruit de ferraille sous ses doigts couverts de bagues.

Si Perséphone était d'une beauté conventionnelle, Emmabelle était une sorte de pin-up impudente qui n'avait jamais été apprivoisée. Aujourd'hui, Persy avait mis une robe à pois rouges, tandis qu'Emmabelle portait un pantalon en cuir ultra-moulant et un T-shirt de luxe en tissu blanc et plein de trous, qui devait coûter une fortune. Elle avait des lèvres pleines, boudeuses et infiniment rouges, et des yeux d'un bleu profond, tel l'océan un jour d'orage – une sœur Hadid cachée. Et si Hunter me trouvait grande gueule, je n'étais rien à côté de Belle, qui l'aurait démoli en deux secondes.

— La seule personne que Hunter Fitzpatrick est capable d'aimer, c'est lui-même. Et encore, il n'est pas doué. Regarde dans quel merdier il s'est fourré, fis-je remarquer.

À part ma famille, Belle et Percy étaient les seules personnes à qui j'avais parlé de mon arrangement avec Hunter. Je serais prête à mettre ma vie entre leurs mains et savais qu'elles n'en souffleraient mot à personne.

La porte rouillée s'ouvrit en grinçant. Un vieil homme au visage ridé, aux cheveux blancs et portant un tablier de boucher en vinyle nous salua de la tête, puis nous conduisit jusqu'à son jardin en silence. Il sentait la viande crue et la sueur – on était loin de chez Macy's. Nous le suivîmes jusqu'à un cabanon, et j'étais sur le point de demander à mes amies si c'était un escape game quand il actionna la serrure, ouvrit la porte et nous fit signe d'entrer sans pénétrer lui-même à l'intérieur.

— Tout est à moins soixante-dix pour cent par rapport au prix de vente officiel. Pas de reçus. Pas de remboursements, dit-il d'un ton bourru.

Puis il tourna les talons pour nous laisser seules.

Je fixai mes amies du regard, perplexe.

Retirant son chapeau pour le lancer à sa sœur comme un boomerang, Belle haussa les épaules.

— Le diable s'habille en Prada, mais il faudrait que je vende mon âme pour pouvoir en porter. Heureusement, je *peux* me payer ça.

— Où trouve-t-il ces vêtements ?

J'étais médusée, même si j'étais mal placée pour leur faire la morale. Mon père versait dans des activités plus que louches, et

Sam suivait sa trace. La différence c'était que, moi, je n'avais rien à voir là-dedans.

— Il a des gars qui pillent les bateaux avant qu'ils arrivent au port. Genre Far West. Ils savent où chercher, et quoi… *extraire*.

Emmabelle ricana, puis elle actionna un interrupteur avec une telle habitude que je compris que ce n'était pas la première fois qu'elle venait. Elle s'avança tranquillement dans la pièce remplie de portants où s'étalaient des rangées entières de robes de mariée, de soirée ou de luxe, que je n'avais vues que sur des starlettes hollywoodiennes. J'ouvris la bouche pour leur dire que c'était une mauvaise idée, mais Persy posa son doigt en travers de mes lèvres pour me faire taire.

— Écoute, moi non plus ça ne me plaît pas trop, tout ça. Mais tu détestes le shopping, les rues bondées et, eh bien… les *gens*. C'est notre meilleure option.

— Ce n'est pas réglo, murmurai-je.

Je fermais les yeux sur les activités de mon père et de Sam, pour pouvoir les aimer de tout mon cœur. Mais cela ne voulait pas dire que j'étais d'accord avec leur choix de carrière.

— Allez, Sailor ! lança Emmabelle en riant, disparaissant déjà sous les tissus luxueux des robes qu'elle avait sélectionnées. Les seuls à qui on fait du tort sont les couturiers qui font payer deux mille dollars une robe qui leur en a coûté cinquante à produire. Ce n'est pas en achetant une tenue de soirée que tu vas faire s'effondrer notre économie.

Je hochai la tête, prenant une profonde inspiration.

— D'accord, mais choisissez-en une qui ne me fera pas ressembler à une meringue couverte de chantilly.

Persy tapa dans ses mains et dépassa sa sœur pour aller fouiller sur le portant XXS. Je mordillai la peau morte autour de mon ongle tandis qu'elles sélectionnaient et pendaient à leurs bras une succession de robes qu'elles voulaient me faire essayer.

Mon téléphone tinta dans ma poche arrière. Je le sortis pour lire le SMS reçu de la part de… HHH ?

HHH : N'oublie pas le gala de bienfaisance de samedi.

Sailor : Qui est-ce ?

HHH : Tu comptes aller à un gala de bienfaisance avec beaucoup de monde ?

Sailor : Hunter ? Tu t'es enregistré dans mes contacts ?

HHH : Le fait que je sois enregistré devrait se passer d'explication.

Sailor : Comment oses-tu toucher à mes affaires ?

HHH : Tout doux, la tueuse. Je n'ai pas touché à ton téléphone.

Sailor : Alors comment tu as fait ?

HHH : J'ai demandé à un ami hackeur.

Sailor : PARDON ?

HHH : Tu prends la mouche plus vite qu'une duchesse anglaise du XVIe siècle. Calmos, Carrot Top. Je n'ai pas fouillé dans tes affaires.
(J'y trouverais rien d'intéressant de toute façon.)

Sailor : Tu sais que c'est illégal de faire ça ?

HHH : Arrête-moi si je me trompe, mais je ne crois pas que ton père soit juge à la Cour suprême.
Et ton grand frère ne fait pas des études pour devenir avocat, il me semble.

Sailor : Je vais te tuer.

HHH : Y'a la queue, ma belle. T'es même pas dans les vingt premières sur la liste.

Et tu ne m'as toujours pas répondu pour samedi. Au fait, tu ne peux pas y aller en pantalon de sport et sweat à capuche. Surtout pas à mon bras.

Sailor : Ça veut dire quoi, HHH ?

HHH : Hot Hot Hunter, bien sûr.

Sailor : Je ne sais pas quoi dire.

HHH : On dit qu'une image vaut mille mots. Envoie des nudes.

Sailor : Je ne crois pas que je serai capable de te supporter plusieurs heures de suite.

Persy et Belle éclatèrent de rire dans un coin de la pièce. Cela attira mon attention et, soudain, j'eus un déclic. Une idée qui pouvait en partie alléger cette histoire de gala. Je tapai mon message en vitesse avant que Hunter ait le temps de m'envoyer un nouveau commentaire sarcastique – les trois points à côté de son nom étaient déjà en train de s'agiter.

Sailor : Je veux inviter deux amies à la soirée, mais c'est toi qui paies.

HHH : Ça sent la négociation.

Sailor : Je ne te laisserai ni boire ni ramener qui que ce soit chez nous.

HHH : Ce n'est pas comme ça que tu vas me vendre ton truc, CT.

CT ? *Carrot Top*. Bordel.

Sailor : Qu'est-ce que tu veux ?

HHH : Qu'est-ce que tu proposes ? ;)

Je réfléchis. Belle et Persy étaient en train de chercher comment me coiffer et me maquiller pour la soirée. Oui. Les avoir près de moi me soulagerait d'une certaine pression, et elles pourraient me retenir si l'envie soudaine de tuer Hunter me prenait. Et puis, elles adoraient les soirées chics. Elles s'amuseraient comme des folles.

Sailor : Tu pourras boire une bière.

HHH : Pardon, j'ai l'air d'avoir douze ans ?

Il n'avait pas tort, mais je ne voulais pas trop enfreindre les règles.

Sailor : Mes amies sont canon. Rien que traîner avec elles, c'est une garantie de bon temps.

HHH : Rien de mieux que de taper la discute avec des filles canon quand tu as fait vœu de chasteté, putain. Va falloir faire mieux, CT.

Sailor : Arrête de m'appeler comme ça !

HHH : Arrête de lui ressembler !

Sailor : Pourquoi tu ne me dis pas ce que tu veux, tout simplement ?

HHH : Ma foi, j'ai cru que tu ne poserais jamais la question. Un baiser.

Sailor : De qui ?

HHH : Une banshee aux cheveux de feu.

Je retins mon souffle, une drôle de sensation chaude et papillonnante envahissant ma poitrine, des picotements gagnant tout mon corps. J'espérais que c'était la crise cardiaque que je méritais pour avoir envisagé de l'embrasser.

Sailor : Pourquoi ? Tu m'appelles Carrot Top et tu me trouves détestable.

Je sentis mes doigts devenir moites alors que je tapais.

HHH : Carrot Top n'est pas détestable. Il est même plutôt drôle pour un mec qui a mille ans. Oui ou non ?

Sailor : C'est de la triche. Tu es censé rester abstinent.

HHH : Il y a de la marge entre un baiser et une baise.

En l'occurrence, l'agression visuelle que tu appelles tes vêtements.

Sailor : Tu me dégoûtes.

HHH : Et te tente à la fois. Tu veux m'essayer. Pour voir pourquoi on en fait tout un plat.

Sailor : Ne me fais pas dire des trucs que je n'ai pas dits.

HHH : Mais je peux te faire *faire* des trucs ? ;)

Sailor : Tu ne supportes même pas de me regarder. Ça fait cinq jours que tu fais comme si je n'existais pas.

HHH : Ça fait cinq jours que je ne me suis pas regardé dans le miroir, vieille branche. J'ai pas eu une minute à moi. OUI OU NON ?

Sailor : Quand ?

HHH : Quand ce sera le bon moment. C'est moi qui déciderai.

Sailor : Sans la langue.

HHH : Avec la langue, sans pelotage.

Sailor : TU NE M'APPRÉCIES MÊME PAS.

HHH : Bordel, qu'est-ce que ça a à voir avec tout ça ? Tu es la seule fille disponible dans mon périmètre.

Sailor : Merci.

HHH : De rien.

Sailor : Ce baiser ne voudra rien dire.

HHH : Fallait le dire avant que j'imprime les faire-part de mariage. Mets une robe.

— On a trouvé la bonne ! cria Persy en agitant un cintre.

Je levai les yeux, les joues si brûlantes que je devais avoir l'air d'être sur le point d'exploser.

— Holà, fit Emmabelle en lâchant une pile de fringues, les yeux rivés sur mon visage. Sailor, pourquoi on dirait qu'on vient de t'inviter à ton propre enterrement ?

— Parce que…

Je mordis nerveusement la peau au coin de mon index.

— … je crois que c'est exactement ce qui vient de se passer.

7

Sailor

Quand j'annonçai à Belle et Persy qu'elles m'accompagneraient au gala de bienfaisance, elles poussèrent des cris si perçants que je crus devenir sourde. Le jour J, elles arrivèrent chez moi plusieurs heures en avance pour se préparer. C'étaient de vraies déesses des temps modernes : Persy portait une robe blanche romantique, tandis que Belle était moulée dans une minirobe léopard. Elles me donnèrent ma propre tenue de soirée – une robe bustier vieux rose avec un décolleté en cœur. Sur le devant, les broderies florales attiraient l'œil et soulignaient comme par miracle mes courbes non existantes. Persy releva mes cheveux en un chignon flou mais sexy, d'où elle fit s'échapper quelques mèches qui venaient encadrer mon visage. Emmabelle prit en charge mon maquillage, optant pour des couleurs neutres et une épaisse couche d'eye-liner, puisque c'était ce qui fonctionnait le mieux avec mon teint pâle et mes cheveux roux. Quand j'entendis Hunter se lever pour se préparer, j'étais fin prête et plus belle que jamais.

C'était drôle de se dire que nos complexes étaient parfaitement opposés : Hunter se trouvait stupide, et je me trouvais peu séduisante.

Je le méprisais pour son physique, et lui me considérait comme moche et d'un ennui mortel. En fait, nos blessures personnelles avaient fait de nous des ennemis tout trouvés.

Hunter sortit de sa chambre tête baissée – il était en train d'attacher ses boutons de manchette, son nœud papillon en velours noir encore défait. Lorsqu'il leva les yeux et nous vit dans le salon – à profiter du dernier rayon de soleil, Emmabelle penchée sur moi pour appliquer du gloss sur mes lèvres – il s'arrêta.

— Putain de merde, s'exclama-t-il avec un sifflement.

Nous tournâmes toutes les trois la tête vers lui. Sa beauté impériale arracha un petit cri de surprise à Persy tandis que Belle le déshabillait du regard, vêtement par vêtement, les pupilles dilatées.

Je m'éclaircis la gorge pour lui répondre :

— Je t'avais prévenu qu'elles étaient magnifiques.

— C'est toi que je regarde, Carrot Top.

Ses yeux étaient braqués sur moi, effaçant tout ce qui nous entourait dans un flou artistique et irradiant une chaleur qui aurait pu me consumer vivante. À cet instant précis, je ne demandais que ça.

— Sans vouloir vous offenser, les filles.

— Pas de souci, répondit Emmabelle avec un sourire entendu.

— Je parlais aux seins de Sailor.

Mes amies éclatèrent de rire.

Perdant momentanément la faculté de former des mots, je tournai la tête vers Belle. Nos regards se croisèrent, et je compris qu'elle se délectait de la situation.

— Film Disney, murmura-t-elle en se penchant au-dessus de moi, dos à Hunter. Fais-toi aimer du prince. Pars à l'assaut du château. Deviens sa reine.

Elle avait officiellement perdu la raison.

— Vous êtes prêtes ? demanda Hunter en nouant son nœud papillon d'une main.

J'avais oublié ses origines aristocratiques et ses compétences très personnelles comme – au hasard – attacher son nœud papillon d'une seule main en ayant l'air très sexy.

— Oui ! s'écrièrent Persy et Belle.

— CT ?

Il me regarda avec malice. Il était redevenu lui-même, après avoir disparu toute la semaine.

— Quand est-ce que tu vas arrêter de m'appeler comme ça ?

— Hmm, probablement jamais.

Je laissai mes amies serrer la main de mon colocataire pendant que je tentais de réguler mon rythme cardiaque et buvais deux verres d'eau, initiative que je regrettai aussitôt. Faire pipi dans cette robe s'annonçait plus compliqué que d'être qualifiée aux jeux Olympiques.

Le trajet jusqu'au Roosevelt Hotel fut très animé. Belle et Persy questionnèrent Hunter sur sa vie en Californie. Non seulement il répondit, mais il sembla porter un intérêt sincère à leurs études et leurs vies. Quand la limousine s'arrêta en douceur devant l'hôtel, j'étais la seule à ne pas m'amuser comme une folle.

Lorsque nous pénétrâmes dans le hall, une organisatrice toute en noir légèrement hystérique se précipita vers nous et se présenta à mes amies sous le nom de Penny.

— Je vous kidnappe une seconde pour récupérer vos billets et inscrire vos noms pour le grand prix. Merci de soutenir la fondation « School is Cool » !

Je n'eus pas le cœur de dire à Penny que mes amies n'avaient effectué aucun don et sentis la panique me serrer la gorge en les voyant galoper à l'autre bout du hall avec elle.

Hunter se tenait à mes côtés, mains dans les poches, les yeux rivés sur les deux sœurs.

— Tu n'as pas exagéré. Elles sont vraiment canon.

— Crève.

— Ne me tente pas après la semaine que j'ai passée.

— Comment tu as réussi à payer les billets ?

Je savais que ça ne se faisait pas de demander à quelqu'un de dépenser dix mille dollars pour des amis. Mais c'était pour la bonne cause. Et dix mille dollars, ce n'était rien pour un homme comme Gerald Fitzpatrick.

— J'ai dit à mon père que je devais de l'argent à mon dealer.

Je m'étranglai.

— C'est vrai ?

Il quitta mes amies des yeux pour me fusiller du regard.

— C'est quoi ton problème ? Je n'ai pas de dealer. Ni de problème de drogue. J'avais juste besoin de résoudre ce merdier. Mon père ne peut pas refuser une occasion de penser du mal de moi, alors c'est passé tout seul. S'il pouvait débusquer ce dealer imaginaire et le convaincre de couper ma cocaïne avec de l'anthrax, de l'E. coli et du cyanure, il le ferait.

— Je ne peux pas le lui reprocher, raillai-je.

Je ne le pensais pas. Hunter ne méritait pas ça. Il n'était pas malveillant en tout cas, c'était certain.

— Je ne ferais pas ça, si j'étais toi.

— Quoi donc ?

— Me détester avec tant de passion. Ta rage me donne une demi-molle, et j'ai encore un baiser à encaisser quand je veux.

Et l'enflure est de retour.

— Pas quand tu veux. Personne ne doit nous voir nous embrasser.

J'essuyai mes mains moites sur ma robe et fis mine d'admirer l'élégant hall, avec son sol en marbre couleur or rose, ses rideaux rose pâle et ses meubles d'une teinte champagne.

Ce n'était pas que je n'avais pas d'expérience en la matière ; j'avais eu un petit ami en première et terminale. Beau était archer, comme moi. Nous allions au même lycée et fréquentions le même club de tir à l'arc. Nous ne participions jamais à des soirées, et je ne lui parlais pas vraiment, au lycée ; il avait son propre groupe d'amis et ne cherchait pas ma compagnie non plus. Mais on s'entraînait souvent ensemble l'après-midi et, parfois, on allait chez lui ensuite. On regardait un film, on s'embrassait, et, plus âgés, on couchait ensemble. Pour autant, on n'avait jamais défini notre relation, on ne s'offrait pas de cadeaux et on ne fêtait pas la Saint-Valentin.

Même notre rupture s'était faite sans émotion. Un jour, il m'avait annoncé qu'il avait décroché et accepté une bourse dans une université canadienne possédant un centre d'entraînement très compétitif. J'étais sincèrement heureuse pour lui, ce qui pour moi était *normal* quand on tenait à quelqu'un. Quand j'avais transmis la bonne nouvelle à ma mère en lui disant que c'était génial pour Beau qu'il déménage au Canada, elle m'avait regardée comme si je venais de m'échapper de l'asile et m'avait forcée à m'empiffrer de glace tout en regardant *Blue Valentine* avec elle.

— Tu veux qu'on se roule des pelles maintenant ? Ça a vite dégénéré. C'est à cause du costume ? demanda Hunter, laissant de nouveau ses yeux dériver vers Persy et Belle.

Combien serait-il prêt à payer pour me remplacer par l'une d'elles ? Très cher, à n'en pas douter. Cette idée me donnait la nausée.

— C'est plutôt dû au fait qu'on ne s'est pas parlé depuis presque une semaine, dis-je en farfouillant dans le sac en velours noir que j'avais emprunté à Emmabelle.

Je ne cherchais rien de précis, mais j'avais besoin de m'agiter pour reprendre contenance.

— Ce baiser aura intérêt à valoir dix mille dollars, siffla-t-il.

— Aucun baiser ne vaut tant que ça, répliquai-je en fermant le sac avec un « clic » sonore.

Il se tourna vers moi, calme et serein.

— On voit bien que tu n'as jamais été embrassée par un Fitzpatrick.

— Parce que toi si ? rétorquai-je en haussant un sourcil. C'était ton frère ou ta sœur ? J'espère que c'était ton frère. J'adore voir deux mecs se chauffer.

Il renversa la tête en arrière et rit si fort que l'écho de sa voix retentit sur les murs. Un groupe de personnes s'approcha de nous, et je les reconnus immédiatement : les Fitzpatrick.

Le père de Hunter était grand et massif, tandis que sa mère semblait frêle et délicate comme une plume. Son frère aîné avait l'air d'un méchant à la beauté diabolique, et sa sœur, en comparaison, passait pour une Blanche-Neige toute réservée. Contrairement à ses deux frères, Aisling n'avait pas les cheveux clairs. Ils étaient d'un noir de jais, qui ne faisait que souligner ses pétillants yeux bleus. Ils étaient sur leur trente-et-un et, à part Aisling, paraissaient tous d'humeur massacrante.

Je me raidis en les voyant se diriger vers nous et songeai même à tourner les talons pour m'enfuir. Hunter dut le sentir puisque sa main trouva le bas de mon dos. Il me touchait à peine mais, étrangement, ce simple contact suffit à me donner du courage.

— Respire, murmura-t-il d'une voix posée. Souviens-toi, ce ne sont que des êtres humains. Ils mangent. Ils pètent – fort, parfois – et, pour répondre à ta question, oui, Cillian et moi on se roule des pelles en permanence, et il met beaucoup trop de langue.

Je me mordis la joue pour ne pas rire.

La famille Fitzpatrick s'arrêta devant nous, et Hunter fit les présentations, même si nous nous étions déjà rencontrés.

— Sailor, je te présente mon père, Gerald, commença-t-il en montrant son paternel, dont je serrai la main ferme et rêche.

— Ravie de vous revoir, dis-je en m'efforçant de lui adresser un sourire sincère.

— Je ne sais pas encore si la réciproque est vraie, maugréa son père, ce qui lui valut un coup de coude de la part de sa femme. Comment s'est comporté mon fils jusqu'à présent ? Mieux qu'au bureau, j'espère.

— Il a été sage comme une image, répliquai-je, sentant la pression de la main de Hunter s'intensifier dans mon dos.

C'était la vérité. Je l'avais peu vu, mais il filait droit.

— Contente de vous retrouver, intervint Jane en prenant ma main entre les siennes avec un sourire las – elle avait toujours l'air triste. Merci beaucoup pour ce que vous faites.

— *Maman*, gronda Hunter.

J'éclatai de rire.

— Avec grand plaisir, madame Fitzpatrick.

Quand Cillian referma sa main calleuse sur la mienne, je levai les yeux, et mon cœur s'arrêta : sa beauté était aussi cruelle que son expression. Je n'avais pas souvenir d'avoir jamais rencontré quelqu'un d'une indifférence si brutale, et cela incluait mon propre père. Malgré ses tendances à la sociopathie, Troy Brennan nous adorait, ma mère, Sam et moi. Pour ce qui était de Cillian Fitzpatrick, on aurait dit que rien ne pouvait l'atteindre, bombes et chars d'assaut compris.

— Mademoiselle Brennan, dans quoi vous êtes-vous fourrée ? me lança-t-il avec une voix teintée de mépris et un sourire carnassier.

Il était clair qu'il ne croyait pas du tout à l'arrangement établi par nos pères. Je me retins de lui mettre un coup bien placé en public et, sentant le contact rassurant de la paume de Hunter dans mon dos, je souris avant de lui rétorquer :

— Est-ce une vraie question ou insinuez-vous quelque chose ?

Il rit avec condescendance, comme si j'étais une gamine qui venait de répéter un gros mot.

— Elle a de de la répartie. Joli. Vous venez de faire preuve de davantage de personnalité que mon frère en dix-neuf ans d'existence.

— Elle a plus de personnalité que toutes tes héritières européennes réunies, répliqua Hunter. Et toi, c'est pas en jouant au gros connard que tu vas nous faire croire que tu en as une. C'est un peu comme ton âme, on se demande où tu l'as foutue. Perso, je pense qu'elle est enfoncée bien profond dans ton…

— Hunter ! Cillian ! lâcha faiblement leur mère.

Quand j'étais petite, ma mère m'envoyait avec mon frère, Sam, dans le parc lorsque nous n'étions pas sages. Aujourd'hui encore, il y avait une marche de l'escalier de notre appartement que nous évitions de regarder en face car elle nous rappelait les nombreuses heures que nous y avions passées en punition. Elle nous vouait un amour infini mais, quand elle nous grondait, nous l'écoutions. Visiblement, la mère de Cillian et Hunter n'avait pas la même autorité.

Je remarquai que Gerald observait notre échange avec un petit sourire au coin des lèvres, comme s'il appréciait la tournure que prenaient les événements.

La dernière personne qu'on me présenta fut Aisling, dont je me souvenais un peu. Quand j'étais petite, je la considérais comme la seule « gentille » du clan Fitzpatrick.

— Bonjour, dis-je en lui tendant la main. Je suis Sailor.

— Je sais.

Elle baissa les yeux, rougissante, et me serra la main.

— Tu es amie avec les sœurs Penrose, non ?

— Oui ! répondis-je enthousiaste. Elles sont venues avec moi ce soir. Tu les connais ?

Je savais qu'Aisling avait un an de moins que moi, c'est-à-dire dix-sept ans, et qu'elle allait dans une école privée en dehors de la ville. Il se disait à Boston que les Fitzpatrick voulaient vraiment une fille après Cillian et que, lorsque Hunter était né, sa mère avait fait tout son possible pour retomber enceinte et avoir enfin sa précieuse fille.

Aisling inclina timidement la tête.

— En quelque sorte. Je sais que, l'hiver dernier, vous avez toutes les trois aidé à déneiger l'entrée d'une résidence pour seniors et que vous avez sauvé la vie de quelqu'un.

Elle vira au rouge écarlate.

Je sentis le regard surpris de Hunter fondre sur moi.

— C'est vrai ? demanda-t-il.

— Certaines personnes redonnent à la communauté, *ceann beag*, que tu le croies ou non, dit Gerald.

Les hommes de la famille de Hunter commençaient à me taper sur le système.

— Tu peux venir avec nous si tu veux, proposai-je à Aisling.

Elle me regarda dans les yeux pour la première fois avant de s'empresser de répondre :

— Oh ! je ne voudrais pas m'incruster dans votre soirée…

— N'importe quoi ! Fais-moi confiance, tout est plus supportable quand on est avec les bonnes personnes, dis-je en la prenant par la main avec un regard appuyé en direction de Cillian et son père.

Avant de m'éloigner définitivement de cette famille maudite – bras dessus, bras dessous avec Aisling – pour rejoindre mes amies, j'entendis Hunter marmonner derrière moi :

— Traîtresse…

Je lâchai un petit rire triste : au fond, je savais qu'il me trahirait, lui aussi.

Avec une fille plus jolie et qui lui conviendrait mieux.

La soirée commença tout en douceur.

Belle, Persy, Aisling et moi nous installâmes dans un coin de la pièce avec nos assiettes pour papoter entre filles. D'abord de Laura Hartfield, une fille de vingt et un ans qui était au lycée avec Persy, Belle et moi, et qui assistait à la soirée au bras d'un homme d'affaires quinquagénaire dont la surcharge pondérale était proportionnelle à la taille du diamant qu'il avait glissé au doigt de son accompagnatrice.

— Loin de moi l'envie de dire que c'est son *sugar daddy*, mais j'ai l'impression qu'elle frise l'hyperglycémie, plaisanta Belle, tout en suivant avec désapprobation les moindres mouvements du couple de ses yeux de chat.

— Elle est peut-être amoureuse de lui, fis-je remarquer.

Persy et moi devions toujours calmer Belle, alias le Monstre des potins, quand elle commençait à parler des autres. Belle ne connaissait d'autres filtres que ceux d'Instagram et pouvait être très tranchante – même si, bien souvent, elle tapait en plein dans le mille.

— Quelle chance de tomber amoureuse d'un multimilliardaire d'âge mûr, qui n'a pas de cheveux sur le caillou mais des dents grosses comme des briques, quatre mentons, et dont la rumeur dit que dans sa procédure de divorce il a donné à son ex-femme trois propriétés et mille millions de dollars ! ironisa Emmabelle.

On tourna toutes les trois la tête vers elle pour la fusiller du regard.

— Allez, les filles, reprit-elle avec un petit rire en secouant la tête. Son seul moyen de prendre son pied en ce moment se limite à Vinnie le Vibro.

— C'est triste. Jamais je n'épouserai un homme pour son argent, affirma Aisling en picorant sa quiche.

— C'est parce que tu en as trop, lâcha Persy, qui rougit aussitôt sous son maquillage.

Emmabelle secoua la tête.

— Non. Moi non plus, je n'épouserai pas quelqu'un pour son argent, et pourtant je travaille chez Forever 21 tous les week-ends et je fouille dans les poubelles de recyclage des voisins pour trouver des bouteilles vides, histoire de les revendre et de me faire un peu d'argent de poche.

— Moi non plus, jamais, ajouta Persy en lissant sa robe sur ses cuisses.

Tous les yeux se posèrent sur moi. Je piquai mon brocoli sauté avec application, regrettant de n'avoir pas mieux à me mettre sous la dent. Pour un repas à cinq mille balles, ils n'avaient pas fait beaucoup d'efforts. J'avais beau être maigre, j'y tenais, à la bouffe.

Belle finit par me mettre un coup dans les côtes.

— Alors ?

— Quoi ? demandai-je en fronçant les sourcils.

— Au cas où tu ne l'aurais pas remarqué, on est en train de conclure un pacte entre nous quatre : on jure de ne jamais être comme Laura Hartfield et les autres, de ne se mettre en couple avec un homme que par amour et de toutes tenir notre promesse. Tu en es ou pas ?

La perspective de fréquenter qui que ce soit, d'autant plus pour des questions matérialistes, me semblait aussi probable que de vivre sur Mars.

— Oui, dis-je en fourrant le brocoli dans ma bouche, le mâchant sans en sentir le goût. Bien sûr. Jamais je ne serai avec quelqu'un pour une autre raison que l'amour.

— Scellons le pacte, dans ce cas.

Persy tendit la main au centre de la table, et on plaça toutes la nôtre sur la sienne. C'était un peu ridicule mais plutôt amusant.

— À nous qui sommes géniales ! lança Persy.

— Et vraies, ajouta timidement Aisling.

— Et à notre promesse de ne jamais se caser avec un mec pour une paire de Louboutin qu'on peut dégotter chez le boucher, renchérit Belle en riant.

À ces mots, Aisling nous regarda sans comprendre. Quand on eut fini de rire, toutes trois me lancèrent un regard impatient, attendant que j'apporte ma pierre à l'édifice.

Je songeai à ce que je voulais – à ce que je recherchais chez le grand amour – avant d'ajouter :

— Et être avec quelqu'un qui nous aime tel qu'on est, et vice versa.

Chacune serra la main sous la sienne. J'eus l'impression que cela marquait la fin de quelque chose.

Mais aussi un nouveau départ.

Après le pacte, Aisling confessa qu'elle avait très peu d'amies dans son école de filles et qu'elle avait hâte d'être diplômée à la fin de l'année pour pouvoir déménager.

Belle prit l'initiative de l'inviter à notre rendez-vous hebdomadaire du vendredi soir, une invitation que Persy et moi confirmâmes avec joie.

Chaque fois que je jetais un coup d'œil vers la table des Fitzpatrick, je constatais qu'elle était prise d'assaut par des visiteurs venus féliciter Gerald et Cillian et leur serrer la main. Aisling m'informa que c'était parce qu'ils venaient d'ouvrir une nouvelle raffinerie dans le Maine, laquelle avait d'ailleurs causé du souci à son père car tout ne se passait pas comme prévu.

Tout le monde ignorait Hunter. Il picorait dans son assiette et consultait son téléphone. Quand sa mère essayait de lui parler, soit il faisait semblant de ne pas l'entendre, soit il lui adressait une réponse monosyllabique. Je m'efforçai de ne pas me sentir trop coupable et évitai de lui écrire. Ce mec avait dit qu'il voulait coucher avec moi uniquement parce que j'étais la seule fille qu'il avait à se mettre sous la dent, et j'avais *quand même* de la peine pour lui.

Je m'excusai pour aller aux toilettes, et il me fallut dix minutes pour remonter tous mes jupons avant de pouvoir me soulager. Tandis que je remettais les couches de tissu en place, j'entendis des voix devant ma cabine.

— … venu avec la fille de Troy et Sparrow Brennan. Sally ?

Stephanie ? Ça commence par un S, dit une femme avant de faire claquer sa langue.

— Sailor. Son frère est canon, répondit une autre en riant.

— Frère adoptif, et il est trop téméraire. Riche, beau, mais mauvais pedigree. Non merci.

— J'ai vu sa pub sur un bus en ville. Tu crois qu'ils sont ensemble ?

— Sailor et Hunter ? Impossible. Il est l'incarnation du sexe, et elle est… hmm, une bonne pub pour des contraceptifs.

Rires. Beaucoup *beaucoup* de rires.

— Sans intérêt renchérit la première. Mais ils sont arrivés ensemble, et la rumeur dit qu'ils *habitent* ensemble.

— Peut-être qu'il a perdu un pari, intervint la seconde femme, qui avait l'air de fouiller dans une trousse à maquillage.

— Peut-être qu'il est arrivé à court de nanas avec qui coucher, gloussa l'autre.

— Elle ferait mieux d'en profiter tant que ça dure. Avec lui, ça défile. Ça m'étonnerait qu'elle arrive à le captiver bien longtemps.

— Peut-être qu'il lui laissera un souvenir. T'as vu sa sextape ? Chaud comme la braise.

Je tirai la chasse et sortis des toilettes sans faire dans la discrétion. Je leur adressai un sourire calme tout en aspergeant mes mains de savon, apercevant leurs regards horrifiés dans le miroir quand elles virent qui j'étais. Elles devaient avoir dans les vingt-cinq ans, portaient toutes deux des robes moulantes laissant peu de place à l'imagination et une expression choquée de koala effrayé sur le visage.

— Je suis vraiment ravie que vous ne vous intéressiez pas à Sam, mesdames, parce que, connaissant mon frère, je sais qu'il ne vous accorderait pas un seul regard. Quant à Hunter, il est trop bien pour vous, lui aussi. Mais comptez sur moi pour le mettre au courant de tout ce dont vous avez discuté. Et son frère, Cillian, aussi.

— Une seconde, tu connais Cillian ? demanda celle qui avait de faux seins.

Je hochai la tête.

— Absolument. Nous discutions justement des mérites des femmes aux seins naturels qui ne jouent pas les commères. Sur ce, amusez-vous bien !

Je tournai les talons et partis d'un pas décidé sur mes jambes chancelantes.

Dix minutes après cet incident que je cachai à mes amies – je n'avais aucune envie de ressasser mon humiliation –, le groupe commença à jouer, entamant sa session avec *Twist and Shout*.

Belle se précipita sur la piste de danse comme si elle avait le feu aux fesses. Elle ne savait pas twister. Mais ce genre de détail n'empêchait jamais ma meilleure amie d'essayer quelque chose. Ce trait que j'adorais chez elle la rendait unique et inimitable.

Persy et Aisling étaient en pleine conversation sur des émissions de télé-réalité dont je n'avais jamais entendu parler, et moi je nourrissais mon gremlin intérieur en lisant sur mon téléphone un article sur Lana Alder, qui avait encore décroché un petit rôle dans un film hollywoodien. Je pris une profonde inspiration pour essayer de contrôler la jalousie qui gonflait dans ma poitrine à mesure que je découvrais les photos d'elle sur le plateau de tournage. Je ne savais pas comment elle faisait pour à la fois rester concentrée sur sa pratique du tir à l'arc et voyager, créer des lignes de vêtements de sport et tourner dans des films.

Une main apparut soudain dans mon champ de vision, et deux doigts claquèrent pour attirer mon attention. Je levai les yeux de mon écran.

Hunter.

— Danse avec moi, CT.

— Pourquoi ? demandai-je en clignant des yeux, confuse.

J'avais deux pieds gauches et la coordination psychomotrice d'un animal écrasé. J'étais incapable de danser, même si ma vie en dépendait. J'avais bien essayé, à la seule fête à laquelle j'étais allée dans ma vie – en seconde –, et cela avait donné lieu à une humiliation en bonne et due forme. On m'avait filmée en train de danser, et la vidéo avait été envoyée à la moitié de l'école. On avait taggué « Sailor l'Amorphe » sur mon casier. Apparemment, j'étais bossue et molle quand je dansais.

— Parce que…

Hunter baissa le menton et la voix, qui se fit envoûtante, avant de lister :

— Il est clair que tu t'ennuies, ma famille nous regarde, et j'ai envie de te peloter.

— C'est à cause de la robe, répondis-je.

— En vrai, je préférerais te peloter sans.

Je jetai un regard en coin vers Aisling et Persy, qui n'avaient pas entendu notre échange. Elles étaient en train de regarder une vidéo, certainement d'une des émissions sur lesquelles elles débattaient. Même si Hunter ne voulait qu'une danse entre amis pour montrer à sa famille qu'on s'entendait bien, j'étais incapable de lever mes fesses de la chaise.

— Pas de pelotage, dis-je pour gagner du temps en croisant les bras.

— Je ne peux pas te le promettre. Debout.

— Tu as dit à quelqu'un qu'on habitait ensemble ? demandai-je d'un ton accusateur en scrutant son visage.

Il me considéra, l'air surpris.

— Négatif.

— Tu as dit à quelqu'un qu'on sortait ensemble ?

— C'est le pire jeu de devinettes de ma vie. *Non.*

— Eh bien, les gens parlent de nous.

— C'est ce que font les gens. Ils emplissent l'air de mots inutiles pour se distraire les uns les autres. Ça s'appelle des rumeurs, et c'est le pire truc au monde. Ça ne veut pas dire que j'en suis à l'origine. Plus de cent personnes travaillent dans notre immeuble. Toutes pour mon père. Ce qui veut dire qu'il diffuse ce que bon lui chante.

— Les gens vont penser que je suis ton… ton…

J'étais incapable de le dire. C'était vulgaire et dégradant, même dans ma tête.

— Plan cul ? compléta-t-il avec un sourire décontracté.

Ça devait bien le faire marrer, de me voir changer de couleurs comme un panneau publicitaire.

— Oui, dis-je en levant les yeux au ciel.

— De rien. Ta cote de popularité va grimper en flèche à la fin de nos six mois ensemble. Maintenant, allons danser.

Je regardai autour de nous, sentant mon front se couvrir de sueur et mon pouls accélérer. Je ne voulais pas me lever et lui montrer à quel point j'étais nulle en danse. Hunter me tendit la main, ne me laissant d'autre choix que d'accepter.

Et pourtant je n'en fis rien.

— Je vais rester planté là à attendre pendant longtemps ? pesta-t-il. Je demande pour un ami : mon ego.

Je sentis ma gorge se serrer, j'étais incapable de ravaler mon angoisse.

Sailor l'Amorphe et son partenaire, le milliardaire le plus convoité de Boston.

La plupart du temps, j'arrivais à faire comme si nous n'étions que deux inconnus partageant un espace de vie. Maintenant qu'il était clair que nous étions arrivés ensemble, j'avais l'impression que tout le monde m'observait pour essayer de savoir ce que Hunter me trouvait.

Rien ! voulais-je leur crier. *Il ne me trouve rien, parce qu'il n'y a rien. Son père lui force la main.*

— Sailor ?

Hunter me fit les gros yeux ; manifestement, cela ne l'amusait plus que j'essaie de gagner du temps.

Je marmonnai quelque chose.

— Pardon ? demanda-t-il.

Je répétai, à peine plus fort.

— Je t'entends pas.

— Je ne sais pas danser !

Je jetai les bras en l'air, frustrée. Je rougis si fort que mon cuir chevelu me brûlait. La musique couvrit mon cri, mais ça ne m'empêchait pas d'avoir envie de crever.

— Je ne sors pas en soirée. Je ne parle pas aux autres. Je ne danse pas. Je ne sais pas comment… comment…

— Être un humain normal ? suggéra Hunter, qui décidément ne m'était d'aucun secours.

Je le fusillai du regard. Il rit, prit mes deux mains dans les siennes et tira. Je traînais presque des pieds tandis qu'il m'emmenait de force sur la piste de danse.

J'étais morte de honte – une sensation étrange mais familière. Je m'en voulais soudain de ne jamais sortir faire la fête et de ne pas être préparée à ça, même si je n'étais qu'en partie responsable. Peu de gens acceptaient de fréquenter la fille timide et maladroite du type qui faisait soi-disant tout le sale boulot de l'élite bostonienne. Les rares fois où on m'avait invitée à des fêtes après l'incident de Sailor l'Amorphe, j'avais refusé. C'étaient les mecs comme Hunter qui me faisaient le plus peur – ces belles créatures populaires et physiquement accomplies qui me regardaient de haut. Je savais qu'ils guettaient le moindre signe de faiblesse pour me sauter à la gorge et me réduire en miettes.

Dès l'instant où on atteignit la piste de danse, je pivotai sur moi-même pour m'enfuir vers la porte de sortie. Pas la meilleure preuve de maturité, certes, mais le besoin d'échapper à cette situation était irrépressible. Avant même que je puisse prendre mon élan, Hunter m'attrapa par la taille, comme une enfant, et me replaça face à lui.

— Sailor, dit-il gravement mais avec une pointe d'amusement dans la voix.

— Lâche-moi ! Je ne veux pas danser. Ça ne fait pas partie du marché.

Ma vision se troubla à la périphérie, et je me rendis compte que j'étais en crise de panique. Je venais de gâcher tous mes efforts de passer pour une dure à cuire – elle était loin, la Sailor qui avait saccagé sa chambre et tirait à l'arc. Où étaient Belle et Persy ? Que m'arrivait-il ? Pourquoi tremblais-je comme une feuille ?

Un coup d'œil rapide autour de nous confirma mes pires craintes. La plupart des gens assis à table ou en train de danser nous observaient avec curiosité, commentant à voix basse la scène que je causais. J'étais en train de devenir l'attraction principale de la soirée.

— Sailor, répéta posément Hunter, une main enroulée autour de mon bras.

Je paraissais minuscule et décharnée à côté de son corps grand et musclé. Insignifiante, dans tous les sens du terme.

— Lâche-moi !

— *Sailor.*

— Quoi, pour l'amour du ciel ?!

J'enfonçai mes poings contre mes paupières. Jamais plus je ne pourrais le regarder dans les yeux. Et il était *certain* qu'il n'allait plus vouloir encaisser ce baiser que je lui devais.

— *Écoute.* C'est un slow.

Il noua les doigts à l'arrière de ma nuque et posa les pouces sous mes yeux, exerçant une légère pression pour me forcer à écarter mes mains. Il me tenait comme une poupée de porcelaine. Fragile, précieuse et rare.

— Prends une profonde inspiration, ouvre les yeux et regarde-moi, murmura-t-il d'un ton calme, presque comme une berceuse.

Pour une raison qui m'échappait, j'obéis. Quand mes paupières s'ouvrirent, je fus un instant déconcertée par son air doux et bienveillant, presque inquiet, et ses magnifiques yeux bleu-gris qui me scrutaient.

— Ce que je vais dire est crucial, alors écoute bien : personne ne sait danser, à part les professionnels. Personne. Et surtout pas les Blancs de Boston. Il est de notoriété publique que nous sommes mauvais danseurs. Et, s'il existait des Razzie Awards de la danse, ma salle de bains serait pleine à craquer de trophées.

Je me mordis la lèvre pour me retenir de rire.

— N'importe quoi. Tu passes ta vie à faire la fête.

— Danser n'est pas mon sport préféré dans ces fêtes-là, crois-moi.

Je pouffai avec amertume. Je regardai autour de moi, ou essayai du moins, car Hunter me maintenait la tête en place, une paume sur chacune de mes joues.

— Maintenant, je vais mettre mes mains sur tes hanches, et tu ne vas *pas* paniquer. Puis tu vas passer tes mains autour de mes épaules, et tu ne vas *toujours pas* paniquer. Puis nous allons nous balancer comme des bébés bourrés qui viennent d'apprendre à marcher, et là non plus tu ne paniqueras *pas*. C'est juste ça, danser. Prête à relever le défi, CT ?

Je hochai la tête, avalant ma salive pour humidifier ma gorge sèche. Docile, je passai les mains autour de ses épaules. Il enroula les siennes autour de ma taille, et on se mit à bouger.

Je le tenais comme s'il était fait de verre.

Il me tenait comme si j'étais faite de nuages.

Mon pouls ralentit, et j'inspirai, chassant de mon esprit le ridicule dont je m'étais couverte ces dix dernières minutes.

Hunter dut sentir que j'étais encore en train de recouvrer mes esprits, puisqu'il garda le silence. Je jetai un coup d'œil autour de nous ; d'autres couples dansaient, ne se souciant plus de nous. Gerald était assis à sa table, inconscient du minidrame qui venait de se jouer, Dieu merci. Belle était à l'autre bout de la pièce, dans les bras d'un bel inconnu en costume bordeaux. Cillian dansait près d'eux avec une grande brune, mais il avait les yeux rivés sur Belle, à qui il jetait un regard noir. Elle riait à gorge déployée, en pleine conversation.

Aisling et Perséphone étaient toujours en train de discuter à notre table.

La musique atteignit enfin mes oreilles, et je reconnus la chanson. C'était une version acoustique de *Truly, Madly, Deeply*, de Savage Garden.

Hunter ne dit pas un mot sur ma crise. Je me demandais combien de personnes m'avaient vue en train d'essayer de lui échapper, mais ne formulai pas la question.

— Alors… *ceann beag* ? demandai-je en penchant la tête sur le côté.

— Ça signifie « le petit », en gaélique.

— C'est mignon.

— Condescendant, tu veux dire. En effet.

— Tu parles le gaélique ?

Je savais que ce n'était pas la langue la plus utile, mais les riches savaient faire un tas de choses que les autres ne maîtrisaient pas. Jouer au polo, par exemple. Ou nouer son nœud papillon d'une main. Même si j'étais une Irlandaise pur jus, cet héritage se limitait à cramer au lieu de bronzer, être couverte de taches de rousseur et obsédée par le folklore.

Hunter hocha légèrement la tête.

— Papa est maniaque là-dessus. C'était une plaie de l'apprendre.

— Tu te rends compte des possibilités infinies qui s'offrent à toi grâce à cette langue ?

Je me forçai à sourire, faisant de mon mieux pour retrouver un peu de mon assurance.

— Pas vraiment, dit-il sèchement, les yeux rivés sur mes lèvres. Éclaire-moi.

— Tu peux m'appeler comme tu veux, je ne comprendrai pas. Carrot Top, c'est beaucoup trop facile. Fais preuve de créativité, je sais que tu en as un peu cachée derrière ce physique indécent.

— Tu admets donc que je suis séduisant.

— Personne sur ce continent ne peut le nier, grommelai-je.

— Je crois bien que je suis canon en Australie aussi.

Je ris. Il n'avait pas tort.

— En réalité, tu es presque parfait, de *l'extérieur.* Mais ce qu'il y a à l'intérieur fait de toi une espèce en voie d'extinction. Parfaitement assassinable.

Il m'étudia sans un mot, puis secoua la tête en souriant avant de déclarer :

— *Aingeal dian.* Enfin, la plupart du temps.

— Ça veut dire « espèce de tarée » ?

Je plissai le nez, prenant conscience – trop tard – que je jouais à la fille mignonne. Qu'est-ce qui me prenait ? Je n'essayais jamais d'être adorable, surtout pas pour un mec. D'habitude, je me comportais comme s'ils ne me faisaient ni chaud ni froid.

— Si seulement, répondit-il, les yeux toujours rivés sur mes lèvres.

— Ça veut dire quoi, alors ?

J'essayais de détourner son attention en parlant pour qu'il ne se fasse pas d'idées ; il fallait à tout prix que j'évite qu'il m'embrasse ici.

Je devais montrer à son père que nous nous entendions bien, mais pas *trop*.

Hunter fronça les sourcils.

— Non. Tu vas devoir te sortir les doigts et chercher sur Google traduction.

— T'es impossible, râlai-je en me mordant la lèvre pour cacher mon sourire.

— Impossible ? Non. Extrêmement dur ? Toujours.

Il plissa les yeux et recula d'un demi-pas – pas assez cependant pour que je puisse savoir s'il disait vrai.

Je me tus, songeant à sa réaction parfaite face à mon craquage un peu plus tôt. Si seulement il n'était pas ce sale gosse milliardaire obsédé du cul, nous n'aurions pas envie de nous sauter à la gorge.

— Pourquoi tu t'es fait virer de ton école anglaise ? demandai-je à voix basse.

Ce devait être étrange d'être à sa place – à peine connaître la ville qu'il habitait tout en sachant que tout Boston était au courant de son parcours.

— Sextape.

— Si jeune ? m'exclamai-je.

Je savais qu'il avait été à l'affiche d'une vidéo de ce genre récemment – ça me donnait envie de vomir chaque fois que j'y pensais – mais je lui avais promis de ne pas taper son nom sur Google, et je ne l'avais pas fait.

— J'déconne. Crois-le ou non, je me suis fait expulser pour avoir fait exploser un arbre avec de la poudre à canon.

— Je choisis de ne pas le croire, dis-je, réprimant un nouveau rire.

Étrangement, je n'arrivais pas à imaginer l'hédoniste diabolique qui se tenait devant moi en train de faire un truc aussi original – bien que fou.

— Et tu as bien raison. C'est mon ami Percy qui l'a fait. Ses parents l'ont appelé comme ça en référence au poète Percy Bysshe Shelley, qui s'est *réellement* fait expulser pour ça. Mon pote a perdu un pari et il devait reproduire l'explosion, mais je savais qu'il serait foutu s'il se faisait virer. L'internat était la seule chose que ses grands-parents pétés de thunes avaient accepté de payer. Son père avait perdu tout l'argent familial à des jeux d'argent.

Hunter attrapa ma main, enlaça nos doigts et me fit tourner. Mon corps fendit l'air, suivant instinctivement le mouvement. Je regardai la pièce défiler sous le bras de Hunter et sentis les jupons de ma robe bruisser sur le sol. Il renversa le haut de mon corps comme dans les films, et je pris soudain conscience que les gens nous regardaient à nouveau. Mais, franchement, je n'en avais plus rien à faire.

— Tu t'es fait virer pour un ami ?

Je n'en revenais pas.

— Pourquoi tu as fait ça ? insistai-je.

Il me maintint dans les airs une demi-seconde, mon dos parallèle au sol, son visage tout près du mien.

— Tu sais pourquoi. Tu es tout aussi loyale.

Il me fit remonter prestement, et je m'agrippai plus fort à lui qu'avant. Son corps était pareil à du fer et de l'acier sous mes doigts. J'avais envie à la fois d'échapper à son contact et de me coller contre son torse.

— Pourquoi tu ne l'as jamais dit à ton père ?

— Parce qu'il ne m'aurait pas cru. Et s'il m'avait cru cela aurait été une preuve de plus pour lui que je suis un sombre crétin.

Les lèvres de Hunter effleurèrent mon oreille, et le bout de son nez caressa mes cheveux. Ma gorge se serra. J'avais envie de foncer droit sur Gerald Fitzpatrick et de renverser son assiette sur son costume pour avoir fait croire à son fils qu'il ne valait rien.

— Sailor ?

— Oui ?

— Devine quoi ?

Je sentis son souffle sur mon visage. Si seulement Hunter n'avait pas ce parfum – cannelle, musc, et celui de ma propre perte.

— Tu es en train de *danser.*

8

Hunter

Chanson du jour : *Under The Pressure*, de The War on Drugs.

Avais-je pris mon pied en sachant mon père en train de me regarder faire tournoyer Sailor sur la piste de danse, lui murmurer des mots doux à l'oreille, caressant ses cheveux du bout du nez ?

Non.

Étais-je à l'étroit dans mon pantalon de costume italien ?

Je ne vais pas mentir, mes couilles me picotaient un peu.

Sailor était étonnamment docile pour une fille qui avait le savoir-vivre et l'affabilité d'un capybara (un rat géant, grosso modo – regardez sur Internet. Pas le mieux comme animal de compagnie) enragé.

Peut-être s'était-elle fatiguée toute seule pendant sa crise – comme ces bébés qui s'endorment soudainement au beau milieu de leur caprice –, parce que, putain, elle avait l'air d'avoir vraiment envie de se casser quand je l'avais traînée sur la piste de danse.

Mais ce n'était pas comme si j'avais l'embarras du choix, moi, pour qu'on me tienne compagnie.

Mon père et Cillian faisaient comme si je n'existais pas, maman ne savait pas faire la conversation, et Aisling s'était barrée avec ses nouvelles copines pour monter un *girls band* ou je ne sais quoi. Impossible de draguer, et je n'avais aucun ami ici. Appeler Vaughn et Knight plusieurs fois par jour n'allait plus me suffire.

Je voulais montrer à papa que j'étais gentil avec le chien de garde qu'il m'avait choisi. Qu'il ait l'impression que j'allais me la taper plus tard dans la soirée était encore plus bandant, surtout qu'il ne pourrait jamais lui demander si nous avions baisé.

Tu vois, papa ? J'ai plus de cervelle que tu ne le penses.

Quand la soirée fut terminée, et que Sailor eut embrassé et serré ses amies dans ses bras pour leur dire au revoir (pourquoi les filles faisaient ça ? Elles allaient se retrouver le lendemain, selon toute vraisemblance), je la poussai dans la limousine et passai le trajet à regarder des photos de filles canon que je m'étais tapées. J'avais besoin de me changer les idées. Et de me vider les bourses. Notre petite danse m'avait donné une érection inattendue. Certes, Sailor n'était pas Gigi Hadid mais, putain, cette robe lui allait vraiment bien.

Sailor était assise au bout de la banquette en cuir couleur crème, aussi loin que possible de moi, et regardait les lumières de la ville mourir doucement dans la nuit. Les gens rentraient chez eux à la hâte telles de petites souris.

— Merci.

Sa voix flotta jusqu'à moi, éraillée, rauque.

— Yep, marmonnai-je, faisant glisser mon pouce sur l'écran de mon téléphone.

Nom d'une Kardashian, la Californie me manquait. Heureusement, tout ça serait terminé dans moins de six mois. Je forcerais mon père à me donner cet appartement de dingue, je mettrais Sailor dehors en veillant bien à ce que la porte ne touche pas son cul plat quand je la claquerais derrière elle et je baiserais jusqu'à tomber dans les vapes.

— Tu ne demandes pas pourquoi ? fit-elle de sa voix de petite intello.

Merde. Même quand elle était jolie (et elle l'était, dans cette robe, avec ses cheveux relevés), elle venait tout gâcher en étant… *elle-même.*

Je levai les yeux de mon téléphone sans enthousiasme.

— Au temps pour moi. Pour quoi ?

— Pour avoir su gérer la situation quand j'ai pété un câble tout à l'heure…

Elle se tut et fronça les sourcils, les yeux braqués sur ma main. Il me fallut une seconde pour comprendre ce qui avait ravivé sa colère. Mon écran était figé sur une photo très suggestive d'Alice en mini-bikini à motifs tournesols en train de serrer ses seins l'un contre l'autre en faisant un clin d'œil à l'objectif, une cerise dans la bouche.

— C'est qui ? demanda-t-elle.

Je n'aimais pas m'étaler sur les détails de ma vie sexuelle et je ne disais jamais à personne qui j'avais baisé, combien de fois, ni quand. Je trouvais ça de mauvais goût – d'autant plus avec Sailor, qui devait avoir encore moins de prouesses sexuelles à confesser qu'une bonne sœur à sa sortie du couvent.

— Une fille avec qui j'étais en cours.

— Sympa, dit-elle sur ce ton qu'emploient les filles quand elles pensent le contraire.

Elle retourna à son observation du paysage. Je retournai à mon envie de baiser les seins d'Alice.

Quand nous fûmes rentrés, Sailor alla droit dans sa chambre et claqua la porte en soufflant. Tandis que je me dirigeais vers la mienne, je l'entendis dire « débile, débile, débile » en se cognant la tête contre le mur. Elle devait être gênée à cause de son pétage de plombs pendant la soirée.

Je fermai la porte de ma chambre et écrivis un SMS à Alice.

Envoie des nudes.

Je l'accompagnai d'un GIF de chien en train de niquer un coussin. Sextoter au XXIe siècle, c'était génial.

Au lieu de jouer à la plus maligne ou de péter un câble – je ne visais personne en particulier –, Alice répondit aussitôt par une photo d'elle sur son lit, bras et jambes écartées, uniquement vêtue d'un string rose fluo. Je me dandinai pour enlever mon pantalon de costume. Je n'avais jamais vraiment cessé de bander depuis ma danse avec Sailor.

Hunter : Envoie une vidéo de toi en train de te toucher.

Alice : T'es sûr ? J'ai entendu dire que papa t'avait mis à l'isolement.

Hunter : Je n'enfreins pas les règles. Je les contourne juste un peu. Par la droite. ;)

Alice : LOL pervers. Il paraît que t'as emménagé avec quelqu'un. Une fille…

Hunter : C'est pas ce que tu penses.

Alice : Je ne pense rien.

Ça, tu l'as dit.

Ce soir-là, je me branlai deux fois devant les vidéos peu catholiques d'Alice.

À mon réveil, Sailor était partie.

Carrot Top ne prit pas la peine de rentrer le dimanche. Ça m'était égal, mais c'était presque ironique d'avoir cet immense appartement à moi tout seul sans pouvoir en faire bon usage. Les gardes du corps slash détectives privés de mon père étaient au pied de l'immeuble et, puisque apparemment le monde entier savait que je vivais avec Sailor, j'imaginais que les employés travaillant dans l'immeuble n'avaient pas non plus leur langue dans leur poche.

J'étudiai des statistiques et autres sujets barbants de gestion d'entreprise pendant des heures. J'avais à peine pu assister à mes cours du soir de la semaine puisque j'avais passé mes journées entières au bureau – à servir le café, répondre aux questionnaires surprises sur l'histoire de l'entreprise auxquels mon frère et mon père me soumettaient, et, de manière générale, à être le toutou de tout le monde.

Sailor ne s'étant toujours pas montrée à l'heure du dîner, j'allai à la salle de sport de l'immeuble pour me défouler. La veille, au gala de bienfaisance, maman m'avait suggéré, lors d'une de ses tentatives pour engager la conversation, de me remettre au polo. J'avais suggéré qu'elle se mêle de ses affaires. Je n'avais pas envie de faire de sport. Je n'avais *rien* envie de faire.

Et c'était tout le problème. Je n'avais aucune ambition en dehors de la baise et de la fête. Je me sentais vide à l'intérieur, le genre de vide qui me rongeait la chair et menaçait de me dévorer tout entier.

J'entendis la porte d'entrée de l'appartement s'ouvrir vers minuit. J'étais dans ma chambre, la porte entrebâillée, en train de lire un manuel chiant. À ma grande surprise, je me sentais trop vexé pour me lever et lui demander où elle était passée toute la journée. Je l'entendis s'affairer dans la cuisine, se servir un verre d'eau et farfouiller dans le frigo. Elle se prépara quelque chose à manger. Elle était très douée en cuisine ; ça sentait le pain frais, le beurre de cacahuètes, le Nutella et les noix grillées. Soit elle était en FaceTime avec sa famille, soit elle les avait mis sur haut-parleur car j'entendais son frère et son père se disputer pour savoir qui allait l'emmener déjeuner le lendemain, puisqu'ils seraient à deux endroits opposés de la ville. Je détestais sa famille étonnamment fonctionnelle.

Dix minutes plus tard, elle éteignit les lumières et ferma la porte de sa chambre, qu'elle verrouilla derrière elle.

HHH : Pas besoin de fermer ta porte à clé. Je ne vais pas venir en douce dans ta chambre.

J'attendis cinq minutes qu'elle réponde, puis j'envoyai :

?

Tu me fais encore la gueule pour me punir d'absolument rien du tout ?

Va te faire voir, CT.

C'était un lundi matin gris, apportant dans son sillage l'envie de me jeter sous un bus.

Je commençai la journée par la vérification des chiffres trimestriels avec le chef comptable de l'entreprise. Après avoir passé quatre heures enfermé dans un donjon avec des tableaux Excel et des quinquagénaires qui sentaient les pieds, le café et le diabète, je déjeunai en révisant mes cours dans la petite cuisine, avec en fond sonore mon père en train de crier sur des gens à propos de la raffinerie, apparemment à l'arrêt à cause d'une explosion sans gravité. Après ma pause, je devais aller au département conformité pour aider à remplir des documents. J'avais une vie tellement rock'n'roll, bordel.

Je jetai mon poke bowl vide à la poubelle, remontai le couloir et, sur un coup de tête, je décidai de prendre l'escalier de secours plutôt que l'ascenseur. Ils étaient ultra-bondés au moment du déjeuner, et il s'avérait que les employés de Royal Pipelines ne m'aimaient pas beaucoup. Apparemment, ils savaient tous que j'étais un bon à rien et ne sautaient pas de joie à l'idée que je reprenne les rênes de l'entreprise aux côtés de mon frère quand notre père partirait à la retraite.

Je descendis les marches deux par deux, jusqu'à ce que j'entende une voix résonner, deux étages plus bas. L'écho de la cage d'escalier la portait jusqu'à moi, bien que la personne s'efforçât de chuchoter.

— … m'en tape. Du moment que c'est fait. La discrétion est primordiale. Je rappelle la semaine prochaine avec un autre portable prépayé. C'est moi qui appelle, c'est compris ? C'est trop risqué. Je n'aurais même pas dû décrocher aujourd'hui, dit l'homme, furax.

Syllie.

Je n'étais pas du genre à écouter aux portes. Pas parce que j'étais bien élevé, Dieu m'en garde, mais parce que je n'en avais rien à foutre de la vie des autres. Syllie avait beau être un mec sympa, il était tout en bas de la liste de gens qui m'intéressaient. S'il avait une maîtresse, tant mieux pour lui. Je secouai la tête, un petit sourire aux lèvres. Cette vieille branche mangeait à d'autres râteliers en secret. Petit coquin. J'attendis que l'amoureux finisse son appel.

— Je ne suis pas inquiet concernant le vieux con. Il a de plus en plus la grosse tête. Le cadet est un vrai bouffon – il faudrait lui filer de l'herpès et faire tomber sa queue pour qu'il daigne s'intéresser à autre chose qu'à lui-même. Mais l'aîné est dangereux. Il faut le surveiller.

Holà !

On rembobine.

Un vrai bouffon ? Il parlait de moi, c'était sûr et certain. Et dire que je considérais presque ce connard comme un membre de la famille. *Aîné dangereux ?* Il devait parler de *mo órga*. Ce cher Cillian.

Finalement, cela ne ressemblait en *rien* à une inoffensive liaison torride avec une maîtresse adepte de la sodomie.

Je n'étais pas vexé, même s'il m'avait traité de raté, d'idiot et de MST ambulante. C'était plutôt ce qu'il trafiquait qui me préoccupait. Je me plaquai contre le mur pour passer inaperçu. Pour la première fois depuis que j'avais découvert que ma bite ne servait pas qu'à dessiner des formes marrantes avec mon pipi dans la neige, je m'intéressais à autre chose qu'au cul.

— Oui, c'est d'accord. Il faut que je retourne à mon poste avant que les gens posent des questions. On en reparle la semaine prochaine.

Il mit fin à l'appel, poussa un lourd soupir et monta l'escalier. Aussitôt, je revins sur mes pas sur la pointe des pieds, ouvris la première porte que je trouvai et me glissai à l'intérieur de la pièce. Je m'appuyai contre le battant, écoutant Sylvester monter jusqu'au huitième étage. Quand la voie fut libre, je rouvris la porte et me dirigeai tout droit vers le bureau de papa.

J'étais à bout de souffle en arrivant. Il était avec Cillian – étonnant – en train de rire devant une assiette de salade. Je ne frappai pas. D'un côté, j'avais envie de le contenter et, de l'autre, j'étais ravi de le faire chier.

— Pour l'amour du ciel, apprends à frapper aux portes, lança mon père en posant sa salade avant de s'essuyer la bouche avec une serviette. Qu'est-ce que tu veux, *ceann beag* ?

J'attendis que la porte-escargot se referme complètement, reprenant mon souffle, avant de répondre :

— D'abord, que tu arrêtes de m'appeler comme ça.

Je songeai au fait que j'appelais Sailor « CT » alors qu'elle détestait ça.

— Ensuite, je viens d'entendre Syllie dire des trucs bizarres à quelqu'un au téléphone. Je crois qu'il parlait de nous.

— Sois plus précis, ordonna Cillian en mâchouillant une feuille de laitue et du poulet vapeur du stand bio d'en bas.

Même ça, ça ne l'émasculait pas.

— Je crois qu'il veut nous faire tomber, ou quelque chose dans le genre.

— Nous ?

Cillian arqua un sourcil, me jaugeant de ses yeux couleur miel. Il était au top niveau connarditude aujourd'hui – il devait être remonté à cause de l'explosion à la raffinerie. Mais personne n'avait été blessé, alors pourquoi en faire tout un plat ?

— *Vous.* T'es content ? aboyai-je, agacé. Il veut vous faire tomber. Il a dit qu'*Athair* avait la grosse tête, que j'étais stupide et que tu étais dangereux, mais qu'il voulait mettre un genre de plan en route.

— C'était où ?

Cillian était le seul à parler. Mon père s'était reconcentré sur sa salade, et je me demandais même s'il me prenait au sérieux. Je sentis mes oreilles chauffer de rage.

— Dans l'escalier de secours.

Cillian et mon père échangèrent un regard que je ne sus interpréter. Peut-être que j'aurais pu, si je les avais croisés plus de deux fois par an.

— Il doit avoir du mal à avaler son bonus trimestriel, dit mon père en se tapotant les coins de la bouche avec sa serviette.

Cillian fronça les sourcils, mais ne le corrigea pas.

Mon père me chassa d'un geste de la main.

— Retourne à tes missions.

— Mais…

— Allez, insista-t-il en montrant la porte avec sa fourchette en plastique.

Je les regardai tour à tour. Mon frère me lorgnait avec un drôle d'air. Son cerveau tournait à plein régime. Quoi qu'il pense de cette affaire, ce n'était pas suffisant pour qu'il me soutienne. Je donnai un coup de pied dans une poubelle, faisant voler papiers et bouteilles dans le bureau.

Super. Cet enfoiré ne trie même pas ses déchets.

— Putain, tu m'écoutes jamais.

— Arrête. De. Jurer, siffla *Athair.*

Cillian, impassible, fit un signe aux agents de sécurité à travers la vitre.

— Pas besoin d'appeler tes chiens de garde. Je m'en vais.

J'avais envie de leur claquer la porte au visage, mais une fois de plus elle s'entêta à se fermer centimètre par centimètre pendant une plombe.

Sylvester Lewis voulait foutre ma famille en l'air. OK, je les détestais mais, malgré tout, ou peut-être *à cause de* tout, je n'étais pas d'accord.

Je voulais tirer cette affaire au clair. Avant ou après avoir baisé la petite machination rousse de mon père ? L'avenir nous le dirait, mais j'avais deux motivations à présent. Deux raisons de me lever le matin :

1. Découvrir ce que Syllie mijotait et m'occuper personnellement de lui.

2. Dresser Sailor Brennan, cheval sauvage indompté que je voulais pour animal de compagnie perso jusqu'à la fin de cet accord de malheur.

9

Sailor

Le lundi au réveil, je découvris une photo de moi dans le journal local. Tête baissée, je suivais Hunter jusqu'à la limousine pour aller au gala.

« La chasse est ouverte : le play-boy de Royal Pipelines surpris à flirter avec Sailor Brennan, maîtresse du tir à l'arc ! » hurlait le gros titre, que je trouvais à la fois mauvais et lourd.

Gerald se cachait sûrement derrière tout ça, il avait dû estimer que nous afficher comme un couple permettrait de lisser l'image désastreuse de Hunter. J'essayai de me convaincre que ça m'était égal tout en fourrant le journal au fond de mon sac pour être sûre que Junsu ne tomberait pas dessus.

Deux jours plus tard, mes précautions furent réduites à néant.

— Le garçon. Il est encore là, annonça gravement Junsu, les mains nouées derrière le dos, les lèvres pincées de désapprobation.

L'ignorant, je brandis mon arc, qui ressemblait au bras d'un robot Transformers qu'on lui aurait arraché, et inspirai pour retrouver mon sang-froid. Il m'avait fallu quarante-huit heures pour me remettre les idées en place après cette stupide soirée de bienfaisance. J'avais passé le dimanche avec Persy, Belle et Aisling à manger des cupcakes, visionner *Riverdale* et parler de tout sauf de Hunter Fitzpatrick. Cette danse avait été aussi insignifiante qu'un grain de sable dans le désert. Le fait que Hunter ait regardé des photos de filles à moitié nues dans la limousine après notre prétendu « moment » était un excellent rappel à la réalité. J'avais été temporairement aveuglée par son physique, mais je m'étais vite reprise. Il était temps à présent de me concentrer sur ce qui comptait vraiment : le tir à l'arc.

Les yeux étrécis, je zoomai sur la cible et imaginai que c'était le beau visage de Hunter. Je décochai la flèche – que je regardai voler sur soixante-dix mètres jusqu'à sa destination – qui se planta dans le cercle à huit points.

Je savais que ça n'avait rien à voir avec un manque de précision ou de maîtrise de ma part : la fautive était la douleur dans mon épaule droite, mais chaque fois que je m'en plaignais à Junsu il disait que c'était un désagrément habituel que les athlètes devaient endurer.

« Tu crois que c'est différent dans le judo, l'escrime, la natation synchronisée ? Ils ont tous mal. L'art est souffrance, Sailor. »

J'abaissai mon arc et ajustai ma casquette avant de tirer une autre flèche de mon carcan.

— Tu as entendu ce que j'ai dit ? demanda Junsu.

Son regard sévère fit fourmiller ma peau.

— Reçu cinq sur cinq.

Sur ma montre, je lançai le minuteur de vingt secondes, le temps accordé aux archers olympiques en finale, et armai l'arc. Je tirais entre deux cents et trois cents flèches par jour, travaillant d'arrache-pied jour et nuit.

— Eh bien ? insista-t-il avec impatience. Dis-lui de partir. Il attend dehors.

Je décochai la deuxième flèche – j'imaginai cette fois que la cible était le cœur froid et insaisissable de Hunter –, qui alla se planter dans la zone des sept points.

Zut. Il me fallait une dose de stéroïdes, ou je serais nulle cette semaine.

Je me tordis le cou pour regarder Junsu, un sourire calme aux lèvres.

— Admettre sa présence reviendrait à l'encourager. Comme je l'ai déjà dit, ce n'est pas mon petit copain. S'il décide de venir me voir au club, je ne peux pas l'en empêcher, mais je ne vais pas interrompre mon entraînement pour lui.

Junsu ne parla plus de Hunter, et je m'efforçai de ne pas penser à sa présence ici. Mes performances ne s'améliorèrent pas pendant la fin de ma séance.

Une demi-heure plus tard, en regagnant tranquillement ma voiture, je fus surprise de trouver Hunter appuyé contre mon coffre, habillé d'un costume bleu marine, bras et jambes croisés.

Il m'a attendue tout ce temps ?

— Je fais la sortie du chenil pour récupérer ma chienne de garde, annonça-t-il avec entrain.

— Si tu comptais faire une blague sur le mot « chienne », épargne-nous ça, et tant que tu y es dégage de mon coffre, répliquai-je.

À ma grande surprise, Hunter obéit, en marmonnant toutefois quelque chose sur ce qu'il aimerait faire à mon arrière-train, mais il ne parlait pas de la voiture.

J'ouvris le coffre pour y fourrer mon équipement, avant de le refermer avec force. Une douce excitation grandissait dans ma poitrine malgré moi. Quand je me retournai, Hunter était là, tout près de moi. Plus près encore que lorsque nous avions dansé ensemble. Il posa les mains sur ma voiture, me prenant au piège entre ses bras, ses lèvres à quelques centimètres des miennes.

— Tu m'évites, lança-t-il.

— Toi aussi.

Mon colocataire n'avait pas cherché mon contact depuis le gala de bienfaisance, à l'exception des quelques SMS auxquels je n'avais pas répondu. En vérité, je n'avais pas le droit d'être vexée qu'il mate d'autres filles, et il n'avait pas le droit de m'interrompre en plein entraînement. Les limites commençaient à se brouiller, et ça ne me plaisait pas.

Ses pouces me touchaient les fesses – faisait-il exprès ?

— Je te laissais le temps de te calmer. Visiblement, t'as encore besoin de redescendre.

— Visiblement, dis-je d'un ton monotone en le poussant.

Il ne bougea pas d'un poil. Je lui lançai un regard noir.

— Hors de ma vue, Prince Syphilis.

— Dînez avec moi, Princesse Psychotique.

— Dégage. On se verra à la maison.

— Pas à la maison. Ailleurs. Dans un lieu public. Un endroit *sympa*.

Il prononça ce dernier mot comme si c'était une affreuse grossièreté. Comme si je ne savais pas ce qu'il voulait dire, comme si je ne savais pas m'amuser. On aurait dit mes parents. Bien sûr que je savais m'amuser ; c'était juste que je ne m'amusais pas avec les garçons. Ni en dehors de ma chambre.

D'accord, peut-être que j'avais besoin d'un peu d'aide sur ce plan-là.

— Il y a de la nourriture parfaitement comestible à la maison. Nora, la chef…

— Que Nora aille se faire mettre avec une maryse. On ne va pas manger au resto parce qu'on a faim. On y va pour l'expérience. C'est un petit plaisir.

— Et tu es un expert en la matière, soufflai-je.

Cela m'agaçait qu'il sente si bon, un mélange de lessive d'homme et d'autre chose qui me nouait le ventre de plaisir.

— Yep.

Il me donna une pichenette à l'oreille, puis fit un pas en arrière, comprenant que j'allais céder.

Et j'allais céder, oui. Parce que, au fond, je savais que ça aurait été injuste de lui mettre des bâtons dans les roues. Il progressait sur tous les plans, et j'étais sa baby-sitter. Je devais m'impliquer davantage.

Je sortis mes clés de voiture de ma poche et grimaçai. Mon épaule me lançait atrocement. Comment allais-je faire pour conduire ?

Hunter lut dans mes pensées et m'arracha les clés des mains avant de faire le tour de la voiture avec entrain.

— Si tu permets. Avec toi, on n'est pas arrivés avant jeudi prochain. On ira plus vite avec moi, même en faisant une pause en route.

J'allais protester, mais il me rendait service en réalité. Le mieux dans l'immédiat était de laisser mon épaule au repos et d'y mettre de la glace en rentrant. Je me glissai sur le siège passager en prenant bien garde de fermer la porte avec mon bras gauche, en pleine santé.

— On va où ?

Je bouclai ma ceinture et le regardai du coin de l'œil, tandis qu'il s'agitait pour entrer dans l'habitacle trop étroit pour sa carrure. Il était si grand que c'en était comique, ses genoux touchaient le volant des deux côtés. Il ajusta le siège et démarra la voiture.

— C'est une surprise.

— Je déteste les surprises.

— Étonnant. Ferme les yeux jusqu'à ce qu'on arrive.

Il quitta le parking en trombe, conduisant comme un dément. Dans le rétroviseur, je vis Junsu debout sur les marches du club, l'air renfrogné, mains sur les hanches.

Pas vraiment ravi.

— Je ne peux pas, dis-je malgré la panique qui palpitait sous mon crâne.

Techniquement, Junsu ne pouvait pas me dire ce que je devais faire. Il ne pouvait pas me dire qui fréquenter. Lana Alder enchaînait les liaisons. Elle avait même vécu une aventure très médiatisée avec l'acteur qui incarnait le nouveau Spiderman.

— Je vais vomir.

— Bordel, Sailor. Tu plombes notre *carpe diem*.

Hunter tendit la main pour me tapoter la cuisse, et je grimaçai intérieurement.

Je portais un legging de sport et un T-shirt Dri-Fit tout bête – on aurait dit Ed Sheeran en collant. Hunter, en revanche, était prêt pour la soirée des Oscars. Il prit la direction de l'autoroute à la vitesse d'un avion au décollage.

— Alors, comment ça se fait que la fille du fameux Troy Brennan soit une pauvre meuf ? demanda-t-il sur le ton de la conversation.

— Premièrement, mon père est un homme d'affaires respectable, jusqu'à preuve du contraire.

Je répétais les mots que papa me disait depuis que j'avais appris à parler. Les gens éprouvaient le besoin d'examiner mon père sous toutes les coutures, comme si c'était un sport national.

Hunter pouffa, gardant les yeux rivés sur la route.

— Et deuxièmement ?

— Nous ne sommes pas nos parents. Preuve en est, ton père est à la tête d'une des plus grandes sociétés américaines, et toi tu es une star de porno amateur.

— Ne me dis pas que tu m'as vu à l'œuvre ?

Un sourire étira ses lèvres.

— Non. Tu m'as demandé de ne pas taper ton nom sur Google, tu te rappelles ?

— Avant de me rendre compte que tu étais de taille à me supporter. Dommage, le premier tour est gratuit pour tout nouveau client.

— Non merci. J'ai entendu dire que le film était mieux.

Il éclata de rire, sa voix rauque et sexy emplissant l'habitacle.

Déterminée à ignorer la nuée de papillons dans ma poitrine, je me tournai vers la fenêtre en mordillant la peau de mon pouce.

— Pour ton information, Alice, dont tu as vu la photo sur mon portable samedi, n'est qu'une amie.

— Ça veut dire que tu n'as pas couché avec elle ?

Mes yeux étaient toujours rivés sur l'obscurité au-dehors, mais l'espoir grandit dans mon ventre. Nous étions en train de quitter Boston en direction du nord.

— Nan, j'ai couché plein de fois avec elle, mais c'est une vraie cruche. Et puis, elle ne joue pas avec mes couilles comme si c'étaient des boules antistress, contrairement à toi. Avec toi, je suis surclassé, surpassé, et scandaleusement agacé.

— Où tu veux en venir ? Je suis trop intelligente et trop insolente pour être ton amie ?

— Tu es trop tout. Je veux bien cueillir ta fleur de princesse guerrière, mais laisse-moi te donner un conseil : il faut que tu baisses l'intensité d'un cran. Je crois que la seule chose où je peux te battre, c'est le polo.

— Et dans un combat à mains nues, répondis-je amusée, ne corrigeant pas sa supposition sur ma virginité.

Ce qu'il pense de toi n'a aucune importance, et il est hors de question qu'il découvre si c'est vrai ou non.

— Ça reste à prouver, dit-il en me jetant un regard en coin.

— Et puis, je sais monter à cheval.

Je pressai ma joue brûlante contre la vitre fraîche. Dès que j'étais avec Hunter, j'avais l'impression que mon QI baissait de quarante points. Le corps humain était un gros traître. Mon cerveau m'intimait de rester loin de lui, mais mes hormones me suppliaient de me reproduire avec ce mâle divinement destructeur.

— Au polo, ça ne suffit pas d'être bon cavalier.

— Je peux abattre d'une flèche un cheval au galop les yeux

bandés, lui rappelai-je. Donc, techniquement, je peux te battre au polo.

Il rit de plus belle, secouant la tête.

— Je n'ai jamais rencontré une fille si froide et si bouillante à la fois. Parfois, j'ai l'impression que tu vas t'évanouir si je te touche la main et, la seconde d'après, je suis persuadé que tu vas me tuer dans mon sommeil. Tu m'en fais voir de toutes les couleurs, CT.

Hunter gara ma voiture sur un chemin en gravier devant une vieille taverne au milieu de nulle part. La cheminée du pub de style Tudor envoyait une spirale de fumée blanche dans le ciel sans nuages et sans étoiles. On entendait le bruit discret de grillons, l'autoroute au-delà des arbres, et peut-être un hibou.

Je détachai ma ceinture.

— Comment tu connais cet endroit ? J'ai vécu ici toute ma vie et je n'en ai jamais entendu parler, alors que tu viens à peine de débarquer à Boston.

En prononçant ces mots, je pris conscience des implications de ces vérités. Hunter avait grandi loin de sa famille, dans un pays étranger, avec des inconnus.

Hier, Aisling nous avait dit qu'elle avait passé son enfance à Boston par pur hasard. Un internat pour filles avait ouvert non loin avant qu'elle entre en primaire. Ses parents n'étaient pas aussi durs envers elle vis-à-vis de ses études, puisque c'était une fille et que Gerald ne lui imposait pas de rejoindre l'entreprise familiale. Mais Cillian et Hunter avaient tous deux été envoyés à l'étranger aussitôt après leur sixième anniversaire, et plus tard, tandis que Cillian allait au lycée en Nouvelle-Angleterre, Hunter avait été expédié à l'autre bout du pays, en Californie, pour que ses parents n'aient pas à s'occuper de lui.

Hunter sortit de la voiture.

— Un jour, quand j'étais petit, je revenais d'un match de polo avec ma nounou. Notre voiture est tombée en panne, et il pleuvait comme vache qui pisse, alors nous sommes entrés là, et elle m'a laissé commander des frites, un burger bien gras et un milk-shake. C'était la première fois que je mangeais des frites. Jusque-là, je n'avais droit qu'à des saloperies bio préparées par notre chef. Mon père n'était pas loin, et il est venu nous récupérer lui-même. C'était la première fois qu'il faisait un truc pareil – passer du temps avec moi au beau milieu de la journée.

Il fronça les sourcils, comme s'il venait de prendre conscience de la raison pour laquelle cet endroit était si spécial pour lui.

Malgré sa redoutable réputation, mon père n'avait presque jamais manqué mes cours de sport au jardin d'enfants, il me laissait manger toutes les sucreries que je voulais et m'avait servi de chauffeur personnel jusqu'à ce que j'aie le permis. Nous passions nos samedis aux tournois d'arts martiaux de Sam, et mes deux parents étaient des repères stables dans nos vies.

— Enfin bref, chaque fois que je rends visite à mes parents, je viens ici. Parfois, j'emmène Aisling. Je n'ai pas vraiment d'amis à Boston, alors quand elle ne peut pas je viens seul.

Il poussa la vieille porte en bois. Nous entrâmes dans un pub bruyant baigné d'une lumière orangée, avec trois grandes tables en bois taillées à la main et leurs bancs assortis. On se serait crus dans une auberge de *Game of Thrones*, et l'illusion devenait totale avec la musique gaélique qui tournait en fond et les ouvriers en train de descendre des pintes de bière. L'odeur de viande fumée, de bière chaude et de sueur vint me chatouiller les narines.

Mon corps se raidit. Je détestais les endroits bondés et bruyants.

Surtout les endroits bondés et bruyants remplis d'hommes que je ne connaissais pas.

D'autant plus que j'étais uniquement accompagnée de Hunter

Les-mains-douces, aussi capable de me protéger qu'un bout de chewing-gum mâché.

Mon for intérieur me criait de faire demi-tour. Je n'étais pas une trouillarde, mais j'étais la seule femme ici, et je savais que je susciterais des commentaires avec ma tenue de petit garçon et mes cheveux fous. Hunter me poussa en avant en demandant au serveur qui vint nous trouver à la porte où nous pouvions nous asseoir.

— Où tu peux, mec. C'est blindé.

Un adolescent boutonneux avec deux plateaux remplis de purée de petits pois, d'écrasé de pommes de terre et de rôtis naviguait entre les tables en criant les numéros des commandes qui sortaient de la cuisine, pour se faire entendre malgré les conversations, les rires et la musique.

On s'assit à une table, en sandwich entre deux vieux messieurs en train de discuter autour d'une bière et une équipe d'ouvriers du bâtiment aux visages et vêtements couverts de poussière. Les deux hommes assis juste à côté de Hunter et moi semblaient jeunes et avaient un fort accent du sud des États-Unis ; une pile de verres vides où il ne restait que des traces de mousse formait une barrière entre eux. Ils étaient ivres, à en juger par leur façon de manger leurs mots et leur conversation ralentie.

Je me tordais les doigts sous la table. Hunter nous commanda deux verres de *root beer*, un genre de bière aux plantes sans alcool, ce que j'approuvai d'un sourire. Puis il étudia le menu avec sérieux tout en tripotant le pendentif en bois qui dépassait de sa chemise de costume. Faisant rouler mon pouce contre le bord du menu, je regardai le petit cheval plaqué contre son torse et me demandai distraitement où j'avais la tête, parce qu'il était évident que je ne l'avais plus sur les épaules. Je comprenais enfin l'expression « beau à se damner » : la beauté de Hunter allait me mener droit en enfer si je n'étais pas plus vigilante.

Je m'éclaircis la gorge, reportant mon attention sur le menu avant qu'il puisse me surprendre en train de le mater, et demandai :

— C'est quoi, ce cheval ?

Hunter lâcha le pendentif.

— Oh ! ce vieux machin ?

Il eut un petit rire, attrapa la *root beer* que venait de nous apporter le serveur et en but une gorgée pour gagner du temps.

— C'est rien.

— Dis-moi quand même d'où il vient.

Je nouai mes doigts et posai mon menton dessus. Le mec à côté de moi lâcha un rot sonore, envoyant un souffle chaud chargé de relents de viande sur ma joue. Je respirai par la bouche en m'efforçant de retenir mes haut-le-cœur.

— Quand j'étais petit, chaque fois que je rentrais de l'internat, mes parents me collaient une ou deux nounous au cul pour ne pas être obligés de passer du temps avec moi. À ma sixième… non, huitième nounou, mon père a décidé que je devais apprendre à jouer au polo. Je me suis comporté comme un petit con. Cet été-là, Nounou Numéro-huit – impossible de me rappeler son nom, mais elle était suédoise – devait lutter physiquement pour me faire monter en voiture avant chaque entraînement. J'avais horreur des chevaux. Comment on peut aimer ces machins-là ? Ils puent, ils dorment debout et n'ont pas de réflexes nauséeux – ce qui, si je puis me permettre, fait d'eux de super potes de baise, mais d'horribles invités à dîner. Mais je m'égare. Du coup, j'imagine que ma nounou suédoise a commencé à s'inquiéter pour son poste parce que j'opposais de la résistance – je me comportais comme un gosse, quoi. Un jour, elle m'a offert ce cheval de Dalécarlie. Elle m'a dit qu'en Suède la croyance veut qu'ils portent chance et que je ne tomberais jamais de cheval si je l'avais sur moi. Sache que j'ai cru au Père Noël jusqu'à mes treize ans, alors bien sûr j'ai tout gobé.

— Et alors ? Tu es tombé de cheval ?

Il leva de son menu, des yeux pétillants de malice.

— Non. Jamais une égratignure. Et pas un seul accident de voiture, non plus.

— Tu t'en souviens.

Je le regardai fixement. Je savais que j'avais raison, je le sentais au plus profond de moi.

— De quoi ?

Il s'efforçait de rester impassible.

— Du nom de cette nounou suédoise.

Il s'en souvenait parce que ce cadeau lui tenait à cœur. Mais il ne voulait pas l'avouer. Hunter n'était pas stupide du tout. Seulement, il érigeait autour de lui des murs qui empêchaient quiconque de l'atteindre, parce que d'après son expérience les gens n'étaient que de passage dans sa vie.

Il m'adressa un sourire diabolique.

— Désolé, chérie, mais non, je ne m'en souviens pas. Et toi ? Comment tu t'es mise au tir à l'arc ? Ce sport est plus mort que Henri VI.

Hunter prit une autre gorgée de *root beer*, une moustache sombre se formant au-dessus de sa lèvre. Il y passa la langue pour l'effacer, et je sentis ma gorge se serrer. Ça me rappelait qu'il n'avait pas encore encaissé notre baiser.

Peut-être qu'il a oublié après mon craquage au gala.

— Tu vas te moquer, dis-je.

— Évidemment.

Je baissai les yeux.

— C'est un peu cliché, en vrai. C'est à cause de Robin des bois. Plus précisément, quand j'étais petite, j'adorais l'idée d'être un hors-la-loi qui fait le bien. Peut-être parce que mon père…

Je marquai une pause, ravalant la honte qui m'asséchait la bouche.

— Est un homme d'affaires respectable jusqu'à preuve du contraire ? compléta Hunter d'un air moqueur.

Je ris et me sentis rougir.

— Exactement. Les rumeurs sur son compte me suivaient partout. Ses supposés péchés devenaient les miens. Tu dois savoir ce que c'est, d'être défini par l'image des autres membres de ta famille.

Hunter hocha la tête.

— Carrément.

— J'aimais bien l'histoire de Robin des bois, cette idéalisation d'un criminel. Il n'a peur de rien, il vole aux riches et donne aux pauvres. Et puis, le renard dans le film Disney était très roux, comme mes cheveux, avouai-je, ce qui fit rire Hunter de plus belle.

Étrangement, son rire couvrit tous les autres bruits, même les insultes en rafale que lançait le type à côté de moi à son ami. Il parlait en agitant les mains et me donnait parfois des coups de coude quand il essayait de décrire des choses à ses collègues.

— Et puis, j'ai toujours voulu savoir me servir d'une arme. Un pistolet, c'est froid, métallique, impersonnel ; le tir à l'arc requiert patience, précision et passion. Une fois que je m'y suis mise, c'est devenu une addiction. J'y étais à l'abri des rumeurs sur ma famille, sur *moi*. J'imagine que tu t'es rendu compte que je n'ai pas beaucoup d'amis, et ça me permettait de passer le temps après les cours.

Cela ne me ressemblait pas de me confier ainsi, surtout à un étranger, et un étranger beau et de sexe masculin de surcroît. Je passais sûrement pour une laissée-pour-compte en racontant tout ça mais, si Hunter trouvait que j'en racontais trop ou avait pitié de moi, son visage n'en laissa rien paraître.

Il hocha la tête, semblant réfléchir à ce que je venais de dire.

— Je suis content que tu aies trouvé ta vocation.

— Je suis désolée que ce ne soit pas ton cas.

Je posai les mains sur la table entre nous, attendant… quoi ? Que Hunter les prenne dans les siennes ?

Il n'en fit rien, bien sûr.

Le serveur se matérialisa dans mon dos pour noter notre commande. Je me tournai gauchement et me rendis compte que je n'avais même pas regardé le menu.

J'étais sur le point de demander quelques minutes de réflexion quand Hunter dit d'une voix forte :

— On va prendre tous les deux le rôti à la cocotte avec de la sauce, des oignons, et des patates sautées, et des champignons farcis en plus. Et je te file vingt dollars de pourboire si tu apportes un verre de Baileys à madame chaque fois qu'elle rougit. Tu peux faire ça, vieille branche ?

Le serveur boutonneux ne prit même pas la peine de vérifier nos cartes d'identité. Il sourit de toutes ses dents jaunes, hocha la tête, récupéra nos menus et se rua vers la fenêtre séparant le bar de la cuisine pour transmettre notre commande.

Je me tournai vers Hunter. Il affichait le sourire en coin d'un méchant incompris.

— Ce n'est pas toi qui conduis et, puisque je suis cent pour cent sobre et chaste, je me suis dit que j'allais nous remettre sur un pied d'égalité.

— À l'envers.

— C'est ma position favorite.

Cela me fit rougir, et il éclata de rire, chuchotant :

— Proie facile.

Heureusement, le serveur nous tournait le dos, parce qu'il était parti depuis à peine trois secondes. J'allais finir la soirée complètement foutue. Et ivre, aussi.

— Alors comme ça… tu ne sais pas quoi faire de ta vie.

Je recentrai notre conversation. L'homme assis à côté de moi pouffa et se tourna vers moi, mais je restai immobile pour ne pas croiser son regard. Ce devait être le fruit de mon imagination, de toute façon. Je m'occupais de mes affaires, pourquoi me regarderait-il bizarrement ?

— J'suis bête comme mes pieds. Évidemment que je ne sais pas quoi faire. Je ne suis bon qu'à faire la fête, baiser et boire avec semi-modération. Il n'y a personne pour prétendre le contraire. En réalité, on ne m'a pas souvent dit que j'avais du potentiel et, chaque fois qu'on me l'a dit, j'ai détesté ça. Le potentiel, c'est comme une bite de trente centimètres sur un mec impuissant : merveilleusement inutile. Et puis, je n'ai pas *besoin* de potentiel. Je sais que je reprendrai les rênes de Royal Pipelines avec Cillian depuis que j'ai quatre ans, conclut-il avant d'avaler la fin de sa pinte, qu'il reposa violemment sur la table.

Je n'en revenais pas.

— Waouh ! C'est jeune.

— Mon avenir a été écrit bien avant ma naissance. C'est aussi bien, puisque j'aurais certainement été trop paresseux pour l'écrire moi-même.

— Et si tu pouvais choisir ? Qu'est-ce que tu ferais de ta vie si tu n'étais pas un Fitzpatrick ?

Mon voisin riait maintenant de bon cœur avec ses amis, frappant la table en bois du plat de la main. Les couverts et les verres s'entrechoquèrent, dansant sur la surface en bois. Hunter ne semblait pas lui prêter attention. Il était sûr de lui, insouciant. Insensible à ce genre de choses.

— Je ne sais pas. Je pourrais être DJ. Ou gigolo, peut-être. Mais que pour des meufs canon. Et je serais certainement trop gentil pour les faire payer. Attends, ça a un nom, ça : Tinder.

Hunter rit à sa propre blague, mais la lumière dans ses yeux s'était éteinte.

Je gardai le silence un instant, songeant à l'image qu'il avait de lui-même.

— Tu as plein d'autres talents, dis-je enfin. Je te trouve drôle et bêtement attachant, et tu portes en toi une énergie explosive que beaucoup de gens aimeraient avoir. Tu sais mettre les autres à l'aise, et c'est une chose qu'on n'apprend pas à la fac. Tu es charmant, sûr de toi, et tu es tellement baratineur que tu pourrais échapper à une accusation pour meurtre. Tu serais certainement très utile à l'entreprise de ton père, mais peut-être pas côté chiffres. Pourquoi pas dans la communication ou…

— Bordel. Descends-lui le froc et suce-le, qu'on n'en parle plus, lâcha l'homme à côté de moi.

Il s'écroula de rire, tendant son poing serré vers Hunter pour que celui-ci tape dedans. Il se prit un vent ; Hunter le toisait avec une expression semblant signifier qu'il allait l'assommer avec son verre vide. L'homme laissa retomber son poing et leva les mains en signe de reddition.

— Tout ce que je dis, mon gars, c'est que tu perds ton temps avec Wilma Pierrafeu. J'en peux plus de l'écouter te baver sur les genoux. T'as pas un pote pour te sauver de ce rencard foireux ? Elle a trafiqué sa photo sur Happn ? Il se passe quoi là ? Vous allez pas vraiment ensemble tous les deux.

Le type assis à côté de Hunter – un ami du Gros Malpoli – recracha une frite et manqua de tomber à la renverse tant il riait. Dans le pub, certains se turent et s'immobilisèrent pour nous observer avec curiosité.

Les railleries s'abattirent sur moi comme de la grêle. Implacables, douloureuses et cruelles, comme ce garçon en plein hiver qui refusait de partir.

Comme Hunter la première fois que je l'avais vu.

Je sentis la chaleur de l'humiliation sur mes joues, le picotement des larmes dans mes yeux. Il y avait tant de choses que je voulais dire à cet homme, lui crier, lui jeter au visage, mais j'en étais incapable. J'étais trop paralysée pour parler.

Et Hunter… Hunter se contentait de le fixer du regard.

— Écoute, mec, t'as le physique. C'est clair que tu gagnes de la thune, vu comment tu t'habilles. Tu peux faire bien mieux que cette minable, poursuivit le type en me montrant du pouce. Je dis tout haut ce que tout le monde pense tout bas ici.

Il attrapa sa bière et finit son verre d'une traite, avant de jeter la pinte derrière son épaule. Le verre explosa au sol.

Plus personne ne riait. Plus personne ne parlait. Plus personne ne *respirait*.

L'œil gauche de Hunter tressauta – de manière infime. En dehors de ça, il resta parfaitement immobile.

J'avais envie de mourir. De pleurer. De transpercer le cœur du Gros Malpoli d'une flèche empoisonnée. De m'enfuir en courant, aussi loin que mes pieds me porteraient. De faire mes bagages et de quitter l'appartement de Hunter. Je voulais changer de nom, de couleur de cheveux et de garde-robe. Recommencer à zéro dans un endroit où personne ne me connaîtrait. Ce mec ne savait pas qui j'étais. Il n'aurait jamais dit ça sinon.

Il ne savait pas qui était mon père.

Qui était mon frère.

Il n'avait pas peur des conséquences.

Combien d'hommes avaient pensé la même chose de moi sans jamais l'exprimer à voix haute, parce qu'ils avaient eu peur ?

Je dévisageai l'autre salaud, consciente d'être rouge comme une tomate. Du coin de l'œil, je vis notre serveur accourir avec un verre de Baileys à la main, faisant déborder la moitié de son contenu sur le sol déjà collant. Je me rendis compte que c'était vers moi qu'il venait. Mes poumons se vidèrent.

Respire.

Je ne pouvais plus respirer.

Et pour ne rien arranger Hunter était figé, comme absent.

Puis, soudain, il explosa et hurla au jeune serveur :

— Pas maintenant, espèce d'idiot !

Se gonflant tel un nuage noir gorgé de sa propre colère, il se leva d'un coup, renversant l'assiette à moitié pleine du type à côté de lui. Son contenu se répandit sur les genoux de l'homme sous le regard indifférent de Hunter, dont les yeux n'étaient plus que deux fentes déversant toute sa fureur.

Je me recroquevillai sur le banc.

— Qu'est-ce que tu viens de dire ?

Mon colocataire serra les dents, redoutable, titanesque, s'élevant au-dessus de tout. Au-dessus du temps. On aurait dit qu'il devenait de plus en plus imposant, comme Hulk.

— Lève-toi et répète, sac à merde.

Le Gros Malpoli sauta sur cette occasion de se battre, visiblement ravi. Il se dressa, tête haute et torse gonflé, à la manière d'un paon.

— J'ai dit que ta petite copine était moche et, vu comment ça te fout en rogne, je me dis que ce n'est peut-être pas ta meuf… Peut-être que c'est ta couverture. Un beau mec comme toi n'a rien à faire avec une fille comme elle. Enfin…

Il marqua une pause pour un effet comique, une main en l'air.

— … si c'est bien elle qui a une chatte.

Tous se mirent à rire si fort que les murs du pub commencèrent à trembler, les bières tombant à la renverse sur les tables. Je m'agrippai de toute mes forces à mon sang-froid, gardant mon menton tremblant dressé, même si au fond je n'étais pas certaine de pouvoir rapiécer mon amour-propre après ça.

Il n'était pas simplement déchiré : il était en lambeaux.

— Je vais te massacrer.

La voix de Hunter était si grave qu'on aurait pu croire qu'elle appartenait à un animal. Il affichait une détermination furieuse et menaçante ; je ne l'avais jamais vu dans cet état, et cela me fit froid dans le dos. Il y avait un éclat de démence dans son expression. Je la reconnaissais bien : mon père avait la même quand il partait en mission nocturne.

— Ah ouais ?

Le type posa une main sur sa taille rebondie. Il était grassouillet mais fort. Graisse et muscles alliés dans un corps de sanglier. Il était clair à son langage corporel – sourire édenté, paumes ouvertes – qu'il aimait se battre, qu'il le faisait souvent et n'hésiterait pas à briser le cou de Hunter.

— Parce que pour l'instant tout ce que tu fais, c'est rester planté là à lancer des menaces en l'air, *mon mignon*.

Le serveur boutonneux déguerpit vers le fond de la taverne, certainement pour aller chercher ses supérieurs. Quelques hommes baissèrent la tête, se demandant peut-être s'ils devaient ou non calmer le jeu entre les deux hommes.

Retrouvant enfin l'usage de mes membres, je me levai et me penchai vers Hunter par-dessus la table.

— T'embête pas. Ce mec ne sert qu'à gâcher la vue, l'oxygène, et à engraisser les producteurs de porno, dis-je avec autant de désinvolture que possible. On se taille, Hunt.

Hunter m'ignora et, les yeux toujours braqués sur le mec, il retira soigneusement sa veste. J'étais consciente qu'il ne savait pas se battre. Cet aristocrate autoproclamé n'avait jamais eu à régler seul ses problèmes.

— Il n'est rien. Personne, renchéris-je, tendant désespérément la main vers lui.

Hunter m'évita.

— *S'il te plaît*, Hunter, partons.

— Ah, elle cause ! Et c'est bien une fille. M'dame, j'ai de plus gros seins que vous.

L'homme gloussa, révélant une rangée de dents jaunes, et pointa le torse vers Hunter. J'étais prête à lui mettre moi-même une droite. La violence physique ne me faisait pas peur. Je portais encore des couches que mon père m'avait appris à donner des coups de tête et de genou dans les couilles.

L'atmosphère se fit soudain plus sombre, plus trouble. Rires rances, alcool bas de gamme, et parfum d'adrénaline et de violence s'élevèrent du vieux parquet en bois. Je fermai les poings,me préparant à attaquer. Le Gros Malpoli se retourna et s'apprêtait à faire la révérence à la table derrière nous, où étaient attablés des hommes qui riaient et sifflaient, quand Hunter l'attrapa par le col et l'envoya valser par-dessus la table.

Toute la pièce retint son souffle tandis que l'homme fendait l'air. Il atterrit dos à la porte d'entrée, tête pendant sur la poitrine. L'espace d'une seconde, je crus qu'il s'était brisé la nuque, mais il releva prestement la tête et se mit à rire, avant de bondir avec une étonnante agilité pour un homme de sa carrure.

Il plaça ses poings devant son visage et décrivit un cercle autour de Hunter, qui irradiait toujours une colère sourde et assassine.

— Vas-y, attaque, sale gonzesse, railla l'homme en mettant un direct en pleine figure à Hunter.

Pris au dépourvu, Hunter recula, vacillant contre la table, et se remit d'aplomb juste à temps pour recevoir un deuxième poing dans le nez.

— Hunter !

Je me précipitai vers lui, les poumons en feu. Je fis le tour de la table, prête à me jeter sur l'autre costaud. Plusieurs hommes se levèrent, mais aucun ne voulait se retrouver sur la trajectoire des poings de ces deux hommes pesant chacun près de cent kilos. Et puis, ce pub semblait être l'endroit idéal pour laisser deux ouvriers bourrés se défouler l'un sur l'autre. Seulement, Hunter n'était ni ouvrier ni bourré. C'était un jeune héritier aux ongles manucurés, qui n'avait connu que les écoles privées.

Un des vieux messieurs assis à notre table m'attrapa par le bras pour me retenir.

— Arrêtez. Votre ami doit aller au bout, ou il ne se le pardonnera jamais. Vous ne l'aiderez pas si vous intervenez. Au contraire, il ne serait plus jamais capable de vous regarder sans penser que c'est *vous* qui l'avez sauvé, *lui*. Il a quelque chose à prouver, ma belle.

— Mais il est en train de perdre. Et il est blessé !

Je me dégageai. Je ne supportais pas l'idée que Hunter soit blessé par ma faute. J'eus à peine fait deux pas qu'un autre des vieillards leva une main pour me stopper.

— Il serait plus blessé encore si vous le tiriez de là. Je vous le dis du haut de mes soixante-seize ans d'expérience. Si vous lui sauvez la peau, vous tuez son ego. L'un des deux doit être sacrifié. Les bleus, ça guérit. La fierté, en revanche…

Consternée, je contemplai le visage ensanglanté de Hunter, qui s'efforçait de se concentrer sur son adversaire, sa tête roulant d'un côté, puis de l'autre. Il ne tenait pas droit. Les deux hommes se tournaient autour au centre de la pièce. Hunter leva les poings pour se protéger le visage, mais sa chemise était déjà trempée de sang, et un de ses yeux était en train de virer au violet. Le Gros Malpoli n'avait pas meilleure mine : il avait le bas de la mâchoire enflé et l'œil gauche totalement fermé.

Il tenta de mettre un nouveau crochet à Hunter, mais celui-ci, qui commençait à prendre le coup, l'évita et lui flanqua une droite en pleine figure. On entendit des os se briser, et je frissonnai. Les jambes du Gros Malpoli cédèrent, et il s'effondra sur lui-même, comme un château de cartes. Il tenait son nez entre ses deux mains, gémissant. Hunter en profita pour prendre de l'élan et se jeter sur lui pour le plaquer au sol d'un coup d'épaule. Il se mit à califourchon sur son adversaire, le rouant de coups brouillons à la tête, aux oreilles et au torse, tandis que l'autre tentait tant bien que mal de se protéger de ses avant-bras. Du sang éclaboussait le sol, le mur, les chaussures des clients. Deux cuisiniers costauds et un homme élégamment vêtu apparurent à la porte de la cuisine et s'élancèrent vers les bagarreurs.

— Tu redis un mot sur cette fille et t'es mort, connard. Mort !

Hunter abattit un dernier coup de poing sur le visage du type avant que les cuisiniers l'attrapent par les épaules pour le forcer à se relever.

Il se laissa faire, jetant un regard froid et indifférent à l'homme en train de se pelotonner en position fœtale au sol, qui n'était plus qu'un tas de sang et de sueur.

Le visage de Hunter était méconnaissable avec tout ce sang. Je me ruai vers lui, trop paniquée pour me contrôler, et tâtai ses joues, son cou, son front, les doigts tremblants. Ma réaction était compulsive, effrénée, et ne me ressemblait pas. D'habitude, je n'approchais pas les autres. Je fis l'inventaire de chaque centimètre carré de sa chair. Il était salement amoché, mais pas autant que le mec au sol, qui était en train de supplier le patron du pub de ne pas appeler d'ambulance parce qu'il n'avait pas d'assurance.

— Tu vas bien ? murmurai-je.

Je me rendis compte que ma voix était éraillée, mal assurée. Je me tapais de ce qu'avait pu dire cet idiot sur moi. Je voulais juste être sûre que Hunter allait bien.

Il hocha la tête, les yeux déviant vers le sol. Le coin de sa lèvre saignait, et je m'autorisai un dernier écart en essuyant le sang avec mon pouce.

— Parle-moi, dis-je d'une voix rauque. Tu veux aller à l'hôpital ?

Hunter secoua la tête, les yeux toujours rivés sur le même point à ses pieds, fermant une fois de plus le portail de ses émotions, qu'il verrouilla à double tour avant d'en jeter la clé.

Le serveur se matérialisa près de nous et posa la main sur l'épaule de Hunter.

— Je vais dire au patron ce qui s'est passé. Tout le monde a vu qu'il t'avait provoqué. Tu ne pouvais rien faire pour l'en empêcher. Je veux dire, il disait de la merde sur ta meuf, mec.

— C'est pas ma meuf, déclara Hunter d'un air distant, avant de renifler pour cracher – de la salive teintée de sang.

Il prit son portefeuille dans sa poche arrière et en sortit quelques billets, qu'il fourra dans la main du jeune serveur.

— Ne nettoie pas le sol. Je veux que tous les connards ici présents se souviennent de ce qui s'est passé aujourd'hui.

Puis il sortit du pub, et je le suivis en courant à l'extérieur. Il déverrouilla ma voiture, se glissa à l'intérieur et fit vrombir le moteur, m'ignorant totalement. J'ouvris la portière passager à la volée ; j'avais peur qu'il m'ait oubliée et qu'il m'abandonne si je ne me dépêchais pas. Un pic de douleur intense dans mon deltoïde rappela mon épaule blessée à mon bon souvenir, et je grimaçai, pliée en deux sur mon siège. Je ne voulais pas songer à ce qu'impliquait une blessure à l'épaule – à la fois pour mes chances de participation aux JO et ma santé mentale.

Hunter restait de marbre, les yeux rivés sur le pub d'un air absent, comme un zombie. J'aurais aimé savoir à quoi il pensait.

Ravalant mon humiliation, je tentai de tirer au clair ce qui venait de se produire. J'éprouvais à la fois une immense gratitude et une peur du rejet irrationnelle. Car je ne savais même pas ce qu'il pouvait rejeter, puisque je ne lui avais rien offert.

— Il aurait pu attendre qu'on ait mangé, ça nous aurait évité de payer l'addition, dis-je en sortant deux chewing-gums de la boîte à gants.

Je retirai l'emballage en aluminium et lui en tendis un. Il ne bougea pas d'un poil. J'en fourrai un dans ma bouche et me mis à mâcher.

— Merci encore. Je te jure, je suis pas si nulle pour affronter le monde extérieur. C'est juste que, chaque fois, tu me devances avant que j'aie le temps de leur coller une râclée, à tous autant qu'ils sont.

C'est le moment de se taire, maintenant, Sailor.

Il était difficile de croire que c'était moi qui devais me charger de lui, alors que c'était lui qui volait toujours à mon secours.

Hunter ne montrant toujours aucun signe de vie, je commençai à craindre qu'il souffre d'un trouble post-traumatique.

Épuisée par tant de honte, je sentis ma tête et mes épaules s'affaisser.

— Dis-moi juste que tu vas bien. Et je te laisserai tranquille.

— C'était la première fois que je me battais, lâcha-t-il enfin, plus pour lui-même. J'ai connu mon lot de trucs tordus au fil des années. Un jour, j'ai même couru après mon ami Vaughn avec une machette. Mais je ne m'étais jamais battu pour de vrai. Je n'avais jamais donné de coups de poing. Été blessé. Fait mal.

Il se tourna vers moi pour croiser mon regard. Je levai les yeux, savourant son attention toute tournée vers moi.

Je ne savais pas comment c'était possible, mais il était encore plus beau avec ses ecchymoses. Comme une voiture flambant neuve arborant sa toute première rayure, celle qui la fait passer de voiture lambda à *votre* voiture – avec une histoire, des souvenirs partagés et un passif.

À cet instant, j'aurais voulu n'avoir jamais posé les yeux sur Hunter Fitzpatrick. Parce que je savais avec certitude que, malgré ses travers d'enfant gâté, son comportement dépravé et son obsession hédoniste, il était bon, loyal, et courageux par nature.

Ces qualités le rendaient très dangereux pour moi.

Dangereusement attirant.

— Loin de moi l'idée d'encourager tout type de violence, dis-je, mais ce mec va se souvenir longtemps de ton visage pendant que le sien guérira. Alors félicitations pour cette perte de ta virginité de bagarreur – et celle de son nez !

Le silence retomba entre nous. Mon ventre gargouilla, me rappelant que cela faisait sept heures qu'il n'avait pas été nourri, et je le contractai fermement pour essayer de le faire taire.

Hunter secoua la tête, puis quitta enfin le parking improvisé.

— Tu as faim ?

— Je pourrais manger, répondis-je sans m'engager.

Il rit avant de cesser brutalement ; sa lèvre se rouvrait.

— Tu sais, j'avais un bon souvenir de cet endroit. Mais c'est franchement naze. Allons Mcbouffer des burgers boucheurs d'artères pendant que nos métabolismes peuvent encore les encaisser.

— Dieu merci ! Au pub, la viande ressemblait à du poisson, grognai-je.

— J'ai un bon morceau de viande entre les cuisses, si ça t'intéresse.

Il était redevenu lui-même, le Hunter grossier que je connaissais. C'était bien la première fois que j'étais contente d'entendre un de ses commentaires déplacés.

— Pas le moins du monde.

— Tant pis pour toi.

— Et tant mieux pour toutes les autres filles du pays.

— Pas avant cinq mois, grâce à toi.

Cinq mois.

Cela faisait-il déjà vraiment un mois ?

Non. Seules deux semaines étaient passées. Mais Hunter était impatient de se sortir de cette situation. Je laissai aller ma tête contre le siège ; ma douleur à l'épaule et l'adrénaline pulsant dans mes veines me donnaient envie de dormir. Tandis que Hunter transperçait la nuit pour nous ramener à Boston, je fermai les yeux une seconde, mais fus incapable de les rouvrir.

Il dut me croire endormie parce qu'il murmura :

— Agnes. La nounou s'appelait Agnes.

10

Hunter

Chanson du jour : *Zombie*, de Jamie T.

La semaine qui suivit fut encore plus pénible que les deux précédentes. Ma vie, autrefois semblable à une sorte de parc d'attractions avec orgasmes à volonté, avalanche de luxe et soleil éternel, était devenue une catastrophe permanente, nuageuse et abstinente.

D'abord, je dus expliquer au bureau pourquoi on avait l'impression que je m'étais fait manger le visage par des pitbulls enragés. Heureusement, Capitaine Sauve-ton-coloc, à savoir Sailor, me promit qu'elle ne me balancerait pas à mon père dans son rapport hebdomadaire, ce qui me donna l'impression d'être le chouchou de la prof – sans la partie sympa où elle me récompensait avec une pipe (ou n'était-ce que dans les films pornos ?).

On se mit d'accord pour donner à mon père une version légèrement modifiée de ce qui s'était passé au pub. En gros, on lui raconta que je m'étais bel et bien battu, mais seulement parce que le mec avait attrapé Sailor. Mon père et Cillian accueillirent ce récit avec un scepticisme glacial, tandis que Syllie, présent dans le bureau lorsque je le leur rapportai, afficha un chaleureux soutien.

En fin de compte, personne ne se plaignit de ma gueule digne d'un personnage tabassé de *Thirteen Reasons Why* – le visage tuméfié, le corps couvert de bleus, et boitant. Si on agressait une femme devant eux, ils réagiraient comme moi. Je n'étais qu'un foutu gentleman.

Et puis, il y avait le problème Syllie. Papa m'avait rembarré, et Cillian trouvait bandant de me voir au supplice. Je devais donc creuser moi-même. Je suivais Syllie comme son ombre au bureau, quand il ne faisait pas attention. C'était le seul couillon à être un tant soit peu civilisé avec moi, mais je savais ce que j'avais entendu et je voulais tirer cette affaire au clair. Le problème, c'était que jusqu'à présent j'avais joué de malchance et n'avais pas eu une seule occasion de découvrir la vérité.

Syllie n'utilisait plus l'escalier de secours pour ses appels privés, il fallait donc que je passe à la vitesse supérieure. L'urgence de découvrir ce qu'il mijotait me prenait aux tripes et, durant les cinq jours qui suivirent la bagarre au pub, je me surpris moi-même à le suivre avec un réel dévouement.

Enfin, il y avait un autre problème : Sailor.

Je n'avais pas discuté avec elle de ce qui s'était produit au pub, mais j'imaginais qu'elle était bouleversée qu'on l'ait traitée de thon et qu'aucun homme parmi les cent présents dans le bar n'ait contredit cette affirmation. Que ce soit clair : personnellement, je l'aurais bien baisée plutôt deux fois qu'une.

Ok, son sex-appeal ne crevait pas les yeux. Elle n'avait pas des gros seins, des courbes alléchantes, des lèvres ressemblant à une chatte bien épilée et des cheveux brillants. Mais plus vous la regardiez, plus vous vous laissiez surprendre par sa beauté. Elle avait un charme inhabituel, mais elle avait du charme. Un peu comme Lily Cole. (J'avais essayé trois fois avant de réussir à me branler sur des photos de Lily Cole. Mais, une fois que j'avais trouvé mon rythme, elle était devenue une de mes mannequins préférées pour me palucher.)

Les cheveux roux, la peau pâle et les yeux sauge de Sailor avaient quelque chose de fantastique. On aurait dit la fée d'un conte irlandais dans lequel il se passait toutes sortes de choses étranges et magiques.

Traitez-moi de vieux romantique de merde mais, si je devais un jour coucher avec Sailor, j'étais sûr que je la regarderais droit dans les yeux et lui chuchoterais des mots doux. (Lui expliquer toutes les saloperies que je comptais lui faire, c'était considéré comme des mots doux, non ?)

Mais même si je trouvais ma colocataire tout à fait bandante je ne pouvais pas le lui avouer de but en blanc ; de un, parce qu'elle se doutait déjà que je voulais la mettre dans mon lit (je plaide coupable) et, de deux, parce que nous avions tous deux un comportement étrange depuis la bagarre au pub (encore coupable).

Avant elle, j'avais toujours été l'idiot. L'imbécile. Le raté. Je débitais des conneries à longueur de temps pour faire rire les autres, parce qu'on n'imaginait pas que je puisse dire quoi que ce soit d'important ou de profond. Tout ce qu'on attendait de moi, c'était que je fasse le bouffon pour divertir mon monde. J'étais si dévoué à ce rôle d'imbécile irréfléchi que l'idée de ne *pas* en être un m'intimidait.

Avec Sailor, je ne pouvais pas jouer les idiots. Elle me sortait sans cesse de ma zone de confort, et je m'efforçais chaque fois d'y retourner aussitôt.

Le soir du pub, après avoir englouti nos McDo et contaminé sa voiture avec les odeurs de gras, nous étions rentrés à la maison, où elle avait soigné mes blessures sans un mot.

Le lendemain matin, je l'avais trouvée dans la cuisine à sept heures et demie. Une heure bien tardive pour qu'elle soit encore là. Je l'avais vue avaler deux Advil et retourner se coucher en traînant les pieds. J'étais allé au boulot et, à mon retour le soir, elle était partie, certainement à l'entraînement.

La fois d'après où on s'adressa la parole, c'était pour dire que les plats de Nora étaient si épicés que nos rectums allaient faire un procès à nos bouches, et qu'on ferait mieux de la virer et de se faire livrer à manger par Deliveroo. Sailor assura qu'elle était douée pour trouver de bons restos – ce qui, au passage, lui aurait valu un bonus de 10 points dans la catégorie « épouse potentielle » si j'avais été monogame.

La fois d'encore après, je l'avais aidée à trouver un truc sur Netflix.

La fois d'encore-encore après, elle m'avait annoncé qu'elle avait trouvé un job à Nora dans un des restaurants de sa mère, ce qui rendait Nora super heureuse pour son portefeuille, et nous super heureux pour notre santé.

En résumé : on s'évitait l'un l'autre. *À nouveau.*

Au début, la situation ne m'avait pas du tout gêné : Sailor pouvait bien faire ce qu'elle voulait de son temps. Du moment que le mouchard-athon hebdomadaire établissait que j'étais blanc comme neige, je n'étais pas obligé de m'en faire une amie. Peu importait que je me sente plus seul qu'un neurone dans le crâne de Brody Jenner. J'avais ma fierté – d'accord, j'appelais Vaughn et Knight si souvent qu'ils avaient fini par changer de numéro de téléphone, mais c'était purement pour la blague.

Aujourd'hui, au cinquième jour de notre fichue guerre froide, je rentrai à 21 heures et décidai de filer droit au lit, trop fatigué pour voir ce que Sailor nous avait commandé à manger.

— *Ohhh !*

Depuis le couloir, j'entendis un petit gémissement provenant de la salle de bains. Ma bite se mit au garde-à-vous.

Une petite seconde.

— Hmm, soupira de nouveau Sailor.

Même si une partie de moi-même me traitait de sale pervers, une autre, plus balèze, dit à la première de se la fermer, lui couvrit la bouche de scotch et la jeta dans le coffre d'une voiture. Le diable sur mon épaule m'intima de m'approcher de la porte pour regarder. À ma décharge, elle était déjà entrouverte. Sailor savait à quelle heure je rentrais et aurait été parfaitement capable de fermer la porte de la salle de bains à clé, comme elle le faisait des dizaines de fois par jour.

— Ahhh, lâcha-t-elle encore.

Ma queue se gonfla de sang, devenant si dure que je sentis la friction de mon caleçon contre mon gland. J'étais tellement excité que j'avais envie de me frotter contre moi-même – ce qui était une situation inhabituelle, même pour moi.

Le fait que je surprenne Sailor en train de se masturber rendait soudain cette journée très agréable – malgré mes dix heures de travail à me prendre la tête avec mon père et Cillian et à suivre Syllie en secret comme un petit chiot stressé, et la fatigue des cours du soir.

Avançant d'un pas, je jetai un coup d'œil par l'interstice entre la porte et son cadre. Sailor était assise au bord de la grande baignoire, nue, ses yeux plissés rivés sur l'eau du bain – une expression un peu bizarre pour un orgasme (sans vouloir la juger).

Elle vacilla en avant, son corps se pliant en deux.

Pour ma plus grande déception, je compris qu'elle n'était pas en train de se donner du plaisir lorsqu'elle grimaça et se massa l'épaule droite, toute enflée. Et, par enflée, je veux dire que son deltoïde avait la taille d'une balle de tennis.

Sailor tenta de faire passer ses jambes à l'intérieur de la baignoire, tenant toujours fermement son épaule droite de son autre main, mais finit par tomber à la renverse, les fesses sur le sol en marbre. Le bruit de son coccyx heurtant la surface dure résonna dans la pièce. Elle ferma les yeux, silencieuse, le corps secoué de tremblements de douleur. J'étais sur le point de battre en retraite pour la laisser tranquille – Sailor me tuerait si je débarquais pour l'aider – quand je remarquai les larmes qui roulaient sur ses joues.

Fais demi-tour et pars. Ce n'est pas ton problème, dit le diable sur mon épaule, le connard qui m'avait soufflé de me branler en espionnant ma coloc.

L'ange réussit à enlever le scotch de sa bouche et m'intima : *Tu n'es pas si con, quand même. C'est Sailor, merde.*

Il avait raison. C'était Sailor et, dans mon monde, Sailor méritait mieux.

Agacé, j'ouvris la porte pour entrer.

— Hunter ! Bordel ! Qu'est-ce que tu fous ?

Elle passa de la tristesse à l'indignation en une seconde et essaya de couvrir ses seins avec ses bras, mais elle ne pouvait pas bouger l'épaule droite. Me postant derrière elle, je passai les mains sous ses aisselles et la rassis sur le bord de la baignoire avant d'arracher un peignoir d'un crochet pour l'enrouler autour de ses épaules. Elle avait toujours les mains sur la poitrine dans un geste protecteur et claquait des dents. Je ne savais pas comment lui annoncer poliment que ce n'était pas la peine car j'avais déjà vu ses seins (et qu'ils étaient bien plus beaux que je l'avais imaginé, et *évidemment* que je les imaginais régulièrement).

Et puis, à sa place, si j'avais dû protéger ma vertu, j'aurais commencé par croiser les jambes, parce qu'elle avait entre les cuisses un joli duvet de poils roux qui resterait gravé dans ma mémoire. Rien à voir avec une touffe broussailleuse synonyme de négligence et de poux, ses poils avaient l'air doux et soyeux, et j'eus soudain très envie de les écarter pour lui bouffer la chatte comme on dévore un kebab après une grosse soirée.

Sors-toi cette idée du crâne, ducon.

— Je viens de rentrer. Qu'est-il arrivé à ton épaule ?

Je m'accroupis, sentant le tissu de mon pantalon se tendre contre mes genoux et ma queue. Là, ça me manquait de ne plus vivre en jogging Thom Browne vingt-quatre heures sur vingt-quatre.

— Tu n'as pas le droit de débarquer comme ça !

Elle avait les yeux écarquillés, furieuse. Elle agrippa les pans de son peignoir pour essayer de se couvrir davantage. Je l'aidai, enroulant le vêtement autour d'elle avant de reculer d'un pas et de détourner le regard pour me concentrer sur une bûchette décorative posée au bord de la baignoire couleur champagne.

— C'était pas prévu. Mais je t'ai entendue gémir de douleur quand je suis venu regarder.

— Tu n'aurais pas dû regarder !

— Bordel, la porte était ouverte, *aingeal dian* ! m'emportai-je en posant de nouveau les yeux sur elle.

On se fixa droit dans les yeux, tous les deux surpris. Je ne savais pas pourquoi je l'avais appelée comme ça, mais cela me donna envie de tout détruire, à commencer par moi-même. Je me rendis compte, en regardant son visage si énervant (qui finissait toujours par m'attirer des ennuis) que cela m'avait manqué de ne pas être dans la même pièce qu'elle.

— Tu étais en pleurs. Et ne le prends pas mal, mais cette épaule musclée de quarterback ne va pas avec le reste de ton corps. Il faut te faire soigner en urgence.

J'avançai vers elle, et elle leva instinctivement la jambe, me donnant un coup de pied dans les couilles. Je grognai et me pliai en deux en me tenant l'entrejambe, de la mousse se formant presque au coin de ma bouche tant j'avais mal.

— PUTAIN !

— Merde ! lança-t-elle en levant les mains en l'air pour s'excuser. Je ne voulais pas. Je pensais que tu reculerais si je donnais un coup de pied en l'air.

— C'était pas de l'air ça, bordel !

— Désolée. J'ai mal visé.

— Viser est *littéralement* le seul truc que tu dois savoir faire. T'es une archère olympique, bordel !

— Pas encore, techniquement, et tu as des grosses boules, c'était dur de les éviter.

— Et toi t'as des petits seins.

— Mes seins sont très bien.

— Je te crois pas. Laisse-moi goûter.

Je levai les yeux : elle souriait. J'étais foutu.

Bordel, comment avais-je fait pour ne pas remarquer que Sailor Brennan avait le plus beau sourire au monde ? Elle rayonnait. Son visage scintillait comme une flamme de bougie, et cette bouche… elle avait des lèvres pleines, roses et parsemées de taches de rousseur, que j'avais envie de dévorer. Sans m'arrêter.

Parsemées de taches de rousseur. Non mais écoute-toi parler, trouduc. J'étais si tarte qu'il ne me manquait plus qu'une bouteille de vin et une jolie nappe à carreaux pour avoir un parfait petit pique-nique.

Le problème avec Sailor était qu'elle avait la seule chose que je voulais – et je ne parlais pas d'un cul qui était passé entre les mains d'un chirurgien et faisait cent squats par jour, si jamais vous vous posiez la question. Elle avait du talent, un talent réel, pur et nourri. Son excellence lui fusait des doigts. Elle était vive, concentrée, pleinement épanouie. Imbattable.

Mais était-ce la réalité ou une image idéalisée que je projetais sur elle ?

La situation de Sailor m'apparut soudain nettement.

Advil tous les matins.

Plus de salle de sport.

Épaule gonflée à la Vin Diesel du jour au lendemain.

Non, elle n'allait pas s'en tirer comme ça.

— Bon… tu veux quoi, Hunt ? Je suis désolée de t'avoir mis un coup de pied mal placé mais, pour ma défense, tu m'as surprise toute nue. Je te jure que je n'ai pas besoin d'être soignée. Je…

Sans un mot, je lui enserrai la taille, la hissai sur mon épaule et enroulai un bras autour de ses cuisses pour la sortir de la salle de bains. Stupéfait elle poussa un cri, mais elle souffrait trop pour se débattre et me griffer le dos. Je fus étonné de découvrir à quel point sa peau était soyeuse. L'arrière de ses cuisses était doux comme du velours, si doux que j'avais envie de planter les dents dans son mollet et de mordiller sa peau en remontant jusqu'à sa chatte. Elle n'eut de cesse de râler jusqu'à ce que je la dépose sur son lit, dans sa chambre. Là, j'ouvris son placard et en tirai un sweat à capuche *Anti Social Social Club* et un pantalon de jogging. Puis j'entrepris de l'habiller.

— Qu'est-ce que tu fais ?

Elle respirait bruyamment. Je passai sa jambe dans son pantalon, et elle se remit à donner des coups de pied dans les airs, dans tous ses états.

— Je t'emmène chez le médecin, dis-je sèchement.

— Ça va. C'est juste un peu enflé.

Elle se tortilla pour essayer d'enlever le pantalon. Je n'arrivais pas à croire que j'étais en train de *rhabiller* une fille. J'étais en enfer. Forcément.

— Désolé, chérie, dis-je avec un « tss » désapprobateur tout en finissant de lui enfiler son pantalon avant de passer le sweat sur ses seins étonnamment magnifiques. Si tu ne te fais pas soigner, tu vas te transformer en monstre mutant. J'ai vu assez de films d'horreur pour savoir que la métamorphose aura lieu à minuit et je ne veux pas être là demain matin quand tu feras de moi ton petit déjeuner. Même si, sache-le, je serai ravi de *te* dévorer, quand tu veux.

Elle cria de douleur. Elle ne pouvait même plus rire tant elle avait mal. Bordel.

Je trouvai ses clés de voiture, l'installai sur le siège passager et l'attachai comme si c'était une enfant. Pendant tout le trajet, Sailor menaça de me tuer de mille façons, dont certaines très créatives et extrêmement douloureuses. Je contrai calmement en partageant tous les scénarios meurtriers que j'avais imaginés quand nous avions emménagé ensemble, comme la poignarder au coucher du soleil aux Bahamas ou la jeter du haut de la tour Eiffel. Cela me dépassait, qu'on puisse être obsédé par quelque chose – aller aux jeux Olympiques, dans son cas – au point de mettre sa santé en danger.

Après que nous eûmes fini de fantasmer sur les mille manières de nous entretuer, elle ne cessa de répéter que cela pourrait lui faire prendre du retard sur son entraînement. Ma tentative de la réduire au silence en allumant la radio n'ayant aucun effet, je décidai de changer de sujet.

— Tu sais, au départ, j'ai regardé dans l'entrebâillement de la porte parce que je pensais que tu te touchais.

Elle me fusilla du regard, les yeux emplis de feu et de rage.

— Le choix de masturbation en dit long sur quelqu'un, ajoutai-je en haussant les épaules, naviguant dans les rues désertes de Boston qui commençaient à devenir familières. Se tripoter dans le bain, ça colle plutôt bien avec ta personnalité conservatrice, tu sais ? Tu es bien du genre à le faire avec un bol de fraises au chocolat et un Danielle Steel.

— Je ne me masturbe pas, dit-elle en me toisant, comme si elle me mettait au défi de la contredire.

Je la croyais. Elle était bien trop occupée pour s'adonner à cette merveilleuse exploration, en dépit de tout ce que le monde du sexe avait à offrir.

Je me frottai le menton.

— Parce que tu ne sais pas comment faire, ou parce que ça ne t'intéresse pas de prendre ton pied ?

— Les deux, avoua-t-elle, me laissant bouche bée.

Je m'éclaircis la gorge.

— Je peux t'aider pour le premier problème.

— C'est gentil de proposer.

— Ce n'était pas un non, fis-je remarquer.

— Ce n'était pas un oui non plus. J'essaie juste de penser à autre chose qu'au savon qu'on va me passer parce que je n'ai pas soigné l'inflammation plus tôt. J'espère que la piqûre de stéroïdes me soulagera. Je m'entraîne tôt demain.

Elle comptait encore s'entraîner dans quelques heures. Incroyable.

— Putain, Sailor, ce n'est que du tir à l'arc ! Tu ne tires sur rien. Ce n'est même pas un vrai sport olympique. C'est de la daube que les gens regardent pour s'endormir. Prends du recul.

— Je suis vraiment navrée que tu n'aies jamais rien trouvé qui te tienne à cœur, Hunter, mais tu n'as pas le droit de me juger.

— C'est ce que je viens de faire.

— Tais-toi, dit-elle en me fusillant du regard.

— Toi, fais-moi taire.

— Comment ?

J'agitai les sourcils, et elle renversa la tête contre le siège.

— Bon sang, tu as vraiment l'esprit plus crade qu'une déchetterie.

Je tins ma langue tout le temps qu'on passa aux urgences. Sailor reçut une piqûre de stéroïdes, des antalgiques, subit un scanner et se fit examiner l'épaule. Le médecin sévère qui nous reçut lui dit qu'il fallait qu'elle aille chez le kinésithérapeute, un *vrai* kiné, une fois que le gonflement serait sous contrôle. Il lui donna minimum deux semaines d'arrêt d'entraînement. Elle accepta dûment et se comporta comme la sainte-nitouche que j'imaginais avant qu'on emménage ensemble.

Mais alors que nous regagnions la voiture elle lança :

— Quel naïf, ce médecin, il a vraiment cru que j'allais m'arrêter deux semaines !

— Parce que c'est ce que tu vas faire.

Pourquoi je m'en mêlais ? *Pourquoi ? Pourquoi ? Pourquoi ?*

— Hors de question.

— C'est moi qui devrais faire un rapport hebdomadaire à tes parents, marmonnai-je.

Elle rit, puis empoigna son épaule.

La voir aussi insouciante et irresponsable avec sa santé me mettait hors de moi.

À la maison, je la mis au lit et la regardai sombrer. L'antidouleur l'avait mise KO. Elle s'endormit en deux secondes.

Ses derniers mots furent : « Hunt, c'est un peu flippant que tu me regardes comme ça. »

J'étais on ne peut plus d'accord, mais c'était plus fort que moi. Elle m'appelait Hunt, elle disait à mon père que j'étais génial et elle devinait toujours ce que j'avais envie de manger quand elle commandait, même si nous n'avions pas échangé un mot de la journée.

Elle portait tant de passion en elle, et moi aucune. Pourtant je me branlais trois fois par jour alors qu'elle n'avait même pas besoin de se faire baiser régulièrement.

Sailor Brennan me déboussolait.

Je m'endormis sur la moquette de sa chambre, comme un foutu toxico.

Le lendemain matin, Sailor sortit de sa chambre en tenue de sport. J'étais debout derrière l'îlot central de la cuisine, en train de siroter un café en sweat à capuche et bas de survêtement.

Je fis glisser une tasse de café fumante vers elle telle une offrande pacifiste avant la guerre. Sailor sourit avec gratitude et en prit une gorgée tout en hissant son arc et son carquois sur son épaule à peine moins enflée. Une vraie battante. Si j'étais un roi partant en guerre, je la voudrais à la tête de mon armée. Elle détruirait tout ce qui était en travers de son chemin pour obtenir ce qu'elle voulait.

— Merci encore pour hier. Je te le revaudrai. Et je vais commencer par dire à ton père qu'à mon avis il devrait te laisser plus de mou. T'es plutôt génial.

Ses yeux verts s'agrandirent à mesure qu'elle parlait, comme un enfant en train de raconter une histoire fascinante.

— Prends un instantané de ce moment, *aingeal dian*, parce que tu vas bientôt changer d'avis.

J'attrapai mon téléphone sur le comptoir en marbre et le lui jetai dans les mains.

— Il est déverrouillé. Regarde le journal d'appels, dis-je en désignant l'appareil du menton.

Sailor appuya sur le bouton vert pour voir mon dernier appel.

— C'est le numéro de Junsu.

Elle écarquilla les yeux. Son visage tout entier se tordit sous le coup des émotions. La confusion d'abord, puis l'hébétude, la prise de conscience et, enfin, la *rage*.

— Je l'ai appelé pour lui parler de ton problème d'épaule. Je lui ai envoyé une photo des directives du médecin. Tu es en pause pour deux semaines. Désolé, ma petite.

Silence.

Un bon gros silence démesuré.

Un silence gênant, du style je-vais-te-défoncer.

Si j'avais droit au privilège des condamnés à mort à qui on laisse le choix de leurs derniers mots, les miens auraient été : « Les seins de Sailor sont parfaits. Je sais qu'on ne dirait pas sous ses sweats trop grands et ses T-shirts de sport, mais c'est la vérité. »

À cet instant précis, sur l'écran plat de la télévision du salon, la présentatrice de l'émission matinale annonça :

— Place maintenant à mon invitée spéciale. Avec nous aujourd'hui, la jeune archère sublime et talentueuse – je vous ai dit qu'elle était sublime ? Ah ah ah –, Lana Alder !

La caméra fit un zoom arrière. La présentatrice, qui exhibait plus de silicone qu'une réunion Tupperware, était assise face à une fille en minirobe verte qui semblait avoir mon âge, peut-être un peu plus. Honnêtement ? Elle était ultra-canon. Elle avait des airs de Margot Robbie, avec une sacrée paire de nichons et des jambes rivalisant avec celles de Sofia Vergara.

Elles se mirent à discuter du prochain film de Lana qui, franchement, avait l'air bien pourri, et de son excitante vie amoureuse, qui – toujours aussi franchement – était à mes yeux tout sauf excitante. Il fallut attendre plus de cinq minutes d'interview pour que le tir à l'arc soit enfin mentionné. Sailor était si captivée par la télé qu'elle semblait avoir oublié qu'elle était sur le point de m'éventrer avec une de ses flèches.

Sur l'écran, la présentatrice annonça :

— J'ai entendu dire que la compétition était serrée entre vous et Sailor Brennan, basée à Boston, pour représenter les États-Unis aux côtés des deux archères titulaires de l'équipe, Joanna Dingham et Mary Turner. Cela veut dire que vous pourriez nous représenter aux jeux Olympiques de Tallinn l'année prochaine – en plus d'être une actrice et mannequin accomplie, et à la tête de votre propre boutique de vêtements en ligne !

Sa mièvrerie cucul la praline me donna du diabète. Je me demandais si elle vomissait des arcs-en-ciel. Et puis, cette Lana possédait plus d'entreprises que Richard Branson. Pas étonnant que Sailor ait une dent contre elle.

Lana gloussa d'une voix si aiguë qu'elle aurait pu faire éclater une vitre, révélant une bouche pleine de dents refaites.

— Oh ! je vous assure que je serai aux JO l'année prochaine. Malheureusement, Mlle Brennan n'est pas à la hauteur, elle n'a ni la concentration ni le charisme nécessaires à une telle compétition. C'est mon humble avis, du moins. Je vais rendre les États-Unis fiers de moi, le tout en portant ma nouvelle ligne de combinaisons, alors gardez l'œil ouvert !

Je pris la télécommande et éteignis la télé. Sans prévenir, Sailor ramassa ses affaires et s'élança vers la porte. Plus rapide qu'elle, je lui bloquai le passage.

— Deux semaines, répétai-je. Retourne sous la couette. Tout de suite.

Plutôt que de me répondre verbalement, Sailor fit un pas en arrière, attrapa son arc et sortit une flèche de son carquois, son visage ne trahissant aucune émotion. Elle était vive, souple. Et complètement tarée.

Pour la première fois, je voyais la chasseuse qui dormait en elle. Sailor n'avait pas froid aux yeux, et cela me donnait encore plus envie de la baiser.

— N'essaie même pas, dis-je sèchement.

Je me faisais porter pâle pour elle, et si elle me tirait dessus on aurait un problème.

Elle dressa son arc malgré son épaule blessée et le banda d'un geste parfaitement maîtrisé, fermant un œil pour me viser. La corde touchait sa bouche.

— Sailor.

— Tu as trois secondes pour t'écarter de la porte, Hunter. Trois.

— Désolé, *aingeal dian*, mais je crois que tu as trouvé le seul couillon assez bête pour ne pas avoir peur de toi et de ta famille.

— Deux.

— Pff. Tu n'en es pas capable.

Mais était-ce elle ou moi que j'essayais de convaincre ?

— *Un.*

Elle libéra la flèche.

Je répète : cette connasse. Libéra. La. Flèche.

Je la regardai tournoyer vers moi, paralysé. J'aurais juré qu'elle allait épingler mon cou à la porte. Elle me manqua de deux centimètres à peine, se plantant dans le battant juste au-dessus de mon épaule. Je déglutis, puis jetai un coup d'œil sur ma gauche : la flèche avait accroché le tissu de mon sweat et me clouait physiquement à la porte.

Elle banda de nouveau son arc, plus nonchalante que jamais.

Je la regardai droit dans les yeux, provocateur.

— Tu as raté ta cible.

— Idiot, répondit-elle en souriant. Je ne rate *jamais*.

— Je préférerais que ce soit moi qui te plaque contre la porte.

Je lui adressai un rictus suffisant et psychotique digne du Joker. Ma rage envers ma colocataire têtue était en train de se transformer en un amas de sentiments non identifiés.

Fièvre. Curiosité. Excitation. (D'accord, j'étais excité vingt-quatre heures sur vingt-quatre. Et alors ?)

Elle dressa l'arc avec son épaule valide.

— Il fallait y penser avant de m'appeler Carrot Top.

— Petite co…

Poc.

Elle libéra la deuxième flèche, qui se planta cette fois au-dessus de mon épaule droite. J'étais cloué à la porte des deux côtés. Elle abaissa son arc et avança vers moi avec arrogance, telle une reine observant un traître qu'on aurait jeté à ses pieds. Ma queue voulait sortir de mon pantalon pour s'enrouler autour de la cheville de Sailor comme un chiot avide d'attention. Image troublante, mais qui avait le mérite d'être claire.

Sailor s'arrêta, sa bouche toute proche de la mienne. Entre nous, l'attirance était flagrante ; elle était là, vivante, montante, ses trois têtes monstrueuses rugissant et me mordant pour me vider de mon sang. Cette fille – la plus effacée, la plus innocente, la plus ringarde sur cette planète – allait me rendre fou.

Vie. De. Merde.

— Je te libère si tu promets de t'écarter de la porte.

Sa bouche bougeait à quelques centimètres de la mienne.

Elle ne devait pas se rendre compte que nous étions à deux doigts de nous embrasser. Que je pouvais la démolir. Je contractai mes épaules sans mal, décrochant ses flèches qui tombèrent au sol, vaincues. Impassible, je lui saisis les poignets, la fis pivoter pour la plaquer dos à la porte, inversant les rôles.

— Mieux.

Des lèvres, j'effleurai son nez, m'arrêtant à quelques millimètres de sa bouche.

— *Bien* mieux.

Je lui attrapai les poignets, que je remontai au-dessus de sa tête. Le mouvement ample de son épaule la fit grimacer. Je m'en voulus à mort d'avoir oublié, mais en toute franchise je n'étais même pas certain de me rappeler ma date de naissance à ce stade.

— Que les choses soient claires, tu es peut-être ma baby-sitter, mais ce n'est pas toi qui fais la loi. Tu ne me donnes pas d'ordres. Tu ne prends pas de décisions débiles vis-à-vis de ton corps. Et enfin tu ne me chasses pas. C'est moi le chasseur ici, chérie. Toi ? Tu es la proie.

Elle contracta la mâchoire, ses yeux lançant des éclairs. J'avais envie de plonger dans ses prunelles et de les laisser me tuer. Elle était une prisonnière de guerre acceptant son sort, mourant en héroïne sans trahir un seul des secrets de son pays.

— Ton prénom veut peut-être dire chasseur mais, ne t'y trompes pas, jamais tu ne m'attraperas, rétorqua-t-elle.

Je lui adressai un sourire narquois, faisant glisser mon index sur sa mâchoire, puis dans son cou. Elle se débattit ; l'espace qui séparait nos corps s'amenuisait, et je n'en étais pas le seul responsable.

— Je t'ai déjà attrapée, *aingeal dian.* Et tu sais quoi ? Je vais aussi t'apprivoiser.

— Laisse-moi partir.

Elle pinça les lèvres, une colère à peine maîtrisée grondant dans sa voix lorsqu'elle ajouta :

— Je dois y aller. Tu as entendu Lana Alder, elle veut ma place. Je ne vais pas me laisser faire sans me battre.

— Tu vas te retrouver en retraite anticipée si tu fous ton épaule en l'air.

— La décision ne t'appartient pas.

— C'est le médecin qui l'a décidé.

— Tu ne comprends pas !

Elle tapa du pied, les joues roses.

Il devait y avoir un passif entre elle et cette Alder, mais ce n'était pas le moment de creuser. Sailor eut du mal à respirer soudain. Elle serra les poings et les secoua, essayant de m'échapper.

— Sailor ?

— Quoi ?

— *Maintenant*, dis-je, articulant avec exagération.

— Maintenant quoi ?

Elle montra les dents et essaya de me donner des coups de pied.

Le besoin que je ressentais de la dompter faisait bouillir mon sang. Je voulais la mettre au sol et la dévorer, pour la détruire, *me* détruire.

Houlà, une seconde… Me quoi ?

— Je voudrais encaisser le baiser maintenant, lâchai-je.

— Quoi ?

Sailor écarquilla les yeux, et jamais je n'avais vu d'yeux plus grands, plus verts, plus dingues.

— De quoi tu parles ?

Elle n'avait pas oublié le baiser. Je le savais parce que, les rares fois où nous étions dans la même pièce, je la surprenais de temps en temps à loucher sur mes lèvres d'un air distrait. Moi aussi, je m'interrogeais. On y pensait tous les deux, sans cesse.

— Tu ne sais pas jouer la comédie. Certes, tu es sûrement meilleure que Lana Alder, mais tu restes mauvaise actrice.

Je me penchai vers elle. Nos souffles se mêlèrent. Dentifrice à la menthe pour elle, café et chewing-gum à la cannelle pour moi.

— On… on ne peut pas s'embrasser.

Sailor se trémoussa, ses seins effleurant accidentellement mon torse à travers nos vêtements. Elle pointait.

— Hunter, on est en train de se disputer !

— Encore mieux. T'emmerder est ma seule source de divertissement à Boston, et ce baiser est ma carte sortez-de-prison. Ma garantie.

— Ton paiement mensuel va augmenter si tu te sers de ta garantie, tu sais, lança-t-elle d'un ton provocant. Ce ne sera pas si facile la prochaine fois.

— Je crois que je vais devoir prendre ce risque.

Je réduisis à néant les cinq centimètres qui nous séparaient et écrasai ma bouche sur la sienne.

Elle poussa un petit cri de surprise, et je libérai ses poignets, sachant pertinemment qu'elle ne s'enfuirait pas.

Sailor laissa ses bras retomber le long de son corps. J'attrapai son visage entre mes mains et écartai ses lèvres de ma langue, avec un grognement exprimant toute la frustration accumulée depuis des semaines, avant d'enfoncer ma langue dans sa bouche. Elle n'opposa aucune résistance. Son corps se détendit, docile. Elle était étonnamment soumise ; la proie acceptait son sort. Elle s'ouvrit à moi comme une fleur – bouche, poitrine, jambes –, elle était en train d'éclore sous mes caresses, avide de soleil, me rendant chaque coup de langue, chaque coup de rein. Elle me mordit la lèvre inférieure, affamée, et je fis courir mes mains sur son visage et son cou. Elle avait un goût de sucre, d'impatience.

Notre baiser la rendait si ivre que je sentis qu'elle était à deux doigts de tomber à la renverse. J'attrapai le haut de ses cuisses sans ménagement et saisis ses jambes pour les enrouler autour de ma taille, la plaquant contre la porte.

Elle poussa un doux soupir de protestation et, au même instant, son sexe brûlant rencontra ma queue dressée à travers nos vêtements.

On s'embrassa pendant dix minutes d'affilée avant que Sailor se rende compte qu'elle allait et venait contre mon sexe en érection comme une strip-teaseuse consciencieuse travaillant de nuit pour payer ses études. Je sentais presque ses grandes lèvres agripper mon pénis à travers le tissu. Elle s'écarta et enfouit son visage dans mon cou, tremblant comme une feuille. Nos cœurs tambourinaient l'un contre l'autre, et, peut-être parce que cela faisait plus d'un mois que je n'avais pas touché à une fille, la tête me tourna pendant quelques secondes. C'était un vertige euphorique, comme si je venais de prendre un Xanax et que je ne savais pas s'il faisait déjà effet ou non. J'avais encore envie de l'embrasser, mais je ne voulais pas la presser. D'habitude, je parvenais à deviner ce que les filles attendaient de moi, mais Sailor restait indéchiffrable.

Sachant qu'elle pouvait passer des mois le visage enfoui dans mon sweat – *Humiliation fatale : une jeune fille de dix-huit ans meurt dans les bras de son colocataire sexy* –, je l'embrassai dans le cou, seule partie de son corps que je pouvais atteindre dans cette position.

— Junsu va me tuer.

Ses mots moururent dans mon sweat, étouffés par le tissu. C'était moi, ou nos cœurs battaient super fort ?

— Pourquoi ? Tu couches avec lui ?

Sans commentaire.

Maintenant que j'y pensais, avec les quelques neurones qui me restaient, Sailor et son entraîneur étaient plutôt proches. Ce qui était normal, pour des personnes avec des ambitions olympiques communes. Et ce n'était pas la première fois qu'elle sous-entendait qu'il ne voulait pas qu'elle traîne avec des mecs.

Sailor me repoussa, tête baissée. Elle ramassa ses affaires et se replia dans sa chambre, certainement pour vérifier sur Internet si on pouvait tomber enceinte en faisant du frotti-frotta. Qu'est-ce qui ne tournait pas rond chez moi ? Je me focalisais sur la foutue épaule de Sailor alors que mon père voulait me réduire en confettis, que Cillian voulait jeter lesdits confettis à la mer et que Syllie était probablement en train de comploter pour faire de nous de la chair à saucisse.

Sans oublier maman, qui ne cessait de m'appeler mais à qui je ne répondais jamais. Je crois que mon subconscient lui reprochait encore de m'avoir envoyé aux quatre coins du monde pour que je ne sois plus sous sa responsabilité – ce qui était abuser, surtout quand on savait ce que je savais sur mes origines.

— Il faut que je lui parle en personne, hurla Sailor depuis sa chambre.

— Je viens avec toi pour être sûr que tu ne feras pas un truc stupide.

Je remis mon paquet en place dans mon froc et tirai mon téléphone de ma poche.

Quatre appels manqués de mon père.

Deux de Cillian.

Six SMS. Quatre d'*Athair*, deux de Cillian.

Athair : Je savais qu'on ne pouvait pas compter sur toi.

Athair : Où es-tu passé, bon Dieu ?

Athair : Si la réponse est « dans un caniveau après une orgie », sache que je ne viendrai pas te tirer d'affaire cette fois-ci.

Athair : J'en ai terminé avec toi, Hunter. FINI.

Cillian : Tu viens d'élever la bêtise à un niveau olympique.

Cillian : Tu es officiellement baisé.

11

Sailor

Pourquoi Beau ne m'avait-il jamais embrassée comme ça ?

Mon cerveau fouillait dans tous les coins, toutes les cellules et tous les tiroirs pour trouver la réponse à cette question qui me tirailla sur tout le trajet jusqu'au club de tir à l'arc, tandis que Hunter conduisait tout en envoyant des messages vocaux à ses amis californiens.

Mon corps était encore en train de se remettre de l'explosion sensorielle que j'avais ressentie au contact de mon colocataire. Personne ne m'avait jamais touchée comme Hunter Fitzpatrick l'avait fait – comme si c'était la fin du monde et que nous devions concentrer toute notre passion dans un court instant. Le charme de l'homme avec qui je vivais me terrifiait. Parce que ce baiser avait semblé sincère, passionné et honnête, alors que je savais que Hunter n'était rien de tout cela. C'était d'ailleurs précisément ce qui l'avait mené à notre cohabitation forcée.

Il fallait que je sorte du brouillard dont Hunter m'enveloppait.

Je me demandais pourquoi je n'étais pas plus inquiète à propos de la confrontation imminente avec Junsu, qui allait me démonter pour avoir laissé « le garçon » lui écrire et l'appeler à propos de mon épaule.

Je me demandais pourquoi je n'arrivais même pas à stresser par rapport à Lana, qui semblait prendre de l'avance en termes de communication et me dépassait dans la course pour les jeux Olympiques.

Je me demandais ce que Hunter avait pensé de mon corps nu hier, quand il m'avait trouvée tremblante et en pleurs, alors que j'essayais d'entrer dans la baignoire pour réchauffer les muscles de mon épaule afin d'atténuer le gonflement.

Quand j'eus fini de me poser toutes ces questions, je commençai à avoir la migraine.

Je n'étais pas naïve. Je savais que je ne cadrais pas avec la vie de Hunter – la vraie, celle qui l'attendait en dehors de la bulle de solitude bostonienne dans laquelle son père l'avait enfermé. Au-delà des tours de Boston, des devoirs universitaires et des feuilles de calcul, il avait des amis par centaine. Des plans cul. Des mannequins Instagram avec qui il flirtait. Une vie sociale effervescente, des hobbies et des centres d'intérêt qui ne m'incluaient pas. Il prêtait attention à moi uniquement parce qu'il n'avait rien d'autre à faire. Mais il m'oublierait deux heures après la fin de notre contrat.

Concentre-toi. Reprends tes esprits, Sailor.

Deux semaines sans m'entraîner n'allaient pas me tuer, si ? Je pourrais les mettre à profit pour répondre enfin aux mails de Crystal, la chargée de communication assoiffée de sang que m'avait envoyée Gerald.

Je hasardai un coup d'œil vers Hunter, qui enregistrait un message vocal sur son téléphone.

— Nan, mec, je tiens bon. Je fais profil bas en attendant que ça se tasse. L'abstinence se passe bien aussi. Je reprends vraiment contact avec moi-même. Surtout avec ma main droite.

Pause.

— Heureusement que les filles d'ici n'arrivent pas à la cheville des californiennes. Sinon, ma bite deviendrait suicidaire.

Nous étions arrivés ; Hunter se gara et arrêta le moteur, le visage toujours éclairé par la lueur de son écran. Je ne savais pas si je devais rire ou le frapper. C'était tout ce qu'il avait à dire après m'avoir embrassée pendant dix minutes ? Que les filles d'ici n'étaient pas dignes de son érection ? Parce que j'avais des preuves qui attestaient le contraire.

— Merci pour la balade et cette charmante conversation, dis-je avec sarcasme, en même temps qu'il prenait la parole.

— Tu as dix minutes pour annoncer à Maître Champion que tu prends deux semaines de pause. C'est non négociable. S'il te fait chier par rapport à moi, dis-lui que tu étais trop shootée aux antidouleurs et que j'ai dû prendre les choses en main. Et, oui, je te confirme que c'est un sous-entendu sexuel, CT.

— Voilà qui est étonnant. Ça doit vraiment être le Manoir Playboy dans ton crâne.

— Je t'en prie. Le Manoir Playboy est d'un ennui. Et mort. Essaie plutôt *YouPorn.*

Le cœur lourd, je me rendis compte que pour Hunter j'étais CT quand il était de mauvaise humeur, et *aingeal dian* quand il voulait me peloter. Bon sang, ce que je le détestais !

On se dévisagea un instant. Puis il haussa les sourcils, l'air de dire : *T'attends quoi, le messie ? Dégage.*

J'avais un million de choses à lui dire.

Je ne dis rien.

— Quand j'ai accepté de devenir ton coach, je pensais que le tir à l'arc comptait plus que les garçons pour toi.

Menaçant, montrant ses dents blanches et pointues, Junsu était prêt à en découdre. Il se tenait debout derrière son bureau, les doigts plantés dans le bois telles des serres. Nous tournions en rond sur les deux mêmes sujets : mon passage en urgence chez le médecin pour traiter mon épaule enflée sans le lui dire, et Hunter. Cela faisait quinze minutes, et la fatigue, la frustration et la faim commençaient à se faire sentir. C'était Junsu qui avait insisté pour que je continue à m'entraîner après m'être plainte de mon épaule. Et maintenant il était en colère de ne pas avoir été là pour superviser mon examen ?

Quant à Hunter, Junsu péta un câble quand il apprit que c'était « le garçon » qui m'avait conduite à l'hôpital. Il insinua même que Hunter m'avait emmenée voir un médecin qui avait posé un mauvais diagnostic exprès pour entraver ma préparation physique.

— Le tir à l'arc *compte* plus que les garçons !

Je lui jetai un regard noir, mais son accusation m'ébranlait après la session pelotage de ce matin.

— Alors qu'est-ce que tu faisais avec lui hier ?

En quoi ça le regardait ?

Je décidai tout de même de lui donner satisfaction, uniquement parce que je savais que Junsu n'était pas un genre de pervers qui se faisait des idées sur moi. Il ne me voyait pas comme ça. J'en étais persuadée. Et bien que j'aie promis à Gerald Fitzpatrick de ne pas dévoiler notre accord je me dis que je pouvais avoir confiance en la personne dont j'étais le plus proche en dehors de mes amis et ma famille.

Après tout, Gerald n'avait eu aucun scrupule à faire courir la rumeur que je sortais avec son fils.

— Je vais te raconter quelque chose sur Hunter, mais tu ne peux le répéter à personne.

Je poussai un soupir et regardai autour de nous, sachant pourtant pertinemment que nous étions seuls.

Junsu fit un bref signe de tête, ses ongles raclant son bureau. Il transpirait des doigts. Il était nerveux. Pourquoi ?

— Tu dois me promettre que tu ne le répéteras pas.

Je plantai l'index dans les airs, sentant la culpabilité tremper mes aisselles. J'étais sur le point de briser une promesse en lui racontant la vérité, et jamais je ne brisais mes promesses. Mais je ne pouvais pas perdre Junsu. Mon rêve olympique s'éloignait peu à peu de moi pour filer dans les bras de Lana Alder, qui avait décidé de me voler les Jeux simplement parce qu'elle le pouvait.

Elle n'avait jamais aimé ce sport, cet art. Elle voulait seulement me gâcher la vie.

— Promis, cracha Junsu comme si ce mot lui remplissait la bouche de sable. Je t'écoute.

Je lui parlai du marché passé avec Gerald Fitzpatrick, de la sextape de Hunter, que Hunt et moi étions en train de devenir amis, mais pas amants. Je passai le baiser sous silence, parce qu'il faisait partie d'un accord ponctuel que je considérais à présent comme révolu. Junsu se massa les tempes, retournant cette information dans sa tête.

— Ce n'est pas vraiment… comment dire ? Éthique.

Son téléphone s'alluma, signalant un appel, mais il le retourna et me fit les gros yeux.

— C'est tout ce qu'il y a de plus réglo, dis-je. Fitzpatrick a proposé de me prendre sous son aile, comme beaucoup d'hommes d'affaires le font avec des politiciens ou des sportifs. C'est gagnant-gagnant. On n'enfreint aucune règle.

J'aimais les règles – je les vénérais. J'étais presque devenue psychorigide à force de fréquenter mon père et mon frère.

— Mais tu as vendu ton âme.

Il fronça les sourcils, son expression me rappelant un pistolet chargé.

— Hunter est un mec bien qui a besoin d'une pause. Je l'aide, c'est tout.

En vérité, dans l'immédiat, c'était lui qui m'aidait plutôt que l'inverse.

— Ça ne me plaît pas, soutint Junsu. Du tout. Je veux que tu quittes cet appartement.

— Non, répondis-je malgré moi.

Ma carrière était en jeu – tout ce que j'avais toujours voulu –, et voilà que je m'opposais au maître archer numéro un du pays.

— J'ai passé un accord et je ne vais pas laisser tomber les Fitzpatrick. Tu ne me feras pas changer d'avis.

Junsu sembla réfléchir à mes propos, les yeux rivés sur ses mains. On aurait dit qu'il avait vieilli du jour au lendemain, le visage couvert de rides telles des blessures de guerre. Je songeai qu'il était peut-être lui aussi en train de traverser une épreuve, que c'était un être humain, avec des rêves, des attentes et des peines.

— Très bien. Je prendrai cela en considération. En attendant, tu continues à t'entraîner comme d'habitude.

— Junsu… (J'inspirai, secouai la tête.) Je ne peux pas.

— C'est ma façon de faire. Pour tout te dire, tu ne peux pas te permettre deux semaines de pause.

— Mais je…

— Tu t'entraînes, ou tu cherches un autre entraîneur.

— Vous voyez, c'est là que vous avez tort, lança une voix derrière moi, tandis que la porte du bureau s'ouvrait.

Hunter pénétra dans la pièce avec toute son arrogance habituelle, faisant tourner mes clés de voiture autour de son doigt. Il était bien plus imposant que Junsu, qu'il dépassait d'une tête, même depuis l'autre bout de la pièce.

Je fermai les yeux et inspirai de nouveau, fébrile. *Non, pitié.*

— Elle est au repos pour deux semaines. Ordre du médecin. Viens, Sailor. On se taille.

— *Vous.*

Junsu jeta un regard mauvais à Hunter, tremblant de tous ses membres, animé par une rage sourde et bouillonnante.

— Vous l'avez emmenée chez un médecin qu'elle ne connaît pas comme si vous alliez chez le boucher. Vous ne savez pas qui elle est, vous ne connaissez pas son profil d'athlète. Comment puis-je savoir que vous ne voulez pas freiner sa course pour les jeux Olympiques ?

— Quoi ?

Hunter cligna des yeux pour bien montrer qu'il prenait Junsu pour un idiot de première. Il était doué pour ça – il était bourré de charisme, d'humour et de confiance en lui, un ouragan qu'on voulait pourchasser à toute force.

— Écoutez, primo, je ne suis pas un psychopathe. Deuzio, oui, ça vaut le coup de le redire, je ne suis pas un psychopathe. Tertio, pourquoi voudrais-je empêcher Sailor de progresser ? Et même si je le voulais, en tant que gros connard mesquin, pourquoi est-ce que j'irais m'emmerder à soudoyer un médecin pour qu'il brise son serment d'Hippocrate ?

Il laissa Junsu intégrer ses paroles avant de poursuivre.

— Et puis, on parle de deux semaines, pas deux mois. Les choses pourraient être bien pires si elle continue à se servir de son épaule de Hulk. Comment je sais que *vous*, vous n'essayez pas d'entraver ses efforts ? lâcha-t-il en croisant les bras, plissant les yeux de manière exagérée. En la forçant à s'entraîner dans cet état, en la malmenant.

À ma grande surprise, Junsu se mit à tousser, prenant dix bonnes secondes avant de retrouver une respiration normale.

— Vous m'accusez de quoi au juste ? Elle a besoin de s'entraîner.

— Elle a besoin de se *reposer*, rétorqua Hunter en s'avançant dans la pièce. Et si vous suggérez le contraire une fois de plus, ou si vous menacez d'arrêter de la coacher parce qu'elle suit les ordres du médecin, je jure que je rameute la presse locale et répète à tous ceux que ça intéresse que vous mettez la santé de vos athlètes en danger.

Cela fit taire Junsu sur-le-champ. Je me levai et attrapai mon sac avant que cette discussion dégénère.

— Arrêtez, tous les deux. Junsu, tu as raison, je ne peux pas me permettre de m'arrêter. Mais Hunter a raison aussi. Mon épaule est inutilisable dans l'immédiat, et les choses peuvent empirer si je ne la laisse pas au repos. J'ai besoin de kiné et de stéroïdes. Pour te rassurer, je veux bien aller chez un autre médecin pour avoir une seconde opinion. Je te promets de ne pas m'absenter plus de deux semaines, dis-je avec un sourire navré. Et en attendant je visionnerai mes vidéos pour noter mes forces et mes faiblesses.

— Ta plus grande faiblesse se tient devant moi, cracha Junsu, les yeux toujours braqués sur Hunter.

Ce dernier fourra un chewing-gum à la cannelle dans sa bouche et se mit à mâcher bruyamment.

— Vous savez, Papa Coach, empêcher votre poussin de baiser ne va pas l'aider à mieux viser.

— Arrête, protestai-je en poussant Hunter vers la porte, avant de me retourner une dernière fois vers Junsu. Je reviens demain pour qu'on discute, d'accord ? On va trouver une solution.

Le silence s'étira entre nous, prêt à claquer comme un élastique sur une peau à vif.

Junsu finit par hocher la tête.

— Qu'il ne revienne plus ici.

— Promis, dis-je en poussant Hunter hors de la pièce, avant de refermer doucement la porte derrière moi.

À peine sortie du bureau, je levai les mains en l'air, les yeux écarquillés, dans l'attente d'une explication.

— Je t'avais accordé dix minutes, dit-il. Il s'en est écoulé vingt avant que je me bouge le cul de la voiture. Ça en faisait vingt-cinq quand je l'ai entendu te crier dessus depuis l'autre bout du couloir. Rappelle-moi, à quel point on veut aller aux JO ?

Depuis quand lui et moi étions un « on » ?

Je crispai la mâchoire et me dirigeai vers la sortie.

— Plus que tout.

Hunter me rattrapa sans mal, et je sentis ma colère s'atténuer. J'avais beau vouloir garder mes distances, je n'avais aucune raison concrète de ne pas l'apprécier. Au contraire, il était plutôt quelqu'un de très attachant, à sa manière détournée.

— Laisse-moi te payer un brunch.

Hunter passa un bras autour de mes épaules. Il était musclé, chaud, protecteur. Je pensai à toutes les filles qui avaient couché avec lui, à son poids sur elles. Sa virilité pure me rendait toute chose. Je ne repoussai pas son bras, bien que chacune de mes cellules neuronales me crient de le faire.

À vrai dire, j'avais bien besoin de protéines pour reconstruire mon muscle tout déchiré.

— C'est plutôt moi qui t'invite, dis-je. Tu en as beaucoup fait pour moi depuis un mois, et je ne crois pas m'être montrée assez reconnaissante.

Du coin de l'œil, je vis Hunter ouvrir la bouche et levai aussitôt la main en ajoutant :

— Non, Hunter, les faveurs sexuelles ne sont pas une monnaie d'échange acceptable.

— Dommage. Le sexe est le bitcoin de notre génération.

— C'est en réalité la forme de paiement la plus ancienne de la civilisation. La prostitution, ça te dit quelque chose ?

— Ah, bien sûr ! D'ailleurs, j'en voudrais deux, s'il vous plaît. Écoute, j'ai un autre marché à te proposer.

— Merci, mais non merci.

J'accélérai le pas.

— Je peux te mettre en contact avec le kiné des Patriots.

— Tu peux faire ça ?

J'en eus le souffle coupé, mais je gardai mon rythme, avançant au pas de course dans le couloir.

— L'argent, c'est le pouvoir, bébé, et comme l'univers a un sens de l'humour tordu j'ai beaucoup d'influence. Mais si je fais ça on passe au niveau 2 – et je veux la version interdite aux moins de dix-huit ans avec pelotage, léchage de tétons, frottage de bite, tout le bordel. Oh ! et j'ai droit à un tour dans cette forêt orange entre tes jambes. Quand je veux, bien sûr.

— Non ! grognai-je, horrifiée qu'il parle ainsi de mes parties intimes.

Je prenais soin de mon maillot, mais je n'avais jamais ressenti le besoin de tout épiler ou raser.

— Je te laisse y réfléchir.

Il me tapota le dos avec complaisance, alimentant délibérément ma colère.

— J'ai combien de temps ? demandai-je en le regardant en coin.

— Trois secondes, sinon l'offre ne tient plus. Une amie m'a fait le même coup ce matin. Ça a super bien marché.

Il plaisante ou quoi ?

Et puis, c'est ce que nous sommes maintenant ? Des amis ?

— Trois.

Il commença à compter, ouvrant la porte de sortie et m'invitant d'un signe de tête à passer en premier.

Nous sortîmes pour regagner ma voiture, et je souris en prenant conscience des progrès qu'avait faits Hunter. Moins d'un mois plus tôt, il m'attendait sur ce même parking pour me supplier d'accepter un accord. Aujourd'hui, c'était moi qui négociais avec lui.

— Non, dis-je sèchement.

— Deux.

Il m'ignora et déverrouilla la voiture.

Je me dirigeai vers la portière passager quand il m'attrapa par la taille et me colla à lui dans une semi-étreinte maladroite.

Je déglutis. Ce n'était que du pelotage. Pas du sexe. Techniquement, il resterait chaste et n'enfreindrait pas son abstinence forcée. Et on parlait quand même du kinésithérapeute de l'équipe de football américain ! Franchement, je serais bien bête de ne pas accepter.

Tu serais bien bête d'accepter quoi que ce soit de la part de cette famille. Les Fitzpatrick sont à deux doigts de te détruire. Ils t'ont déjà fait franchir toutes les limites que tu croyais t'être fixées.

— Un, murmura-t-il d'une voix rauque.

J'ouvris la bouche pour répondre, et il y fourra son pouce. Il était chaud, rêche, salé. Je refermai mes lèvres dessus. Il plaqua son pouce contre mes dents du bas, m'immobilisant. Mon cœur battait si fort qu'il faisait trembler mes côtes, qui luttaient pour l'empêcher de s'échapper. Hunter planta ses yeux bleus menaçants dans les miens.

— Je t'aurai, ma proie. D'une manière ou d'une autre. Nos petites négociations ne sont qu'une manière de te donner des excuses pour me laisser entrer dans ta culotte. Autant en profiter pour obtenir quelque chose en retour. Oui ou non ?

Je levai les yeux vers lui ; cet homme était une délicieuse malédiction, un doux poison qui s'insinuait lentement sur ma langue.

Non, hurlait mon esprit, mais il n'avait aucune chance de l'emporter. Je sentais déjà mes lèvres former le seul mot que je voulais répondre, lui donner corps, voix et poids.

— Oui.

Au *diner*, je mangeai du bacon, des œufs et une tranche de pain complet. Hunter opta pour une pile de pancakes haute comme l'Everest baignant dans un océan de sirop d'érable capable d'engloutir le Canada ainsi qu'un milk-shake avec un donut planté sur le verre, comme une tranche de citron sur un verre de Coca, qu'il aspira avec un biscuit-paille Tim Tam. Il dévora son plat, ignorant son téléphone posé sur la table entre nous, qui ne cessait de s'allumer.

Je l'étudiai avec curiosité, comme un spécimen étrange qui n'avait pas encore été observé sur Terre. Il me semblait totalement inconnu. Avant que nous nous lancions dans cette aventure, je voulais voir en lui un play-boy stupide et irréfléchi sans cœur ni cervelle. Chaque fois qu'il me prouvait être bien plus que ça me rapprochait de mon trépas.

Je voulais le déshabiller. Le renifler. Cannelle, lessive et cette-odeur-Hunter qui me rendait toute chose. Je savais déjà que le baiser que nous avions échangé me hanterait jusque dans ma tombe. La seule perspective de sentir à nouveau sa langue dans ma bouche me faisait frissonner d'excitation.

— Tu devrais peut-être répondre à ton téléphone, suggérai-je.

Puis je regrettai presque d'avoir lancé cette conversation. La dernière fois que nous avions mangé dehors, ça s'était mal terminé.

Il ne leva pas les yeux de son assiette, dévorant son cinquième pancake.

— C'est ton père ? demandai-je.

— Affirmatif.

— Tu l'as prévenu que tu n'irais pas au travail aujourd'hui ?

— Négatif, répondit-il, la bouche pleine.

— Pourquoi tu te sabotes toi-même ? m'enquis-je en prenant un morceau de bacon croustillant. Tu as une bonne raison d'être absent, je pourrais me porter garante pour toi.

Hunter suça le sirop d'érable sur son pouce, qui ressortit de sa bouche avec un « pop ». Il se passa quelque chose entre mes jambes.

— Pour quoi faire ? Peu importe ce que je lui dirai, il préférera croire le pire à mon sujet. Et puis, c'est la merde au boulot en ce moment dtf.

Oui. Il avait abrégé « de toute façon ».

— Pourquoi ? demandai-je, surprise.

J'avais échangé des mails avec son père et lu entre les lignes. Il ne semblait pas mécontent de Hunter. Au contraire, il paraissait plutôt satisfait de ses progrès.

Hunter laissa tomber ses couverts sur son assiette, semblant perdre l'appétit.

— Il y a ce type, au boulot. Syllie. Il bosse pour nous depuis toujours. C'était mon serviteur désigné jusqu'à ce que je revienne ici – il résolvait toutes sortes de problèmes pour moi. Un midi, je décide d'éviter les bouchons et de prendre l'escalier de secours au lieu de l'ascenseur, tu vois ? Je commence à descendre et je l'entends parler au téléphone. Et il dit tous ces trucs chelous qui me font penser qu'il parle de ma famille, mais je ne peux pas le prouver.

— Qu'est-ce qu'il a dit ?

Hunter s'appuya contre son dossier, triturant son pendentif, comme chaque fois qu'il réfléchissait. Ça m'effrayait un peu, de le connaître à ce point.

— Je sais pas, mais j'ai l'impression qu'il détruirait Royal Pipelines s'il le pouvait. Il a dit que mon père avait la grosse tête, que Cillian était malin, et que j'étais…

Il marqua une pause. Ses oreilles virèrent au rose, et son visage devint froid, indéchiffrable.

— Que tu étais quoi, Hunt ? demandai-je doucement, penchant la tête en avant.

— Un bouffon.

Il me regarda droit dans les yeux, sondant ma réaction.

Je portai mon pouce à ma bouche et rongeai la peau autour de mon ongle. N'obtenant pas ce à quoi il s'attendait – une confirmation, une critique ou un compliment –, il reprit son récit.

— J'ai fait part de mon inquiétude à mon père et Kill. Disons juste que ça n'a pas pris. Je veux savoir ce qu'il mijote, et avec qui, parce que je crois que cette conversation n'était que le sommet de l'iceberg. Mais je ne sais pas comment faire. Quelles sont les chances pour que je le surprenne encore en train de dire quelque chose de compromettant ? Zéro.

Je me tapotai le menton.

— Mais tu n'as pas besoin de le surprendre.

Il pencha la tête sur le côté et m'adressa de nouveau ce regard – comme si j'étais un grand chaudron de Halloween dont il voulait dévorer tous les bonbons avant de me jeter des sorts.

— Qu'est-ce que tu veux dire ?

— Créons nous-mêmes l'occasion. À quel point on veut attraper cet enfoiré ?

Ne quittant pas les miens, les yeux de Hunter se mirent à briller, et un demi-sourire se dessina sur sa bouche. C'était moi qui utilisais un « on » à présent, et je me rendis compte qu'il avait un certain pouvoir. C'était amusant de nous considérer comme une équipe.

— Plus que tout, dit-il, répétant mes mots concernant les jeux Olympiques.

— Alors c'est parti.

Je ne connaissais ce type que parce que mon père m'avait parfois emmenée chez lui quand il venait me chercher à l'école.

Avant que j'aie le permis, il me déposaitt au champ de tir deux fois par semaine après les cours. Nous avions une heure de battement entre les deux, et ça ne valait pas la peine de rentrer à la maison pour y rester dix minutes avant de devoir filer pour éviter les bouchons. Du coup, soit nous allions manger un bout dans un des nombreux restos de maman, soit papa gérait ses petites affaires. L'une des affaires en question était ce gars-là, Knox.

Knox n'acceptait que les visites à domicile, et il fallait lui envoyer un message en amont. Ce que je venais de faire. Il avait sans aucun doute répondu aussi rapidement parce que papa et Sam étaient ses premiers clients. Apparemment, c'était un ancien agent du FBI qui s'était lancé en solo et passait ses journées à utiliser les méthodes extraordinaires que déployaient les agents fédéraux pour retrouver des gens.

Quoi qu'il en soit, nous étions devant chez lui, dans le quartier des théâtres.

Knox ouvrit la porte. C'était le genre d'homme qui aurait pu avoir n'importe quel âge entre trente et cinquante ans : ventre rond, peau rougie et bouffie par l'alcool, portant un éternel pantalon de survêtement gris et un marcel.

— La petite Brennan.

Il m'ébouriffa les cheveux comme si j'étais une gamine. À ses yeux, c'était ce que je devais être.

— Salut, Knox.

Je montrai Hunter d'un vague geste du coude, la main plongée dans la poche de mon sweat.

— Voici mon ami Hunter. Je me porte garante pour lui.

— Il va me falloir plus que ça, ma puce.

Je sortis la main de ma poche et appelai Sam, mon frère.

— Salut, répondit-il dans le haut-parleur (il semblait être en voiture). Tout va bien ? L'autre trouduc t'emmerde ?

— L'autre trouduc t'entend, ronchonna Hunter.

— En vrai, j'ai besoin que tu te portes garant pour lui auprès de Knox, Sam.

Je me mordis nerveusement la lèvre.

— Knox ? dit Sam avec un petit rire surpris.

— Ne me demande pas pourquoi.

— Je viens de le faire.

— Bon, tu te portes garant, oui ou non ? siffla Hunter.

S'étaient-ils déjà rencontrés ? Il semblait bien que oui, et qu'ils ne s'étaient pas quittés bons amis.

— Knox ? lança Sam.

Knox émit un son digne d'un cochon, entre ronflement et grondement.

— Il est OK. Hé, trouduc ?

— Quoi ? répondit Hunter à contrecœur.

Apparemment, c'était *le trouduc* maintenant. Entre ça et *le garçon*, le Camp Sailor ne lui accordait décidément pas un accueil très chaleureux.

— Tu parles de cet endroit ou bien tu montres ce que tu y achètes à qui que ce soit et t'es mort. Compris ?

— La vache, t'as l'air de penser beaucoup de bien de moi.

— Franchement, je ne pense pas du tout à toi. Sois sage, Sail. À plus.

Je raccrochai et souris à Knox.

— On peut entrer ?

Knox observa une dernière fois Hunter de la tête aux pieds, puis opina, sans grande conviction. Je me doutais qu'il le reconnaissait. Croyait-il que nous étions en couple ? Et pourquoi sentais-je mon cœur faire de drôles de choses dans ma poitrine à l'idée qu'il puisse le croire ?

Nous nous assîmes sur son canapé. Les volets étaient tirés, plongeant la pièce dans l'obscurité. La maison empestait toujours la litière pour chat et les pieds, mais je savais que Knox n'était pas fauché. Je me demandais quelle était son histoire, ce qui avait fait de lui celui qu'il était aujourd'hui.

Planté devant nous, Knox posa les mains sur ses hanches.

— Je vous proposerais bien quelque chose à boire, mais je doute que l'un de vous ait envie de mettre quoi que ce soit venant de cet appartement dans sa bouche.

— Il y a bien une chose à laquelle j'aimerais goûter dans cet appartement, murmura Hunter en me coulant un regard en coin, un sourire narquois aux lèvres.

Je lui donnai un coup de coude. Puissant.

— Alors comme ça, vous avez décidé de jouer les super-espions ? lança Knox, l'air sérieux. Dites-moi tout. Qu'est-ce qu'il vous faut ?

Je me tournai vers Hunter.

— Quelle est la seule chose que Syllie ne quitte jamais ? Pas une seule seconde ?

— Son sourire de mange-merde, plaisanta Hunter.

Je levai les yeux au ciel, mais souris.

— Non, sérieux.

Hunter haussa les épaules.

— Son alliance. Et ses lunettes, j'imagine.

Knox hocha la tête, prenant note sur un carnet qu'il avait tiré de la ceinture de son pantalon – un autre objet sur la liste grandissante des choses que je n'avais aucune envie de toucher dans cet endroit.

— Il a une horloge dans son bureau ? demandai-je.

— Yep.

— Quel genre ?

— Basique à mourir, répondit Hunter en grattant sa joue mal rasée. Noire, avec un contour argenté.

Knox nota aussi ce détail.

— Il faudra me montrer des images précises ou le nom du modèle.

— On a aussi besoin d'un détecteur GPS pour sa voiture et de tout ce que tu pourras trouver pour ne rien louper de ce qu'il dit, déclarai-je. En temps réel. Du matos de compète, s'il te plaît.

— Ça va vous coûter cher, répondit Knox, sceptique. Ça va exiger d'aller sur le terrain, et je facture en sus pour ça. L'équipement plus le suivi en van pour avoir la meilleure qualité d'enregistrement possible, ça commence à mille dollars de l'heure. Et il faudra aussi que j'installe un serveur à distance, que je mette les fichiers dans un cloud partagé pour que vous ayez accès aux enregistrements, et il y a des frais de traitement, de montage, et d'heures supplémentaires pour les week-ends et après 18 heures. Selon vos besoins, ça pourrait aller chercher dans les cinquante mille par mois.

— L'argent n'est pas un problème, dit froidement Hunter, parfaite incarnation du connard riche qu'il était.

Knox lui sourit d'un air entendu.

— Oui, c'est bien ce que je pensais. Autre chose, ajouta-t-il en dressant un doigt en l'air. C'est vous qui vous occuperez de placer les micros et autres. Je joue avec la loi, certes, mais j'essaie de ne pas trop me foutre de sa gueule non plus.

— Je m'en chargerai, assura Hunter.

Knox s'éclipsa dans une pièce attenante, ferma la porte derrière lui, nous laissant seuls dans le salon.

Hunter se tourna vers moi.

— Pourquoi est-ce que savoir que tu es déjà venue ici et que tu t'y connais en espionnage me met un peu mal à l'aise et m'excite carrément ?

J'éclatai de rire.

— Je suis venue avec mon père.

— Le respectable homme d'affaires, se moqua-t-il.

Je haussai les épaules.

— Lui-même.

— Il est blindé.

— Tu peux parler, dis-je en riant. Comment tu comptes payer tout ça, d'ailleurs ? Je croyais que ton père te donnait un salaire fixe.

Hunter m'adressa un sourire carnassier.

— Ma mère est prête à tout pour me calmer. Paypal et Lydia sont mes meilleurs amis.

— Sympa.

Je me mordillai les lèvres.

— Et toi ? Tu as l'air plutôt fauchée pour une gosse de riches.

— Je le suis, avouai-je. Je n'accepte pas d'argent de mes parents. Je vis sur ce que je gagne avec les cours de tir à l'arc que je donne pendant l'été.

— Pfff.

Hunter contempla le mur, réfléchissant une seconde à ce que je venais de dire, avant de reprendre, désignant la pièce du doigt :

— Il faudra qu'on se douche après ça.

— Naturellement.

— Ensemble.

— *Hunt.*

— D'accord. Mais ce baiser, quand même.

Il se mordit le poing, tout en écarquillant les yeux. Puis il montra mon téléphone.

— Ton truc est en train d'exploser comme une poupée gonflable à une convention des Vierges anonymes. Tout va bien ?

Je baissai les yeux. J'avais deux appels manqués.

De : *Peut-être Crystal Chargée de communication.*

Je le regardai, sentant mes joues s'empourprer.

Il me dévisageait avec attention. Puis il expliqua :

— Il est possible que mon père ait mentionné que tu mettais du temps à répondre à tes mails.

— Alors tu as donné mon numéro à Crystal ?

— Tu as passé un marché avec ma famille. Pour qu'on puisse honorer notre partie du contrat, tu dois répondre à ta chargée de com.

— Arrête de fouiner dans mon téléphone.

Mais je ne pouvais pas lui en vouloir, il essayait juste de m'aider. *Encore une fois.*

— Je n'ai pas fouiné dans ton téléphone. Juste dans tes culottes.

— Ah !

Hunter ne me quittait pas des yeux, et son sourire immense et malicieux me faisait ressentir des choses que je ne croyais pas possibles.

Non.

— Tu n'as pas touché à mes culottes, murmurai-je.

J'étais confuse, paumée, et… en réalité je ne pouvais pas lister tout ce que m'inspirait son aveu.

Il leva les bras en signe de reddition.

— Je plaide le cinquième amendement et te demande gracieusement de ne pas regarder ce que j'ai dans les poches.

— Tu n'as rien dans les poches.

Je lui fis les gros yeux, mais fus incapable de réprimer un sourire. Qu'est-ce qui ne tournait pas rond chez moi ?

— Yep. Alors ne regarde pas.

Le besoin de savoir s'il me faisait marcher ou non était plus fort que moi. L'autosatisfaction serait enivrante s'il disait la vérité. Je baissai les yeux sur son pantalon. Il bandait.

Tellement fort.

Son sexe – son contour du moins – était long, épais, et pointait vers son ventre. Je déglutis. Si embrasser Hunter avait été à des lieues de tout ce que j'avais connu avec Beau, je me demandais comment ce serait de coucher avec lui.

Divin.

Euphorique.

Destructeur.

Puis je me dis que je devais être vraiment débile. J'avais signé un contrat jurant qu'il s'abstiendrait de toute relation sexuelle. Je ne pouvais pas coucher avec lui.

Je détournai le regard, mordillant la peau de mon pouce. Quand j'entendis Knox toujours en train de farfouiller dans la pièce voisine, je n'y tins plus. Je me retournai et fourrai la main dans la poche de Hunter sans prévenir. Quand mes doigts trouvèrent son pénis à travers son pantalon, je sursautai et faillis retirer immédiatement ma main, mais je sentis autre chose. Un bout de tissu. Je le fusillai du regard, m'arrêtant net, le poing autour de l'étoffe.

— Non.

Il battit des cils, m'adressant un regard de biche.

— Arrête de faire l'innocent. Ton innocence est morte il y a bien longtemps.

— Ça c'est bien vrai, une mort sanglante et brutale. Et puis, ça pourrait être à Knox. C'est un beau mec.

Je pouffai avant de lâcher :

— Je te préviens, je la retire.

— Eh, c'est censé être ma réplique.

Je sortis le tissu, les doigts tremblants.

Jaune.

Avec des points rouges.

Avais-je une culotte rouge et jaune ? Je me creusai la tête pour essayer de me rappeler. Mais ce n'était pas ma culotte. C'était un morceau de tissu ensanglanté. On aurait dit un morceau de T-shirt. Oui, c'était un bout du T-shirt que portait le mec avec qui Hunter s'était battu au pub. Il l'avait gardé. Honte, excitation, déception et tous les autres sentiments de mon panier à émotions me tombèrent dessus d'un coup. Je relevai brusquement les yeux.

Hunter enroula son poing autour du mien, de telle sorte que nous serrions tous deux le tissu entre nos mains. Il se pencha en avant, ses lèvres effleurant les miennes.

— Putain, c'est trop facile de te faire marcher. Ton cul m'appartient pour les cinq mois à venir.

— Pousse-toi.

Mais il n'y avait aucune conviction dans mes paroles. Elles étaient vides, creuses, insignifiantes.

— Soumets-toi, proie, grogna-t-il d'une voix grave.

— Bats-toi plus fort pour moi, *chasseur.*

— Je t'avalerai toute crue.

Son souffle chaud caressa mon oreille et ma joue, faisant voleter mes cheveux.

— Tu ne connais pas mon espèce. Elle résiste aux flèches.

Un délicieux frisson me parcourut l'échine quand il chuchota ces mots.

Nous étions à un millimètre de nous embrasser, et je m'accrochais de toutes mes forces au peu de self-control qui me restait quand Knox revint enfin dans le salon, un carton plein d'équipement entre les mains, tranchant cet instant chargé d'excitation comme un couteau invisible.

— Vous êtes prêts à jouer ?

Un sourire diabolique aux lèvres, Hunter se tourna vers lui, parfaitement calme et maître de lui.

— Toujours.

12

Hunter

Je repositionnai l'horloge dans le bureau de Syllie.

Tout le monde était parti depuis longtemps. Il n'y avait plus que moi et les femmes de ménage, qui passaient l'aspirateur, comméraient, poussaient des « ohh » et des « ahh » sur fond de radio philippine, qu'elles écoutaient à fond.

L'horloge, c'était le plus facile. Plus tôt dans la journée, j'étais allé dans le parking pour placer un traceur sur la voiture de Syllie. L'un des comptables de mon père était sorti de sa Tesla Model X pour me trouver à quatre pattes en train de tripoter le cul de la Mercedes de Syllie comme un fétichiste.

— Mais qu'est-ce que vous fabriquez ? avait-il demandé en me regardant de haut – preuve s'il en est que mon père m'avait présenté comme simple secrétaire de direction, le généreux décolleté en moins.

Je dus réagir au quart de tour.

— Je me shoote aux émanations d'essence, dis-je du tac au tac.

Ouais. C'était le mieux que j'avais trouvé.

— Sérieusement ?

Il ouvrit des yeux grands comme des soucoupes.

Puisqu'il avait à peu près mille ans, je me dis qu'il m'avait cru. Je fis semblant de m'essuyer le nez du revers de la manche en souriant.

— Ça fait grave planer. On ne peut pas dire qu'on a vécu tant qu'on n'a pas essayé.

— Vous m'apprendrez ? demanda-t-il, son visage rondouillard déformé par l'envie.

Dur dur d'être cool à Boston. Et puis, le mec cool que j'étais n'avait même pas d'amis en ville – à part Sailor, qui n'était potentiellement qu'un plan cul, alors je ne pouvais pas m'attacher.

— Yep, dis-je en me levant. Une autre fois.

Quand les poules boufferont des steaks.

Ouais, ce serait le bon moment pour passer du temps avec ce pauvre mec.

Le vrai défi vint le lendemain : les lunettes. Myope comme une taupe, Syllie les retirait rarement. Quand il les enleva enfin, il les posa sur son bureau, puis quitta précipitamment la pièce. Il était possible que j'aie demandé à la réceptionniste bègue de l'appeler concernant des papiers très urgents venant d'arriver à propos de la nouvelle raffinerie. C'était une excuse débile, donc je savais que j'avais cinq minutes au maximum.

Je m'engouffrai dans son bureau, empochai les lunettes et les remplaçai par une paire identique contenant un système d'enregistrement. C'était un engin magique et sans fil qui diffusait les enregistrements en direct. J'étais en train de contourner son bureau pour partir quand il revint.

Mon cœur se décrocha, jusqu'à mon trou de balle. Peut-être littéralement, si bien que je me demandais si j'allais survivre. Je redoutais déjà les gros titres. « Jeune héritier laisse derrière lui une famille semi-aimante et désapprobatrice et une colocataire canon. »

Au moins, on se souviendrait de moi pour mes contributions à la société : orgasmes, bons mots empruntés à George Carlin et lancement de la mode du blouson-d'aviateur-sur-chemise-de-costard à All Saints High.

Chanson du jour : *Hey, Look, Ma, I Made It*, de Panic ! At the Disco.

— Salut, fiston, me lança Sylvester. Que fais-tu dans mon bureau ?

Il semblait plus détendu que jamais. C'est dire s'il ne me considérait pas comme une menace. Il me surprenait en train de traîner dans son bureau et ne se posait même pas de questions. J'attrapai le premier truc qui me tomba sous la main, une agrafeuse, et me dirigeai vers la porte.

— Je voulais juste t'emprunter ton agrafeuse, dis-je en l'agitant pour faire bonne mesure.

Une performance digne d'un oscar, je vous jure.

— Pourquoi ?

Il fourra les mains dans ses poches. Son visage avait des traits aléatoires qui ne se fixaient jamais vraiment, et il était dégingandé. On aurait dit une version humaine de M. Burns des *Simpson*.

Je poursuivis mon improvisation.

— Je me suis laissé emporter avec une des stagiaires. J'ai ruiné sa vertu. Et sa jupe crayon, au passage.

Je souris, l'air lascif. Syllie me rendit mon sourire. Après tout, j'étais « un vrai bouffon », toujours partant pour une petite culbute dans le placard à fournitures.

— Bon garçon, lâcha-t-il en me tapant dans le dos, où il laissa sa paume plus longtemps que nécessaire. Je ne te dénoncerai pas, promit-il, sincère, la main sur le cœur. Pour ce que ça vaut, j'ai toujours pensé que ton père était trop dur avec toi. Tu devrais vivre un peu. T'amuser.

Je levai mon poing vers le sien. Il tapa dedans. Tout allait bien. J'avais rempli ma mission.

— Hé, si tu veux te shooter aux gaz d'échappement plus tard, tu me dis, proposai-je de but en blanc, me tournant vers lui tout en quittant son bureau.

Je songeai à cet idiot de comptable de la veille.

Syllie éclata de rire.

— Peut-être, fiston. Peut-être.

Les adultes étaient des raclures.

Plus tard ce jour-là, je fus invité à une réunion sur la raffinerie dans le Maine, que notre entreprise était censée mettre en route cette année et qui était encore en construction. Syllie voulait que mon père, Cillian, votre dévoué et lui-même y fassent un saut dans les mois à venir pour examiner le chantier de plus près.

— Il faut qu'on garde la main sur la situation, qu'on comprenne ce qui ne fonctionne pas. Et cette visite donnera également à Hunter l'occasion de se sentir intégré à l'équipe, déclara Syllie avec entrain en nous considérant tous, installés autour du bureau.

Mon père, toujours incapable de regarder le monstre hédoniste qu'il avait créé, ne dit rien – sa manière à lui, certainement, de voir si je valais cette peine. Comme demandé, je fis le compte rendu de la réunion, que j'envoyai par mail à mon père et Cillian tout en sachant qu'il y avait cent pour cent de chances qu'ils ne lisent pas mes foutus mails.

Quelques heures plus tard, je décidai de déjeuner à la bibliothèque municipale pour caser quelques révisions. Comme il était interdit de manger dans l'enceinte de la bibliothèque, je me cachai derrière le rayon autobiographies. Tout le monde s'en tapait – autant de ce qu'avaient fait les morts que de moi.

Alors que je me demandais s'il était techniquement possible de me suicider en m'écrasant la tête avec mon manuel d'économie, j'entendis une voix familière trois rayons plus loin, émanant des livres en braille tel un poison.

— … en marche. Il faudra que vous mettiez les choses en place rapidement. Je vise le mois prochain, ou le suivant. Bientôt.

Il y eut une pause. L'autre personne parlait. Quelles étaient les chances pour que Syllie vienne ici passer un appel personnel ? Plutôt bonnes, à vrai dire. Cet endroit était mort, et il ne risquait pas de croiser un Fitzpatrick dans une bibliothèque, à moins que ce ne soit le nouveau nom d'un bordel de luxe ultra-branché.

C'était du moins ce qu'il croyait.

— Le père et le fils aîné constituent une plus grande menace que le jeune, comme je l'ai déjà dit.

N'en sois pas si sûr.

— Tenez-moi au courant. Je vous rappelle bientôt.

Il mit fin à la communication. Je jetai mon sandwich à la poubelle – je n'avais plus faim.

Il allait le payer.

HHH : Tu rentres quand ce soir ? J'ai des nudes.

HHH : News*. Correcteur de merde.

HHH : (Mais j'ai aussi des photos de moi nu, si ça t'intéresse.)

Sailor : Tu sais que ça veut dire que tu tapes plus souvent le mot « nudes » que « news », hein ?

HHH : J'ai le sentiment que tu sous-entends quelque chose.

Sailor : Tu envoies souvent des sextos ?

HHH : C'est une question piège ?

Sailor : Oublie. J'ai kiné dans 2 minutes.

HHH : Comment est le mec des Patriots ?

Sailor : Bien. Merci de m'avoir branchée avec lui.

HHH : Toujours un plaisir de brancher une amie, contrairement à quelqu'un que je connais *emoji yeux*

Sailor : Si je me sentais coupable chaque fois que tu me mets mal à l'aise parce que j'honore ma part du contrat avec ton père, je serais paralysée par l'angoisse.

HHH : Le sexe c'est un super remède contre l'angoisse.

Sailor : Et puis, je t'ai donné Knox.

HHH : C'est vrai. Et j'ai réussi à installer tous les gadgets qu'il m'a vendus.

Sailor : Super ! Je savais que tu pouvais le faire.

HHH : Tu rentres quand alors ?

Sailor : Tard. J'ai rendez-vous avec Junsu après le kiné, puis j'ai un shooting pour un magazine sportif, que Crystal m'a décroché. Commande à manger sans moi.

HHH : OK. Bisous

Je commandai des sushis ce soir-là.

Pas de bons sushis, cela dit. Sailor savait toujours quoi commander, où le commander, et qui faisait les meilleurs plats de la ville. L'appartement me paraissait bien vide sans elle. Posant mes baguettes et ma bouteille d'eau pétillante sur la table en attendant ma livraison, je résistai à l'envie d'appeler Vaughn ou Knight en FaceTime et écoutai un podcast sur la jeune hipster qui passait un an dans les Highlands écossais pour découvrir si le monstre cryptozoologique du loch Ness existait vraiment.

On sonna à la porte. J'ouvris. C'était une femme : asiatique, carrément mignonne, avec un visage en forme de cœur et de longs cheveux violets ultra-soyeux. Corps parfait. Petite à la Sailor, donc miniature. Elle brandit le sac en plastique fermé à triple tour.

— Les lumières ne marchent pas, et il n'y a personne à l'accueil. C'est une ville fantôme ici. Vous saviez qu'il n'y a plus de courant dans le bâtiment ? J'ai dû monter à pied.

Je ne le savais pas, mais cela voulait dire que je n'avais pas les toutous de mon père aux basques pour la première fois depuis des semaines et que je ne m'en étais même pas rendu compte. La vidéosurveillance était désactivée.

— Non.

Je lui pris la bouffe des mains et cherchai un pourboire dans mes poches (les gens qui ne donnaient pas de pourboires aux livreurs Deliveroo étaient la lie de l'humanité pour moi).

— Bonne dégustation, Raiponce, dit-elle en me décochant un clin d'œil sans partir pour autant.

Je lui adressai un sourire décontracté.

— Tu veux déguster avec moi ?

— Pour de vrai ?

— De vrai de vrai.

Sailor était de sortie. Il n'y avait plus de courant dans l'immeuble

– dans les parties communes, du moins, puisque la lumière était allumée dans l'appartement. Personne ne savait qu'il y avait une fille chez moi. En plus, ça faisait un bail que je n'avais pas partagé un repas avec autre chose qu'un manuel de cours ou Sailor.

— Je suis Emily, dit-elle en tendant la main.

— Hunter.

Je lui serrai la main et la tirai doucement à l'intérieur. Elle tomba contre mon torse avec un petit rire.

— Waouh ! Super appart. T'es blindé ?

— La nature a été très généreuse avec moi.

Je flirtais ouvertement. Elle répondait ouvertement.

Je fermai la porte derrière nous et allai prendre une autre bouteille d'eau gazeuse dans le réfrigérateur. Il n'en restait qu'une. Sailor allait me tuer, mais tant pis, ça lui apprendrait à ne pas être là quand j'avais besoin d'elle.

Deux heures plus tard, Emily était toujours là. Nous regardions *Brick* sur Netflix parce qu'elle disait être amoureuse de Joseph Gordon-Levitt, comme si on était en 1998. Franchement, je n'aimais pas ce film. Mais c'était agréable, comme situation. Naturel. On avait les pieds posés sur la table basse, à engloutir le chocolat noir bio que la femme de ménage entassait dans le frigo.

Quand arrivèrent les dix dernières minutes du film, Emily se rendit compte que je n'allais pas lui sauter dessus. Elle posa sa cuisse sur la mienne et caressa ma jambe avec ses orteils. Je restai immobile, la regardant faire, tout en sachant que j'allais l'arrêter – *probablement* – mais encore shooté aux deux heures de liberté qu'on m'avait accordées.

— Mon soutien-gorge est super inconfortable, minauda-t-elle en faisant la moue. Je peux l'enlever ?

— C'est une vraie question ? demandai-je d'une voix lascive.

Eh, je ne fais que jouer mon rôle d'hôte.

Emily passa les mains sous son haut pour retirer son soutien-gorge sans enlever son T-shirt et me jeta le morceau de dentelle blanche au visage. Je le laissai là où il avait atterri, en travers de ma tête, pour l'effet comique, et fourrai un autre morceau de chocolat dans ma bouche.

— T'es vraiment un blaireau, se moqua-t-elle.

Brick, mon cul. Elle avait envie de regarder cette merde comme moi de prendre un bain d'acétone.

— Tu comptes passer aux choses sérieuses ? demanda-t-elle enfin, les yeux rivés sur mon visage couvert de son soutif.

— Je suis un péché mortel que tu ne veux pas commettre.

— Je les ai tous commis, répliqua-t-elle avec sérieux. Prends-moi.

Je secouai la tête. Je n'en revenais pas de faire ça, mais je le fis parce que, putain, j'avais besoin de cet argent et que, *putain*, un coup d'un soir n'en valait pas la peine.

— Désolé, ma jolie. Tu ne vas pas te faire baiser ce soir.

La porte s'ouvrit.

— Chéri, je suis rentrée ! chantonna Sailor avec sarcasme.

Elle se figea quand elle vit que je n'étais pas seul. Je me redressai, persuadé que la situation était récupérable, jusqu'à ce que je sente le soutien-gorge glisser de mon visage pour s'écraser sur le tapis.

Putainbordelmerde.

Chanson du jour : *Born to Run*, de Bruce Springsteen.

— CT, je te présente Emily.

Je désignai mon invitée en faisant comme si, une seconde plus tôt, elle n'avait pas été sur le point de se mettre à califourchon sur moi. Honnêtement, l'idée de la baiser ne m'avait même pas traversé l'esprit. Enfin, plus tard – oui, à cent dix pour cent. Mais dans l'immédiat ? Trop risqué. Ma lignée, mon héritage et mon avenir dépendaient de ma capacité à garder mon boxer. Et puis, ça compromettrait mon Projet Sailor.

— Emily, voici ma coloc, Sailor.

— Salut !

Emily se leva d'un bond en agitant la main, tout sourires. Sans soutif, ses seins rebondissaient, et ses tétons pointaient. Sailor ne lui retourna pas son geste. Je mis le film que personne ne regardait sur pause et rejoignis ma meilleure ennemie.

L'atmosphère changea perceptiblement, devenant sombre et orageuse. Emily remarqua le malaise ; elle ramassa son soutien-gorge, son téléphone, ses chaussures et ses clés de voiture en s'agitant comme une autruche affolée.

Je pris le sac en toile de Sailor et le rangeai dans la chambre d'amis pour elle.

— Comment s'est passé le shooting, ma p'tite ?

Ils avaient maquillé Sailor de rouge à lèvres rouge vif et d'eye-liner bleu fluo. Avec ses cheveux cuivrés, elle ressemblait à un David Bowie sexy. Elle avait les yeux rivés sur mon visage – des grands yeux ronds et insondables.

Putain mais qu'est-ce que j'ai fait ?

— Je me tire, lança Emily à la volée.

Je la raccompagnai à la porte, parce que je n'étais pas complètement un connard et parce que j'étais quasiment sûr qu'elle croyait que Sailor était ma petite amie. Je lui serrai l'épaule.

— Je t'appelle.

— Ouais, d'accord.

— Hmm, ça te dérange de prendre l'escalier ? demandai-je en me balançant d'une jambe sur l'autre. Tu sais, caméras, tout ça.

— On est dans un gratte-ciel, siffla-t-elle.

— Oh ! allez. Ça doit pas te faire peur, de t'enfiler tous ces étages.

La ferme, me cria mon cerveau. J'avais vraiment le sens de la formule.

Elle détala comme si elle avait le diable aux trousses, laissant des marques de dérapage sur le marbre. Je me retournai vers Sailor, mains en l'air.

— Je peux t'expliquer.

Elle ne dit rien. Elle se contenta de me fixer. Ce qui, étrangement, était pire que de se faire crier dessus.

— On regardait un film, c'est tout.

— Tu te servais de son soutien-gorge comme lunettes ? demanda calmement Sailor.

— En réalité, le soutien-gorge a surgi pile avant que tu reviennes. Elle voulait s'amuser. Pas moi.

— Pourquoi ? Ce n'est pas comme si ça avait pu changer quoi que ce soit. Ton père doit déjà savoir qu'elle est dans l'appartement grâce à la vidéosurveillance. C'est pour ça que tu m'as demandé à quelle heure je rentrais, non ?

A priori, le courant était revenu.

Sailor n'attendit pas ma réponse. Elle se dirigea vers la salle de bains, l'air décidé. Je la suivis comme un bon toutou, même si je n'avais pas le droit de jouer avec son minou. Qu'un être si minuscule ait un tel impact sur ma vie me donnait envie de réduire cet endroit en fumée et de le regarder s'effondrer, brique par brique.

— Faux. Je ne la connaissais même pas il y a deux heures. J'ai commandé à manger et j'avais prévu d'écouter les bandes que Knox m'a envoyées sur Syllie. C'était la livreuse. Elle a dit qu'il n'y avait plus de courant dans le bâtiment. Elle a pris l'escalier parce que les ascenseurs ne fonctionnaient pas. Mon père n'est pas au courant.

— On dirait un script de film porno, lâcha Sailor en ouvrant le robinet pour se nettoyer le visage.

Elle essaya de retirer son maquillage en grattant sa peau avec ses ongles. Elle ne savait pas comment se démaquiller, mais le lui faire remarquer me vaudrait une flèche bien placée.

— Oui, on dirait.

Me frottant le menton, je songeai aux positions dans lesquelles je baiserais Sailor si nous tournions un porno ensemble.

— Le fait est qu'il ne s'est rien passé. J'ai le droit d'avoir des amies.

— Ce n'est pas ton « amie ».

Elle mima des guillemets avec les doigts. Agacée par le maquillage tenace, elle ferma le robinet et tapa la surface en marbre du poing en grimaçant.

— T'es belle quand t'es jalouse, CT. Le vert va bien aux Irlandaises.

— Je ne suis pas jalouse ! J'aurais aimé ne pas rentrer pour que tu puisses aller jusqu'au bout et foutre ta vie en l'air. Tu le mériterais.

Elle criait à présent, les bras en l'air. Elle se précipita vers la porte. Je lui barrai le passage, riant aux éclats.

— C'est vrai ? Tu me dénoncerais, CT ?

— Sans hésiter. Bouge, beau gosse.

Elle recommençait. À croire qu'elle me voulait dans son lit.

— Conneries, murmurai-je.

Je n'y croyais pas une seconde. Je pourrais me taper Emily, sa sœur jumelle imaginaire et toutes les filles de l'immeuble, Sailor ne me balancerait pas. Elle serait furieuse, folle de rage – et rapatrierait certainement tous les déchets d'Amérique du Nord dans ma chambre. Mais elle ne foutrait pas ma vie en l'air.

Je le savais parce que je la *connaissais*.

Et en avoir désormais la certitude me procurait un sentiment de triomphe.

— Je veux partir, dit fermement Sailor.

— Pas avant d'avoir admis que tu es jalouse.

Pourquoi ça me tenait tant à cœur ? Ego ? Soif de sang ?

Les deux, certainement.

Elle renversa la tête en arrière et lâcha un rire rauque.

— Même si je ne le suis pas ?

— Oui. Rassure le petit con que je suis. Dis-moi ce que je veux entendre pour qu'on en finisse.

— Non.

— Trouillarde.

Elle leva la main pour me gifler, mais je lui attrapai le poignet et déposai un baiser dans la paume de sa main, puis la léchai de la base à l'index. Je pris la moitié de son doigt dans ma bouche, l'aspirai et le suçai en souriant. Nous nous regardions droit dans les yeux, comme en transe. Je voyais son cœur palpiter sous son haut et je voulus le serrer dans mon poing, lui dire qu'elle avait déjà perdu à ce jeu entre nous.

J'avais eu l'occasion de donner du plaisir à beaucoup de femmes dans ma vie. Mais jamais je n'avais vu une fille réagir comme Sailor alors qu'elle était encore tout habillée.

Quand j'eus fini de sucer ses doigts, je m'écartai.

— D'accord. Cours. Tu as trois secondes.

— Avant quoi ? demanda-t-elle d'une voix indolente, la main toujours en l'air.

Elle avait oublié de replacer son bras le long de son corps. L'éclat dans ses yeux laissait entendre qu'elle voulait encore jouer.

Joueur 2 connecté.

— Que je te traque et te baise. En dehors de tout accord. Vois ça comme une chasse au lièvre.

— Excuse-moi ?

— Justement, bébé. Tu es excusée. Sauf si tu ne veux pas l'être. Auquel cas, tu cours, je chasse. Pars si tu n'es pas partante. *Trois.*

Ses yeux passèrent subitement de mon visage à la porte. J'étudiai ses moindres mouvements. Nous savions tous les deux que ce truc entre nous – l'électricité qui n'avait rien à voir avec la coupure de courant dans le bâtiment – n'allait pas disparaître de sitôt.

— *Deux*. Pars.

Elle fit quatre pas rapides vers la porte, et mon âme quitta lestement mon corps, m'abandonnant pour courir à ses côtés. Puis Sailor dérapa et s'arrêta, ne franchissant pas le seuil. Elle passa les doigts dans ses cheveux, poussant un cri pouvant être la parade nuptiale de deux émeus dérangés.

— Merde, souffla-t-elle, les pieds collés au carrelage de la salle de bains. Qu'est-ce qui me prend ?

Moi, dans une seconde.

— *Un.*

Dos à moi, elle tomba à genoux, la tête en arrière, vaincue. Cela me rappela quand j'étais petit et que je regardais la chaîne *National Geographic*. J'avais demandé à Nounou Numéro-six pourquoi les caméramans et l'équipe du film n'aidaient pas l'innocente gazelle quand la tigresse l'attrapait avant de la pendre à son cou comme un lourd bijou.

Parce que c'est la nature. Seuls les plus forts survivent.

J'avais presque eu pitié d'elle à l'époque.

Presque.

Puis je me rappelai que ma propre famille appliquait la loi du plus fort – et me souvins de ce que Nounou Numéro-six m'avait raconté : la version de la tigresse. Elle était affamée, dépravée, et voulait rester aussi vivante que la gazelle.

Les chasseurs avaient besoin de manger pour survivre.

Sailor

Debout derrière moi, il enroula les doigts autour de mon chignon et tira sur l'élastique pour le transformer en queue-de-cheval avec une expertise qui me terrifia.

Il bascula ma tête en arrière, m'étirant le cou. Je grognai et fermai les yeux.

J'étais convaincue que Hunter n'avait pas touché Emily.

Mais elle m'avait rappelé toutes les filles qu'il toucherait à l'avenir. Nos six mois passeraient en un éclair et, avec eux, son attention toute dévouée à moi. Il aurait d'autres conquêtes partout dans le monde, sous des horizons où se prélasser en toute insouciance. Je n'étais qu'une petite île où il se retrouvait coincé temporairement. Évidemment qu'il était tenté de goûter à ses fruits.

Pire encore, Hunter savait l'effet qu'il avait sur moi, savait que je ne le dénoncerais jamais. J'avais beau maudire l'attraction qu'il exerçait sur moi, je ressentais l'étrange besoin de le protéger, notamment de son père et de son frère.

Je ne mentionnerais pas Emily dans mon mail à Gerald Fitzpatrick, je dissimulerais l'écart de conduite de Hunter, je ferais comme si ce n'était jamais arrivé. Puisqu'il n'y avait des caméras qu'à l'extérieur de l'appartement, et qu'Emily était a priori montée et descendue par l'escalier, cela ne devrait pas poser problème.

— Ouvre les yeux, ordonna sévèrement Hunter.

Sa voix avait la capacité à se nicher entre mes jambes, à faire palpiter l'organe qui s'y trouvait.

J'ouvris les paupières, croisant son regard. C'était un prince solitaire. Intouchable, mais en grand besoin d'un câlin. Brillant mais profondément incompris. Siégeant sur un trône de déceptions et d'attentes brisées.

Savait-il seulement qu'il était intelligent, courageux et bienveillant ?

Serais-je l'idiote qui lui soufflerait ce secret ?

Je me rendis compte qu'il avait raison. J'étais l'archère, mais c'était lui, le chasseur.

— Admets-le, exigea-t-il d'une voix rauque, abaissant son visage vers le mien par-dessus mon épaule, ses lèvres s'approchant lentement, sa chaleur enveloppante détruisant mes réserves, ma honte, ma logique. C'est réel. C'est réel, et tu as peur. C'est réel, et je ne faisais pas partie de ton plan soigneusement préétabli. Tu ne sais pas si tu as la capacité à résister, ou le cran d'aller au bout quand il sera l'heure de se dire au revoir.

Je déglutis. Ça faisait mal, mais il ne me lâcha pas les cheveux.

— Tu peux y survivre, murmura-t-il dans ma bouche.

— À ça ?

— À *nous*. Mon âme est en verre, bébé. Elle est belle à voir mais se brise facilement, elle peut te faire saigner, et personne ne peut s'y attacher.

J'entrouvris les lèvres pour lui dire qu'il avait tort, mais sa bouche se referma sur la mienne. Il me droguait de son baiser – lent, érotique, malicieux – pareil à une potion s'insinuant en moi. Ce baiser n'avait rien à voir avec notre premier, mais étrangement il était deux fois plus envoûtant. Je sentis sa main se glisser à l'avant de mon corps, frôler le contour de mes seins, descendre le long de mon ventre jusqu'à mon entrejambe. Il la posa là et me força à me lever, sa bouche ne quittant jamais la mienne, ses doigts s'enfonçant durement dans ma peau à travers le tissu de mon legging. Il plaqua mon ventre contre le mur de la salle de bains, plantant son érection entre mes fesses à travers nos vêtements. Un gémissement désespéré m'échappa. Il l'avala d'un autre baiser fougueux. Il effaça tout de ses baisers.

Il ne sera pas là pour effacer la douleur quand il te jettera une fois le contrat terminé.

Il plongea sa main puissante dans mon pantalon, et je grognai, arrachant ma bouche de la sienne pour presser mon front contre les carreaux froids, submergée par une chaleur qui m'envahit tout entière.

— Je ne suis pas vierge, dis-je sans savoir pourquoi.

Peut-être voulais-je être sûre qu'il ne me ménagerait pas. Je voulais toute l'expérience Hunter, même si je savais pertinemment que je la regretterais dès que nous quitterions cette salle de bains.

Son pénis eut un soubresaut contre mes fesses, son corps se moulant contre le mien.

— Ah oui ?

Aucune once de jalousie dans sa voix, il semblait seulement amusé et curieux.

Je hochai la tête, mon front effleurant le mur.

— Combien ? demanda-t-il.

Je m'interrogeai sur les détails techniques. Brisions-nous le vœu de chasteté si Hunter et moi ne faisions que nous frotter l'un à l'autre ? Non. Pas vraiment. Enfin, si, c'était mal… mais gérable. Et puis, ce que son père avait en horreur, c'était que les histoires de Hunter fassent la une des journaux. Ce serait notre secret. Ni lui ni moi ne voulions que nos ébats quittent ces murs. Hunter avait son royaume en jeu, et moi ma carrière et ma réputation.

— Un, dis-je.

Je retins mon souffle quand son index trouva mon clitoris et le pinça. Il passa ses autres doigts sur ma vulve mouillée, utilisant la preuve de mon excitation pour mieux frictionner mon clito. Sa peau était chaude, ses caresses sereines et expertes.

J'avais l'impression que mes entrailles étaient en train de fondre peu à peu. Ce n'étaient pas des papillons. Non. Plutôt des phalènes, qui me dévoraient de l'intérieur.

Hunter m'embrassa l'oreille, dans le cou, sur l'épaule.

— Nom.

— Beau.

— Ex-petit ami ?

— Quelque chose dans le genre.

— Tu l'aimais ?

Ses doigts me firent une chose que j'étais incapable d'expliquer. Je savais seulement que personne ne m'avait jamais touchée comme ça. Mon corps entier se mit à trembler, jusqu'à mon âme.

— N… non.

J'étais incapable de mentir.

— Tu as aimé ça ?

La question me surprit. Je ne crois pas que Beau lui-même me l'ait jamais posée. Je plantai mes paumes sur le carrelage tandis que Hunter baissait brusquement mon legging.

— On ne peut pas coucher ensemble. On ne peut pas enfreindre les règles, dis-je enfin avec difficulté.

Il rit d'un rire diabolique, empoignant ma fesse à pleine main. Puis ses doigts accélérèrent la cadence, et il guida son pénis entre mes fesses. Je savais qu'il regardait ce qu'il était en train de faire – mes fesses blanches sous ses mains.

Mes jambes se mirent à trembler. Je renversai la tête en arrière, heureuse d'atteindre bientôt l'extase. L'orgasme commença à fourmiller sous ma peau, partant de mes orteils pour se répandre dans mon corps tout entier.

Enfin, enfin, enfin.

— Oh ! Hunter.

Je détestai le naturel avec lequel son nom quitta ma bouche. Si « gémissable ». Sans prévenir, Hunter cessa de me caresser et fit un pas en arrière. Il me fallut dix secondes pour prendre conscience que mon orgasme n'arriverait pas. Je me retournai, les yeux écarquillés et accusateurs.

— Qu'est-ce que tu fais ? demandai-je.

Mon visage bouillait de confusion et de désir. *Ça* ne m'était jamais arrivé.

Il s'appuya contre le meuble du lavabo, tout sourires, la main dans son boxer tenant son pénis très dur, *très* impressionnant.

— Je veux te faire jouir, déclara-t-il avec tant de calme qu'on aurait pu croire qu'on parlait de la météo.

— Alors vas-y !

Je fronçai les sourcils si fort que j'en eus mal au front.

Il rit, un rire jovial et puissant qui résonna dans la pièce comme une chanson.

— Mais, vois-tu, je veux jouir, moi aussi. Et en même temps je respecte ta volonté de ne pas foutre complètement en l'air ce vœu de chasteté. Que dirais-tu d'un compromis ?

Je ne répondis rien. Je savais que ce n'était pas juste de lui demander de me faire jouir si je ne comptais pas lui rendre la pareille. Mais me mettre à genoux devant Hunter me semblait déplacé. Cet homme était peut-être un bouffon pour sa famille, mais aux yeux des autres c'était un dieu, et je ne voulais pas rejoindre sa religion. Je ne voulais pas le vénérer.

Parce que je savais que c'était un dieu en qui je pouvais croire.

— Plutôt mourir que de me mettre à genoux pour toi, lançai-je avec fierté.

Il haussa les sourcils, à la fois surpris et amusé.

— Vraiment ?

— Oui.

— Pourquoi ça ?

— Parce que tu es un *serial* baiseur qui a fait une sextape. Je refuse de devenir une autre entaille sur ta colonne de lit.

C'était ridicule dit comme ça, mais cela avait le mérite d'être clair. Je ne voulais pas être une fille parmi tant d'autres, d'autant qu'il avait jeté son dévoulu uniquement parce qu'il n'avait pas eu le choix.

— Et tu voudrais que je te fasse jouir ? demanda-t-il, pour me mettre face à ma propre hypocrisie.

Je haussai les épaules.

— C'est toi qui as commencé.

Super mature, Sailor.

Riant, il s'approcha à nouveau de moi, avec l'air satisfait du chat qui a mangé le canari. Il se baissa pour me débarrasser de mon pantalon resté à mes chevilles, qu'il laissa tomber au sol, me dénudant entièrement à partir de la taille. Puis il saisit l'avant de mon T-shirt et tira sur le tissu avec une lenteur délicieuse.

— Pour info, dit-il d'une voix monocorde, un sourire narquois aux lèvres. Lever les yeux vers moi en étant à genoux, c'est un point de vue de dingue. Tu devrais peut-être y réfléchir à deux fois.

— Non, merci.

Je déglutis et sentis mon T-shirt se déchirer. Le coup de fouet du tissu contre ma peau résonna entre les murs. Il jeta la boule de tissu par-dessus son épaule, puis me fit asseoir sur la marche de la baignoire et m'écarta les jambes de ses mains puissantes. Hébétée, je le regardai plonger de nouveau ses doigts pour recueillir ma cyprine, qu'il étala sur mes seins nus. Je ne savais pas pourquoi je ne l'arrêtais pas.

Je ne savais même pas pourquoi je restais dans cet appartement avec lui.

C'était Hunter qui était à genoux à présent, le coude posé sur le rebord de la baignoire, me souriant comme s'il avait une idée derrière la tête. Restant à genoux, il se dressa au-dessus de moi, effaçant mon froncement de sourcils d'un baiser. Je le laissai m'embrasser, sentant ses doigts se frayer de nouveau un chemin entre mes jambes écartées. Mon corps se mit à vibrer, reconnaissant qu'on lui accorde tant d'attention.

Hunter fit glisser sa bouche jusqu'à ma poitrine, prit un téton entre ses lèvres et, joueur, roula sa langue autour. Je poussai un soupir, les yeux baissés sur lui. Puis il passa à l'autre mamelon, qu'il tira légèrement entre ses dents tout en intensifiant ses caresses sur mon clitoris. Mon corps tout entier s'embrasa et ma peau se mit à fourmiller.

Sa langue descendit sur mon ventre, plongeant brièvement dans mon nombril dans un tourbillon moqueur, chatouilleur, puis plus bas, entre mes cuisses.

— Jackpot, murmura-t-il en aspirant mon clitoris dans sa bouche, ouvrant mon sexe de ses pouces, m'étirant au maximum.

Il souffla de l'air frais dans mon intimité, et je fus prise d'un violent frisson annonciateur de l'orgasme imminent. Lorsqu'il plongea sa langue en moi dans un élan punisseur, le plaisir fut si puissant que mes fesses se soulevèrent de la marche, et je poussai un cri.

Il me lécha le clito, puis me pénétra de nouveau avec sa langue. Mon dos se cambra, mon corps tout entier pris de tremblements.

Coup de langue, pénétration, coup de langue, pénétration.

Ce va-et-vient prolongeait ma jouissance, me procurant autant de plaisir que de rage. Quand je finis par atteindre l'orgasme, il fut si progressif, si intense, que chaque muscle de mon corps se contracta, se tendit, s'agita. Tremblant de tous mes membres, je tendis les mains vers lui, mais il m'enserra les poignets et les plaqua contre mes flancs, m'empêchant de le toucher.

— S'il te plaît, suppliai-je. S'il te plaît.

Il se redressa, baissa son pantalon de jogging et son caleçon, et sa puissante érection se dressa face à moi.

— Suce-la, dit-il simplement.

J'ouvris la bouche et le pris, à la fois gênée et satisfaite. C'était si bon que je brisai ma propre promesse – que je m'étais faite à peine cinq minutes plus tôt. Enfin, techniquement, pas vraiment : je ne m'étais pas mise à genoux pour lui, c'était lui qui s'était mis à hauteur de mon visage. Mais ce n'était qu'une question de sémantique.

Je ne me reconnaissais plus.

— Je vais jouir dans ta bouche maintenant, dit-il avant même que je puisse le sucer.

Je me rendis compte que le simple fait de me faire un cunni l'avait amené au bord de l'éjaculation. Je hochai la tête, puis sentis sa main agripper mes cheveux pour me guider, jusqu'à ce qu'il jouisse entre mes lèvres. L'épais liquide me coula lentement dans la gorge. Il était salé, chaud, collant.

Hunter retira son sexe de ma bouche et y glissa son pouce, qu'il passa sur ma langue mouillée de sperme. Il en récupéra et l'essuya sur ma joue, comme pour me marquer.

De sa main libre, il se rhabilla.

— Tu vois, bébé ? Je t'avais dit que je te domestiquerai. Et je suis peut-être un chasseur, Sailor, mais je crois que j'aimerais te garder comme animal de compagnie temporaire.

— Je te déteste.

La honte et la colère tourbillonnaient en moi, et je n'avais qu'une envie : exploser. Il se leva, se retourna et, dos à moi, agita la main avec dédain avant de quitter la salle de bains.

— Tu sais, je t'aurais peut-être crue si je n'avais pas le goût de ta chatte dans la bouche. Et de rien pour le shot de protéines.

13

Sailor

Un concours de plusieurs circonstances me fit atterrir au centre commercial. D'abord, Junsu me faisait toujours la tête à cause de mon épaule. J'allais tous les jours chez le kiné, Dave, avec qui Hunter m'avait mise en contact, je prenais mes injections et évitais de porter des choses lourdes, mais l'agacement de Junsu allait croissant. En tout cas, il ne répondait plus au téléphone et était toujours occupé quand j'allais le voir au club. J'imaginais que l'implication des Fitzpatrick dans ma carrière n'était pas à son goût. Je ne pouvais pas lui en vouloir. Les chiens errants n'avaient aucune loyauté, et Hunter était le plus affamé de tous. Sans parler de sa réputation qui, à elle seule, ferait passer Scott Disick pour un saint. Puisque j'avais, comme promis, demandé une seconde opinion médicale sur mon épaule – qui confirmait le diagnostic initial –, je mis l'attitude de Junsu sur le compte d'un ego blessé et décidai de lui laisser quelques jours pour se calmer.

En deuxième lieu, il y avait ma situation désespérée d'un point de vue garde-robe. Puisque Crystal me forçait la main, j'avais de nouveaux shootings et interviews prévus et je préférais éviter de me présenter dans des vêtements laissant penser que j'étais à la fois aveugle et dénuée de bon sens.

La troisième raison était, malheureusement, Hunter. Je refusais qu'il entre en ligne de compte, mais la vérité était que j'essayais de l'impressionner. Je voulais qu'il me trouve jolie et lui faire oublier les Emily, les Alice et toutes les autres.

D'accord, pour être tout à fait honnête, mon envie de changement était due à quatre-vingt-dix pour cent à Hunter et à dix pour cent à l'attention grandissante de la presse et à mon excès de temps libre. Mais il était hors de question que je l'avoue à quiconque : c'était entre moi et mon cerveau (manifestement porté disparu).

Voilà comment Aisling, Persy, Emmabelle et moi, nous retrouvions au centre commercial nos sacs de shopping à la main et armées de *pumpkin spice latte* malgré les températures estivales qui persistaient en ce début d'automne.

Je m'étais refait toute une garde-robe de pantalons noirs moulants, aussi confortables que des leggings de sport mais élégants comme des pantalons cigarettes. Mes T-shirts banals et près du corps avaient laissé place à des hauts courts tendance avec dentelle, motifs et empiècements , et mes amies avaient également réussi à me faire acheter quelques petites robes que je ne porterais jamais.

Je leur avais promis de balancer ma garde-robe qu'elles qualifiaient de « dé-bandante », principalement constituée de leggings de sport lavés plus de fois que les maillots de bain de Michael Phelps et de sweats à capuche si effilochés qu'ils semblaient s'être créé des manches supplémentaires. Pour s'assurer que je tiendrais bien parole, elles décidèrent de me raccompagner chez moi.

— Tu sais ce qui serait génial ? demanda Emmabelle, nous arrêtant toutes net alors que nous étions en train de sortir du centre commercial.

Je n'avais qu'une réponse en tête – *me tirer d'ici*. Mais je n'allais pas faire la rabat-joie.

— D'avoir une nouvelle épaule ? demandai-je avec une certaine mélancolie.

— Des cupcakes ! lança Persy.

— Des leçons de vol, suggéra timidement Aisling en portant son gobelet de café à sa bouche.

Notre jeune amie milliardaire commençait à se rebeller, et je ne l'en appréciais que davantage. Et puis, sa présence avait facilité ma décision de ne pas confier à mes amies que Hunter m'avait dévorée comme un buffet à volonté. Après tout, Aisling était sa sœur, ce qui rendrait la révélation de mes ébats avec son frère :

1. Dégueu au point de menacer notre amitié ;

2. Dangereuse.

Et si Aisling le disait à ses parents ? Ou à son frère Cillian ? Elle n'avait même pas besoin de le dire à sa famille pour que ça vire au drame. Car, si jamais quelqu'un découvrait que Hunter et moi avions admiré les amygdales de l'autre avec nos langues et qu'Aisling était au courant, elle aurait de gros ennuis pour l'avoir caché à sa famille. Dans tous les cas, c'était perdant-perdant.

— Sailor devrait se faire couper les cheveux, dit Emmabelle en mimant des ciseaux avec ses doigts.

Je secouai vigoureusement la tête.

— Et réserver un traitement à la kératine ! s'écria Aisling, les yeux grands ouverts. Un carré court avec une frange de côté, ce serait *trop* Emma Stone sur elle.

Depuis quand Emma Stone était-elle un adjectif ?

— Et elle pourrait alors capturer le cœur de Hunter et lui faire voir la lumière, renchérit Persy, enthousiaste, en serrant ses mains l'une contre l'autre tout en regardant vers l'horizon d'un air rêveur en battant des cils.

J'avais très envie de toutes les frapper avec le marteau de Thor, quitte à enfreindre ma règle de ne rien porter de lourd.

Je jetai un coup d'œil à Aisling pour voir sa réaction après la tirade de Persy ; Hunter avait-il parlé de moi à sa famille ? Mais son visage demeura aussi lisse qu'un carré de neige fraîche.

Hunter ne me capte même pas sur son radar à moins que je ne sois sous son nez.

— Ça va prendre mille ans d'aller chez le coiffeur, fis-je remarquer en me frottant la nuque. Et puis, ça ne m'intéresse pas de capturer le cœur de Hunter, ni un autre de ses organes.

— Je te dois un cadeau d'anniversaire ! lança Persy en tapant dans ses mains avant de me montrer du doigt, comme pour dire « jackpot ».

— T'es pressée ? Tu sais, Netflix et ta couette ne vont pas s'échapper, renchérit Emmabelle en m'attrapant par le coude pour me tirer dans un salon de coiffure, le Citrus.

Il était tellement chic qu'on aurait pu y célébrer un mariage. Les coiffeurs semblaient sortir tout droit d'un épisode de *The Hills* : ultra-maniérés, ils étaient en train de discuter de leur cocktail préféré.

Avant que je puisse dire à Belle que j'avais plus urgent à faire que Netflix (par exemple, j'aurais pu me faire Hunter), on m'assit dans un fauteuil, on me mit les cheveux en arrière, on les recouvrit de lotions, on les lava, les coupa, les relava, les sécha, les laqua et les tira à mort.

Quand ce fut fini, j'aurais pu jurer qu'on m'avait retenue en otage pendant trois jours et je m'attendais presque à ressembler à un caniche de concours. Mais lorsque la coiffeuse, Brandie, me relâcha dans la nature j'eus envie de pleurer de joie, et pas seulement parce que c'était la fin de cette torture.

La vision de mes cheveux dans le miroir me coupa le souffle. Des mèches soyeuses, brillantes et ultra-lisses encadraient mon visage.

Une frange de côté adoucissait ma mâchoire, et mon carré long effleurait mes épaules telle une cascade de velours. Je n'arrivais pas à croire que c'étaient les mêmes cheveux rêches contre lesquels je me battais chaque matin.

Sur le trajet du retour, Emmabelle et Aisling ne pouvaient s'empêcher de les toucher. Persy se tournait vers moi de temps en temps pour articuler « Emma Stone » et « Rappelle-toi que tu peux faire mieux qu'Andrew Garfield. »

En vérité, me débarrasser de deux kilos de cheveux était agréable. Rafraîchissant, même. Je ne me rappelais pas pourquoi j'avais insisté pour qu'on ne touche pas à ma crinière. Ces dix dernières années, je m'étais surtout focalisée sur le tir à l'arc et sur ma volonté de prouver aux gens que je n'avais pas besoin d'être populaire ou jolie. Mais l'achat de nouveaux vêtements flatteurs et cette nouvelle coupe me remirent les pieds sur terre.

Soudain, tout ce que j'avais pensé – que se faire belle était un acte superficiel, égocentrique et inutile parce qu'on allait tous vieillir et être pleins de rides un jour – me semblait stupide, puéril et moralisateur. Parce qu'à cet instant, même si je savais que j'étais encore bien loin d'être parfaite, je me sentais… jolie.

Hunter n'était pas à l'appartement quand on rentra. Il n'était que 20 heures, et il avait cours jusque tard. J'avais beau le savoir, je fus déçue qu'il ne soit pas là. Ce n'était pas comme un coup de poignard dans le cœur, plutôt une petite coupure avec du papier. Superficielle.

Aucun risque que je tombe amoureuse.

Pourquoi j'ai l'impression que j'essaie de me convaincre ?

Je commandai du phô et du canh chua pour un régiment, puis fis un défilé de tous les vêtements que j'avais achetés tandis que Belle mettait *Sex and the City* en fond et sautait sur le canapé, couronnée de la tiare qu'elle avait achetée chez Claire's, sirotant du vin piqué dans la cave à vin réfrigérée (dont je gardais les clés, pour garantir la sobriété de Hunter).

Je m'amusais tellement que cela ne me dérangea même pas quand mes copines mirent une playlist des tops du moment sur Spotify.

Je sortais de ma chambre en me pavanant dans ma nouvelle paire d'escarpins rouges à dix dollars (une affaire !) et ma minirobe rouge assortie, rejetant mes cheveux en arrière, quand la porte d'entrée s'ouvrit. Hunter entra, cravate défaite, cheveux ébouriffés, son corps immense et musclé nous faisant toutes passer pour des gamines.

Il rentrait de la fac, paré de son sac à dos de cours et de sa mallette de boulot.

Je m'arrêtai net. La coupure de papier dans mon cœur se multiplia en mille nouvelles.

La scène qui se jouait devant lui – Belle et Aisling en train de se soûler au vin gracieusement fourni par son père, et Persy de se prendre en selfie avec la vue sur la ville – ne sembla même pas l'atteindre.

Il ne regardait que moi.

L'atmosphère changea quand nos regards se croisèrent. Je me demandai si mes amies le sentirent, elles aussi. L'air grésilla et crépita autour de nous, tel un feu de joie prenant corps, gagnant en vitesse et chaleur.

Il entrouvrit les lèvres, et tout le monde – sauf Aisling – retint son souffle. La présence de Hunter avait quelque chose de magnétique et de bestial.

— J'aimerais appliquer notre marché *maintenant*, dit-il simplement, ignorant toujours les autres filles, comme si elles n'existaient pas.

Le marché : « on passe au niveau 2 – et je veux la version interdite aux moins de dix-huit ans avec pelotage, léchage de tétons, frottage de bite, tout le bordel. »

C'étaient ses mots. Pas les miens. J'eus la bouche sèche.

— Comme tu peux le voir, je suis avec des amies.

Je montrai maladroitement Emmabelle, Persy et Aisling. Cette dernière posa son verre de vin sur la table et fit semblant de lire quelque chose sur son téléphone, sourcils froncés.

— Comme tu peux le voir…, répondit-il de la même voix mesurée, tandis que, la musique s'arrêtait, et que tout le monde se concentrait sur notre conversation. Je m'en tape.

Il baissa les yeux vers son entrejambe, et je suivis son regard. Il bandait. Dans cette configuration – il se tenait en face de moi – j'étais la seule à pouvoir le voir. Pourtant, le risque de se faire griller me fit frémir.

Je lui adressai un sourire courtois.

— Tu peux attendre.

— Ou elles peuvent partir. Un contrat est un contrat. Je suis peut-être un homme d'affaires pourri, mais comme tout Fitzpatrick je ne le prends pas à la légère quand on me baise.

Tout près de moi, Emmabelle s'éclaircit la gorge et commença à rassembler ses affaires. Persy fit de même, et Aisling se précipita dans la cuisine pour vider son verre de vin dans l'évier et le rincer. Je me demandais ce qu'elles pensaient. Allaient-elles me noyer de questions après cette scène ? C'était très imprudent de la part de Hunter d'évoquer toute relation physique entre nous. Il y avait des témoins dans la pièce. Toutes pouvaient nous balancer. Je savais que mes amies étaient dignes de confiance, mais lui l'ignorait.

Irritable, réfractaire et lasse des petites coupures dans mon cœur, je relevai le menton. Il ne pouvait plus me malmener comme ça. Après tout, j'étais sa gardienne.

— Mes amies restent, dis-je d'un ton glacial. Libre à toi de prendre une douche froide si tu as trop chaud.

Je me retournai, allai me planter sur le canapé et remis *Sex and the City* au début. Je sentais les regards indécis de mes amies me brûler le visage tandis que j'affichais une expression disant « *me cherche pas* ». Mes trois amies se précipitèrent sur le canapé, même si c'était plus par obligation que réel enthousiasme.

— Salut, Hunt. Maman dit qu'elle a essayé de t'appeler toute la semaine, marmonna Aisling, la tête baissée.

Hunter l'ignora, ses yeux me lançant des flammes.

— Eh, Fitzpatrick, déclara Emmabelle en croisant les pieds sur la table basse. T'es pas mal dans un costume trois pièces. Hugo Boss ?

— Je t'en prie, répondit-il en lui jetant un regard hautain. J'ai l'air fauché ? Brioni.

Emmabelle siffla, et je fus folle de joie malgré moi que Hunter soit insensible aux charmes de mon amie si belle et si élégante.

— Waouh ! T'es encore plus une tête de bite que les rumeurs le laissaient entendre.

— Bite étant le mot clé, marmonna-t-il en allant dans sa chambre, agacé, les yeux toujours braqués sur moi.

Puis il ajouta :

— Dommage que personne ne veuille s'en occuper.

À ces mots, je piquai un fard et lui souhaitai les morts les plus atroces. Dès que Hunter ne fut plus à portée de voix, tous les regards se tournèrent vers moi.

Aisling leva timidement la main, comme si nous étions en classe.

— Je peux dire quelque chose avant que tout le monde te donne son avis ?

— Non, répondis-je en même temps que Persy et Emmabelle disaient « oui ».

Elle s'éclaircit la gorge tout en se redressant sur le canapé.

— J'aime mon frère de tout mon cœur. C'est un mec génial quand on apprend à le connaître. On le juge souvent d'après ce qu'en dit la presse, mais pour moi c'est un grand frère qui vient à chaque fête avec des cadeaux, des câlins et des histoires drôles à raconter sur sa vie. Mais… Sailor, c'est un coureur de jupons. Il te fait croire que tu es le centre de son monde sans même le vouloir, puis il disparaît quand il se lasse de toi. Et il se lasse *toujours* des femmes. Je l'ai vu faire défiler pas moins de vingt-huit filles pendant ses années passées en Californie. Il en ramenait une différente à la maison à chaque période de vacances – ne restant parfois avec elles que quelques heures à peine, en changeant comme il change de chemise. Je ne parlerai jamais de vous deux à mes parents. Ce ne sont pas mes affaires. Cependant…

Elle se tourna vers la fenêtre, et je ne pus lire l'expression sur son visage.

Que cherchait-elle à cacher ? Pitié ? Embarras ?

Elle secoua la tête.

— Tout ce que je veux dire, c'est que tu dois te rappeler que ce n'est que pour un temps. J'aimerais penser qu'un jour Hunter trouvera son homard. Mais il a dix-neuf ans, et je crois que ce ne sera pas pour tout de suite.

Le silence s'abattit sur nous tandis que nous réfléchissions à ce qu'Aisling venait de dire.

— Les homards ne trouvent pas un partenaire à vie, déclarai-je.

Sous leurs regards perplexes, je versai le restant de vin dans un verre, que je portai à mes lèvres en haussant les épaules avant de reprendre :

— Désolée, mais *Friends* n'est pas la source la plus fiable en matière de culture générale. Phoebe, en particulier, m'a toujours semblé ingérable. Enfin bref, dans les faits, les homards ne se choisissent pas un partenaire à vie. En réalité, le mâle dominant s'accouple avec tout un harem de femelles pendant environ deux semaines. En gros, les homards ne sont pas comme les cygnes ou les pingouins. Ils ne sont pas monogames. Ce sont les gros connards du règne animal

– ceux qui se créent plusieurs comptes Instagram et qui vomissent dans les chaussures des autres en soirée parce qu'ils ont perdu aux jeux à boire. S'il y a un animal qui mérite d'être bouilli vif à hurler de douleur pour expier ses péchés, c'est le homard. Non pas que je cautionne cette attitude envers les homards. Je suis sûre qu'ils ont aussi des sentiments, après tout.

Je terminai sur une blague pourrie, comme si tout mon discours n'était pas déjà digne de me faire placer en asile.

Elles me dévisagèrent sans un mot. Elles devaient se demander quelle partie de mon cerveau s'était mise en grève. Pourquoi n'abordais-je pas ma relation avec Hunter ? Je décidai de conclure, avalant mon vin et posant le verre vide sur la table basse.

— J'imagine que ce que j'essaie de dire, c'est que Hunter *est* un homard. Je le sais. Sois sûre, Aisling, que si sur un coup de folie je décidais de prendre ton frère pour amant je me rappellerais qu'il n'est pas du genre à se marier.

Persy, Emmabelle et Aisling gardèrent le silence un instant pour retrouver leurs esprits. Emmabelle fut la première à prendre la parole.

— Merde, meuf. T'as des sentiments pour lui.

Persy se couvrit la bouche de ses doigts bagués.

— Pauvre Sailor. C'est déjà trop tard. Vous avez entendu ce monologue ? Elle est fichue.

— Cause perdue, confirma Aisling, hochant gravement la tête et faisant un signe de croix, pleurant la mort prématurée de ma logique.

Je comprenais ce qu'elles ressentaient. Hunter était dangereux. Un instant il distillait sympathie et gentillesse, le suivant il était dur et renfermé sur lui-même. Il était bien trop imprévisible pour que je puisse compter sur lui côté cœur.

Ou côté baisser-la-lunette-des-toilettes.

Ou de n'importe quel côté, d'ailleurs.

— Peut-être qu'il ressent la même chose. C'était le plan, après tout. Les faire tomber amoureux, déclara Persy.

— J'en doute. Tu as entendu Aisling. Le penchant casanova de Hunter est pire que ce qu'on croyait, répondit Emmabelle, l'air concentré, comme si elle calculait notre prochain coup. Je ne l'apprécie même pas, ajouta-t-elle.

Je partis d'un rire nerveux. Mon téléphone vibra, indiquant que j'avais reçu un message. C'était la livraison du repas. Persy alla le chercher dans le hall pendant que je secouais la tête, priant pour que les murs soient assez épais et que Hunter ne nous entende pas.

— Juste, sois prudente, me souffla Aisling en me tapotant le bras.

— Mais ! Qu'est-ce qui te fait croire que j'ai envie d'autre chose que de frapper ton frère ?

— La passion avec laquelle tu as démenti tout sentiment passionné pour lui ? proposa Emmabelle.

— Et puis, tu le regardais comme si tu allais lui sauter dessus, renchérit Aisling en baissant la tête.

— Et tu es devenue toute rouge quand il est rentré, et ton visage n'a pas encore repris sa couleur normale, conclut Emmabelle.

— Désolée de vous décevoir, mais il n'y a rien entre nous.

Je croisai les bras. Je mentais comme un arracheur de dents, mais j'avais trop honte pour revenir en arrière. J'avais été stupide de le laisser me toucher. De laisser les choses progresser dans ce sens.

— D'accord, dit Aisling.

— C'est ça, s'ironisa Emmabelle.

— La bouffe est là ! lança Persy en faisant irruption dans le salon, deux énormes sacs en plastique dans les mains.

Hunter se matérialisa dans le couloir, fraîchement douché, ses merveilleuses boucles blondes et trempées tombant sur sa peau lumineuse et bronzée, vêtu de son éternel pantalon de jogging de marque et d'un débardeur noir laissant deviner ses abdos dessinés.

Il pointa un doigt sur moi.

— Besoin de toi.

— Pour quoi ?

Je soutins son regard, sur la défensive. Si on pouvait tuer d'un regard, Hunter aurait été tranché en deux, baignant dans son sang sur le sol en marbre.

— Y'a une araignée dans ma chambre, et j'ai besoin que tu la tues.

C'était la pire excuse que j'aie jamais entendue.

Aisling leva les yeux, horrifiée, et plissa le nez.

— Tu demandes ce genre de choses à Sailor ?

Hunter prêta attention à sa sœur pour la première fois depuis qu'il était rentré, lui adressant un regard glacial.

— C'est moche d'être sexiste, Ash. On est au XXIe siècle, et tu n'as pas idée d'à quel point je suis sexy avec un tablier. Viens, CT.

CT ! Mon Dieu. J'allais le trucider.

— « CT » ? m'interrogea Emmabelle, haussant un de ses sourcils bien dessinés.

— Carrot Top, expliqua-t-il.

— T'es vraiment un gros connard, répondit-elle.

— Attends de rencontrer mon grand frère. À côté, les meurtriers des quartiers haute sécurité paraissent aussi inoffensifs qu'une portée de chatons.

— Même si te sauver d'une dangereuse araignée serait un doux rappel de ma supériorité, tu peux le faire toi-même, intervins-je.

Je détournai les yeux et aidai Persy à disposer la nourriture sur la table basse.

— J'ai fait assez de DIY comme ça dans cette baraque, railla-t-il en agitant la main droite, ce qui lui valut des gloussements de Persy et Belle et un regard dégoûté de sa sœur. Mais pas de problème. Je vais transférer l'araignée dans ta chambre.

Il n'y avait pas d'araignée. Je le savais. Il le savait. Seules mes amies avaient si peu foi en lui qu'elles le croyaient capable de me refourguer cette tâche désagréable.

— Fais donc. Mets-la sur mon oreiller. Quelque part où je la trouverai.

— Compris, boss.

Il m'adressa un salut militaire, moqueur, puis tourna les talons et repartit dans le couloir. Je fourrai un beignet de courgette dans ma bouche, essayant de ne pas songer au risque minime qu'il y ait bel et bien une araignée qu'il allait mettre sur mon oreiller. D'ailleurs, si Hunter en trouvait une, il n'y avait aucun doute qu'il se vengerait en tenant promesse. Cela me forcerait à migrer dans le salon ou dans sa chambre pour la nuit, voilà tout.

Il était malin, cet enfoiré.

Et sa famille le croyait stupide.

Hunter alla dans sa salle de bains à grand bruit, puis passa de sa chambre à la mienne avec tout aussi peu de discrétion en sifflotant la chanson de *Kill Bill* avec le plus grand calme. Emmabelle éclata de rire, tandis que Persy et Aisling échangeaient un regard inquiet. Je ne bougeai pas, mais je vibrais des pieds à la tête du besoin de me lever pour aller voir.

Une araignée.

Sur mon oreiller.

Le suspense me tuait.

Peut-être l'araignée me tuerait-elle. Et si c'était une veuve noire ? Une veuve noire à dos rouge ?

Je me levai d'un bond.

— Je vais juste…

Je désignai vaguement ma chambre de la main.

Mes amies hochèrent la tête d'un même élan.

— Oui, tu devrais, gémit Persy.

Je remontai le couloir à toute vitesse, regardant à droite et à gauche, trouvant Hunter en train de regagner sa chambre, dos à moi. Je m'élançai à sa poursuite et attrapai le bas de son débardeur. Il m'ignora, me tirant plus ou moins dans sa chambre, puisque je refusais de lâcher prise. Plutôt que de m'accorder de l'attention, il se dirigea vers sa salle de bains pour jeter un mouchoir à la poubelle.

Le mouchoir dont il s'est servi pour transférer l'araignée du point A au point B ?

Je le fusillai du regard en lâchant :

— Il n'y a pas d'araignée.

Nos yeux se croisèrent dans le miroir. Puis il les baissa pour ouvrir le robinet, un petit sourire aux lèvres. Tranquillement, il se lava les mains pour effacer toute trace de l'araignée imaginaire, se les sécha sur une serviette, puis se retourna face à moi. Là, il me bouscula de son corps puissant, me forçant à reculer vers la douche. La porte en verre était ouverte, et je la percutai de mon épaule blessée. Je grimaçai.

Hunter attrapa une mèche de mes cheveux coupés, la fit rouler. Nous regardâmes tous deux la douceur de la mèche, si délicate que j'avais peur qu'elle fonde comme du beurre entre ses doigts.

— Te couper les cheveux ne m'empêchera pas de les empoigner quand on baisera, dit-il d'une voix monocorde.

Je détournai les yeux, sentant la chaleur gagner mon visage.

— Y a-t-il oui ou non une araignée dans ma chambre ? demandai-je, mon souffle dansant dans ma cage thoracique.

Hunter, toujours concentré sur mes cheveux, fit un autre pas en avant. Je reculai encore, en prenant garde de ne pas percuter le carrelage dans mon dos.

— Tu es une petite banshee sournoise, Sailor. Tu as fait croire à tout le monde que tu avais un physique inintéressant.

— Je suis inintéressante.

Il secoua la tête, puis planta son regard dans le mien.

— Que vais-je faire de toi, *aingeal dian* ?

Il enroula ses mains autour de mon cou puis de mon visage, me renversant la tête vers le haut.

Le regarder me regarder était comme être enterrée vivante. Avant qu'il ne pose les yeux sur moi, j'avais l'impression de porter la mauvaise peau, le mauvais visage. Dans son regard, je me sentais belle, et c'était franchement addictif.

Je reculai encore d'un pas, sans le vouloir. Cette fois-ci, mon dos percuta le carrelage dans un bruit sourd.

— Il faut qu'on arrête, soufflai-je d'une voix rauque.

— Qu'on arrête quoi ?

Il feignait l'innocence, son expression intense laissant place à un masque neutre.

— Ce truc entre nous. Tu es le roi des aventures sans lendemain. Pas moi. Je suis seulement venue voir s'il y avait une araignée dans ma chambre.

— Il n'y en a pas, dit-il en toute décontraction, passant une de ses mains dans mon dos. Et n'insultons pas ton intelligence en faisant comme s'il était vraiment question de cette pauvre araignée.

— C'est toi qui as trouvé cette combine, lui rappelai-je.

Son corps se rapprocha du mien, cruellement chaud, tentant, irrésistible, et je pensai aux nombres.

Au nombre de cœurs qui avaient péri dans le sillage de la tempête Hunter.

Au nombre de fois où il avait entendu le mot « non » et l'avait transformé sans effort en « oui ».

Au nombre de larmes versées à cause de cette créature magnifique qui ne pouvait s'empêcher d'être qui elle était.

— Oui, siffla-t-il en me plaquant contre le mur, ma poitrine contre son ventre, nos cuisses alignées, nos bouches s'effleurant presque. Mais je ne me prive jamais d'insulter ma *propre* intelligence.

— Hunter Fitzpatrick, quelles sont vos intentions vis-à-vis de ma vertu ?

Je levai les yeux vers lui ; c'était la première fois que je posais la question de manière franche et directe. Il m'adressa un sourire narquois.

— Si vous tenez à le savoir, mademoiselle Brennan, j'ai bien peur de viser sa destruction totale.

D'un geste vif, il actionna le jet de la douche, nous arrosant tous les deux. Je poussai un cri, m'agrippant à lui tandis que l'eau froide me mitraillait la peau comme pour me punir. J'entendis son rire rocailleux alors qu'il me soulevait pour enrouler mes jambes autour de lui et posait sa bouche contre la mienne avant que je puisse protester.

Quelque part dans mon cerveau, je n'oubliais pas que mes amies m'attendaient dans le salon et que l'une d'elles était liée par le sang à la personne en train de m'embrasser passionnément dans sa douche – moi en robe rouge et escarpins assortis aux pieds.

J'étais aussi bien consciente que je répétais précisément l'erreur que j'avais juré de ne plus jamais faire à peine quelques minutes plus tôt, quand Aisling m'avait rappelé qui était son frère. Mais j'étais totalement démunie. Envoûtée par son charme.

— T'es un homard, murmurai-je dans notre baiser, tandis que sa langue explorait ma bouche.

De sa propre initiative, ma main trouva son sexe à travers son jogging et commença à le caresser ; je le sentis gonfler et tressauter sous mes doigts. Il était mon automédication. Mon alcool. Ma cocaïne. Ma pilule TDAH hors prescription, destinée à améliorer ma performance émotionnelle.

— C'est une référence de *Friends* ? Parce que je suis de la génération Z, donc je ne maîtrise pas complètement la culture populaire des années 1990.

Il glissa la main sous ma robe et écarta ma culotte pour me doigter. Je laissai échapper un gémissement quand ses doigts se retrouvèrent en moi. Ma chair était encore un peu endolorie d'avoir été pénétrée par ses doigts et sa langue la veille mais mon corps, aussi sensible soit-il, se referma autour de lui, le serrant et l'accueillant comme un étau.

Bienvenue à la maison.

— Les homards sont les salauds de la nature. Ils ont cette réputation géniale de créatures monogames. Ce qui est… stupide. Tellement stupide. Ce sont littéralement les cafards de l'océan, débitai-je, le laissant m'embrasser tandis que l'eau nous martelait le corps.

Il marmonna « hmm » dans mon cou, sa bouche descendant sur mes seins.

— Je déteste les homards.

Je soupirai en sentant ses doigts bouger en moi, faisant se contracter mes muscles internes. J'essayais à tout prix de rester en dehors de cet instant, de ne pas le laisser me submerger.

— Et je déteste *Friends*.

Il cessa de me dévorer et fit un pas en arrière. L'eau gouttait du bout de son nez droit et fin. Son menton carré à fossette et ses lèvres boudeuses luisaient. L'eau s'accrochait à ses cils – il avait des cils merveilleux, à la Zayn Malik – soulignant encore plus son impitoyable beauté.

— Tout va bien entre nous ?

Il baissa le menton. Il était revenu au « nous ».

Je secouai la tête.

— Je sais qu'on a passé un marché, Hunter, mais je ne suis pas sûre de pouvoir refaire ça.

— Ça quoi ?

— T'embrasser. Te sucer. Avoir ta bouche sur moi. Comme tu l'as dit, tout ça est temporaire, et je ne sais pas comment tu vois le truc, mais si je suis honnête avec moi-même je pense que je pourrais en souffrir si je laisse les choses aller plus loin. Je suis ce genre de fille.

— Quel genre de fille ?

— Du genre à s'attacher.

— Tu ne vas pas t'attacher à un mec comme moi, tu es plus forte que ça.

— Je suis forte, oui. Mais être forte ne veut pas dire ne jamais être blessée. Ça veut dire avoir un seuil de tolérance élevé à la souffrance. Et je ne suis pas assez bête pour l'augmenter.

Il sembla reprendre ses esprits, se frottant la pommette du bout des doigts. Il arrêta l'eau, ce qui, étrangement, me donna encore plus froid. Je n'arrivais pas à déchiffrer son expression. Il en avait de nombreuses, complexes, subtiles, preuve supplémentaire qu'il était loin d'être stupide.

Il me considéra avec une courtoisie glaciale avant de demander d'un ton égal :

— C'est pour ça que tu as changé de coiffure ? Que tu t'es acheté des nouvelles fringues ? Parce que tu veux qu'on arrête ?

Il était trop fier et sûr de lui pour que la situation l'atteigne.

Je haussai les épaules.

— Peut-être que je voulais t'impressionner. Mais tu ne devrais pas me laisser faire.

— Trop tard, dit-il en attrapant sa serviette, qu'il me jeta entre les mains. Mais si c'est ce que tu veux je le respecte.

— Vraiment ?

Il hocha lentement la tête sans dire un mot. J'avais l'impression que c'était la fin d'une grande histoire. De celles qui changent la vie. Le genre d'histoire que mes parents auraient voulu que j'expérimente.

Je m'essuyai du mieux que je pus et retournai dans le salon, la queue entre les jambes. Mes amies ne me questionnèrent ni sur mes cheveux mouillés ni sur mon expression maussade. Je les regardai manger, les serrai dans mes bras pour leur dire au revoir et les observai depuis les baies vitrées, silhouettes voûtées blotties les unes contre les autres sur le chemin de la gare, certainement en train de parler de l'affaire suspecte de l'araignée.

Je me traînai jusqu'à mon lit.

Le sommeil ne vint jamais.

14

Hunter

Chanson du jour : *I Can't Get No Satisfaction*, des Rolling Stones.

Le lendemain du refus de Sailor, tout le monde me sembla particulièrement insupportable.

Mon père était un sale con, les cornes de Cillian étaient encore plus pointues, et Syllie se terrait dans son bureau, ne faisant rien de louche ni de notable. Knox se faisait payer à l'enregistrer vingt-quatre heures sur vingt-quatre, sept jours sur sept et vivait dans un van pour être certain de surprendre toutes les conversations de ce salaud et pourtant, toujours rien.

Deux secrétaires tentèrent de me draguer ; elles avaient dû louper la note de service précisant que j'étais le crétin du bureau ou avaient été envoyées par papa pour me tester. Je les rembarrai de manière assez peu polie (« Déso, ma bite prend des va-queue-ces. »).

Je songeai à écrire à Sailor – fus sur le point de le faire à trois reprises –, mais me rendis compte que ce serait égoïste.

Et puis, elle n'avait pas complètement tort.

Notre connerie d'arrangement devait encore suivre son cours

pendant trois mois, puis elle se taillerait (et moi je pourrais enfin me faire tailler des pipes).

Évidemment, je serais triste de la voir partir, mais je n'avais jamais envisagé de la garder. Disons que perdre Sailor serait certainement comme perdre une très bonne pizza à moitié entamée parce qu'un connard venait d'éternuer dessus : c'était chiant, mais au moins j'y aurais goûté, et il y avait d'autres restaurants à tester.

Enfin bref.

Sailor n'était pas à l'appartement quand je rentrai ce soir-là, après un nouveau cours éreintant. Cette fois-ci je lui envoyai un SMS, juste pour m'assurer qu'elle allait bien. Elle allait bien. Elle me répondit qu'elle retournait au club de tir à l'arc après avoir passé du temps avec Ash et la version édulcorée des sœurs Olsen. Sailor passait beaucoup de temps avec Ash ; finalement, peut-être que je continuerais à la voir quand notre arrangement serait *finito.*

Pour ça, il faudrait que je réponde aux appels de ma mère et que je passe du temps avec ma famille. Ce n'était pas près d'arriver, bien que j'aie promis à mon père d'être présent aux réunions de famille.

Le lendemain soir, je sombrai avant le retour de Sailor. Le matin, je lui avais laissé un mot et un café avant d'aller au boulot pour lui souhaiter une bonne journée, puisque j'étais manifestement en train de me transformer en gentille grand-mère.

La première chose que je remarquai en arrivant au travail fut l'absence de Sylvester.

— Tu as vu Syllie ? demandai-je à Cillian, passant une tête dans son bureau.

Il était assis à son poste, croulant sous les plans de la raffinerie. Il portait un costume sur mesure Oxxford et avait les cheveux soigneusement lissés en arrière. Il était frappable à l'excès.

Il leva les yeux, lèvres retroussées par le désagrément que lui causait mon existence. Je savais que j'étais un vrai boulet pour lui ;

un peu comme s'il devait se présenter à l'élection présidentielle avec David Hasselhoff pour vice-président.

— Sa femme subit une intervention médicale bénigne. Il ne viendra pas aujourd'hui.

— Sans déconner. Elle va bien ?

J'étais incapable de dissimuler mon ravissement, ce qui était moyen d'un point de vue humain, mais son absence impliquait que j'allais pouvoir fouiller son bureau. J'espérais que ce n'était rien de sérieux – du style retirer un grain de beauté ou se faire refaire les seins (si ça se faisait encore. Tout le monde savait que la mode, c'étaient les implants de cul, maintenant).

— Tu m'as pris pour quelqu'un que ça intéresse ?

J'ouvris la bouche pour répliquer, mais il me chassa d'un geste, les yeux toujours braqués sur ses plans, tout en ajoutant :

— Oublie. La vie est trop courte pour que j'écoute tes réponses.

— Trouduc, maugréai-je en le fusillant du regard.

— Ça, c'est tout moi. Et en bon trouduc je compte emmerder tous ceux qui me font chier. Tu ferais mieux de rester à distance, *ceann beag*.

Sur ces mots d'adieu, je fonçai dans le bureau de Syllie, baissai les stores sur ses parois en verre et passai ses tiroirs au crible pour trouver un indice sur ce qu'il manigançait.

J'étais sur le point de partir les mains vides quand je remarquai quelque chose sur son bureau, bien en évidence – un endroit où je n'avais pas pensé à regarder. Une feuille de papier. Je la retournai pour l'étudier. C'était une liste de noms. Pour la majorité, je ne les connaissais pas, mais l'un d'eux me sauta aux yeux car c'était celui de la fille qui s'occupait de l'image de Sailor. Pourquoi Syllie aurait-il besoin d'une chargée de communication ? Quel scandale comptait-il étouffer ? Il ne se présentait à aucune élection politique, ça, c'était sûr. C'était le genre d'enculé qui voulait seulement se faire du fric : le secteur public ne l'intéressait pas. Je pris une photo des noms avec mon téléphone, notant mentalement de les chercher sur Google, puis je filai en vitesse.

À peine eus-je passé la porte que je percutai un corps petit et frêle.

— Hunter, gémit une voix fluette.

— Maman ?

Zut.

Elle serrait son sac Balenciaga contre sa poitrine, vêtue d'une robe du même motif. Jane Fitzpatrick était dépositaire du style dans son couple avec mon père, et je tenais d'elle de ce côté-là. Elle était aussi belle qu'elle faisait la gueule. Sourcils froncés, bouche droite.

— Tu as évité mes appels, dit-elle.

Pas de « bonjour ». Pas de « comment vas-tu ? » Elle allait droit au but.

Et toi tu m'as évité, avais-je envie de répliquer. *Pendant treize ans, pour être précis. Quand papa a voulu m'envoyer loin, tu aurais dû dire non. Quand on m'a viré d'Eton, tu aurais dû me faire revenir à la maison. Tu ne t'es jamais battue pour moi, maman. Pourquoi me battrais-je pour toi ?*

— J'ai été occupé.

Je fourrai un chewing-gum à la cannelle dans ma bouche et me mis en route vers mon poste devant le bureau de papa. Mon panier de chien-chien.

— T'as besoin d'un truc ?

Un cours sur comment être un bon parent ?

Un sens moral ?

Un putain de cœur ?

— Oui. De temps avec mon fils.

Ahhh, pas ça ! Elle poursuivit sans se démonter, accélérant le pas pour me rattraper :

— Ton père a dit qu'on te verrait davantage, que ça faisait partie du contrat. Mais chaque fois que je contacte Sailor pour organiser un dîner elle dit que tu es trop occupé, et tu ne réponds jamais à ton téléphone.

Sailor m'avait sacrément foutu la paix ces dernières semaines. La vérité, c'est que j'avais filtré les coups de fil de ma mère, et jusque-là je m'en étais bien sorti. Entre la fac, le boulot, la blessure de Sailor et cette bagarre au pub, ma vie avait été une belle pochette-surprise remplie de catastrophes.

— Dommage, maman. Enfin, bon, on se sera vus aujourd'hui, c'était cool. Super. Ça devrait nous maintenir à flot jusqu'au mois prochain.

— À vrai dire, tu viens cette semaine.

Elle cognait le sol en marbre de ses talons hauts avec humeur, me poursuivant dans les couloirs. C'était salaud de la forcer à me courir après, mais je ne culpabilisais pas au point de m'arrêter.

— Explique.

Je tournai au coin ; elle suivit.

— J'ai parlé à Sailor. Elle a dit qu'elle trouverait un moyen de te faire venir avec elle.

Dommage qu'elle ne soit pas aussi déterminée à me faire venir en *elle*, pensai-je, non sans irritation. Cela m'agaçait de voir mon emprise sur Sailor s'amenuiser. Elle prenait de plus en plus de recul par rapport à ce qu'il y avait entre nous, d'où ces projets avec ma mère.

— C'est donc mon assistante personnelle maintenant. Sympa.

Je m'arrêtai à mon bureau et parcourus des dossiers sans but, juste pour avoir l'air occupé.

— Eh bien, c'est décidé, dans ce cas. Autre chose ? demandai-je.

— Oui. C'est vendredi. Je cuisinerai. Et j'ai une autre question.

— Évidemment.

J'étais en train de me transformer en Cillian, et je détestais ça. Être un connard n'était pas naturel chez moi.

— Qu'est-ce que j'ai fait pour que tu m'en veuilles autant ?

Je remarquai du coin de l'œil qu'elle semblait sur le point de pleurer. *Putain.* Je ne voulais pas avoir cette conversation – ni au bureau ni ailleurs. Je focalisai toute mon attention sur le dossier que j'étais en train de feuilleter.

— Rien. Je crois qu'on peut dire sans risque que tu n'as absolument rien fait pour moi. Enfin, tu ne m'as absolument rien fait.

Je fermai le dossier dans un bruit sourd, lui accordant enfin le regard qu'elle réclamait tant.

J'enrageais déjà à l'idée que Sailor voie de ses propres yeux la piètre opinion que ma famille avait de moi, mais c'était inévitable. Elle en avait déjà eu un aperçu, à cette connerie de gala, mais elle n'était pas assise à notre table, elle n'était donc pas aux premières loges. Ça n'aurait pas dû me toucher, de toute façon. Nous n'étions rien l'un pour l'autre.

— Hunter… j'aimerais tant que tu connaisses toute l'histoire.

Elle baissa les yeux en reniflant.

— J'aimerais tant en avoir quelque chose à foutre.

HHH : Merci pour le dîner-embuscade.

Sailor : Pas de quoi.

HHH : J'irai pas.

Sailor : Tu n'as pas le choix, j'en ai bien peur. Mes parents seront là. Sam aussi.

HHH : On dirait une réunion de crise pour moi.

Sailor : Non. Tu te dém*rdes comme un chef.

HHH : Je n'arrive pas à croire que j'ai fait un cunni à une fille qui n'ose même pas écrire le mot « démerde ».

Sailor : Hunter !

HHH : Quoi ? Je vais finir par croire que t'es une nonne. Tiens d'ailleurs, ça doit être sur la liste des trucs à se faire une fois dans sa vie. Je peux barrer nonne ?

Sailor : Je suis agnostique.

HHH : Je te montrerai la voie.

Sailor : Tu m'as déjà montré des tas de choses. Et rien de divin.

HHH : Ce n'est pas ce que disaient tes gémissements.

Pas de réponse. Évidemment, j'étais allé trop loin. D'ordinaire, c'était là que j'abandonnais avec les filles, parce que c'était trop de boulot. Mais l'attitude rebelle de Sailor m'excitait.

HHH : Je te vois aujourd'hui ?

Sailor : J'étudie des vidéos jusque tard après l'entraînement. Puis j'ai un shooting pour un magazine sportif.

HHH : *Barre « doigter une célébrité » de la liste*

HHH : Je t'attendrai. On commande quoi sur Deliveroo ?

Sailor : Ils livrent des bonnes manières ?

HHH : Allez, sushis avec supplément sens de l'humour dément.

Sailor : Fais en sorte que la personne qui livre garde ses vêtements cette fois.

HHH : Je ne peux rien te promettre.

Ce soir-là, Sailor et moi mangeâmes des sushis en écoutant les cassettes de Syllie, essayant de décoder certaines de ses conversations. C'était comme réviser en binôme pour un test ou un truc dans le genre. Je n'arrêtais pas de ponctuer mon discours avec mes baguettes en lui demandant : « Et ça ? » « T'as entendu ce qu'il vient de dire ? » « Ça te paraît suspect ? »

On en arriva à des conclusions, mais pas tellement concluantes. Syllie détestait Cillian avec une passion shakespearienne. Il détestait mon père, aussi, mais s'efforçait de rester professionnel quand il parlait de lui. Il ne parlait pas du tout de moi, ce que ni Sailor ni moi ne soulignâmes pour le bien de mon ego, présentement anéanti sans espoir de résurrection.

Repose en paix, ma fierté. Est-ce que ce qu'on n'a jamais possédé peut nous manquer ?

— Je crois qu'il cache bel et bien quelque chose, dit Sailor en empilant les boîtes vides pour les jeter dans la poubelle de tri. Et si tu veux quelque chose à tout prix, plus que la personne en face, tu finis par l'obtenir. Alors, oui, tu peux le choper.

Je préférerais te choper toi.

— Tu parles d'expérience ? demandai-je.

Je voulais découvrir pourquoi elle semblait avoir des envies de meurtre quand il était question de Lana Alder. Il ne fallait pas grand-chose à Sailor pour s'énerver, mais sa haine envers l'archère canon semblait personnelle, intime. Je connaissais ma colocataire, et elle ne blacklistait pas les gens à moins que ce ne soit de vrais gros enfoirés.

— Je ne sais pas, dit-elle doucement. J'imagine que je le découvrirai bientôt.

— Je l'ai vue en action.

Je jetai ma bouteille d'eau pétillante dans la poubelle comme si c'était un ballon de basket. Nous savions tous les deux de qui je parlais.

— Ce n'est pas une archère-née. Elle n'est pas toi.

— Le talent n'est qu'un ingrédient. Ça ne fait pas tout. Il y a d'autres facteurs à prendre en compte.

Elle nettoya la table basse.

— Mais tu as la recette.

Je lui pris les déchets des mains pour les jeter moi-même.

— Alors pourquoi elle gagne ? soupira-t-elle derrière moi. Parce que c'est l'impression que ça donne, dans l'immédiat. Qu'a-t-elle que je n'ai pas ?

— La célébrité.

Je continuai à m'affairer, toujours dos à elle.

— Et la beauté, compléta-t-elle.

Je voulais dire que non, Lana Alder n'arrivait pas à la cheville de sa beauté mystérieuse et aussi frappante qu'une droite. Que Sailor était disciplinée, passionnée et avait un grand sens moral, des qualités qu'un sourire Colgate ne pouvait pas battre.

Je le savais, parce que j'étais une Lana, et que les mecs talentueux me faisaient toujours mordre la poussière sur la ligne d'arrivée.

Regardez mon ami Vaughn, en stage en Angleterre.

Ou Knight, qui allait à l'université qu'il avait choisie et déchirait tout.

Je voulais lui dire que la réalité rattrape le mythe. Toujours.

Au lieu de ça, je m'approchai d'elle et déposai un baiser sur sa tempe.

— Juste la célébrité, affirmai-je.

Elle hocha la tête, semblant comprendre tout ce que je n'exprimais pas. Elle posa la main sur mon cœur, me retenant auprès d'elle.

— À propos de Syllie, commença-t-elle. Ce qu'il a dit sur toi… Je veux juste partager une chose que mon père m'a dite un jour. Si tu aimes une personne qui t'aime en retour, il est inutile de s'offusquer de ce qu'elle te dit ou te fait, parce qu'elle ne te veut aucun mal, au fond. Et si tu n'aimes pas une personne, si tu ne tiens pas à elle, alors il est inutile de s'offusquer de ce qu'elle te dit ou te fait, parce que tu ne tiens pas à elle. Dans les deux cas…

— Tu t'en fous, complétai-je.

C'était bien pensé ; même moi, je devais l'admettre.

Elle sourit.

— Oui. Ce Sylvester Lewis, tu ne tiens pas à lui. Alors n'en fais pas une affaire personnelle. Contente-toi de le faire plonger.

Nous échangeâmes une étreinte si maladroite que je me demandai depuis quand mes membres étaient si gauches, puis je me retirai dans ma chambre avant de faire une bêtise.

Je reçus un SMS avant même de fermer la porte. *Sailor ?*

Peut-être qu'elle a changé d'avis.

Peut-être qu'elle veut niquer.

Ce baiser sur la tempe était fatal.

Non, c'était Alice, mon ex. La fille que mon père avait ou non payée une fortune pour qu'elle la ferme. Je ne lui avais jamais demandé si elle avait suivi le mouvement, parce que la réponse ferait un mal de chien. Et pourtant j'avais flirté avec elle à peine quelques semaines plus tôt. Qu'est-ce qui clochait chez moi ?

Tout, ducon. C'est pour ça que t'as une baby-sitter.

J'ouvris le message. C'était une nouvelle photo sexy. Cette fois-ci, son entrejambe couvert de dentelle rose, la main dans sa culotte. Très subtil. Elle m'avait écrit :

Skype ? :)

Je mis mon téléphone sur silencieux et sombrai, rêvant de Sailor à califourchon sur mon visage.

Quand je me réveillai, je n'avais pour toute compagnie que les traces d'une éjaculation nocturne, une migraine d'enfer et l'envie de saigner Syllie.

15

Sailor

Hunter programma le GPS pour nous conduire à la demeure gigantesque de ses parents. Il ne connaissait pas le chemin par cœur, m'avoua-t-il d'un air maussade qui me déchira le cœur. Il nous fallut sonner au portail pour être autorisés à entrer sur la propriété, puis patienter quinze minutes qu'un domestique vienne l'ouvrir.

— Désolé, je n'ai pas la clé, maugréa Hunter, amer.

Je hochai la tête.

— Bon Dieu, on dirait le château d'Otrante ! Tu es sûr qu'il n'est pas hanté par le fantôme de ton grand-père ?

— Si c'est le cas, je parie qu'il a élu domicile dans les toilettes des chambres des domestiques. C'était un débauché.

— Tu sais de quoi tu parles.

— Perso, je me cacherais dans les douches – mais pas celle de mes parents. Bordel, ce serait vraiment cool.

La remontée de l'allée se fit dans le silence, moi dans ma robe blanc cassé à la coupe sage – que j'avais choisie surtout pour apaiser ses parents –, Hunter avec son air sombre et aigri. Le portail se referma lentement derrière nous, presque moqueur.

Mes parents n'en reviendraient pas de me voir dans une tenue si féminine, mais je savais que cette visite mettait Hunter à cran et je voulais que tout se passe au mieux.

Et puis, j'étais rongée par la culpabilité de l'avoir tenu à distance toute la semaine. C'était en partie pour m'empêcher de m'attacher à lui, mais aussi pour échapper aux feux des médias.

Le lendemain du soir où Hunter et moi avions partagé des sushis et qu'il m'avait embrassée sur la tempe, Lana Alder m'avait publiquement attaquée au sujet de la rivalité qui nous opposait durant son apparition dans *Rise and Shine, America*. J'avais regardé la vidéo en boucle sur YouTube, assise sur les toilettes, bien longtemps après avoir fini mon pipi du matin. Elle avait adressé un sourire narquois à la caméra.

— J'aimerais pouvoir soutenir Sailor Brennan autant que mes autres consœurs olympiques. Malheureusement, elle m'a fait quelque chose d'impardonnable. Je pense qu'il est grand temps qu'elle en réponde publiquement, puisqu'elle n'a de cesse de se montrer dans les médias. Le public doit savoir qui est la véritable Sailor Brennan, pas la personne pour laquelle elle se fait passer.

Lana poursuivait en suggérant que j'étais sûrement soutenue par quelqu'un aux poches bien remplies, en sous-entendant qu'il m'avait aussi mise dans son lit. Je reçus un appel de Crystal moins d'une heure après la diffusion de l'interview, sa toux grasse de fumeuse m'irritant l'oreille.

— Il faut me dire ce qui s'est passé entre Lana et vous pour que je sache comment gérer la situation.

— Je ne peux pas, répondis-je d'une voix rauque.

Je ne voulais le répéter à personne.

— Tant que ça ?

Je hochai la tête, oubliant qu'elle ne me voyait pas. Je fermai les yeux.

— C'était un accident.

Hunter avait essayé de m'en parler plusieurs fois, mais me confier à lui aurait mené à davantage de questions, c'est-à-dire davantage d'intimité, c'est-à-dire un véritable désastre.

Nous finîmes par atteindre la maison de ses parents et son allée circulaire. Hunter se gara à côté d'une fontaine sculptée à la main : la silhouette d'une jeune fille tenant une vasque au-dessus de la tête, d'où l'eau cascadait. La fontaine – comme le reste de la propriété – était baignée de lumières chaudes, couleur champagne. Je remarquai la Maserati de mon père déjà garée là ainsi que la Porsche 911 mate de Sam et une Aston Martin Valkyrie noire flambant neuve qui ressemblait à une coccinelle écrasée.

Hunter fit le tour de ma voiture pour m'ouvrir la portière, oublieux de toute cette richesse dont il ne faisait pas partie.

Jane nous accueillit à la porte et se jeta dans les bras de Hunter. Elle reçut une petite tape dans le dos en retour. Mes parents et Sam étaient à l'évidence quelque part dans le château, certainement en visite guidée avec Aisling, Cillian et Gerald.

Il faut dire que l'intérieur d'Avebury Court Manor était tout aussi remarquable que l'extérieur.

Tout était grandiose, extravagant. Le rez-de-chaussée devait s'étendre sur l'équivalent de trois terrains de football américain. Le sol était en pierre naturelle, d'une magnifique teinte crème, avec des touches d'or, de cuivre et de bronze. Le lustre central suspendu au haut plafond était fait de dizaines de vieilles bouteilles de champagne, et dans toutes les pièces, les vases étaient aussi grands que des humains et contenaient des multitudes de fleurs surdimensionnées.

— Venez, je vais vous faire visiter. Il y a un bowling, une salle de sport, deux piscines et un bar à sucreries.

Jane me tira par la main, masquant à peine sa joie de nous accueillir chez eux.

Un bar à sucreries ?

Hunter avait dû voir mon expression car, alors que sa mère m'entraînait vers l'autre bout de la demeure, ses doigts trouvèrent ma main libre, et il me caressa la paume.

— Tu as bien entendu.

— Je pensais que mon ouïe m'avait lâchée.

— Non, juste ta culotte. Enlève-la.

Nous échangeâmes un sourire tandis que Jane se mettait à babiller sur l'architecture du château.

La visite dura quarante minutes, et encore, nous n'avions pas fait le tour de toutes les pièces du rez-de-chaussée. À la fin, je n'avais plus autant le cœur brisé que Hunter n'ait pas grandi ici. Cet endroit ne me faisait pas l'impression d'un foyer, loin de là. Pendant toute la visite, Jane tenta d'engager la conversation avec son fils. Elle reçut des réponses sèches et polies. Hunter la considérait avec une courtoisie distante, comme un acheteur potentiel écoutant le pitch d'un agent immobilier plutôt qu'un fils discutant avec sa mère.

Elle finit par nous ramener dans la salle à manger. Mes parents et Sam étaient là, après leur propre tour de l'enfer, tous sur leur trente-et-un. Je les serrai dans mes bras.

— Waouh, une robe ! dit Sam.

Je lui donnai un coup dans le bras.

— Va voir ailleurs si j'y suis.

— Non merci. Je ne veux pas me perdre dans cette baraque cauchemardesque.

Debout près de Sam, Aisling, qui l'observait, laissa échapper un rire nerveux et piqua un fard. Il l'ignora.

— Encore une fois, je suis juste là, putain ! pesta Hunter en me regardant, l'air agacé.

Sam dévisagea mon colocataire.

— Il s'occupe bien de toi, sœurette ? demanda-t-il, en regardant fixement Hunter.

Je levai les yeux au ciel.

— C'est à moi de m'occuper de lui. Bienvenue dans le XXIe siècle, *frérot.*

— Ce n'était pas un oui, fit remarquer Sam.

— Il s'occupe bien de moi.

Une fois qu'on fut tous assis, maman me serra la main par-dessus la table avec un clin d'œil.

— Tu as l'air d'aller bien, ma chérie.

— Je me *sens* bien.

Je lui souris pour la rassurer. Je me sentais mal, en réalité, à part en ce qui concernait mon épaule, qui allait mieux. Cette affaire avec Lana me rendait hystérique, et ma proximité avec Hunter n'aidait pas non plus. J'avais la désagréable impression de perdre le contrôle, ou peut-être prenais-je conscience que je ne l'avais jamais eu.

— Pas trop bien, j'espère, fit papa en lançant un regard menaçant à Hunter, qui le soutint sans ciller.

— Beaucoup trop bien, malheureusement pour moi, marmonna Hunter.

— Et que le spectacle commence !

C'était Cillian, qui prit un verre de vin sur le plateau en argent que lui proposait un domestique, en s'appuyant contre le dossier de son siège avec complaisance.

— Et on est aux premières loges, renchérit Sam, assis à côté de lui, et tous deux trinquèrent avec des sourires condescendants.

— *Ceann beag*, penses-tu pouvoir tenir tout un dîner sans offenser personne à table, y compris les plats et la décoration ? demanda froidement Gerald, assis en bout de table.

Il n'avait pas pris la peine de me saluer quand nous étions arrivés et il avait à peine accordé un regard à Hunter. À vrai dire, il ne nous avait regardés que lorsque Hunter ne faisait pas attention à lui. C'était comme un bras de fer à sens unique avec son propre fils. Cela me donnait envie de lui jeter une fourchette à la figure.

Hunter prit un verre de vin sur le plateau, qu'il m'offrit, avant d'en prendre un pour lui-même. Il marchait sur des œufs – avec ses gros sabots –, et je ne pouvais pas le lui reprocher. L'atmosphère était chargée d'agressivité, et il devait sauver la face.

— En suis-je capable ? Certainement. En ai-je envie ? Non, ce serait chiant. Ça te dérange si je me prends un verre de vin ?

— Oui, à vrai dire. Tu as dix-neuf ans.

Gerald sentit son vin, le faisant tourner dans son verre.

— Un âge auquel il est légal de boire dans tous les pays occidentaux à part aux États-Unis.

— Ce qui est malheureusement l'endroit où tu te trouves actuellement, intervint Cillian en souriant à son frère.

— C'est à s'y méprendre : on se croirait en enfer, rétorqua Hunter.

Je m'immisçai dans la conversation, voulant éviter la crise familiale imminente.

— Monsieur Fitzpatrick, je vous assure que Hunter n'a pas pris une goutte d'alcool depuis que nous avons emménagé ensemble. Je suis certaine qu'un verre de vin ne va pas entraver ses progrès.

— Vous êtes aussi laxiste avec lui sur les autres règles ? me demanda Gerald d'un air accusateur.

Je souris, battant des cils. *Oubliez la fourchette, c'est le couteau à viande que je vais lui lancer, et je viserai le cœur.*

— On ne m'a jamais accusée de laxisme, monsieur.

— Je suis sûr qu'on ne t'accuse de rien, ma chérie, intervint papa, agacé, en toisant Gerald.

Celui-ci leva les mains en l'air, battant en retraite.

— Évidemment. Je ne faisais que la taquiner.

— Taquinez quelqu'un de votre âge, lâcha Sam avec un sourire en parfaite contradiction avec la menace sous-jacente de son ton.

On nous servit un genre de poisson cru en entrée, suivi de pain, fromage et diverses tapas. Puis arriva le plat principal : steak et purée de pommes de terre au beurre et à la ciboulette, avec des copeaux d'une variété de champignon dont quelques grammes valaient des centaines de dollars. Côté conversation, maman semblait bien s'entendre avec Jane, je papotais avec Aisling, et papa, Gerald et Sam discutaient affaires, ce qui laissait Cillian et Hunter dans un genre de tête-à-tête. Je les écoutais à moitié tout en parlant choix d'université avec Aisling.

— Comment va la femme de Syllie ? demanda Hunter à son frère.

Quand les membres de sa famille le provoquaient sur ses faux pas, Hunter ne ratait jamais une occasion de leur faire un doigt d'honneur. Mais quand il abordait des sujets plus sérieux il semblait très précautionneux.

Cillian haussa les épaules, son verre de vin au creux de la main, regardant à travers son frère comme s'il n'existait pas.

— Malheureusement, je ne m'intéresse pas à la santé des femmes à moins qu'elles ne fréquentent mon lit.

— Et tu parles de mes manières, dit sèchement Hunter, avant d'engloutir un gros morceau de steak.

— Je dois m'occuper de la raffinerie. Syllie a de la ressource, je suis convaincu qu'il peut aider sa femme à gérer ce qu'elle traverse.

— Suffisamment de ressource pour nous faire du mal ? demanda Hunter en haussant un sourcil.

Aisling était en train d'énumérer les avantages à étudier dans une fac d'un autre État, mais j'étais captivée par la conversation entre les deux frères.

— Probablement.

Cillian bâilla en examinant une myrtille entre ses doigts. Je vis ce qu'il vit, ce qu'il aimait dans ce petit fruit – cette petite couronne qui rendait royale toute myrtille parfaite.

— Pourtant, tu ne m'as pas soutenu devant *Athair.*

— Correct.

— Et pourquoi, je te prie ?

Cillian le considéra en plissant les yeux dans une expression qui convenait mieux à un serpent qu'à un humain. Cillian était superbe, ses couleurs chaudes par opposition à la froideur de son être. L'aîné des Fitzpatrick semblait toujours prêt à vous enfoncer une épée dans la poitrine avec grâce avant de vous regarder mourir sans se départir de son beau sourire.

— Parce que tu n'avais pas assez de preuves et que tu puais l'hystérie. Ça n'aidait pas ta cause.

Hunter ne dit rien, observant son frère d'un air renfrogné.

— Tu savais que le mot « hystérie » vient du mot latin qui veut dire « utérus » ? demanda Cillian sur le ton de la conversation, coupant méticuleusement son steak en morceaux égaux, à la *American Psycho.* Dans la Grèce antique, on pensait qu'un utérus insatisfait était responsable de l'affection féminine marquée par un excès d'émotion.

Je l'observai derrière le bord incrusté de diamants de mon verre de vin tandis qu'il posait sa fourchette pour contempler ce qu'il avait sculpté dans son assiette. Ses yeux de rapace et ses gestes de panthère me faisaient frissonner. Il me mettait mal à l'aise, je ne me sentais pas à ma place en sa présence – comme si j'avais été de la boue sous ses mocassins vernis – alors qu'il n'avait rien fait pour provoquer ces sensations en moi. Je n'enviais pas les gens qu'il détestait réellement.

— Vous parlez latin, Cillian ? demandai-je en mangeant, l'air de rien.

Aisling se tut subitement et me regarda avec une expression horrifiée semblant dire « t'es suicidaire ? ». Le reste de la tablée se tut également, la tension planant au-dessus de nos têtes tel un épais nuage noir.

— Un peu, oui. Vous posez la question pour une raison particulière ?

Il fourra un bout de steak dans sa bouche. Il l'avait demandée si bleue, si saignante, que la viande juteuse fit luire les coins de ses lèvres parfaites.

— Je me demandais si le mot « con » venait du mot latin « convoitise ». Je me disais que vous pourriez peut-être m'éclairer sur ce point.

Je lui souris gentiment, tête penchée sur le côté.

Jane recracha son vin rouge par-dessus la table, s'étranglant presque, si bien que Gerald dut lui taper dans le dos. Papa, Sam et Hunter échangèrent des regards amusés, riant sous cape. La fierté luisait dans les yeux de maman. Rembarrer les petits coqs, c'était de famille.

Cillian baissa le menton, me regardant pour la première fois avec un vague intérêt, comme si mon existence était une chose nouvelle qu'il devait prendre en considération.

— Vous vous trouvez maligne, mademoiselle Brennan ?

— Je ne dirais pas que je suis un génie, mais je m'en sors avec mon QI moyen parfaitement acceptable, répondis-je avec un sourire moqueur. Je pourrais vous poser la même question, mais je connais déjà la réponse. Vous pensez être la personne la plus intelligente de l'assemblée.

Cillian m'observa, s'amusant visiblement à mes dépens.

— Prouvez-moi le contraire.

— J'ai cru que vous ne me le demanderiez jamais.

Je sortis mon téléphone de mon sac en prenant tout mon temps. Je savais qu'en termes d'étiquette c'était comme couler un bronze sur la table, mais je ne pouvais pas m'en empêcher.

Je parcourus mes photos jusqu'à trouver celle que je cherchais, et fis passer mon téléphone à Cillian par-dessus la table.

— Le test de QI de Hunter quand il a déménagé à Todos Santos, expliquai-je. Je l'ai trouvé dans un des cartons entreposés dans notre appartement, Hunter a dû les emporter par erreur. En réalité, il y a tous les tests des enfants Fitzpatrick. Votre petit frère a 147 points, ce qui fait littéralement de lui un génie. Vous n'êtes qu'à 139. C'est dans la moyenne, mais ça ne vaut pas 147. Dites-moi, Cillian, vous êtes aussi bon en maths qu'en latin ? demandai-je en battant des cils.

— *Mo órga.*

Gerald s'éclaircit la gorge derrière sa serviette, signalant à Cillian de mettre fin à cette conversation.

Mais c'était plus fort que moi. J'étais lancée.

Cillian se radossa à sa chaise, refusant de laisser paraître la moindre gêne.

— Mesurer la compétence d'une personne à son niveau de QI est comme mesurer un cheval à sa robe.

— Ou une femme à sa taille de soutien-gorge, pour prendre une métaphore à la portée de *ceann beag*, plaisanta Gerald, sa bedaine secouée de rire.

Jane fit les gros yeux à son mari et lui tapa sur les doigts avant de s'excuser auprès de mes parents. Papa et maman échangèrent un regard, soulagés : comparés aux Fitzpatrick, nous étions en réalité une famille normale.

Sam, lui, observait toute la scène, ses yeux allant et venant de droite à gauche, un sourire aux lèvres derrière sa pinte de Guinness. Je ne savais pas où il avait pu la dégotter. Personne d'autre ne buvait de Guinness. Mais c'était mon frère, après tout, l'homme le plus débrouillard du Massachusetts.

Hunter sirotait son eau. Je remarquai qu'il n'avait pas touché à son vin. Tout le monde devait partir du principe qu'il allait se jeter sur sa petite récompense. C'était un beau doigt d'honneur à ce qu'on attendait de lui. La fierté m'enserra la poitrine.

— Merci de me l'avoir expliqué en simple anglais, *Athair*. L'espace d'un instant, j'étais *hystériquement* perdu, déclara Hunter.

— Ne parle pas pour ne rien dire, répliqua Gerald en plantant son couteau dans son steak comme si c'était son ennemi juré.

— Je ne comptais pas parler du tout. Mais maman a insisté pour que je vienne, fit Hunter d'un air songeur, renvoyant la balle dans le camp de son père.

— Elle a ses vices. Tu en fais partie, lâcha Gerald en se reconcentrant sur son assiette.

— Ce qui n'est pas ton cas, d'où ma présence ici, qui à elle seule suffit à te narguer, rétorqua Hunter, impassible.

Aisling retint son souffle, Jane pâlit et s'étrangla sur son verre – une habitude, manifestement.

La chaise de Gerald racla le sol avec un bruit strident. Il se leva brusquement et hurla tout en frappant la table :

— Assez ! Comme si ça ne suffisait pas que tu aies fait honte à cette famille…

— Ne lui parle pas comme ça.

Ce fut au tour de Jane de se lever d'un bond. Elle semblait encore plus fragile et émaciée à côté de son mari.

Je regardai alternativement Hunter et Gerald, consciente qu'il me manquait une très grosse pièce du puzzle.

Mâchoire serrée, les yeux vides, Hunter sortit de table, se retourna et quitta la pièce. Je ne pouvais pas le lui reprocher. Cette maison – cette famille – semblait l'exclure dès qu'il faisait l'effort de s'intégrer. Son père le méprisait, son frère le ridiculisait, et sa mère était trop faible pour les en empêcher.

Je me levai, moi aussi, m'appuyant sur la table du bout des doigts. Je sentais les regards de tous sur moi, à l'exception des parents

Fitzpatrick. Papa, maman, Sam et Aisling guettaient ma réaction à la crise de Hunter. Même Cillian me scrutait, certainement curieux de voir quel autre tour impoli j'avais dans ma manche.

— Je veux que vous sachiez une chose, dis-je en pointant un doigt sur Gerald, que je fusillai du regard. Quand j'ai accepté cet accord, je pensais aider un père aimant à remettre son fils sur le droit chemin. Mais vous n'êtes pas aimant, et franchement ? Vous êtes à peine un père. Vous êtes un pauvre type condescendant qui a la grosse tête. Vous n'avez pas le droit d'en vouloir à Hunter de boire et de coucher avec n'importe qui quand il est clair qu'il ne reçoit pas d'amour là où il en a le plus besoin – de la part de sa famille. Quel que soit le raté que vous voyez en lui, soyez assuré qu'une grande partie de cet échec est le vôtre.

Sans attendre sa réaction, je quittai la pièce pour prendre la direction dans laquelle Hunter était parti, la rage bouillonnant dans mes veines. Je remontai le large couloir d'un pas décidé. Il était long et sinueux, telle une veine. Chaque fois que je pensais être arrivée au bout, je découvrais un autre virage décoré d'une statue menant à un autre coude. Cette maison était trop grande, ingérable. Je me demandai si Aisling en connaissait chaque recoin.

Je finis par repérer trois marches en granit menant à un séjour immaculé et lourdement décoré. Tous les meubles étaient orientés vers la porte en verre donnant sur le magnifique jardin anglais, qui était légèrement entrouverte – à dessein ou par conception, je ne le saurais jamais. Sans réfléchir, je poussai le battant et sortis.

Je savais que c'était suspect que je m'élance ainsi à la poursuite de Hunter, que j'avais défendu bec et ongles toute la soirée. Que son père devait se demander si, moi aussi, j'avais succombé aux charmes de son cadet. Mais j'avais besoin de me calmer, loin des Fitzpatrick. Ma mère faisait du footing pour se débarrasser du trop-plein d'énergie bourdonnant sous sa peau. Moi ? Je me servais de mon arc et de mes flèches. Mais je ne les avais pas sous la main.

J'avais besoin de destruction pour me sentir mieux, même si c'était moi que je devais détruire.

L'air s'était refroidi. La brise fraîche enveloppa mes bras nus tandis que mes talons s'enfonçaient dans la terre humide de la pelouse luxuriante du jardin. Même si appeler ça un jardin était l'euphémisme du siècle. C'était plutôt une prairie, qui donnait sur un espace barbecue avec piscine olympique et transats, et à l'extrémité droite se trouvait une structure en verre, de style médiéval et couverte de lierre. Je la contemplai, me demandant ce que ce pouvait être. J'avais déjà compris que Gerald Fitzpatrick aimait afficher son argent comme un pervers montre ses parties intimes dans le métro.

Qu'est-ce qui pouvait être plus excessif encore qu'un bar à sucreries ? Peut-être était-ce la verrière dans laquelle Gerald avait rangé sa compassion – sous scellés, enfermée à clé, et le plus loin possible de la demeure.

Ce n'était pas dans ma nature d'être indiscrète, mais je voulais savoir si Hunter était là. Le besoin de le consoler m'écorchait la peau.

J'avançai vers la porte recouverte de lierre et cherchai la poignée à tâtons. *Pourvu qu'elle ne soit pas verrouillée.* Alors que je passais les doigts dessus, je sentis un bras long et musclé s'étirer derrière moi, effleurant mon épaule. Je fis un bond en arrière en laissant échapper un petit cri. La main se posa sur une poignée dissimulée derrière un épais manteau de lierre, qu'elle ouvrit sans effort, créant un léger entrebâillement. Un puissant rai de lumière se déversa de l'ouverture. Je tournai la tête en arrière, le sang battant à tout rompre entre mes tempes comme pour me signaler que je devrais choisir entre la fuite et l'affrontement.

Hunter me sourit tendrement.

— Serre à papillons.

— C'est tout ton père, d'enfermer ce symbole de liberté dans une petite pièce confinée pour son propre plaisir, maugréai-je.

Ses yeux étincelèrent, amusés.

— Et c'est tout toi de faire ce genre de déclaration.

Je haussai les épaules.

— Je ne suis pas très douée pour tenir ma langue.

— Comme tu l'as montré à table.

— J'espère que je n'ai pas empiré les choses pour toi.

— Ça ne pourrait pas être pire, *aingeal dian.*

Sa voix sensuelle s'enroula autour de mon corps tel un serpent. Il n'avait pas l'air en colère, ni contrarié. Juste triste.

Je m'écartai de lui, avalant péniblement la boule qui me serrait la gorge.

— Tu étais où ?

— J'attendais que tu te décides à me trouver. Viens, je veux te montrer quelque chose.

Il me poussa doucement, me forçant à entrer dans la pièce. La porte se referma derrière nous avec un petit « clic ». Je clignai des yeux pour m'habituer à la lumière artificielle qui m'agressait la rétine.

C'était une pièce humide à la chaleur presque torride, avec un toit transparent rond, beaucoup d'éclairages au plafond et des plantes tropicales luxuriantes qui s'entortillaient derrière des balustres en bois comme un public curieux derrière des cordons en velours rouge. Les rambardes traçaient un chemin à travers l'espace verdoyant. Il y avait un banc rustique surmonté d'une tonnelle de chaque côté du jardin ainsi qu'une mare artificielle couverte de mousse et délimitée par de grosses pierres grises. Mais le plus impressionnant était la colonie de papillons voletant autour de nous. Il y en avait des centaines. Bleus et oranges. Blancs, verts, à pois, à rayures, petits et grands. Je ne les quittai pas des yeux, oubliant un instant la présence de Hunter. Je tournai sur moi-même pour suivre le vol d'un papillon orange orné de points noirs d'une symétrie parfaite. Il voleta joyeusement autour de moi, et je m'immobilisai presque, comme si je m'apprêtais à décocher une flèche, mon corps se transformant en pierre. Le papillon se posa sur le bout de mon nez, ses petites ailes battant l'une contre l'autre. Je louchai pour le regarder – ce devait être comique.

— Il y a quelques années, mon père s'est fait choper alors qu'il avait une liaison avec une femme mariée. Et pas n'importe quelle femme mariée : la petite sœur de maman, Virginia. Son mari l'a découvert et a essayé de soutirer de l'argent à papa. Ça a marché – au début, du moins. Mais quand le mari de Gin a exigé des parts de Royal Pipelines en échange de son silence, mon père a dû se dire que cette histoire ne disparaîtrait jamais complètement à moins de la tuer dans l'œuf. Il a fait un communiqué de presse dans lequel il admettait avoir eu une liaison avec la sœur de sa femme, avouant qu'ils avaient couché ensemble de nombreuses fois, y compris dans le lit conjugal. Maman était si furieuse qu'elle l'a viré de la chambre. Mais il tenait plus à son entreprise et à son legs qu'à leur mariage. Ça a à peine surpris maman qu'il confesse au monde entier qu'il avait baisé sa sœur. Pour tenter de gagner son pardon, mon père lui a fait construire cette serre, parce que le papillon est l'animal préféré de maman. Et maman, qui n'a pas saisi l'ironie de la situation, a accepté ses excuses. Inutile de te dire que Gin, son mari et mes trois cousins n'ont été invités à aucun repas de Thanksgiving ou de Noël depuis.

— Punaise, soufflai-je en regardant autour de moi, voyant soudain la pièce sous un autre jour, comme si elle était quelque part corrompue. C'est dingue.

Hunter attrapa un papillon, leva la main à hauteur de son visage et l'ouvrit, regardant l'insecte s'éloigner.

— Les papillons ont des vies courtes, intéressantes, décadentes. Ils vivent environ deux semaines et ne dorment jamais. Ils se reposent, parfois. Sinon, ils sont toujours sur la brèche et ils préfèrent le nectar à la nourriture. Mais tu veux savoir ce qu'il y a de plus intéressant à connaître sur les papillons ?

La bouche chaude de Hunter trouva la courbe de mon oreille, derrière moi, et mon cœur tressauta, peinant à rester dans l'enceinte de mon corps. Quand s'était-il rapproché de moi à ce point ? Quand m'avait-il retournée de sorte que je sois dos à lui ?

J'avais envie de bondir pour m'enfuir loin de lui. De *ça*. Je fermai les yeux, sentant ma gorge se serrer.

— Dis-le-moi, murmurai-je, m'attendant à ce que le papillon s'envole au mouvement de ma bouche.

Mais non. Il ne quitta pas mon visage. Je le sentis battre paresseusement des ailes ; peut-être que lui aussi attendait d'entendre sa réponse.

— Suspension de développement.

Les lèvres de Hunter se refermèrent sur le lobe de mon oreille, qu'il mordilla doucement.

Sa langue en lécha la partie veloutée, et la chaleur de sa bouche me fit frissonner. J'avais envie de lui dire d'arracher ma robe, de me jeter au sol et de me prendre par-derrière, de faire de moi sa proie, comme il me le disait si souvent.

— Quand la température descend en dessous d'un certain seuil, les papillons hibernent. Ils se congèlent dans le temps – dans *l'âge* – pour attendre l'été qui les libérera. Les papillons ne peuvent pas voler quand ils ont froid.

— Comme la Belle au bois dormant, soufflai-je, pensant aux heures, aux jours, aux semaines, aux mois, aux *années* que j'avais passés à prouver que j'étais meilleure que Lana.

Non, même pas meilleure, juste *digne*. C'était comme être

bloquée dans un hiver éternel, figée, à attendre une chose que je ne pouvais même pas nommer.

Hunter sourit contre mon oreille, ses lèvres descendant dans mon cou, ce qui me tira un frisson. Nos corps vibraient d'une sensation de danger, d'un appétit charnel, et je me demandais si on nous cherchait. Quelqu'un pourrait ouvrir la porte et nous voir, et tout ce pour quoi nous avions travaillé – tout ce que nous avions en jeu – partirait en fumée.

Mais étrangement, à cet instant précis, je m'en fichais.

— Le prince ne va pas venir à ton secours, *aingeal dian*. Il est coincé dans son château à mener ses propres combats. Es-tu prête à sortir de ta zone de confort et à vivre ? demanda-t-il d'une voix presque brisée.

C'était la première fois que je le sentais si brut, si à vif.

— Tu dois laisser la vie te toucher. Noie-toi avec moi, bébé.

J'ouvris la bouche, sans savoir ce qui allait en sortir. Dès que je le fis, le papillon orange s'envola, tournoyant vers le plafond en spirale, comme de la fumée. Il alla se poser sur un néon. Je me tournai face à Hunter et posai les mains sur son torse, faisant mine de le repousser, mais ce n'était en réalité qu'une excuse pour le toucher encore.

Je m'éclaircis la gorge et changeai maladroitement de sujet.

— Tu sais, j'ai toujours cru que mon père te détesterait, mais je ne crois pas que ce soit le cas. Je crois même qu'il t'apprécie, à sa façon. Avec brutalité et prudence.

Hunter baissa la tête, pinçant les lèvres.

— Il pense que tu es beaucoup trop bien pour moi, à tel point que je ne représente pas une menace. (Il rit.) Et il n'a pas tort. Quant à mon père, il a envie de t'étrangler.

— Sentiment partagé. La seule différence, c'est que s'il essaie mon père l'étranglera, et Sam finira le boulot, dis-je fièrement.

Hunter éclata de rire, fourrant les mains dans ses poches. Les papillons dansaient autour de nous, et je me demandais pourquoi il ne m'embrassait pas. Puis je me rappelai que je l'avais supplié de ne pas le faire.

L'ado idiote en moi était déçue qu'il respecte mon souhait.

— Je suis contente que tu n'aies pas grandi ici. Cet endroit broie les âmes. Je suis surprise qu'Aisling soit devenue si géniale.

— Aisling est comme un chat. Elle a pas mal d'âmes.

Il ne me touchait toujours pas et recula même d'un pas.

Perturbée, je poursuivis la conversation.

— Je voulais te demander de quoi tu parlais quand tu as dit que ton père ne faisait pas partie des vices de ta mère ? Qu'il ne l'intéresse pas ?

— Elle a perdu tout intérêt pour lui bien avant qu'il mette Gin dans son lit, expliqua Hunter en penchant la tête sur le côté, un sourire serein aux lèvres. Mais je pensais aussi au fait que je ne suis pas son fils. Pas son fils biologique, en tout cas. Ma mère a eu une liaison entre la naissance de Cillian et celle d'Aisling, quand elle a découvert que mon père se faisait sucer par sa secrétaire. C'est le secret le mieux gardé de la famille Fitzpatrick. Je l'ai découvert à l'internat, par l'ami d'un ami dont le père connaissait le mien. Apparemment, on m'avait surnommé Beau Bâtard dans tous les country clubs de la côte Est parce que j'étais un gosse mignon, mais foutrement illégitime.

Ma mâchoire manqua de se décrocher. Soudain, je détestai Jane autant que son époux.

— C'est…, commençai-je.

— Un sacré soulagement.

Hunter fit semblant de s'essuyer le front en riant, avant de reculer de nouveau d'un pas. Il était presque à la porte à présent.

Je n'arrivais pas à comprendre pourquoi il mettait de la distance entre nous tout à coup.

— Je jette rarement cette liaison à la figure de mon père, mais quand je le fais j'obtiens toujours l'effet désiré.

— C'est-à-dire ?

— Un pétage de plombs du patriarche Fitzpatrick.

— Et ton père biologique ? demandai-je, les yeux rivés sur le sol.

Je craignais la réponse, mais Hunter chassa ma question d'un geste de la main.

— Personne d'intéressant. Quand j'ai posé la question à ma mère, elle m'a raconté des trucs incohérents et que c'était un mannequin qui était retourné en Europe de l'Est après en avoir fini avec elle. Ce qui explique pourquoi je ne ressemble pas à papa, Cillian et Aisling.

Ce qui explique pourquoi tu ressembles à un dieu grec.

Je comprenais mieux pourquoi il semblait tant haï ici, pourquoi il avait été envoyé loin de chez lui, pourquoi il se considérait comme un play-boy écervelé – un rôle que son père lui avait imposé, et qu'il avait endossé. Hunter était peut-être l'un des célibataires les plus convoités du pays, mais les gens dont il voulait l'attention et l'affection, sa famille, n'étaient pas là pour lui.

Il recula encore d'un pas.

Soudain, je fus prise d'un besoin irrépressible de le serrer dans mes bras jusqu'à l'étouffer pour qu'il comprenne que je tenais à lui.

— Pourquoi tu t'éloignes de moi ? ai-je finalement demandé.

Hunter poussa la porte et fit un dernier pas pour sortir.

— Je voudrais tester une théorie, dit-il en passant la main sur sa mâchoire carrée, si parfaite. Si je te laisse geler dans l'hiver de la friendzone, courras-tu vers ma chaleur, ou te contenteras-tu de tes petites ailes inutiles ?

— Je ne suis pas un papillon.

Je me renfrognai et compris pour de bon que mes amies et lui avaient raison. J'avais des sentiments pour lui. J'étais accro. Mais chaque fois qu'on s'approchait d'une relation réelle entre nous, je me défilais.

À présent, je mourais d'envie de défier son père et son stupide accord.

De briser ma promesse.

De me noyer, de perdre pied, de faire une erreur que je ne pourrais pas effacer.

Hunter me tourna le dos et s'éloigna, prenant la décision pour nous.

— Tu es mon papillon, Sailor. Et peut-être que je ne suis pas la chair de la chair de Gerald, mais ne t'y trompes pas, quand je finirai par t'attraper, j'ai bien l'intention de te capturer.

16

Sailor

Hunter partit peu après au volant de ma voiture et sans prendre la peine de nous saluer. Je ne pouvais pas lui en vouloir ; ça aurait été louche que nous partions ensemble après que je l'avais défendu et que nous avions disparu tous les deux pendant presque une demi-heure. Et puis, mes parents étaient ravis de me ramener chez moi. Pendant tout le trajet, ils me cuisinèrent sur la vie avec Hunter, mais c'était agréable de papoter avec eux. Ils prirent des nouvelles de Persy et Emmabelle, et me posèrent des questions inquiètes sur l'état de mon épaule, mais ils se retenaient de me parler de tir à l'arc.

— Vous ne me demandez pas comment se passe l'entraînement ?

Je reniflai sur la banquette arrière, à la recherche d'un sujet ne se rapportant pas à Hunter. Le tir à l'arc était un sujet sûr, sans risque. Papa croisa mon regard dans le rétroviseur, avant de pencher la tête vers maman pour l'encourager.

— En scène, Rouquine.

— Nous pensons que tu devrais t'inscrire à des cours d'été l'an prochain, dit-elle à toute allure, comme on arrache un pansement.

— Quoi ? Pourquoi ? demandai-je.

Mes parents m'avaient toujours encouragée dans la pratique du tir à l'arc, même quand ils s'inquiétaient que je ne m'intéresse à rien d'autre.

— Pour avoir un plan de secours, expliqua maman pendant que papa marmonnait :

— On ne veut pas que tu gâches ta vie sur un truc.

Je me tus.

Ils pensaient que je gâchais ma vie ?

Que je n'allais pas décrocher ma place aux jeux Olympiques ?

Je regardai par la fenêtre, retenant les larmes qui me piquaient les yeux. Ce n'était pas seulement à cause d'eux, de ma blessure, de la révélation de Hunter, de cet affreux dîner, ni même de Lana qui me mettait au défi de dévoiler ce qui s'était passé entre nous autrefois. Ce qui me dérangeait vraiment, c'était qu'il y avait une once de vérité dans ce que tout le monde disait de moi.

Mon obsession pour le tir à l'arc n'était pas saine.

Sailor Brennan avait réussi à vivre sa vie sans avoir de rencards, sans tomber amoureuse, sans faire la fête, sans s'inscrire à l'université, sans *vivre ;* parce que tout cela représentait une menace pour le tir à l'arc. L'amour. L'amitié. Les études.

J'essayais de me convaincre que c'étaient des sacrifices nécessaires pour atteindre mon objectif de carrière mais, pour dire la vérité, c'était faux. Lana conciliait tout cela. Elle avait les rencards et les petits copains, et les marques de vêtements et les films *et* le tir à l'arc.

Pourquoi repoussais-je sans cesse Hunter, alors qu'il était évident que tout cet arrangement n'était qu'un autre moyen pour son père de le punir de n'être pas de son sang ? Bientôt, nous devrions nous dire au revoir, mais pour l'instant il était là. Et c'était déjà bien plus que tout ce que j'aurais pu espérer.

Quand mon père arrêta la Maserati devant mon immeuble, le silence était à couper au couteau.

— Écoute, commença-t-il tandis que maman soupirait. Sailor, on ne voulait pas dire…

— Non, lâchai-je en ouvrant ma portière. Pas la peine. Vous avez raison. Je suis passée à côté de ma vie. Je me suis planquée derrière mon arc, à la regarder avec un œil fermé. Mais je vais faire mieux. Du moins je vais essayer – pas seulement pour mon bien, mais pour le vôtre, aussi.

Je claquai la portière et courus jusque dans le hall, laissant les portes m'avaler. Je ne me retournai pas pour voir s'ils attendaient que je sois bien dans l'ascenseur.

Je savais qu'ils attendaient.

Ils attendaient toujours, veillaient toujours sur moi.

Papa et maman étaient mon été.

Il faisait sombre et froid dans l'appartement. La climatisation qui tournait non-stop et la déco design et épurée donnaient l'impression qu'on était dans une clinique de luxe ou un hôtel. Je m'étais toujours demandé comment Hunter pouvait supporter cette ambiance. Maintenant je savais – il ignorait à quoi ressemblait un véritable foyer.

Je retirai mes chaussures, mon cœur tapant contre ma poitrine comme on tape du pied d'impatience.

J'allai jusqu'à sa chambre sur la pointe des pieds. La porte était entrouverte. Elle était toujours entrouverte, comme une invitation perpétuelle. Je la poussai, et mon cœur se serra quand je vis qu'il dormait à poings fermés, ses longs membres aux muscles dessinés paresseusement étendus sur son lit king size. Sa peau était de bronze, ses muscles fermes déployés. Même endormi, il avait le visage d'un diable dangereux, encadré de boucles blondes angéliques.

Me maudissant d'être rentrée tard et le maudissant d'être fatigué, j'étais sur le point de retourner dans le salon pour me mater un truc sur Netflix, trop excitée pour aller me coucher, quand la voix de Hunter, sensuelle et rauque, émana du noir.

— Laisse-moi te réchauffer, *aingeal dian.*

J'avançai, pénétrant dans sa chambre comme si j'allais à ma propre pendaison. À chaque pas, j'avais l'impression de perdre un peu plus de ma mue, de laisser quelque chose de l'ancienne Sailor derrière moi.

Un pas. *La peur.*

Un pas. *L'angoisse.*

Un pas. *L'obsession.*

Un pas. *Les doutes.*

J'atteignis le pied de son lit. Il tendit la main vers moi. Je ne la saisis pas. Pas encore. Quelque chose m'en empêchait. Je savais que ce n'était pas la peine de demander une quelconque garantie, il n'était donc pas question de ça. Pourtant j'étais mal à l'aise. À cran.

Hunter s'assit dans le lit, prit ma main dans la sienne et la posa sur son cœur. Son torse nu était dur et chaud sous mes doigts. Sa peau lisse sous ses poils. Quand il ouvrit la bouche, son ton était sérieux.

— Je jure sur ce que j'ai de plus cher que quand je t'ai vue pour la première fois sur ce parking j'ai su que dans tes veines coulait de l'or. Je pense que nous serons une bonne leçon l'un pour l'autre, Sailor. Tu ne sais pas vivre, et je ne sais rien faire d'autre que vivre en hédoniste.

Quand il prononça ces paroles, je réalisai que je ne m'étais jamais sentie aussi mortelle. Mais être mortel, c'était être vivant. J'avais tant à perdre. Tant à gagner. Tant à éprouver.

Hunter se leva et, du pouce, fit glisser la bretelle de ma robe sur mon épaule.

— Je déteste l'hiver, soufflai-je d'une voix rauque, baissant les yeux. J'ai toujours détesté l'hiver.

— Moi aussi.

Il captura mes lèvres des siennes, dézippant ma robe pour que je me retrouve devant lui en soutien-gorge et culotte. Il m'embrassa tendrement, savamment, me faisant tout oublier.

J'oubliai que j'étais dans les bras de l'homme le moins fiable d'Amérique.

Un homme qui ne m'avait promis que chagrin d'amour.

Un homme qui m'avait poussée à briser ma promesse envers son père – une promesse intimement liée à mon avenir – juste parce qu'il savait se servir de son charme pour se tirer de n'importe quelle situation.

La première pluie d'automne se mit à battre les carreaux, et mon cœur se serra dans ma poitrine.

Mon Dieu, envoyez-moi un signe ! avais-je prié le jour où Hunter avait débarqué dans ma vie. Je me demandais ce que le sort essayait de me dire à présent.

Il m'embrassa jusqu'à ce que j'en ai les lèvres endolories et, quand il recula pour contempler mon corps, je me rendis compte qu'il m'avait ôté mon soutien-gorge sans même que je le remarque ; ma culotte était baissée au niveau de mes genoux. Je le dévisageai, attendant son verdict. Puis je soufflai :

— Qu'est-ce que tu fais ?

— Je te regarde.

Il remit en place la bosse au milieu de son pantalon.

— Tu m'as déjà vue toute nue.

Je grimaçai, avançai vers lui et passai les bras autour de son cou. Il m'évita encore, tout à son observation.

— Pas de ton plein gré.

— Quelle est la différence ?

— La dernière fois, tu étais une bombe à désamorcer. Aujourd'hui, tu es une offrande.

Je serrai les dents, prête à riposter. Dès que nous nous trouvions dans la même pièce, j'étais submergée à la fois par l'envie de me battre contre lui et celle de coucher avec lui.

— Et donc ? demandai-je en baissant ma culotte jusqu'en bas, avant de croiser les bras sur ma poitrine, haussant un sourcil. Je suis assez bien pour toi ?

— Non. Tu es mieux que moi.

Sur ce, il bondit, me jeta sur son lit et m'embrassa fougueusement. Puis sa bouche descendit le long de mon cou et s'arrêta sur ma poitrine. Il prit un de mes tétons entre ses lèvres, le suçant si fort qu'un gémissement m'échappa. Je tirai sur l'élastique de son bas de jogging, puis enroulai les jambes autour de ses hanches pour le descendre avec mes pieds telle une sauvage tandis que mes mains exploraient son dos. Après avoir aspiré tout mon sein dans sa bouche, il passa au suivant tout en glissant ses doigts entre nous pour jouer avec mon clitoris. Cette fois-ci, il me mordit le téton, le fit rouler entre ses dents et sa langue. Je me contorsionnai de plaisir et trouvai entre nos corps son sexe en érection, que je saisis à pleine main.

— Je vais te faire jouir comme jamais, grogna-t-il contre ma peau en faisant glisser son visage de mes seins à mon nombril.

Mon corps tout entier tremblait et, puisqu'il bougeait, sa queue m'échappa. Je me sentis vide, vibrante d'excitation.

— Plus d'action, moins de paroles, répondis-je en tapant du pied sur son matelas.

Il rit et prit tout son temps, décrivant des cercles avec sa langue autour de mon nombril, des caresses lentes qui me firent onduler sous lui et cambrer le dos pour lui offrir tout mon corps.

Je voulais regretter le jour où j'avais accepté cet arrangement, mais je n'y arrivais pas. Étrangement, j'avais la sensation d'être exactement là où je devais être, et en compagnie de l'homme avec qui je devais être.

Sa bouche se referma sur mon clitoris, et je gémis, passant les doigts dans ses beaux cheveux, le regardant me dévorer avec avidité. Ses yeux restèrent aimantés aux miens tout du long, et j'eus envie de pleurer, parce que je savais qu'aucun autre homme ne pourrait jamais me faire éprouver ce que j'éprouvais à cet instant avec lui. J'avais l'impression d'être une pêche dont le nectar coulait directement dans sa bouche.

L'orgasme me prit par surprise. J'étais en train d'apprécier ses caresses, mon corps frissonnant sur son lit, quand soudain tous les muscles de mon corps se contractèrent, se crispèrent et se raidirent, mes yeux se fermant d'eux-mêmes alors que je criais son nom.

Il me fallut presque une minute pour redescendre de mon brouillard post-orgasmique et, quand je revins sur terre, il était déjà équipé d'une capote, m'écartait les jambes et positionnait sa queue tout en regardant son gland sur le point de me pénétrer.

Je levai les yeux vers lui. Son regard était incandescent.

— Permission de te détruire l'utérus ?

Je hochai la tête.

— Je ne serai pas tendre.

Il m'adressa un de ses fameux demi-sourires suffisants – celui qu'il avait certainement utilisé à des milliers d'occasions qui avaient donné lieu à des milliers d'orgasmes. Cela me paraissait obscène, de partager avec lui ce qu'il avait partagé avec tant d'autres. Le problème, c'est que personne ne m'avait prévenue que l'aura débauchée et lubrique qui émanait de lui serait aussi excitante.

— Je n'ai pas besoin de tendresse. Je suis une guerrière, tu te rappelles ?

Je lui attrapai le visage pour le tirer à moi dans un baiser torride, et il entra en moi d'un puissant coup de reins, me mordant le cou comme un tigre vidant sa victime de son sang.

— C'est ce qui te rend si tristement irrésistible.

Il me pénétra avec des coups de reins longs et profonds. À chacun d'entre eux, je sentais le lit bouger de quelques centimètres. La tête de lit cognait contre le mur, le matelas protestait en couinant sous nos corps enlacés. Hunter passa une de mes jambes sur son épaule et enroula l'autre autour de sa taille, son regard fouillant le mien. Le lit et moi gémîmes à l'unisson.

— Ralentis, dis-je quand je ne compris plus si c'étaient mes frissons qui faisaient trembler le lit ou le lit qui tremblait sous moi.

Hunter était sans merci. Il bandait si fort, était si épais, que je me demandais si mon vagin garderait pour toujours la forme de son pénis. Coucher avec lui était un super moyen pour se préparer à l'accouchement ; il écartait et étirait mon intimité, et jamais je ne m'étais sentie aussi délicieusement comblée de toute ma vie.

Hunter s'arrêta et attrapa l'arrière de ma cuisse posée sur son épaule pour me retourner sur le ventre. Il faufila sa main entre mes jambes et me souleva le bassin avant de m'écarter les fesses des deux pouces. Puis il frotta un doigt contre ma vulve trempée de cyprine pour le glisser dans mon autre trou, étroit, qui se referma sur lui nerveusement. Il remua lentement son doigt en moi, caressant ma chair.

— Fais-moi plaisir, bébé, siffla-t-il.

— Pourquoi ?

Il m'embrassa sur le côté du visage, et j'aperçus sa silhouette du coin de l'œil. Il était si beau que mon cœur se contracta, me donnant envie de pleurer.

— Parce que je suis ton méchant préféré.

Sur ce, il retira son doigt, puis me pénétra, tout doucement. Je gémis, serrant les draps dans mes poings, fermant les yeux. C'était trop bon. Son doigt allait et venait dans mon vagin en même temps que sa queue entre mes fesses. Je le sentais partout en moi. J'étais pleine de lui. Il me prenait tout entière.

Ça me plaisait que ce soit un peu bestial.

Surtout, j'aimais que Hunter Fitzpatrick soit assez fou pour baiser quelqu'un dans le dos de son père au risque de perdre son héritage. Assez courageux pour baiser sauvagement la fille d'un parrain de la mafia, en étant tout à fait conscient des potentielles conséquences.

Il ne craignait rien. C'était un rebelle, un pécheur et un saint.

Un prince qui n'avait jamais voulu de son titre.

Un débauché au cœur pur.

Il était l'incarnation de tout ce qu'une femme devrait fuir. Et pourtant j'étais dans ses bras, et je plongeais.

Un plaisir écrasant passa entre nous, et je le sentis enfler et trembler en moi alors que je contenais mon prochain orgasme, voulant à tout prix que nous atteignions la jouissance à deux.

— Tu vas jouir ? demandai-je, à bout de souffle.

— Bébé, il va me falloir une intraveineuse après ça. Permission d'être sale ?

— Accordée.

Un gémissement m'échappa au moment même où il se retirait. Mes genoux s'entrechoquèrent. Je tremblai, contrariée par son absence. Il arracha le préservatif, posa sa main sur ma chatte, inséra trois doigts en moi, et pressa sa queue contre mon trou étroit et endolori. Les fesses écartées, je sentis l'épais liquide de son sperme se répandre sur moi en jets chauds. Il enfonça ses doigts plus loin entre mes lèvres, couvrant totalement ma vulve pour éviter que son sperme coule dessus. Je jouis aussi.

Hunter s'effondra sur moi, son torse collé à mon dos transpirant, et avant qu'on comprenne ce qui nous arrivait le lit pencha d'un côté. Un des pieds avait cédé. Le fracas du bois se brisant résonna dans la chambre silencieuse.

Tandis que je roulais sur le matelas penché, prête à m'écraser par terre, je ne pensais qu'à une chose : mon épaule n'avait pas besoin de prendre un autre coup, surtout maintenant qu'elle allait mieux. Mais avant que mon corps atteigne le sol, je sentis le bras de Hunter s'enrouler autour de ma taille, puis me remonter doucement dans le lit. Je m'agrippai à lui comme si nous dérivions au milieu de l'océan sur une planche en bois.

— Punaise, grognai-je. Comment c'est arrivé ?

— C'est une question rhétorique, ou tu veux la version longue et cochonne ? me murmura Hunter à l'oreille en me mordillant le lobe, me faisant glousser.

Je tentai de me relever, mais il me plaqua contre le matelas, m'immobilisant les fesses. Il m'embrassa sur la tempe.

— Attends ici. Je vais te nettoyer.

— Le lit est cassé, lui rappelai-je. On n'est pas dans un film, je ne vais pas pouvoir m'allonger voluptueusement sur un lit bancal.

Il leva les yeux au ciel de manière dramatique.

— Tu gâches tout.

Il me souleva et me porta, en mode lune de miel, jusqu'à sa salle de bains. Là, il me posa sur le comptoir, prit une serviette, la gorgea d'eau chaude et me nettoya entre les jambes. Je l'observai. Impossible qu'il fasse ça avec tous ses coups d'un soir.

Arrête de penser à elles. Arrête de faire une fixette sur le nombre de filles avec qui il a couché. Il y en aura d'autres, et ça ne te regarde pas.

— T'as hyper bien géré la situation, aujourd'hui, dis-je au bout d'un moment.

Le silence n'était en rien gênant, mais ça me troublait, de regarder son visage tandis que ses yeux étaient concentrés sur le nettoyage de mes parties intimes. Je n'arrivais toujours pas à croire que j'avais couché avec un homme sans qu'il soit mon petit ami.

Hunter secoua la tête.

— J'ai appris très jeune que les femmes ne font que passer. Mes parents m'ont envoyé à l'internat quand j'avais six ans. J'avais des nounous par-dessus la tête dès que je rentrais à la maison. Je ne crois pas que ma mère avait vraiment conscience qu'elle n'était pas là pour moi, mais cela ne change rien à la réalité. Les nounous étaient interchangeables et souvent remplacées, mon père mettait un point d'honneur à en changer régulièrement pour que j'apprenne à ne pas compter sur une femme. J'imagine que ça le contrariait de penser qu'un de ses fils pourrait ne pas être pleinement indépendant. Il a fait la même chose pour Cillian. La seule différence, c'est que Kill est né avec une âme dix fois plus sombre que celle d'un humain normal – le fils de son père jusqu'au bout. Nous avons tous les deux grandi en apprenant que les femmes étaient jetables, nées pour nous servir et nous donner des héritiers. Papa trompait maman. Maman trompait papa. Kill… Dieu sait ce qui se passe dans sa tête quand il égrène son chapelet infini de liaisons insignifiantes, mais lui sait le faire en toute discrétion.

Je touchai son visage pour l'inviter à poursuivre. Je pouvais presque entendre les rouages de son esprit à l'œuvre alors qu'il réfléchissait.

— Ce que mon père n'a pas pris en considération, c'est que je n'étais pas Cillian. Je n'étais pas un dégénéré égoïste dépourvu de sentiments qui aime faire souffrir. Alors je suis allé au plus près – je suis devenu une mauvaise imitation. Mais je n'ai jamais réussi à obtenir cet éclat propre à Cillian Fitzpatrick. Mes aventures sont désordonnées et publiques, et foutrement coûteuses, finalement.

Cette dernière partie me fit rire, et je plaquai ma main sur ma bouche. Hunter eut un sourire las et jeta la serviette sale sur le sol. La femme de ménage la laverait quand elle viendrait demain matin, comme si nous étions à l'hôtel.

Peut-être que Hunter s'était toujours senti ainsi – comme un invité de passage, même dans son propre appartement.

Je descendis du meuble et posai les mains sur son torse. J'avais des courbatures partout. J'avais l'impression qu'on m'avait piétiné le corps en dessous de la ceinture. Au-dessus, chaque centimètre carré de ma peau était couvert de rougeurs à cause de sa barbe de trois jours, qui ne pardonnait pas.

— Merci, dis-je, l'embrassant au coin de la bouche.

— Pour quoi ?

— D'être vrai. Je sais que ce n'est pas facile.

Je me levai pour rejoindre ma chambre, résistant à l'envie de l'inviter dans mon lit puisque le sien était cassé. Peu importait que nous l'ayons cassé ensemble. Je décidai d'être très prudente avec Hunter sur ce plan-là ; je ne voulais pas paraître pot de colle ni faire comme si nous étions en couple. Dans son intérêt, mais aussi dans le mien.

Dès que je passai le seuil de la salle de bains cependant, il enroula une main autour de ma taille pour m'arrêter.

— Tu vas où comme ça, *aingeal dian* ? Si tu peux encore marcher, ça veut dire qu'on n'en a pas terminé.

Il me porta jusqu'à mon lit et me fit des choses indicibles encore trois fois cette nuit-là.

Puis il s'endormit contre moi, nos corps intimement enlacés.

Quand je me réveillai le lendemain matin, il m'était presque impossible de marcher tant j'avais mal entre les jambes – il avait tenu promesse. Aux toilettes, j'eus l'impression de pisser du feu, et j'avais même peur de faire la grosse commission.

Mais ce n'était pas ça qui m'inquiétait le plus : c'était mon cœur, qui semblait peser cinq kilos de plus et était si lourd et si gonflé que je pouvais à peine tenir debout.

17

Hunter

Les six jours suivants passèrent en un éclair.

Je me noyai dans le boulot et les dissertations, mais ne manquai jamais une occasion de baiser ma colocataire, qui – je pouvais à présent le reconnaître officiellement – se révélait être la meilleure colocataire de l'histoire des colocataires.

Par sécurité, je ne fis pas remplacer mon lit. C'était plus pratique pour me glisser dans le sien tous les soirs et moins… je ne sais pas. Même après que Sailor fut retournée à l'entraînement à plein temps et se fut remise à se lever tôt, je trouvai le temps de caser quelques parties de jambes en l'air matinales, même si ça voulait dire me réveiller près d'elle.

Et ça me détendait pour le reste de la journée.

En bonus : mon père ne semblait pas en colère contre Sailor après ce dîner de malheur, et mon héritage n'était donc pas immédiatement menacé. Même s'il prenait garde de ne pas m'adresser la parole et limitait nos interactions déjà restreintes, Sailor me dit qu'il lui envoyait des mails plus fréquemment et avait à l'occasion utilisé le terme affectueux « mon chou » (insérer ici l'émoji vomi).

— Il a affirmé qu'il respectait ma façon de t'avoir défendu et de lui dire ce que je pensais, et qu'il savait que j'étais assez maligne pour ne pas avoir une histoire avec toi, m'annonça-t-elle le lendemain du dîner.

Ironiquement, je venais d'utiliser ses cuisses comme chauffe-oreilles et j'avais passé vingt bonnes minutes à lui lécher la chatte. Sa cyprine brillait encore sur mes lèvres quand je ris, passant un bras derrière ma tête.

— Je ne suis peut-être pas si maligne que ça.

Elle enfouit son visage dans le creux de mon bras tandis que ses doigts jouaient avec les poils de mon torse. Putain, j'adorais quand elle faisait ça. Je ne savais même pas pourquoi. Parfois, elle tirait très fort dessus, mais c'était un geste intime qu'aucune autre fille n'avait jamais fait.

— Il n'est peut-être pas si fûté que ça, répliquai-je.

— La réponse se trouve certainement quelque part entre les deux.

Je pris son visage entre mes deux mains et l'embrassai avec vigueur avant d'ajouter :

— Tu ne peux pas être autre chose qu'un génie. Et je sais de quoi je parle.

Même si je n'avais pas la sensation d'être un génie, quoi qu'en dise mon test de QI.

Après ce dîner pourri, on alla rendre visite à ma famille ou la sienne presque tous les week-ends.

C'était génial de dîner chez les Brennan. Sparrow Brennan était une cuisinière de classe mondiale (littéralement), et c'était amusant de voir le fameux Troy Brennan se faire malmener par sa femme irascible et sa fille fauteuse de troubles. J'appris même à m'entendre avec Sam. Enfin, en quelque sorte. Cet enfoiré était carrément flippant.

On parlait de tout et de rien – de politique, d'émissions télé, de nouvelles sorties à faire en ville et de l'avenir, mais jamais d'argent, ce qui était appréciable. Papa et Cillian ne parlaient *que* d'argent. Parfois, Aisling venait avec nous ; c'était sympa, parce qu'elle était plus ou moins le seul membre de ma famille qui ne voulait pas me frapper à mort avec un gode. Mais je n'aimais pas trop ça non plus, parce qu'elle regardait Sam comme s'il tenait le monde au creux de son poing violent et corrompu. Aisling et Sam ? Mauvaise idée.

Elle était la princesse dans sa tour d'ivoire, il était le criminel qui réduisait le monde à néant et profiterait de sa pause déjeuner pour la kidnapper et la corrompre.

Il était trop tout – trop vieux, trop expérimenté et trop dangereux – pour ma petite sœur.

Parfois, Persy et Belle Penrose aussi étaient là. Elles ne me dérangeaient pas trop. Je me disais qu'elles ne devaient pas soupçonner que Sailor et moi couchions ensemble. Elles devaient penser que je ne la méritais pas, ou pire – que je n'avais aucune chance avec elle. Ces deux affirmations étaient vraies, d'ailleurs.

Les choses n'étaient pas aussi idylliques quand nous rendions visite à ma famille, mais du moment que je limitais mes interactions avec papa au strict minimum je survivais. J'échangeai même quelques mots presque cordiaux avec Cillian, qui ne causèrent aucune obscénité – principalement des banalités sur les Patriots ou sur la raffinerie du Maine, dans la merde jusqu'au cou (mes mots, pas les siens, Dieu l'en garde !). Mais, ce n'était pas rien. Un jour, au boulot, Kill m'apporta même un sandwich viande et fromage et un grand Coca alors que je révisais pour un examen et n'avais pas le temps de prendre une pause déjeuner.

— Tiens, Blondie.

Il jeta le sandwich sur mon bureau sans un regard pour moi.

— Putain. Merci, vieille branche, dis-je, hébété. Jongler entre les cours et le boulot, c'est un enfer.

Kill glissa un morceau de papier portant une adresse mail sur le bureau.

— Embauche quelqu'un pour écrire tes dissertations et préparer des résumés pour tes examens. La vie est trop courte pour que tu fasses semblant de t'intéresser au droit des affaires.

— Tu t'intéresses à quoi que ce soit, toi ? plaisantai-je.

Mes parents nous avaient détraqués tous les deux, mais de manières différentes. Je prenais trop les choses à cœur, lui se foutait de tout.

— Certainement, reste encore à trouver quoi, dit-il.

— Menteur.

— La vérité est surfaite – une perspective fade et non créative sur la vie.

Je finis par m'habituer au dur labeur et aux cours du soir. Je m'habituai même à ne baiser qu'une seule fille. Désormais, ma seule frustration, c'était Sylvester. J'écoutais attentivement les enregistrements, presque tous les soirs, mais je n'avais toujours rien trouvé pour le coincer.

Un jour, mon père me convoqua dans son bureau. Je pouvais compter sur les doigts de la main les rares fois où il l'avait fait depuis Le dîner, j'étais donc un peu tendu. Quand j'arrivai, je remarquai que Kill et Syllie étaient déjà installés face à lui.

— Assis, cracha papa en jetant un bref coup d'œil vers la chaise libre à côté de Syllie.

— Je préfère rester debout. Qu'est-ce qui se passe ?

Tous les yeux se posèrent sur moi. Ils devaient être aussi surpris que moi d'entendre ma voix, grave et sérieuse, sans cette inflexion moqueuse d'apprenti rappeur que ma famille détestait tant. Je commençais à avoir des tripes. Ça faisait mal, mais je commençais à comprendre que je n'avais pas vraiment le choix.

— Hunter, prévint mon père.

— Laisse-le, *Athair.* Il y a plus urgent à régler, grogna Cillian avec une certaine impatience.

Je l'aurais embrassé sur la bouche s'il n'avait pas été mon frère et que mes lèvres n'avaient pas eu un faible pour une petite banshee rousse.

— Eh bien ? insistai-je en dressant le menton.

Mon père s'adossa à son fauteuil. Il semblait éreinté, plus fatigué que jamais.

— Tous les trois – toi, moi et Cillian – nous partons en voyage d'affaires pour surveiller les progrès de la raffinerie. Nous leur donnons une chance de régler ce problème avec les machines, mais on ne doit pas rester les bras croisés pour autant. Il y a eu trop de ratés sur ce projet, et je pense que cela pourrait remonter le moral des troupes si nous montrions un front uni en y allant ensemble.

J'étais surpris d'être inclus. À ce stade, j'étais reconnaissant qu'ils ne me fourrent pas deux oranges dans un soutien-gorge pour me transformer en serveuse Hooters du bureau. Pour autant, quelque chose me faisait tiquer.

— Et toi, Syllie ? Tu viens ? demandai-je avec un sourire aimable.

Il se tourna vers moi en secouant la tête.

— Quelqu'un doit tenir la boutique ici. Et puis, ma femme a ce *truc*, ajouta-t-il après coup.

— Quel truc ? insistai-je – il fallait bien que quelqu'un le fasse.

— Elle ne se sent pas bien. Elle a subi une opération il y a un peu moins de deux mois.

— Quelle opération ?

Je ne cédais pas. Je remarquai le sourire amusé de Kill du coin de l'œil.

— Oh ! je crois qu'elle n'apprécierait pas trop que j'en parle. Évidemment, je regrette de ne pas pouvoir me joindre à vous.

— Évidemment, répétai-je, tête penchée, examinant son visage.

Il soutint mon regard.

— Ce n'est pas toi qui as fait remarquer à *Athair* que nous étions en retard sur le planning par rapport à la raffinerie et qu'à ce rythme on ne passerait jamais les inspections de santé et de sécurité ?

Le sourire de Syllie commença à s'effacer. Je savais que je n'agaçais pas que lui. Mon père détestait être critiqué. Surtout par moi.

— C'est son boulot, intervint celui-ci d'une voix forte. Où veux-tu en venir, *ceann beag* ?

Je haussai les épaules.

— Nulle part. Je ne fais qu'assembler les pièces.

— Ton job est de classer les choses, pas de les accoler pour inventer une histoire, me rappela mon père. C'est donc entendu : tu viens avec nous. Tu peux sortir.

Je fis un salut militaire et quittai la pièce d'un pas décidé. Au lieu de me rasseoir à mon bureau, j'entrai nonchalamment dans celui de Syllie pour vérifier que le matos d'enregistrement que j'avais installé n'avait pas bougé. Après ma première rencontre avec Knox, j'étais allé lui rendre visite deux fois et j'avais réussi à mettre un traceur sur le téléphone de Syllie (il se servait de portables prépayés, mais même les enfoirés les plus sournois se gouraient parfois). J'avais obtenu les numéros de deux détectives privés fiables, mais je savais qu'un tel bordel pouvait m'exploser à la figure si je ne faisais pas attention.

Mes soirées se déroulaient ainsi :

Rentrer à la maison ;

Baiser Sailor ;

Parler de notre journée en mangeant – elle était mon mur des lamentations, toujours là pour m'écouter sans me juger, m'entendre sans m'imposer son opinion –, terminer mes trucs pour la fac, puis me consacrer aux enregistrements de Syllie.

Parfois, Sailor m'aidait. On s'asseyait côte à côte sur le canapé, tous les deux avec nos AirPods vissés dans les oreilles à écouter différentes parties des enregistrements de Syllie, tandis que je lui massais les jambes. Quand l'un de nous pensait tenir quelque chose, il le faisait écouter à l'autre. Jusqu'à présent, cela dit, Syllie était trop prudent pour son bien.

Enfin, quand on allait se coucher, je la rebaisais. Parfois, c'était elle qui me baisait. Sailor avait un tempérament de feu.

On ne parlait pas de ce que nous étions.

Ou de ce que nous n'étions pas.

Nous existions, voilà tout : un papillon et un homme qui aimait les belles choses.

Coexistant dans l'œil de la tempête dans laquelle on nous avait jetés.

Knight : Yo, trouduc. Tu fais quoi le week-end prochain ?

Hunter : Je me gratte les couilles. Je fais des poupées vaudoues de mon père. Ce genre de choses. C'est quoi cette question ?

Knight : Une question qui attend une réponse sérieuse, baiseur de petits culs.

Hunter : Je ne baise aucun cul, malheureusement. Études, taff, je dîne chez mes vieux. Et toi ?

Knight : À Boston avec ma chérie pour son contrat d'édition. On vient te voir.

Hunter : Tu baises une autrice maintenant ? J'espère que t'es conscient que tu pourras pas être plus proche du summum de l'intellect.

Knight : J'ai dit venir te voir ? Je voulais dire squatter chez toi. Et aussi : ah, ah !

Hunter : Enfoiré de rapiat.

Knight : C'est un oui ?

Hunter : Ce n'est pas un non.

Knight : Ça va pas déranger ta coloc intello ?

Je n'avais pas dit à Vaughn ni Knight que je m'envoyais en l'air avec Sailor – non que j'étais gêné ou quoi que ce soit, mais je savais qu'elle préférait garder le secret. Elle n'en avait pas parlé à ses amies, et ce serait comme trahir sa confiance. Surtout que si mon père découvrait la vérité, ça chierait des bulles. Plus on restait discrets, mieux c'était. Je n'allais pas foutre mon héritage en l'air pour une chatte – aussi douce et étroite soit-elle –, et Sailor avait réussi à s'assurer une belle couverture médiatique.

Récemment, elle avait été interviewée dans une émission matinale locale, était apparue dans deux magazines pour ados, et Crystal, son agent, avait affirmé que le mois dernier son nom avait été plus cherché qu'une certaine sœur Kardashian, bien que cette dernière se soit supposément fait refaire tout le visage et d'autres parties du corps. Garder le secret sur ma relation avec Sailor, c'était m'assurer que ce que nous avions restait ce que c'était, à savoir une aventure avec une date d'expiration. Ce n'était pas ma petite amie. Mais nous vivions sous le même toit et aimions sucer les parties intimes de l'autre.

Vraiment, aucune raison de parler de Sailor à Knight, tout comme je n'avais eu aucune raison de lui parler des autres aventures que j'avais eues au fil des ans.

Hunter : Je me tape de ce qu'elle pense.

Knight : Toujours aussi brutal.

Hunter : On s'voit la semaine prochaine.

Knight : À plus.

Le lendemain matin, mon nouveau lit king size arriva. Je l'avais acheté pour Knight et sa fiancée, Luna, en payant des frais de livraison express pour être sûr que ces petits cons auraient un matelas pour dormir. Je n'avais pas eu le temps de mettre Sailor au courant, puisque la veille, dès qu'elle avait passé la porte, j'avais été trop occupé à abuser de son corps pour aligner deux phrases.

Elle fut donc prise au dépourvu le samedi matin lorsque l'ascenseur tinta avant de s'ouvrir sur les déménageurs portant les gigantesques cartons du lit tandis que nous buvions notre café comme deux adultes.

Sailor arqua un sourcil par-dessus le rebord de sa tasse, feignant calme et curiosité. Je savais qu'elle était furieuse : ses yeux verts prenaient toujours une teinte plus foncée sous l'effet de la colère.

— Je ne me rappelle pas t'avoir banni de mon lit. Il reste encore un peu de temps avant la fin de notre accord.

Je souris et déposai un baiser au sommet de sa tête.

— Je n'ai pas l'intention de passer une seule seconde dans ce nouveau lit. Mon ami Knight et sa petite-copine-slash-fiancée-slash-casse-couilles Luna veulent squatter ici le week-end prochain. Elle a rendez-vous avec son agent littéraire ou je sais pas quoi. Ça te dérange pas ?

— Non.

Elle haussa les épaules. Elle le pensait.

Elle se détendit. Je savais que ce serait dur pour elle quand je la larguerais. Franchement, elle me manquerait (surtout sa chatte, et sa bouche).

— Mais tu ne dormiras pas dans mon lit tant qu'ils seront là. Personne ne doit savoir, pour nous, m'avertit-elle.

J'acquiesçai, content qu'elle ait toujours la tête sur les épaules. Certaines filles la perdaient dès qu'on les mettait en présence d'un milliardaire bien membré. Sailor Brennan n'était pas de celles-là.

— Je dormirai sur le canapé.

Elle se retourna, rinça sa tasse à café et la posa. Je vins me poster derrière elle, la bloquant contre le plan de travail, et lui massai les épaules. La droite était un peu tendue, mais Sailor m'avait assuré qu'elle déchirait tout à l'entraînement. Elle avait de grandes chances de décrocher cette place aux JO, selon moi. Cela lui donnerait un truc sur lequel se concentrer quand ce serait fini entre nous. J'avais hâte de me perdre dans un nombre infini de chattes, et d'encourager Sailor pendant qu'elle bottait des culs et allongeait sa liste de victimes aux jeux Olympiques. Je fêterais même ça avec un verre – ou dix – quand elle décrocherait la médaille.

— Tu fais quoi aujourd'hui ? demandai-je en l'embrassant dans le cou. Je veux dire, à part t'envoyer en l'air avec moi.

— Pas grand-chose, répondit-elle d'une voix neutre en se retournant. Je vais faire du shopping avec Emma, Persy et Aisling.

Elle avait fait beaucoup de shopping dernièrement et elle était sacrément canon dans ses nouvelles fringues. Ses cheveux étaient dingues, aussi, et j'avais entendu une des sœurs Penrose, Emmabelle, la grande gueule, lui dire qu'elle devrait s'inscrire sur Tinder. Sailor était sortie de sa coquille et, fidèle à elle-même, elle avait brisé cette coquille en deux et en avait émergé sur des talons de douze. Je ne pouvais pas m'empêcher de me sentir fier d'être le mec à ses côtés. Ce serait bientôt une croqueuse d'hommes, mais j'avais été le premier à la baiser et à la faire sortir de ses limbes, à l'introduire en société.

— Je viens avec vous.

Je lui pinçai les fesses. J'étais à Boston depuis un un moment maintenant, mais je n'avais toujours pas d'amis. C'était presque impossible. Je travaillais avec des gens d'âge mûr toute la journée et suivais des cours du soir avec des mères célibataires et des personnes plus âgées qui avaient des emplois à temps plein, comme moi.

Sailor posa la main sur mon torse. C'était devenu une habitude. Ça, et se lécher le doigt avant de m'essuyer des saletés sur le visage quand on mangeait. Comme son jeu avec les poils de mon torse, je ne détestais pas.

— Hum, non, tu ne viens pas.

— Pourquoi pas ? demandai-je, surpris.

— Parce qu'on va parler de trucs de filles.

— Genre pénis et vibros ?

J'avais grand espoir que c'était tout ce dont parlaient les femmes. Nues. Sauf ma sœur. Plutôt mourir que d'imaginer ma petite sœur à poil. Bon sang, pourquoi laissais-je mes pensées s'aventurer si loin ? Maintenant je ne pouvais plus effacer Aisling en petite tenue de mon esprit et j'eus envie de couvrir la cuisine de vomi, comme dans cet épisode de *South Park*.

Putain de vie de merde.

Sailor pencha la tête, sourcils froncés.

— Plutôt fringues, mecs et vilains potins inoffensifs.

— J'aime les fringues et les vilains potins inoffensifs.

— Ai-je précisé qu'on fait tout ça avec en fond musical la bande originale du film *Le Temps d'un automne ?* Non ? Parce que des retrouvailles entre filles ne sauraient être complètes sans quelques comédies romantiques.

— Sans moi, grognai-je (je ne voulais pas donner l'impression de réclamer sa compagnie).

Elle renversa la tête en arrière et rit en me caressant le bras. Sailor (*Sai-lor.* Joli prénom, réalisai-je) n'était ni froide ni distante comme je l'avais imaginé. Elle me touchait tout le temps, mais pas d'une manière provocatrice pour que je la tringle.

— Je me suis dit que tu aurais envie de te détendre, alors j'ai pris l'initiative d'appeler ton frère et de te prévoir des trucs.

Je voulus l'attirer contre moi pour un coup vite fait, mais elle m'échappa.

— Mon frère ? répétai-je, pivotant sur moi-même.

Existait-il un autre frère bâtard dont j'ignorais l'existence ? Il était impossible qu'elle parle de Kill.

— Tu veux dire le connard qui me regarde comme si j'étais de la bouse de vache sous les semelles de ses Magnanni à mille deux cents dollars ?

— Lui-même.

Elle ferma son sac à dos North Face et me jeta mon blouson d'aviateur pendu à un tabouret de bar.

— Tu vas faire du cheval.

— Tu te moques de moi, dis-je, le blouson à la main, ne la quittant pas des yeux. Pourquoi je ferais ça ?

Pourquoi je ne le ferais pas ?

Je ne savais pas si j'étais en colère ou stupéfait par ses talents de persuasion. J'avais réussi à éviter toute conversation avec ma mère et mon père parce qu'ils craignaient à mort, mais je me prenais ouvertement la tête avec Cillian, et pas qu'un peu. Mes sentiments pour lui n'étaient pas compliqués ou tordus : je lui souhaitais une mort lente et douloureuse, tout simplement. On ne pouvait pas m'acheter avec un sandwich et le mail d'un assistant de Harvard qui faisait payer une fortune des dissertations que je pouvais télécharger en ligne.

— Tu ne peux pas détester toute ta famille, fit remarquer Sailor en enfilant sa veste.

Il pleuvait comme vache qui pisse depuis cette première nuit pluvieuse où je l'avais démontée.

— Il te faut des alliés si tu veux survivre à ta condition de Fitzpatrick. Ce sera ton premier.

— Ça paraît ambitieux. Et peu probable.

— Et imminent, déclara-t-elle calmement en me poussant vers la porte avec une force étonnante.

— Qu'est-ce que tu fous ?

Je grimaçai, plantant les talons dans le sol comme un enfant.

— Considère ça comme un cadeau de départ. Je ne veux pas te dire au revoir sans être certaine que tu as quelques personnes sur qui tu peux compter. J'ai pensé que ta mère et Cillian sont tes meilleures options.

— Pourquoi pas Aisling ?

J'essayai d'éviter qu'elle me touche tout en tentant de lui pincer les fesses. On se tourna autour quelques secondes comme deux paons agressifs.

— Oh ! tu as déjà le vote d'Aisling. Mais tu as besoin du soutien des États pivots. Vois Cillian comme la Virginie.

Associer le nom de mon frère à quoi que ce soit de virginal était un crime, mais je lui épargnai mon commentaire sardonique.

J'avais envie de lui en vouloir, mais rien à faire. Il n'y avait que cette tarée – et j'utilisais le terme avec affection – pour appeler l'autre personne la plus tarée que j'aie jamais connue afin de négocier les termes de ma relation avec lui.

— Je ne suis pas équipé pour faire du cheval, dis-je pour gagner du temps.

— Je m'en suis douté. Cillian a dit qu'il te laisserait lui emprunter du matos, chantonna Sailor.

Je me tournai face à elle tandis qu'elle ouvrait la porte en grand. Les livreurs revenaient de ma chambre en s'époussetant les mains.

— Je te déteste.

Je leur donnai double pourboire et les saluai de la main. Parce que je pouvais être un connard et un type bien à la fois.

— Je trouverai la force de survivre, dit-elle avec un sourire que j'eus envie d'effacer d'un baiser.

— N'en sois pas si sûre. Ce sera difficile quand je te baiserai tellement rageusement que tu traverseras ton matelas et laisseras un trou en forme de Sailor dedans.

Elle me poussa dehors.

— Alors j'espère que ça ne dérangera pas tes amis de dormir sur un matelas troué parce que je prendrai ton nouveau lit. Au revoir et bonne chance !

La porte me claqua au nez, et je ne pus qu'éclater de rire.

Bordel de merde, Sailor.

Kill me récupéra en bas pour m'emmener au centre équestre. Je passai le trajet à triturer mon cheval de Dalécarlie tandis que Cillian disait du mal de tout ce que nous croisions sur la route : lit de fleurs fanées, arbre tombé au bord de la chaussée, détritus. Tout le gonflait. Vu sa hargne et son aigreur, c'était quasi sûr qu'il mourrait d'une crise cardiaque à trente-trois ans. Son aura était si pourrave que j'allais devoir m'enfermer pendant dix ans dans un site hindou sacré paumé sur une montagne indienne juste pour me défaire de sa négativité.

Une fois que nous fûmes arrivés, je découvris que Cillian possédait plusieurs chevaux. Apparemment, mon père n'avait pas limité à moi seul son hobby équestre. Je savais que Kill avait lui aussi joué au polo dans sa jeunesse et qu'il était plus accompli que moi (insérer ici l'émoji surpris). Quand on finit par se mettre en route sur deux chevaux arabes noirs identiques, il apparut sans l'ombre d'un doute que nous étions tous les deux très doués.

À l'écurie, Cillian me tendit une bombe, une selle et une paire de bottes. Il ressemblait à un aristocrate du XVIIIe siècle avec tout son attirail, et je me demandais si ça lui plaisait, d'être si parfait en permanence. De l'extérieur, cela paraissait épuisant.

On se dirigea vers la forêt. L'odeur terreuse de la selle, en cuir rodé par mon frère, me chatouillait les narines. Ça m'avait manqué de monter. Dans les bois, il y avait un peu partout des panneaux mettant les cavaliers en garde contre les chasseurs (ironique, non ?). Quand Cillian me coula un regard pour me demander si ça me dérangeait, je haussai les épaules, donnai un coup de talon dans le flanc de mon cheval et partis au galop. M'aventurer dans une forêt inconnue avec un cheval qui ne m'était pas familier était parfaitement stupide, mais je savais que mon frère était suffisamment responsable pour assurer notre survie.

Kill me rattrapa bientôt.

— Alors, tu joues toujours à Auguste Dupin pour faire tomber Sylvester ?

C'était tout lui, de faire référence au personnage d'Edgar Allan Poe plutôt qu'à Sherlock Holmes. Kill s'épanouissait dans la différence. Il devait penser que je croyais qu'Auguste Dupin était un grand pâtissier français. J'accélérai, le forçant à mériter notre conversation.

— Il mijote quelque chose, dis-je sèchement. Des années à être un connard ont fait de moi un expert dans la reconnaissance de salauds dans son genre.

— Je me fie à tes instincts, dit Kill de sa voix traînante, avec son habituelle politesse sérieuse, ignorant la meute de cavalières qui surgirent derrière des arbres en gloussant et nous pointant du doigt.

Cillian n'accorda pas même un regard aux groupies. Je me rendis compte, non sans agacement, que ce qu'elles avaient à offrir ne m'intéressait pas, moi non plus.

— Alors pourquoi tu ne m'appuies pas ? sifflai-je.

La haine que Kill me vouait était-elle plus forte que l'amour qu'il portait à Royal Pipelines ? Je m'efforçai de garder mon calme. Cillian avait horreur des émotions. Je me demandais comment mon frère aîné comptait donner à papa les précieux héritiers qu'il attendait alors que toute émotion, y compris le désir, l'ulcérait.

— C'est toi qui as mis tout cela en route. C'est à toi de finir le taf, expliqua Cillian, talonnant son cheval pour accélérer sa course, le dos droit comme un I.

Nous n'arrêtions pas de nous courser, de changer d'allure. Je me rappelai ses mots : « Toute la vie est un combat. »

Je m'élançai pour le rattraper.

Chanson du jour : *Wild Horses*, des Rolling Stones.

— Je n'aime pas les tests, sifflai-je.

— Je n'aime pas les impôts, rétorqua-t-il. Mais devine ce que je fais le 15 avril chaque année ? Petit indice, je ne parle pas de quatre pom-pom girls californiennes allongées sur la moquette à quatorze mille dollars de mon pote.

Je faillis éclater de rire. Mon frangin avait beau être chiant, il avait plus de sang-froid qu'un caissier de chez Trader Joe's.

— Ça me les brise, grognai-je.

Je faisais référence à Syllie. Je ne me souvenais toujours pas de l'orgie.

— Bienvenue dans le monde adulte. Laisse ta joie et ta créativité à la porte.

— Et si je n'arrive pas à le coincer ?

Je plantai les ongles dans les crins du cheval. Cillian échauffait le sien, il le talonnait fréquemment, comme s'il voulait le faire sauter.

Fidèle à lui-même, il n'avait pas donné de noms à ses deux chevaux favoris. Il était impersonnel, même avec ce qu'il aimait.

— C'est dommage pour l'entreprise, mais elle a bien vécu, dit-il, stoïque, regardant droit devant lui.

Les chevaux évoluaient à merveille et s'adaptaient bien. Ils étaient jeunes mais calmes, agréables. Nous pénétrâmes au cœur de la forêt, entourés d'arbres et de mousse, sur un chemin dégagé menant Dieu sait où, enveloppés par le parfum frais de la terre. Le soleil filtrait à travers les aiguilles des pins.

Cillian se méfiait autant que moi de Syllie. C'était pour ça que Syllie le détestait. Et c'était pour ça que Kill ne m'avait pas tourné en ridicule quand j'avais présenté ma théorie.

— Tu veux voir si je foire, dis-je en claquant des doigts, comprenant enfin.

Mon frère retira une poussière imaginaire de sa veste d'équitation.

— Un bon défi ne te fera pas de mal. Juste, quand tu auras fini, pends le traître sur la place du village plutôt que de te frotter contre sa jambe.

— Va te faire foutre.

— Le langage est un outil puissant, *ceann beag*. Tu devrais arrêter de le maltraiter.

— C'est-à-dire ? demandai-je en le dévisageant d'un air mauvais.

Son sang-froid me tapait sur le système. Il me foutait les jetons. Je l'imaginais très bien en sociopathe pouvant baiser pendant des heures sans jouir, juste pour punir son ou sa partenaire. Voilà le genre de discipline qu'il avait.

— Hors de prix et sans valeur sont deux équivalents mathématiques présentés de différentes manières. Les mots te créent ou te brisent. En jurant, tu te réduis à quelqu'un qui ne sait pas communiquer ses émotions correctement.

— D'accord, Geoffrey Chaucer Jr, on revient à Sylvester. Tu crois qu'il prépare quoi ?

— Sachant qu'il a demandé davantage de parts et une augmentation conséquente il y a quelques mois et que les deux lui ont été refusés, il doit savoir qu'il est sur la pente descendante et veut une part du gâteau avant qu'il soit trop tard. Il pourrait détourner des millions de dollars. Des milliards, s'il est ambitieux et très vindicatif.

Il dit « milliards » comme je disais « centimes ». Cette somme était insignifiante pour lui.

Kill changea soudain de direction. Je suivis. Nous chevauchions à présent autour de ce qui ressemblait à un champ de tir à l'arc – pas celui où allait Sailor qui, lui, était au cœur de la ville. Celui-là ressemblait à un genre de camp d'entraînement. Je me demandai si elle était déjà venue, avant de me rappeler que je n'en avais rien à battre.

Cillian me questionna sur les études, puis sur Sailor (« la rousse au tempérament de feu », pour être exact), puis me dit le truc le plus incongru jamais sorti de sa bouche.

— Les Fitzpatrick veillent les uns sur les autres, Hunter. Pour autant, inutile de te dire que nous appliquons la loi du plus fort. Mais papa ne te déteste pas.

— Lequel ? m'enquis-je, alors que nous reprenions le chemin de l'écurie à travers bois. Le tien ou le connard d'Europe de l'Est qui s'est tapé notre mère ?

— Celui qui compte. Celui qui te martyrise pour que tu acquières les compétences nécessaires pour diriger une des plus grandes entreprises du monde à mes côtés.

— J'ai du mal à y croire.

— Il le faut pourtant. Nous avons tous des cicatrices, dit-il d'un ton glacial. Tu essaies simplement de les ignorer. Affronte tes problèmes, *ceann beag*. Parce que devine quoi ? Ils ne vont pas s'envoler.

— Je suis ravi que tu n'aies pas souffert de vivre loin de tes parents – de ta *famille* – depuis l'âge de six ans. Mais je ne suis pas toi. Et laisse-moi te dire un truc qui va peut-être bouleverser toutes tes croyances : je ne veux pas être toi. Je voulais un père. Une mère. Un putain de frère et une petite sœur. La totale. Je ne voulais pas les écoles privées, les chevaux et la richesse. Je voulais juste une famille.

— Il n'a jamais été prévu qu'on ait une famille, toi et moi, siffla Kill, enfonçant les pieds dans les étriers comme un débutant.

Son cheval rua, n'ayant pas l'habitude que son propriétaire hausse la voix. Je ralentis l'allure pour rester au niveau de mon frère, qui reprit :

— Maman est sous antidépresseurs depuis la naissance d'Aisling et elle était déjà incapable de s'occuper d'un hamster, donc encore moins de trois enfants. Papa était rarement à la maison. Il dormait au bureau plus de la moitié de la semaine. Les nounous n'avaient pas le droit de vivre dans l'enceinte d'Avery Court, parce que maman craignait que papa ne couche avec elles – une crainte justifiée. Pendant ton absence, elle est allée deux fois en cure de désintoxication. Aisling a été renvoyée de nounou en nounou comme une balle de tennis. Traiter nos parents de loques serait l'euphémisme du siècle. Ils nous ont envoyés loin de la maison parce qu'ils savaient que notre meilleure chance de survivre à cette famille était de réduire au minimum nos contacts avec eux. En vérité, j'ai été conçu pour hériter du chaos des Fitzpatrick et endosser les problèmes de famille, tu as été conçu pour venger l'infidélité d'*Athair*, et la pauvre Aisling a été conçue pour essayer de rafistoler le chaos qu'ils avaient créé.

Je ne savais pas que ma mère souffrait de dépression et de dépendance, mais j'étais trop contaminé par la solitude et l'abandon pour avoir de la compassion pour elle.

— Ouais, eh bien, ça a marché pour toi.

Je reniflai et crachai au sol. Je ne savais pas pour Aisling, mais cela ne me surprenait pas. Ma petite sœur était un cactus : capable de s'adapter, facile à garder en vie et s'épanouissant avec presque rien. Kill et moi étions un autre genre de créatures – athlétiques et vives, sauvages et effrénées.

— Tout à fait, dit-il, tel un robot.

— Ça t'était égal qu'ils te jettent, parce que tu te crois au-dessus de l'amour, n'est-ce pas ?

Je ne l'imaginais pas capable d'un tel sentiment. Je ne pensais pas en être capable non plus, mais c'était parce que j'étais convaincu que j'étais *en dessous* de l'amour. Je ne le méritais pas.

— L'amour est une stratégie marketing. Ça fait vendre des tonnes de livres, de films et de diamants. À part ça, je ne me considère pas comme un grand amateur.

— Pas de mariage en vue, alors ?

Kill avait trente ans, et il était aussi susceptible de se caser qu'un sanglier.

— Si, avec une femme qui pourra me donner des héritiers et sera à l'aise avec l'idée de les élever loin de la ville – loin de *moi*.

— Tu vas voyager dans le temps jusqu'à un siècle où une idée pareille ne vaut pas une gifle ?

Il rit et secoua la tête en marmonnant :

— Que tu es naïf ! L'argent peut motiver n'importe qui à être n'importe quoi, même un esclave glorifié.

— Ça va, le machisme ?

— Loin de là. Ce que je dis ne se limite pas aux femmes. Je pourrais dompter n'importe quel homme ; il suffit de trouver son prix.

On finit par retrouver le centre équestre, perdus dans nos propres pensées. J'avais à la fois envie de partir et de rester plus longtemps. Cela faisait des années que je n'avais pas partagé un moment privilégié avec Cillian. Peut-être même n'était-ce jamais arrivé. Et puis, je ne voulais pas retourner dans l'appartement en sachant que Sailor n'y était pas. Il semblait toujours froid et vide quand j'y étais seul.

Une fois arrivé et descendu de cheval, je remerciai poliment mon frère.

— Ils s'appellent Washington et Hamilton, souffla-t-il en caressant le museau de son cheval, sans que j'aie rien demandé.

L'animal lui donna un petit coup de museau à l'épaule pour en réclamer plus, mais Kill s'était déjà retourné vers moi. Il avait le talent rare de vous en offrir juste assez pour que vous en vouliez davantage, sans jamais vous accorder satisfaction.

Un sourire sarcastique étira mes lèvres.

— Où sont Franklin, Adams, Jefferson, Madison et Jay ?

— Dans leurs box, ils se reposent, répondit-il avec le plus grand sérieux.

Il se tenait droit et avait la mine grave. Après tout, Cillian Fitzpatrick ne voulait peut-être pas toujours être Cillian Fitzpatrick. Putain, c'était sûrement décourageant d'être au-dessus de tout le monde vingt-quatre heures sur vingt-quatre.

Le simple fait de ne pas pouvoir jurer m'aurait déjà achevé, bordel de merde.

Je secouai la tête et passai un bras autour de son épaule, sans penser qu'il me laisserait faire. Mais au lieu de me chasser il me dévisagea avec dédain et perplexité.

— Laisse-moi te payer un burger, proposai-je.

Je n'étais pas serein. Un refus m'anéantirait.

— Je ne mange pas ces saletés, répliqua-t-il. Mais je vais t'offrir le meilleur repas de ta vie.

Je doutais qu'il puisse m'offrir meilleure viande que celle que je me tapais tous les soirs, mais j'acceptai. Quand nous arrivâmes à sa voiture, il me lança :

— La petite Brennan te tiendra par les bourses si tu la touches. Ne la touche pas.

— Je saurais la gérer, *si* je voulais d'elle.

D'humeur plus revêche tout à coup, j'ouvris la portière passager. On boucla nos ceintures en même temps.

— Non, tu ne pourrais pas.

— Alors qui pourrait ? grondai-je en me tournant vers lui, alors qu'il mettait le contact. Toi, j'imagine ?

Il sortit du parking en gravier, retirant ses mains du volant pour METTRE SES PUTAINS DE GANTS. Je n'arrivais pas à croire que j'allais mourir au nom de son sens de la mode.

— Si je pensais qu'elle en vaut la peine, oui.

— Qui est digne des efforts du grand Cillian Fitzpatrick ? demandai-je avec un sourire mesquin. Héritier d'un empire du pétrole, diplômé de la Harvard Business School, avec son visage de dieu, son corps d'adonis et l'esprit de mille avocats d'élite ? conclus-je, citant mot pour mot ce qu'un tabloïd avait écrit sur lui quelques années plus tôt.

— Personne. Personne que je connaisse, en tout cas.

— Tu es bien sorti avec cette princesse de Monaco, lui rappelai-je.

Sa relation la plus longue avait duré six mois. Selon moi, c'était parce qu'elle vivait trop loin pour qu'il lui trouve des défauts plus tôt. Il finit par poser les mains sur le volant, deux secondes avant de prendre un virage serré.

— Où veux-tu en venir ?

— Tu sors, tu baises, tu vis – comme moi. C'est juste que tu le caches mieux.

— Nous sommes aussi mauvais que les crimes qu'on nous surprend en train de commettre. Crois-en mon expérience, reste à distance de Brennan, et de ses amies tant que tu y es – surtout les deux sœurs malpolies. Aisling les promène dans tout Avebury Court comme des lynx sauvages qu'elle aurait attrapés dans les collines.

Je trouvai étrange qu'il mentionne Emmabelle et Persy en particulier, mais son commentaire sur Sailor m'avait trop énervé pour que je m'y attarde.

— Bien sûr, trouduc.

— Et arrête de jurer.

— OK, putain.

18

Sailor

— Oups. Une autre pièce dans la tirelire, chuchotai-je à l'oreille de Junsu en lui tapant sur l'épaule.

Mon entraîneur sursauta et se cogna la tête contre le mur en poussant un cri de surprise. Junsu n'avait *jamais* peur. Sa réaction me prit au dépourvu, et je manquai de perdre à mon tour l'équilibre. Il se massa l'arrière de la tête en grimaçant et mit fin à son appel sans même dire au revoir à son correspondant, avant de ranger son téléphone dans sa poche.

Il avait un comportement étrange ces derniers temps – il arrivait en retard à nos sessions, disparaissait dans le hall pour répondre à des appels personnels, avait du mal à rester concentré. Un jour, j'avais apporté une tirelire cochon trouvée dans la boutique d'à côté où tout était vendu à un dollar et je l'obligeais à y mettre un cent chaque fois qu'il disparaissait ou avait un comportement louche. C'était une manière sympa de l'inciter à se reconcentrer. Je devais l'admettre, la tirelire se remplissait, et *vite*.

La dernière fois qu'il l'avait soulevée, j'avais bien vu qu'elle était lourde. Sa pièce était tombée avec un bruit sourd sur la montagne de pièces en cuivre. Le ventre du cochon était plein.

— Ne fais plus jamais ça !

Junsu agita le poing en me montrant ses dents pointues.

Il dut voir la terreur sur mon visage, car il se détendit immédiatement et posa la main sur mon épaule.

— Désolé. C'est le stress.

— Je peux faire quelque chose pour t'aider ? demandai-je.

Junsu était très secret sur sa vie privée. Je savais qu'il était marié et avait trois enfants, qu'il avait emménagé ici il y a trente ans et qu'il aimait faire du tai-chi avec sa femme au parc tous les week-ends. Il menait une vie heureuse et sans histoires, mais je commençais à me dire que quelque chose avait perturbé son statu quo. Peut-être quelqu'un était-il tombé malade ? Ou l'un de ses enfants avait-il des ennuis ?

Non. Je savais que sa famille était en forme, que personne n'avait de problème. Je ne connaissais qu'une crise mineure dans la vie de Junsu : un an plus tôt, son fils aîné, Kwan, avait été accepté à l'université Columbia, à New York ; mais il n'avait pas décroché de bourse, et ses parents n'avaient pas les moyens de payer les frais de scolarité. Cela dit, ils avaient fini par trouver les fonds nécessaires et s'en sortir. Je n'avais jamais demandé comment. Cela ne me regardait pas.

— Non, répondit-il en secouant la tête. Commençons l'entraînement.

Nous marchâmes d'un même pas vers le stand de tir, le silence entre nous bourdonnant à mon oreille comme une mouche.

— Lana sera là dans deux semaines, dis-je en mordillant la peau de mon pouce, qui était rose, à vif, et racontait mon angoisse des précédents jours.

Ces dernières semaines avaient été pénibles. Lana et moi nous disputions l'affection des médias, enchaînant les interviews, shootings et autres événements. J'étais épuisée. Je détestais être devant les caméras, et cette facette du métier m'éreintait.

J'adorais ce sport, mais abhorrais la représentation médiatique qui allait avec.

Junsu haussa une épaule, les mains nouées dans le dos. Son absence de réponse me rendit folle.

Je m'humectai les lèvres.

— Devrais-je m'inquiéter ?

— Oui, dit-il. Mais elle aussi. Vous êtes toutes les deux très fortes. Une de vous doit être un peu meilleure. Nous découvrirons bientôt qui.

Je savais bien que je n'aurais pas dû m'attendre à ce qu'il me couvre d'éloges et m'assure que j'allais lui botter les fesses en finale pour déterminer laquelle de nous deux irait aux jeux Olympiques. Ce n'était pas le genre de Junsu. Malgré tout, sa réponse me blessa.

Après l'entraînement, je rentrai directement à l'appartement en voiture. Je savais que Knight et Luna, les amis de Hunter, étaient déjà là. Un peu plus tôt, Hunter m'avait prévenue par message :

Les aigles se sont posés. Je suis parti du boulot plus tôt et je les ai surpris avec leurs serres baladeuses dans notre escalier. Super dégueu. À toute.

Ils restaient ce soir et demain, et j'avais peur qu'ils me détestent ou – pire – me trouvent ordinaire, voire invisible, comme le reste du monde. J'avais peur que la bulle qui nous enveloppait, Hunter et moi, nous explose au visage quand mon colocataire comprendrait à son tour que j'étais juste une fille un peu gauche et bagarreuse à qui on avait demandé de jouer les nounous, mais qui avait fini dans son lit comme toutes les autres.

Quand les portes de l'ascenseur privatif s'ouvrirent, mon cœur battait si fort que j'en avais la nausée. Des rires et des cris me parvenaient depuis la cuisine. Mes yeux se posèrent tout de suite sur Hunter et un autre gars de notre âge. Ils étaient appuyés contre le plan de travail, en train de boire des *root beers* dans de jolies bouteilles. Knight était grand – plus grand que Hunter – et si péniblement beau que c'en était écœurant. Coincée sous son bras massif, une fille au teint mat avec des tresses relevées en queue-de-cheval. On aurait dit une princesse égyptienne – d'une beauté sauvage, avec les yeux en amande et les lèvres pulpeuses. Son regard allait de l'un à l'autre des garçons, un petit sourire amusé dansant sur son visage. Hunter portait un costume en laine et cashmere Brunello Cucinelli, et Knight un sweat à capuche Palm Angels blanc et des baskets montantes en cuir Giuseppe Zanotti. Ils valaient quinze mille dollars à eux d'eux.

Sales play-boys pétés de thunes.

— Donc cette fille, Alice, est penchée sur la table de billard et raconte son camp d'été chrétien pendant que notre cher Hunt est en train de la baiser devant tout le monde, dit Knight en ricanant. Et c'est pas tout, Moonshine. Pendant tout le truc, Hunter débat avec Vaughn – je sais plus à propos de quoi – sans jamais perdre le rythme ni transpirer une goutte de sueur. C'était quoi le sujet déjà ? demanda Knight en donnant un coup de coude à Hunter.

Aucun d'entre eux n'avait encore remarqué ma présence, alors que j'étais sortie de l'ascenseur, les yeux rivés sur eux, fascinée.

Alice. Alice d'Instagram. Alice avec qui il flirtait. Alice de son propre petit Pays des merveilles. Mon cœur s'englua de goudron. Je me sentis lourde et apathique, l'esprit embrumé.

J'étais jalouse.

— Quelle vieille star tu préfères te taper entre Michelle Pfeiffer ou

Madonna, répondit Hunter en portant la bouteille à ses lèvres, l'autre main plongée dans la poche de son pantalon cigarette gris clair.

Il avait l'air tellement plus élégant et mature que Knight, avec ses cheveux blonds lissés en arrière.

— Michelle Pfeiffer, sans hésiter, lançai-je à la volée en posant mon sac en toile dans l'entrée avant de pénétrer pour de bon dans la pièce.

Tous les regards se tournèrent vers moi, surpris. Je souris en montrant beaucoup trop les dents, m'efforçant de paraître calme, avant de préciser :

— Personne n'a vu *Batman : Le Défi* ?

— Je t'accorde la moitié des points, dit Knight en pointant le goulot de sa bouteille vers moi. Parce que tu as la bonne célébrité, mais pas le bon film. *Esprits rebelles,* soit dit en passant. Je suis Knight.

Il se dépêtra de sa magnifique fiancée pour s'approcher de moi. Je tendis la main, m'attendant à ce qu'il la serre, mais il l'attrapa pour me tirer contre lui dans une étreinte étouffante mais pleine d'amour. À cette seule embrassade, je sus que ce type venait d'une famille de pros du câlin et savait aimer follement et intimement. Luna avait de la chance.

— Merci de t'occuper de notre petit. On sait que c'est un connard.

— Knight !

Luna gloussa, s'infiltrant dans notre embrassade pour me serrer contre elle à son tour. Elle sentait la lingette adoucissante, et je ne détectai aucun signe d'un caractère de peste malgré sa beauté.

— Je suis Luna.

— Sailor.

— On sait, dirent-ils à l'unisson, avant d'éclater de rire.

Après nous être détachés les uns des autres, nous nous tournâmes tous trois vers Hunter qui nous regardait, hébété.

— J'ai répondu Madonna, dit-il. *Like a Virgin* ? Ça, tu seras plus vierge quand j'en aurai fini avec toi, ma petite.

— Ouais. Sa chanson du lendemain, ce serait *Burning Up* , *aïe ça brûle*, plaisanta Knight, retournant près de Hunter pour lui donner une tape dans le dos.

On éclata tous de rire, mais j'étais loin d'être sereine. Je me trouvais face à face avec mon pire cauchemar, à savoir le passé et la réputation de Hunter, que j'avais tenté de dissocier de sa personne, comme si ces choses ne faisaient pas partie de lui.

Un casanova.

Un *serial* baiseur.

Un mec en qui on ne pouvait pas avoir confiance.

— Alors, on sort en boîte ou quoi ?

Knight ouvrit une autre *root beer*, qu'il descendit d'une traite avant de lancer un rot sonore.

— Faut arroser le nouveau contrat de Luna.

— Faire la fête avec deux anciens alcoolos, quelle idée brillante ! railla Hunter en plantant les doigts dans les bouteilles vides posées sur l'îlot central. On va célébrer la réussite de malade de ta copine autrement. Vous autres gamins du Far West vivez dans l'Athènes de l'Amérique. Todos Santos est plus Ayia Napa. Je vais vous faire passer une bonne soirée. Préparez-vous, on part dans quinze minutes.

Knight et Luna échangèrent un regard et se dirigèrent vers la chambre de Hunter pour se changer, me remerciant une fois encore au passage de les accueillir ici – comme si c'était mon appartement, et non celui de Hunter.

Je ne manquai pas de remarquer que Hunter ne m'avait pas incluse dans leurs projets, ni adressé directement la parole depuis que j'étais rentrée. Je n'étais pas invitée à leur soirée. Je m'efforçai d'ignorer la pointe de déception me perçant la poitrine, mais j'avais du mal à respirer.

— Je vais à la douche. J'espère que tu as passé une bonne journée, dis-je en lui adressant un signe de la main et un demi-sourire.

— Ouais, toi aussi.

Hunter me tourna le dos et se mit à débarrasser les bouteilles vides.

Je marquai une pause, comme figée sur place. Avais-je fait quelque chose pour qu'il m'ignore ainsi ? Pas que je sache. Nous avions dormi ensemble cette nuit. Et la nuit d'avant. Ce matin, il m'avait réveillée, le visage entre mes cuisses, à me mordre, me mordiller, me lécher partout.

Mais ce n'est que du sexe. Ça fait partie de votre marché. Il ne te voit que comme un trou chaud pour se satisfaire, un moyen pour atteindre un but. En l'occurrence, son très gros héritage.

Je sautai sous la douche, laissant l'eau brûlante me marteler la peau. Je me lavai les dents pour essayer d'effacer ce goût amer dans ma bouche. Quand je finis par sortir de la salle de bains en pyjama *Surely not everyone was Kung Fu fighting (*pied de nez à la chanson des Vamps, que j'avais trouvé à dix dollars sur Etsy), je me retrouvai face à trois paires d'yeux énervées.

Hunter, Knight et Luna se tenaient dans l'entrée, bras croisés, me fusillant du regard.

— Quoi ?

Je baissai les yeux pour m'assurer que j'avais bien pensé à mettre mon pantalon. C'était le cas.

— Qu'est-ce que tu foutais là-dedans ? Tu t'es doigtée cinq cents fois en regardant une photo de moi ? On est déjà en retard, et t'es en pyjama. Va mettre un jean, ordonna Hunter en agitant la main dans ma direction.

Je piquai un fard.

— Oh ! je ne savais pas… je croyais…

Je fermai la bouche, prenant conscience que j'étais encore en train de me ridiculiser.

En même temps, j'étais si soulagée que je faillis dégobiller.

— Ouais, t'as pas réfléchi. Me laisser me promener en liberté avec ce physique dans une ville remplie d'alcool et de femmes chaudes comme la braise ? lança Hunter en se désignant lui-même. T'es censée t'assurer de ma chasteté et ma sobriété. Alors va t'habiller et remplis ton rôle.

Voilà pourquoi il avait besoin que je vienne.

Mon cœur se serra. *Évidemment.*

Une heure plus tard, Hunter gara ma voiture devant le Cutler Majestic Theatre sur Tremont Street, connu pour être prétendument hanté. Un ancien maire de Boston, quoique fictif, était mort ici pendant qu'il assistait à un spectacle. On disait aussi qu'il y avait les esprits d'un couple marié et celui d'une petite fille qui acceptait des cadeaux qu'on laissait pour elle.

Je partageai ces informations avec nos invités tandis que Hunter sortait de la voiture et nous ouvrait les portières. Luna et Knight semblèrent vouloir déguerpir au plus vite et regagner la Californie à pied s'il le fallait.

— Des fantômes ? Du sang ? Des meurtres ? Vaughn aurait épousé cet endroit, dit Knight, ce qui fit rire Hunter et Luna.

J'avais déjà entendu ce nom plusieurs fois, mais je ne savais pas qui c'était.

— Ouais, bah ce con-là est sur un autre continent. Et puis, Sailor et lui se seraient certainement entretués, et je n'ai ni le temps ni l'énergie de témoigner dans un long procès.

Hunter ferma la portière passager avec fracas après que nous étions tous sortis.

— Surtout que je peux presque sentir le goût de la liberté sur ma langue. Et les chattes. Je peux presque les goûter aussi.

Tu y goûtes. Tous les jours, eus-je envie de hurler. *Ou bien je ne compte pas ?*

Bien sûr, je savais pourquoi il faisait tout ça. Nous ne pouvions montrer à personne que nous étions ensemble, au sens biblique. Nous nous étions mis d'accord.

— Enfin bref. (Hunter bâilla.) J'ai loué la salle pour la soirée. Le chef cuistot est déjà là. Au menu, repas bio à base de plantes, parce que Luna est végétarienne et que Sailor est… genre, une fille.

— Oh !

Luna piailla et me tapa dans la main. Je m'efforçai de garder ma bonne humeur. *Genre* une fille ? N'étais-je pas une vraie femme maintenant ? Et puis, c'étaient des conneries, et il le savait. On mangeait tout le temps au resto ensemble, et j'étais plus téméraire que lui en termes de bouffe. Il m'avait même dit un jour que j'avais le métabolisme d'un *quarterback* vivant dans une fraternité.

Knight lança à Hunter un regard disant qu'il avait perdu tout respect pour lui.

— Des feuilles, mec ?

— N'aie pas peur, répondit Hunter en levant la main. En contrepartie de notre hospitalité côté bouffe – si on peut appeler les légumes de la bouffe –, on va se faire un marathon de films *old-school*, à savoir *Fight Club, Top Gun* et *L'Inspecteur Harry*.

— Hors de question que je me tape tout ça ! lança Luna, coupée dans son élan euphorique.

— Même si tu t'assois sur mes genoux ? Toute nue ?

Knight sourit, enroulant son biceps musclé autour du cou de Luna, qui repoussa son bras en riant.

Nous entrâmes dans le théâtre. Une ribambelle de plats – salades, pâtes et cocottes – nous attendait dans le hall. Nous les avalâmes en vitesse dans la salle à manger improvisée, puis pénétrâmes dans la salle de spectacle. Les deux membres du personnel présents tamisèrent les lumières, lancèrent le premier film – *L'Inspecteur Harry* – et s'éclipsèrent. Nous étions assis au premier rang du balcon, dans le noir total, sur des fauteuils luxueux. Knight et Hunter étirèrent leurs longues jambes, pieds posés sur la rambarde, chevilles croisées, et Knight mit la main de Luna sur sa cuisse musclée, la caressant avec tendresse. Hunter et moi ne nous touchions pas, bien que nous soyons assis tout près l'un de l'autre.

Je ne parvins pas à me concentrer sur les deux premiers films – *L'Inspecteur Harry* et *Top Gun*. Je ruminais ; Hunter ne m'avait accordé aucun traitement de faveur, aucun *regard*. La réalité serait-elle aussi dure à affronter quand notre contrat toucherait à sa fin ?

Durant les semaines que nous avions passées à coucher ensemble et à écouter les enregistrements de Sylvester Lewis, enlacés l'un contre l'autre, je m'étais forcée à imaginer Hunter en train de me quitter, de me dire au revoir une dernière fois. Je me le représentais encore et encore pour m'y préparer. J'espérais que la douleur s'atténuerait avec le temps.

Elle ne s'atténuait pas.

Quand *Fight Club* commença, Luna et Knight avaient abandonné l'idée de faire semblant de regarder l'écran. Ils étaient en train de se peloter, Luna à califourchon sur Knight, et n'essayaient nullement d'être discrets. On entendait gémissements, grognements, baisers mouillés, leurs dents qui s'entrechoquaient, le tissu qui se froissait. Je n'arrivais même plus à savoir si c'était Brad Pitt ou Edward Norton à l'écran. Je jetai un coup d'œil à Hunter, pris en sandwich entre moi et Knight et Luna. Il avait les yeux rivés sur l'écran et versait un paquet de M&M's dans son cornet de pop-corn, qu'il tenait en équilibre sur le genou avec adresse.

Je me reconcentrai sur le film, et mon petit doigt posé sur l'accoudoir entre nous tressauta, touchant brièvement le sien.

Touche-moi, idiot.

Il retira sa main pour se gratter la mâchoire. Ce contact non réciproque me cingla comme un coup de fouet. Je fus bouleversée par ce rejet pourtant bête et insignifiant. Mais soudain j'avais l'impression d'avoir perdu Hunter de manière inattendue, avant qu'il soit temps.

Si seulement tu t'étais entraînée à l'imaginer te foutre à la porte quelques centaines de fois de plus !

Je m'éclaircis la gorge.

— Tu as déjà vu *Fight Club* ?

— C'est une blague ? Est-ce que les oiseaux volent ?

Il fourra une poignée de M&M's plus pop-corn dans sa bouche.

— Ça dépend des oiseaux. Les autruches ne peuvent pas voler.

Il se tourna vers moi. Je le vis du coin de l'œil, fronçant les sourcils, comme si ma place était dans un hôpital psychiatrique.

Embrasse-moi.

Réclame-moi.

Montre-leur que je ne suis pas que la baby-sitter.

Au lieu d'exprimer mes pensées sombres, érotiques, pathétiques, je bâillai et me levai en m'étirant.

— Pause pipi. Je reviens.

Hunter écarquilla les yeux.

— Maintenant ? Juste quand ça devient intéressant !

Je choisis le chemin le plus long et qui m'évitait de passer devant Knight, Luna et Hunter pour m'enfuir.

— J'ai vu Brad Pitt torse nu. C'était le summum du film pour moi. Ça ne peut qu'être moins bien après ça, marmonnai-je pour moi-même.

J'allai aux toilettes du bas. Je n'avais pas besoin de faire pipi, mais je pris le temps de me rafraîchir, de me laver le visage et de me regarder dans le miroir. Je portais une robe grise col Bardot avec une veste en jean et mes Vans à carreaux. Une tenue confortable, sans être trop masculine. Je lissai mes cheveux roux avec mes doigts, puis quittai les toilettes. L'idée de retourner à l'étage pour affronter l'amour de Knight et Luna et le détachement de Hunter me donna presque des envies de meurtre. Et puis, on disait cet endroit *hanté*. Il y avait sûrement plein de choses à voir.

Je décidai de me balader dans le hall. Il était ancien et impérial, avec ses dizaines de lumières dorées brillant comme des diamants partout où se posait le regard. Des colonnes en marbre brun s'élevaient du sol tels des arbres. Je pénétrai au premier étage de l'auditorium, sous le balcon, où Hunter et ses amis ne pouvaient pas me voir. Le plafond voûté et les décorations détaillées éveillèrent en moi un sentiment que je fus incapable d'expliquer. Mon cœur se serra – j'étais fière de faire partie de cette ville, d'entrer un peu dans l'histoire de ce lieu. *Je suis là,* me dis-je. Dans cent ans, ou peut-être deux cents, quand j'aurais disparu depuis longtemps, quelqu'un d'autre contemplerait tout cela.

Mais aujourd'hui c'était mon tour de m'imprégner de cette magie.

Je me dirigeai vers la scène, évoluant dans l'ombre, invisible aux yeux des autres. Un petit coup d'œil à l'étage me confirma que Knight et Luna n'étaient pas en capacité de voir quoi que ce soit. On aurait dit qu'ils étaient en train de faire l'amour sous la petite robe fleurie de Luna tandis qu'elle ondulait comme une vague au-dessus de Knight. Hunter se concentrait toujours sur le film, l'air froid et courroucé. Je me glissai en coulisse, derrière l'écran, et fis glisser ma main sur les meubles et accessoires. *Casse-Noisette* devait être à l'affiche, car les décors de scène étaient composés de colonnes torsadées à rayures rouges et blanches, d'une montgolfière et d'un sapin de Noël. Ma main s'arrêta sur une simple chaise en bois sur laquelle était drapée une robe. Je soulevai le tissu et le portai à mon nez.

Il sentait la sueur, le polyester et la laque. Je fermai les yeux. Je savais que le film projeté sur l'écran géant me cachait.

Reposant la robe à sa place, je ramassai un morceau de papier froissé posé sur l'assise, qui semblait avoir été lu un nombre incalculable de fois – c'était une chanson.

Son amour était pareil au soleil.

Ce n'était pas parce qu'il n'était pas là

Qu'il cessait d'exister.

Et même quand ses rayons ne réchauffaient plus sa peau

Il animait son univers.

Et même quand la nuit la noyait dans la solitude, quand l'hiver le ravissait à sa vie.

Elle savait qu'il reviendrait.

Il revenait toujours.

Bien après qu'ils s'étaient dit adieu.

Je serrai le papier contre ma poitrine puis je baissai la tête pour presser mes lèvres dessus. Bon sang, que m'arrivait-il ?

Soudain, on m'arracha la feuille des mains. J'ouvris brusquement les paupières : Hunter se tenait devant moi, les yeux plantés dans les miens.

Je fus la première à briser ce contact visuel, pour le regarder froisser le papier dans son poing, le détruire. L'ironie de son geste m'arracha un sourire triste. Cela voulait-il dire que je commençais à accepter notre destin ? Nos adieux imminents ?

Hunter jeta la boule de papier par-dessus son épaule et fit un pas en avant, effaçant toute distance entre nous. Il portait toujours son costume du boulot, gris pâle avec une cravate en soie lie-de-vin. D'un doigt, il me souleva le menton. Je chassai sa main. J'éprouvais une colère irrationnelle envers lui et je refusais d'en admettre la raison, même à moi-même.

Parce que je ne me satisfaisais pas de n'être que la baby-sitter avec qui il couchait pour se détendre.

Parce que j'attendais plus que d'être traitée comme une simple connaissance.

Parce que je voulais que nous ayons ce que Knight et Luna avaient.

Il haussa un sourcil, l'air interrogateur.

Je tournai les talons et m'éloignai. J'étais presque arrivée au niveau de l'escalier quand Hunter enroula ses doigts autour de mon poignet et me tira derrière le lourd rideau en velours bordeaux qui nous dissimulait à la vue de tous.

Il frotta son nez contre mon visage, me respirant avec un frisson.

— Quand tu es comme ça, j'ai envie de te baiser pour effacer cet air rebelle de ton visage, *aingeal dean*.

Je lui avais souvent demandé ce que signifiait mon surnom, mais je n'avais jamais eu le courage de chercher par moi-même. J'espérais encore qu'il me le dirait avant que notre temps soit écoulé. Et puis, j'aimais le mystère. Je chercherais sur Google dès que nos chemins se sépareraient, c'était sûr. J'allais forcément me rattacher à chaque petit détail une fois qu'il serait parti. Ce qui me faisait penser qu'il fallait que je me mette à la recherche d'un appartement, puisque mes parents avaient réutilisé mon ancienne chambre. Encore une chose que j'avais remise à plus tard.

— Tu as à peine fait attention à moi ce soir, protestai-je, heureuse que l'éclairage tamisé masque mes joues rouges.

J'étais bloquée entre le mur et son corps chaud et musclé.

— Je ne savais pas comment me comporter, admit Hunter, ses lèvres trouvant le lobe de mon oreille, qu'il se mit à mordiller.

Sa bouche avait la capacité de me faire frissonner dès qu'elle se posait sur ma peau.

— Tu es ma première…

Il marqua une pause, réfléchissant au nom à nous donner.

Petite amie ?

— Amie fille. Réelle, ajouta-t-il, sa bouche passant dans mon cou, sa langue glissant sur ma peau. Je ne sais pas comment communiquer avec toi sans déboutonner tes vêtements avec les dents.

Je retins ma respiration et lui demandai :

— Alors tu as décidé de faire comme si je n'existais pas ?

Quand il se rendit compte que je ne le touchais pas, que je ne lui rendais pas ses caresses, il me prit la main et la posa entre ses jambes. Il bandait.

Il vient de voir ses amis baiser sous ses yeux. Ne te berce pas d'illusions.

— Depuis quand ça te dérange ?

Ses lèvres effleurèrent les miennes. D'une main, il m'attrapa les fesses pour me plaquer contre le mur tandis que, de l'autre, il soulevait ma robe pour glisser ses doigts entre mes cuisses.

— Depuis que tu m'as fait me sentir comme une merde, rétorquai-je en le serrant *là*.

Je n'y mis pas beaucoup de force, mais je ne fus pas tendre non plus. Si je pensais que cela le sortirait de son brouillard hormonal, je me trompais complètement. Hunter se contenta de rire, fourra ma main dans son pantalon et enroula ses doigts autour des miens pour me faire empoigner son sexe.

— Gentille fille. De haut en bas maintenant. Caresse-moi, bébé.

— *Hunt*, grondai-je d'une voix rauque.

Mais je le caressai. Cela me mettait hors de moi de succomber ainsi à ses charmes. Ma seule consolation, c'était que je ne le faisais pas pour lui donner du plaisir à *lui*. Je le faisais parce que c'était incroyablement sexy. Nous, en train de nous embrasser dans ce théâtre hanté entièrement privatisé pour la soirée. Moi, me berçant de l'illusion que j'avais ce que Luna avait, alors que Hunter ne m'offrait manifestement rien de plus que du sexe.

— Ouais, bébé, grogna-t-il en ondulant sous ma main. Montre à ces fantômes comment on fait. Un bon porno pour Casper.

— Réponds-moi, Hunter. Pourquoi tu m'ignorais ? demandai-je, accélérant la cadence, regardant ses yeux rouler dans leur orbite avec délectation et une touche de sadisme.

Comme il ne répondait toujours pas, je m'arrêtai d'un coup, retirai ma main et croisai les bras. Il écarquilla les yeux.

— Putain, Sailor ! Tu voulais que je fasse quoi ? Que je t'embrasse ? Que je te roule des pelles en public ? Ça nous ferait sortir du purgatoire des sex-friends, où on est censés rester. J'ai une tonne de fric en jeu. Et toi ta carrière. Tout ce merdier est bientôt terminé. Pourquoi tuer notre plaisir maintenant ?

Sex-friends.

La façon dont sa bouche forma ces mots – la simple existence de ces mots dans sa bouche – me donna la chair de poule. Sex. Friends. C'était tout ce que nous étions. Des amis qui baisaient.

Hunter voulait que nous ne soyons personne l'un pour l'autre, et moi ? Je voulais tout.

Sentant qu'il n'obtiendrait pas de réponse verbale, Hunter passa sa main entre nous, la glissa sous ma robe et baissa ma culotte jusqu'à mes genoux. Je fus parcourue d'un frisson quand je me rendis compte à quel point elle était mouillée, qui plus est au beau milieu d'une dispute.

— Laisse-moi te faire du bien, murmura-t-il dans ma bouche.

Il m'embrassa encore. Lentement. Si lentement. Pour me séduire.

— Ils pourraient nous surprendre, chuchotai-je.

— Qu'ils nous surprennent. Ils verront toute l'attention que je te porte.

Il se pencha en avant pour se débarrasser de ma culotte, qu'il fit descendre jusqu'en bas. Je la jetai d'un coup de pied, et Hunter me poussa dos au mur.

— Écarte les jambes pour moi, ordonna-t-il.

— Ne me donne pas d'or…

— Je te jure, Sailor, si tu ne le fais pas, je te baiserai la bouche si fort que tu perdras toutes tes dents.

Je m'exécutai, m'ouvrant à lui. Il s'agenouilla et écarta mes lèvres des deux pouces. Il approcha sa bouche, inspira, et expira en moi ce que je savais être un souffle frais et mentholé, relevé du parfum chocolaté de M&M's.

Je frémis, posant les mains sur ses épaules.

— Recommence, dis-je dans un gémissement.

Il souffla de nouveau en moi, et mon vagin se contracta, en réclamant davantage. Il étira un peu plus mes lèvres gonflées, et je sentis une légère douleur sous la pression de ses doigts.

— Dis-moi, tu crois vraiment que tu peux me dire non ?

Je ne répondis pas, parce que ma réponse ne me plaisait pas. Je me contentai de soutenir son regard d'un air de défi, bien qu'il soit sur le point de me donner un orgasme en me touchant à peine. *Hunter Fitzpatrick est un passe-temps dangereux. Je devrais être heureuse de me débarrasser de lui.*

Il souffla de nouveau en moi, les yeux vissés sur les miens.

Mes mains passèrent de ses épaules à ses cheveux, doux et soyeux, que je serrai délicatement.

— Plus.

Il plongea deux doigts en moi, les enroulant vers le haut pour atteindre mon point G. Le bruit de mon intimité trempée emplit l'air autour de nous, et il se mit à aller et venir en moi. Lentement. Si lentement que je crus mourir. Ses yeux ne quittaient pas les miens tandis qu'il me pénétrait, l'air grave.

— Plus vite, demandai-je d'une voix rauque.

Il secoua la tête.

— C'est un orgasme pour te punir, pas pour te satisfaire, Sailor. Tu aurais dû y penser avant d'envisager de mettre un terme à tout ça.

Je me laissai glisser contre le mur, gardant sa tête entre mes cuisses et remuant les fesses sur le sol, essayant d'accélérer moi-même la cadence, mais il m'en empêcha. Il aplatit une de ses mains sur le bas de mon ventre, me clouant sur place.

Je gémis.

— J'en veux plus.

— Sois plus précise, aboya-t-il presque.

Il y eut de l'agitation dans la scène projetée sur le grand écran. Brad Pitt et Edward Norton n'étaient pas contents. Nous ne craignions pas d'être découverts.

Je ravalai ma honte.

— Viens en moi.

— *Bzzzz*, dit-il. Mauvaise terminologie. Dis-le comme une vraie meuf du XXIe siècle.

— Baise-moi, murmurai-je en baissant les yeux.

Il accéléra la cadence, sachant que mon orgasme était tout près.

— Plus fort.

Je haussai d'un ton :

— Baise-moi.

— Je t'entends pas, chantonna-t-il.

— *Baise-m…*, commençai-je à hurler, mais avant que je puisse aller au bout, il était sur moi, en train de défaire sa ceinture pour me pénétrer.

Il s'enfonça en moi sans protection – c'était la première fois qu'on le faisait sans préservatif –, et mes yeux s'agrandirent quand je sentis sa chair chaude et soyeuse en moi. Je gémis contre son épaule, m'agrippant à son dos tandis qu'il se mettait en mouvement.

J'étais contente qu'on ait eu *la* conversation. Celle sur les MST. Ce n'était pas officiel ni rien – Hunter s'était plaint que son père l'avait forcé à se faire tester quand il était revenu à Boston – mais quand même c'était bon de savoir que je ne choperais pas de chlamydia dans un futur proche.

Ses mouvements étaient rapides – sauvages, saccadés, et pas du tout en rythme. Je m'étais accoutumée aux quelques mouvements habituels de Hunter. Il y avait ce que j'appelais le strip-teaseur, où il allait et venait dans un mouvement fluide, ondulant lascivement, comme dans les films pornos soft. Il y avait aussi celui de l'étudiant fêtard, quand il me plaquait contre n'importe quelle surface et me pénétrait avec des coups de reins rapides, puissants, punitifs. Là, ce n'était ni l'un ni l'autre. Ce soir, il me baisait comme si j'allais m'évaporer à tout moment et qu'il avait besoin de trouver satisfaction avant ça.

J'avais l'impression qu'il me fendait en deux, qu'il me brisait un peu plus, et je décidai de me défendre. Je plantai mes ongles dans ses épaules et les fis glisser jusqu'à son torse pour le repousser, sans le faire vraiment.

— Je te déteste, soufflai-je.

Il me fit taire d'un violent baiser, plein de langue et de dents.

Mais je pensais ce que j'avais dit. Je détestais qu'il éveille de tels sentiments en moi, qu'il ait ruiné mon projet de vie sans encombre, sans avoir à souffrir. Je détestais qu'il m'ait invitée à me noyer avec lui dans la serre aux papillons de ses parents. Petite idiote que j'étais, j'avais accepté.

J'avais besoin d'air.

Je le giflai pour mettre fin au baiser. Il s'écarta, choqué, mais alors qu'il s'apprêtait à se retirer j'empoignai ses fesses nues – la seule partie dénudée de son corps, nous étions tous les deux habillés – pour le faire plonger plus profondément en moi.

— Non. Donne-moi un orgasme et *ensuite* laisse-moi tranquille. Je le pense, Hunter. C'est fini.

Quelque chose dans son visage changea à cet instant.

Je me souvins d'une chose que Hunter m'avait dite un jour, quand nous étions allongés côte à côte dans mon lit.

« C'est vrai que je ne suis jamais resté avec une femme, mais les femmes ne restent jamais non plus avec moi. Ma mère m'a négligé. La valse des nounous n'a pas aidé non plus. Mon unique sœur devait demander la permission à papa avant de m'appeler parce qu'il lui avait dit que j'avais une mauvaise influence. Les autres filles qui me remarquaient voulaient soit me baiser, soit profiter de ma thune. Les femmes ne me tiennent pas en haute estime, mais la vérité c'est que, moi non plus, je n'ai pas beaucoup d'estime pour elles. »

Je le larguais sans même être avec lui, faisant ce qu'il détestait le plus – que les femmes le quittent sans prévenir.

Et il n'était pas content.

Hunter me pénétra encore et encore et encore et encore, le plaisir qu'il avivait dans mon corps à l'opposé de la douleur qui transperçait mon âme. Je voulais effacer ce que j'avais dit, mais je ne souhaitais pas non plus sacrifier mon bonheur pour le sien.

Quand l'apothéose me fit me balancer d'avant en arrière, gagnée par une vague d'euphorie, je sentis Hunter palpiter et se contracter en moi. Il se retira, attrapa son sexe et empoigna ma crinière pour me forcer à tendre le cou. Mon cœur battait à tout rompre. Hunter posa le bout de sa queue humide – qui portait mon odeur – à la naissance de mes cheveux et descendit le long de mon visage en venant par à-coups, traçant une ligne de sperme sur ma joue. Il s'arrêta au coin de mes lèvres, un sourcil haussé, me défiant du regard de lui dire non.

J'ouvris la bouche, obéissante, et il y fourra sa queue. Je renversai la tête en arrière pour faire glisser le sperme dans ma gorge, puis avalai.

Hunter se leva sans attendre et reboucla sa ceinture. Il s'apprêtait à dire quelque chose – une vacherie, qu'il regretterait certainement – quand le rideau en velours bordeaux qui nous enveloppait s'ouvrit.

— Waouh ! fit Knight.

Debout sur le côté de la scène, il siffla puis nous applaudit au ralenti. À côté de lui, Luna avait la main sur la bouche, les yeux grands comme des soucoupes.

— Alors ça existe ? Une baby-sitter avec un happy end ? demanda Knight en souriant.

Tant de sang me monta au visage que je crus que j'allais exploser.

Hunter tourna les talons et s'en alla, ne prenant même pas la peine de répondre à son meilleur ami ni de m'aider à me relever. Je restai assise là, son sperme me gouttant du menton.

19

Hunter

Après avoir dit au revoir à Knight et Luna à l'aéroport, je rentrai à l'appartement dans la voiture de Sailor, usant de toute ma retenue pour ne pas arracher le volant du tableau de bord et le jeter par la fenêtre.

Elle voulait mettre fin à notre arrangement maintenant, alors qu'on était tout près de la ligne d'arrivée ? Ouais. Non. Qu'elle aille se faire foutre !

Littéralement. J'allais le faire moi-même. De manière punitive. Parce qu'elle aimait ça, et parce que ma limite était atteinte quand ses doutes commençaient à foutre ma vie sexuelle en l'air. Putain, rien qu'en pensant à ce que j'allais lui faire, je sentais le bout de ma bite déjà humide, comme un ado.

Quand nous étions rentrés du théâtre, je n'avais pas pu me retenir. J'avais attendu que tout le monde soit endormi, décroché le téléphone et appelé Cillian. Il semblait être au restaurant, ce qui n'avait aucun sens puisqu'il était méga tard. Ça parlait français derrière lui. Quand je lui avais dit que c'était sérieux, il avait marmonné dans sa barbe et était sorti de l'endroit où il se trouvait. Le bruit des vagues se brisant sur le rivage avait remplacé les conversations. Où était-il, bordel ? Cannes ? Monaco ? Au paradis ?

— Tu ferais mieux d'être en train de crever ou d'avoir un canon de pistolet dans la bouche. Il est 3 heures du matin.

J'entendis le « clic » d'un briquet – il s'allumait un cigare. Mon frère ne fumait pas de joints ni de cigarettes. Seulement des cigares Roi du Danemark.

Il était peut-être 3 heures du matin à Boston, mais pas là où il était, où que ce soit. Était-il en Europe ? Avait-il pris le jet privé de papa ? Bon moyen de laisser une empreinte carbone de mille Nephilim pour se taper un petit cul étranger. Et dire que de nous deux c'était moi qui avais mauvaise réputation.

— Tu prends tes désirs pour des réalités, frangin. Ça ne te ressemble pas d'être aussi optimiste.

— Va droit au but, trancha-t-il.

Je marquai une pause.

— Promets d'abord de ne pas me balancer.

Je prenais un gros risque, mais je n'avais personne d'autre à qui parler. Knight ne comprendrait pas. Indécrottable romantique, il avait su qu'il était amoureux de Luna alors qu'il portait encore des couches. Vaughn non plus, ce con-là était si froid que je doutais même qu'il aime sa propre mère.

Ce qui ne laissait plus que mon frère. Un bon intermédiaire : un vrai sociopathe, mais avec la capacité à imiter un être humain lambda et à penser comme lui.

— Qu'est-ce qui te fait croire que ce que tu vas me dire va suffisamment m'intéresser pour que je te promette une telle chose ? demanda-t-il, l'air amusé.

Connard connard connard.

— Kill, avertis-je.

— Vas-y, *ceann beag*. Je suis au-dessus des ragots.

Tu es au-dessus de tout, pensai-je amèrement.

— Je baise la nounou.

Ma confession fut suivie d'un silence assourdissant. Je détachai mon téléphone de mon oreille pour voir si l'appel était toujours en cours. C'était le cas. L'espace d'une seconde, je regrettai d'avoir donné si spontanément à mon demi-frère – mais ennemi entier – assez de munitions pour que notre père me laisse sans un dollar.

Puis Cillian prit la parole.

— Il y a autre chose à en dire, ou c'est ta soirée j'enfonce-des-portes-ouvertes ?

— Attends, tu n'as pas l'air surpris.

— C'est parce que je ne le suis pas.

— Comment tu l'as su ?

Je me redressai sur le canapé. Toutes les portes étaient fermées, il n'y avait donc aucun risque qu'on m'entende.

— J'ai compris que tu t'étais frayé un chemin dans son cœur quand elle m'a appelé pour nous prévoir une sortie entre frères. Comme le seul outil dont tu disposes pour plonger dans le corps d'une femme c'est ta queue, j'ai fait le rapprochement.

— Tu crois que papa le sait ?

— J'en doute. Il veut juste que tu ne tires pas dans tous les coins comme un cow-boy, et tu sembles te contenir.

— Ouais, j'ai baisé personne d'autre pendant tout ce temps, et je suis sobre.

— Je m'en contrefous. Avance. Mon temps est précieux.

Cillian tapota son cigare dans un bruit sourd. La musique du restaurant dont il était sorti devint plus forte l'espace d'une seconde ; une femme ouvrait la porte pour l'appeler, en français. Il lui répondit, également en français. Elle gloussa et referma la porte.

Je secouai la tête. Elle lui avait demandé ce qu'il voulait pour le petit déjeuner, et il avait répondu en l'appelant par son prénom

– Rachelle. Je cherchai le décalage horaire entre Boston et Paris sur Google. Il était 9 heures du matin là-bas. *Enfoiré.* Je secouai la tête.

— Enfin bref, on était censés continuer jusqu'à ce qu'elle déménage, mais elle veut y mettre un terme maintenant.

— Et ?

— Et je ne veux pas arrêter de baiser ! m'emportai-je.

Débile.

Mon frère ricana. Il y avait peu de choses qu'il appréciait autant que mon désarroi.

— Qu'est-ce qui lui a fait changer d'avis ?

— Un ami est venu de Californie avec sa fiancée. Je l'ai un peu ignorée quand ils étaient là. Et quand on s'est enfin parlé je lui ai rappelé que ce n'était que temporaire. Je crois que j'ai appelé ça « le purgatoire des sex-friends ».

— Et on dit que l'amour est mort, lâcha-t-il avec sarcasme.

— Va te faire foutre.

— Je commence à croire que je suis la seule personne à Boston à ne pas avoir eu ce déplaisir avec toi, plaisanta-t-il. Est-ce que tes amis ont évoqué ton passé sordide à Todos Santos, par hasard ?

Je songeai à l'histoire que Knight était en train de raconter à Luna quand nous ne pensions pas que Sailor était là et poussai un grognement.

— Elle savait que j'étais un coureur.

J'écartai sa théorie, même si, franchement, est-ce que je pouvais en vouloir à Sailor de m'abandonner ? Ce week-end avait été un désastre.

— C'est facile à oublier dans une ville où elle est ta seule source de divertissement et où ta vie sociale est inexistante.

— Je fais quoi maintenant ?

— Tu rampes.

— Putain.

— C'est une autre option, mais pas aussi plaisante que la beauté rousse qui dort sous ton toit.

La voix rauque de mon frère se durcit. Il la trouvait belle ? Cela me remplit à la fois d'une fierté stupide et d'une colère absurde.

Un autre grognement m'échappa.

— Je dois y aller. Pour info, tu ne m'as pas du tout aidé.

— Pour info, je n'ai pas essayé.

Il raccrocha en premier, mais m'envoya un SMS une seconde plus tard.

Je t'avais dit de ne pas toucher à celle-là.

Deux jours plus tard, je poussai la porte d'entrée en espérant trouver Sailor en train de bouder dans la cuisine, à attendre des excuses (pourquoi je m'excusais déjà ?) et en me regardant comme si j'avais chié sur son lit – elle m'avait regardé ainsi pendant tout le séjour de Knight et Luna chez nous. Le pire, c'est que j'*allais* m'excuser. J'avais même acheté des fleurs au supermarché.

J'avais même cherché sur Google « meilleures fleurs pour choper une fille ».

J'y mettais du mien.

Mais Sailor n'était pas là. L'appartement était vide. Je me dirigeais vers l'îlot central de la cuisine pour poser les fleurs en imaginant le pire – elle était bien du genre à tirer un trait sur ces cinq derniers mois et à me lâcher sans prévenir – quand je remarquai une feuille sur le plan de travail.

Hunt,

Lana est arrivée plus tôt que prévu. Je suis allée voir Crystal en urgence, puis j'ai découvert qu'on avait décroché la couverture de GW. Je prends l'avion pour

New York, je rentre dans deux jours. J'ai prévenu ton père.

Sois sage.

Sailor.

Je serrai les dents si fort que je fus surpris qu'elles ne se transforment pas en poussière.

On m'offrait deux jours sans la surveillance de ma nounou chérie, et tout ce que je voulais c'était qu'elle revienne. L'ironie de la situation ne m'échappait pas. Je vivais sous le même toit que ma tentation la plus contre-nature, un loup déguisé en agneau. Je sortis mon téléphone de ma poche mais, les yeux rivés sur son nom dans ma liste de contacts, je me rendis compte que je ne voulais pas en parler par téléphone.

Je ne voulais pas en parler *du tout*, pour être honnête.

Et puis, peut-être qu'un peu de temps loin l'un de l'autre nous ferait du bien. Peut-être que cela lui remettrait les idées en place et qu'elle prendrait conscience que nous n'avions pas besoin l'un de l'autre, après tout. Peut-être que cela me rappellerait, à moi, ce qu'était Sailor : un arrangement temporaire. J'avais parlé d'elle et analysé son comportement – avec mon tyran de frère, en plus –, ce qui voulait dire que ce bordel était déjà allé trop loin.

Plus j'y pensais, plus j'étais heureux qu'elle ne soit pas là. Bon débarras.

J'espérais qu'elle s'amusait à ce shooting pour *GW* qui ne l'enthousiasmait même pas.

Peut-être que si. Sailor était douée pour se mentir à elle-même. Elle haïssait la célébrité. Abhorrait les interviews. Détestait être sous le feu des projecteurs. Et récemment, je crois, elle s'était aussi mise à mépriser le tir à l'arc en lui-même. Elle fonctionnait en pilote automatique.

Sentant mes narines se dilater de rage, j'attrapai les fleurs et les jetai à la poubelle, les écrasant avec le pied, faisant voler des pétales partout dans la cuisine.

J'attrapai mon ordinateur et me retirai dans ma chambre, comptant bien me gaver de bouffe thaïe en écoutant les enregistrements de Syllie pour enfin trouver de quoi incriminer ce salaud.

Sans la foutue *nounou.*

Au bout de quatre heures d'écoute, je décrochai le jackpot.

À en croire l'enregistrement audio, Syllie retrouvait un complice en personne. Je ne savais pas qui c'était, mais le rendez-vous devait probablement se dérouler en dehors de Boston puisque avant leur rencontre, j'avais écouté Syllie en voiture pendant une heure et demie. Il ne tenait pas en place pendant le trajet – il changeait souvent de radio, soupirait et pestait contre la circulation. Il avait appelé sa femme deux fois et oublié ce qu'il voulait lui dire, les deux fois. Kill l'avait contacté une fois pour lui demander des détails sur notre voyage d'affaires dans le Maine. Il l'avait interrogé sur les manquements à la santé et à la sécurité. Trois des machines étaient en panne. Tout ça, c'était du charabia pour moi. Unités de dessalement. Distillation sous vide. Traitement des gaz par les amines. Tout ce que je savais, c'est que je n'avais aucune envie de toucher à tout ce merdier. Quand Sylvester eut raccroché, je l'entendis taper nerveusement sur le volant en marmonnant « merde ».

Une fois sur place (je notai mentalement de vérifier sa destination grâce au traceur que j'avais installé sur sa voiture), il claqua la portière et marcha. L'endroit semblait tranquille, des feuilles craquaient sous ses pieds. Il discuta avec quelqu'un. Un homme. Il semblait plus âgé, et pas d'ici. Il avait un fort accent d'Europe de l'Est. Russe, peut-être. Son anglais était impeccable, cela dit, et ses mots mesurés.

— Comment ça avance ? s'enquit Syllie d'un ton agressif.

Il faisait les cent pas, je le savais. Des heures et des heures d'écoute m'avaient permis d'identifier ses tics : sa façon de parler, de marcher, de faire cliquer son stylo sans relâche quand il était à cran.

— Ça progresse, mais comme je l'ai déjà dit c'est une opération complexe, il y a beaucoup de choses à prendre en considération. Nous prévoyons sept scénarios potentiels. Les hommes impliqués aimeraient avoir la garantie que leurs familles seront indemnisées s'il leur arrivait quoi que ce soit.

— Elles le seront, répliqua sèchement Syllie. Du moment qu'on me débarrasse des Fitzpatrick.

— J'ai bien peur qu'ils n'aient besoin de davantage de garanties. Je ne leur reproche pas leur scepticisme, ce n'est pas tous les jours qu'un mendiant essaie de détrôner un roi.

L'homme de l'Europe de l'Est fit claquer sa langue, puis alluma une cigarette, si j'en croyais le cliquetis d'un briquet qu'on actionnait.

— Ça sort d'où ? cracha Syllie. Les détails de notre accord ont déjà été négociés et signés.

— Les accords évoluent. Le risque est grand. Votre récompense, plus grande encore.

— Et le contrat ?

Sylvester devait avoir de la bave au coin des lèvres à ce stade.

— Ce n'est qu'un morceau de papier. Vous n'avez toujours rien payé, et ils n'ont pas encore mis votre plan à exécution. Ils peuvent faire machine arrière. Dans l'immédiat, c'est ce vers quoi ils penchent.

— Vous croyez que j'ai à ma disposition des millions de dollars qui ne demandent qu'à être dépensés ? Pensez à la somme d'argent que Royal Pipelines perdra en conséquence. Nous parlons d'au moins deux cents millions dans le rouge, sans parler des frais judiciaires. Et ne me lancez pas sur nos actionnaires. Ce sera un jour noir pour Wall Street.

Je me redressai dans mon lit, renversant mes boîtes à moitié pleines de bouffe, qui tombèrent sur le tapis. Je m'en tapais. J'avais ce qu'il me fallait – un aveu, une preuve que Syllie préparait un gros coup. Étrangement, la première personne à qui j'eus envie de confier cette info sans tarder n'était ni mon père ni Kill. C'était Sailor. La preuve qu'elle me tenait vraiment par le bout de la bite. Parce qu'elle n'avait rien en jeu, elle, dans toute cette affaire. Mais je savais qu'elle serait fière que j'aie trouvé.

Ça suffit, trouduc. Tu arrêtes avec cette meuf, même quand elle revient de New York. Faut te la sortir de la tête.

— Vous perdrez une fraction de ce que vous gagnerez, dit le complice de Syllie en tirant sur sa cigarette. Et vous aurez le monde à vos pieds. Si votre excuse pour ne pas augmenter le salaire des employés de la raffinerie est d'éviter de gros chagrins à des courtiers de Wall Street, je vous suggère d'essayer une autre tactique.

— Que demandez-vous ? répondit le bras droit de mon père. N'y allez pas par quatre chemins.

— Ils voudraient chacun trois millions de dollars sur les trois prochaines années, en bitcoins non marqués afin de pouvoir les échanger et les revendre comme bon leur semble. Quant à moi, j'aimerais un nombre conséquent de parts dans l'entreprise Royal Pipelines. Je les achèterai à la loyale, et vous me rendrez l'argent en douce.

— Qu'entendez-vous par « conséquent » ?

— Je démarre à quinze pour cent.

— C'est une plaisanterie ?

— Je crains que l'humour ne soit pas mon point fort.

Il y eut un silence, puis des négociations. Finalement, ils ne parvinrent pas à trouver un accord, mais il était évident que le type de l'Est tenait Syllie par les couilles. J'arrêtai l'enregistrement quand Syllie regagna sa voiture d'un pas lourd et claqua la porte.

Je voulais faire écouter ça à Cillian et à mon père, le leur jeter à la figure et leur dire que j'avais raison depuis le début. J'avais déjà enfilé mes baskets et mis la clé USB dans ma poche, prêt à sortir, quand je me rappelai ce que Cillian avait dit.

C'était à moi de mener cette opération à bien.

C'était à moi de gagner cette guerre.

Je l'avais lancée et je devais y mettre un terme – tel un chasseur mettant sa proie à mort.

Même si j'avais maintenant la certitude que Sylvester mijotait quelque chose, il me manquait encore certaines pièces du puzzle. Une partie de son plan restait obscure. Pire, je savais que Sylvester était un homme plein de ressources et j'avais peur qu'il retourne la situation d'une manière ou d'une autre, beau parleur qu'il était.

Non. J'allais patienter et m'en charger moi-même.

J'allais mériter ma place chez Royal Pipelines.

J'allais montrer à *Athair* que j'étais son fils.

20

Sailor

Au retour de mon voyage à New York, je n'avais aucune envie d'aller directement de l'aéroport au club de tir à l'arc.

J'avais des ampoules aux pieds d'avoir passé toute la journée debout en talons, ma peau était irritée par le maquillage qu'ils m'avaient tartiné sur le visage – qu'ils avaient ensuite frotté pour tout retirer – et mon crâne me brûlait à force de m'être fait tirer les cheveux et asperger de laque. J'avais passé trois heures à répondre à des questions qui n'avaient rien à voir avec le tir à l'arc et j'avais fini par manquer ma session d'entraînement à New York. Tout m'apparaissait chaotique et inutile. Depuis quand étais-je une athlète pour la célébrité et non le sport en lui-même ?

Mais Junsu avait insisté pour que je le retrouve au club. Les choses étaient si tendues entre nous que je me disais que l'apaiser était plus important que rattraper mon sommeil en retard. Et puis, je n'avais aucune envie d'affronter Hunter. C'était silence radio de sa part depuis deux jours.

Je demandai à papa, venu me chercher à l'aéroport, de me déposer directement au club. Il ne protesta pas, malgré l'air renfrogné qui ne le quitta pas de tout le trajet. J'avais envie de tendre la main pour lui lisser le front avec mes doigts.

— Si tu as quelque chose à dire, autant le dire, marmonnai-je, alors que nous arrivions dans la rue du club.

Je savais que maman et lui s'inquiétaient pour moi. Je ne leur avais jamais répondu sur cette histoire de cours d'été. Je faisais comme si cette conversation n'avait jamais eu lieu, la rangeant au fond de mon crâne dans le tiroir à déni déjà plein à craquer.

Purgatoire des sex-friends. Purgatoire de la vie. Du pareil au même.

— On dirait que tu n'as pas dormi depuis des jours.

Papa garda les yeux rivés sur la route, mâchoire contractée.

Quand j'étais petite, cela me surprenait toujours que mon père, qui semblait si redoutable et terrifiant aux yeux des autres, me laisse libre de mener ma vie comme je l'entendais. Je lui avais posé la question un jour, et il avait répondu : « Je ne peux pas t'empêcher de te tromper, sinon tu n'apprendrais pas de tes erreurs. Le monde est dur, cruel et injuste. Chacun doit trouver comment avancer à sa façon. Plus je te protège, moins tu auras de chances de survivre. »

— Peut-être parce que c'est le cas, avouai-je en jouant avec ma ceinture.

On passa devant des rangées de bâtiments en briques rouges, des petits cafés et des plantes en pots. Le ciel était laineux, chargé de nuages gris. L'automne s'était transformé en hiver. Les saisons changeaient, et avec elles les circonstances de ma vie.

— Mais je rattraperai mon sommeil. Maintenant que Lana est là, il ne me reste qu'à prouver que je mérite cette place aux JO. Ensuite, je pourrai enfin lever le pied.

— Comme ces dix dernières années ? lança papa en serrant le volant entre ses mains.

— Tu ne devais pas me laisser me tromper pour que j'apprenne de mes erreurs ?

— Et toi, tu ne devais pas *apprendre* de tes erreurs ? répliqua-t-il. Tu te tues à la tâche. Et ça anéantit ta mère de te voir dans cet état-là. Je refuse d'être veuf parce que tu en veux au monde entier et que tu veux prouver quelque chose. À l'évidence, le jeune Fitzpatrick n'a pas eu l'effet escompté sur toi.

Abasourdie, je me tournai vers lui, retenant ma mâchoire de se décrocher.

— Je te demande pardon ?

Il se retroussa les manches.

— Je pensais qu'une relation arrangée fonctionnerait pour toi, comme ça a fonctionné pour ta mère et moi. J'avais tort, maugréa-t-il, sans une once de contrition dans la voix.

— Hunter et moi n'entretenons pas de relation, affirmai-je avec aplomb.

Peut-être que si. Qui savait ce que nous étions l'un pour l'autre à ce stade ?

Dans le temps, papa avait un peu – d'accord, complètement – kidnappé maman pour l'épouser. Ils ne s'attendaient pas à ressentir quoi que ce soit, mais ils étaient tombés fous amoureux l'un de l'autre. Pourtant, j'avais du mal à comprendre pourquoi il pensait que c'était *ça*, la norme.

— Ce n'est pas l'impression que ça donnait au dîner chez les Fitzpatrick.

— Hunter est abstinent, dis-je sèchement.

Papa me lança un regard en coin, ce regard à la fois las et d'une condescendance inouïe qu'il réservait à ses ennemis.

— Ne me mens pas, ma fille. Mon gagne-pain, c'est mon radar à conneries, et ce que tu dis pue le mensonge.

— Alors tu m'as donnée en pâture à Fitzpatrick parce que tu pensais qu'il me détendrait un peu ? Qu'il m'ouvrirait les yeux sur les merveilles de la vie ?

Je pouffai, atterrée.

Papa gara la Maserati devant le club, sans couper le moteur. Je ne bougeai pas. Junsu attendrait. J'étais trop occupée à digérer le fait que mon père m'avait prostituée pour m'obliger à sortir de ma coquille.

Papa passa la main dans ses cheveux poivre et sel, les yeux rivés sur le tableau de bord.

— Tu avais besoin qu'on te pousse dans la bonne direction. Tu en as encore besoin. C'est très bien de ne pas courir après les garçons, mais tu ne peux pas t'isoler du monde pour toujours. Tu n'as jamais eu d'amourette. Beau n'était pas une aventure, c'était une *couverture*, bordel. Tu n'as jamais cherché à faire autre chose, à devenir quelqu'un, à trouver ta voie, professionnellement parlant. Tu avais besoin de quelqu'un pour te faire découvrir le monde. Hunter était censé être le mec parfait pour ça.

Hunter était *le mec parfait pour ça,* pensai-je amèrement. Grâce à lui, j'avais rencontré Ash, j'avais appris à aller de l'avant, à croire en moi et à tenir tête à Junsu. Grâce à lui, j'avais commencé à prendre soin de moi et à bien m'habiller. Hunter m'avait traînée hors de l'appartement pour aller au restaurant et au théâtre et rencontrer ses amis et sa famille. Grâce à lui, je faisais partie de quelque chose de plus grand que ma vie étriquée. Je ne pouvais pas le nier. Et Hunter, comme mes parents, détestait mon obsession – ma quête olympique monomaniaque.

— Il l'est, soufflai-je d'une voix rauque, les yeux rivés sur mes mains, posées sur mes genoux.

Papa tourna la tête vers moi, surpris. Je m'éclaircis la gorge.

— Il est ce mec-là. Il m'a changée, papa. Peut-être pas aussi vite ni aussi profondément que maman et toi l'espériez, mais il m'a changée. Je ne suis plus celle que j'étais quand nous avons emménagé ensemble.

— Alors pourquoi t'es encore comme ça, putain ?

Il me dévisagea, perplexe.

— Comment ?

— Encore… (Il me montra d'un geste vague.) Rongée. Obsédée. *Toi.*

— Parce que tout n'est pas noir ou blanc. Et puis, on n'est pas ensemble-ensemble.

Je sentis mes joues chauffer. Je n'arrivais pas à croire que je parlais de ça à mon père, entre tous. C'était comme demander des conseils de couple à Dracula.

— Il ne prend pas notre relation au sérieux, avouai-je d'une voix plus basse que je ne l'aurais voulu.

— Je n'étais pas du genre à me marier avant ta mère. Sois patiente.

Il m'adressa un sourire, si rare, et m'ébouriffa les cheveux.

— Maintenant tire-toi, ma puce. J'ai du boulot.

Je ris, puis ouvris la portière et sortis avec plus d'énergie que je n'en avais eue pendant mes deux jours à New York.

— Bonne chance, ma chérie.

— Merci, papa.

Bill, le réceptionniste du club, m'informa que Junsu voulait me voir dans son bureau mais qu'il était un peu en retard.

— Une urgence à la maison. Il sera là bientôt. Vas-y, me dit-il en me donnant un faux coup de poing à l'épaule en guise de salut.

— Merci. Ça te dérange si je laisse ça là ? demandai-je en faisant le tour de son bureau, tirant ma valise derrière moi.

— Non, pas de souci.

Il haussa les épaules et reprit sa partie de solitaire sur son ordinateur.

J'allai jusqu'au bureau de Junsu comme à la potence, avec appréhension. Je savais qu'il n'était pas satisfait de moi, je savais que nous étions moins proches qu'avant. Le couloir familier me sembla plus étroit, l'air plus lourd. Je me rendis compte que papa avait raison. Il était temps que j'arrête de reprocher son passé à Hunter et que je lui donne une vraie chance. Peut-être que nous continuerions à nous voir après mon déménagement. Peut-être – *peut-être* – Hunter disait-il toutes ces choses sur notre arrangement et son caractère temporaire pour la même raison que je ne cessai de me répéter que nous avions une date d'expiration : pour ne pas souffrir.

Pour me mettre au défi de braver notre échéance de six mois.

La vérité, c'était que depuis quelques mois, je ne voulais être nulle part ailleurs qu'avec Hunter Fitzpatrick. Il était mon foyer, le petit coin d'univers qui me comprenait.

Je frappai à la porte de Junsu avant de me rappeler que Bill m'avait informée de son absence. J'ouvris la porte et entrai.

Me figeai sur place.

Retins mon souffle.

Ma poitrine s'effondra, puis mon sourire. Brique par brique. Mon corps tout entier cessa de fonctionner, ma gorge devint sèche, et mon cœur…

Il s'arrêta une seconde… non deux, trois secondes, avant de se mettre à tambouriner violemment contre ma poitrine, voulant à tout prix s'en arracher pour s'agiter mollement sur le sol, tel un poisson agonisant hors de son bocal.

— Seigneur !

Mon cri me brûla la gorge.

Hunter était assis dans le fauteuil de Junsu, nu. Lana était à califourchon sur lui. Elle portait la chemise de Hunter et, visiblement, rien d'autre. Elle me tournait le dos, mais je reconnaissais ses extensions brunes et soyeuses. Elle avait les bras enroulés de manière possessive autour du cou de Hunter, le visage enfoui contre son torse.

J'avais envie de vomir.

Lana tourna la tête vers moi, un sourire cruel se dessinant sur ses lèvres, me transperçant le cœur. La voir de si près après tant de temps, c'était comme me retrouver face à face avec Échidna – mi-femme, mi-serpent, cent pour cent poison.

— Oups, c'est à toi ? susurra-t-elle en passant ses ongles manucurés sur la mâchoire de Hunter.

Hunter, reprenant ses esprits, chassa sa main.

Je fis un pas en arrière, chancelante.

— Putain. Sailor, attends !

Putain. Tu l'as dit.

Il se leva d'un bond, et je vis qu'il avait encore son pantalon – un petit miracle pour lequel je fus reconnaissante. Lana tomba au sol comme un sac de patates, et il la contourna comme si elle n'était que poussière pour me rejoindre. Je tournai les talons et me mis à courir. Pas à marcher, non – à courir. Je savais que s'il me rattrapait il verrait tout sur mon visage, l'affreuse et pathétique vérité de mes sentiments pour lui. Il ne me restait que ma fierté. Et il était hors de question que je la lui laisse.

Mon cœur, peut-être, mais pas ma fierté.

Hunter s'élança à ma poursuite, ses pas retentissant entre les murs du couloir. Je pensais à ce qu'ils avaient fait, j'imaginais le scénario derrière cette scène horrible. Elle portait sa chemise à lui, ce qui voulait dire qu'elle s'était retrouvée nue avec Hunter à un moment donné. Ils avaient couché ensemble – baisé salement, intimement, durement. Alors qu'il *savait* à quel point je la détestais. Entre Lana et moi, la haine coulait tel un fleuve, et Hunter s'y était baigné. Il m'avait vendue à Lana. Il m'avait trahie.

— Arrête-toi ! Laisse-moi t'expliquer.

Je passai la porte en verre du club, Hunter sur les talons, avant de me rendre compte que je n'avais pas ma voiture. Je regardai frénétiquement de droite à gauche : il y avait un nombre impressionnant de véhicules que je ne reconnaissais pas sur le parking habituellement désert.

Bill se leva de son bureau et se précipita vers la porte, mais je secouai la tête.

— Je gère, Bill.

Je n'avais pas le temps d'appeler un Uber. Je devais m'enfuir à pied, au moins jusqu'à être débarrassée de Hunter.

— Sailor.

Hunter posa la main sur mon épaule blessée pour me retourner. Son contact me fit l'effet d'un brasier. Il m'enflamma, et je manquai de pousser un cri. Il était toujours torse nu.

— Ne me touche pas !

Je lui griffai la peau, lui égratignant l'avant-bras. Il ignora les attaques et leva les mains pour se défendre.

— Ce n'est pas ce que tu crois.

J'entendis du remue-ménage autour de nous, mais ne prêtai attention qu'à la colère incandescente qui m'irradiait tout le corps.

— Forcément, c'est tout ce que tu peux dire, puisque je tiens ton avenir entre mes mains.

Je commençai à dévaler les marches, mais Hunter me tira vers le haut, m'attirant entre ses bras. J'essayai de lui mettre un coup de pied dans les couilles, mais il m'attrapa le genou et le bloqua contre sa cuisse. Il posa sa paume sur mon visage, comme pour me cacher au reste du monde, et me murmura à l'oreille :

— Ne lève pas les yeux, bébé.

Désobéissante, je levai les yeux, sentant un affreux sourire défigurer mon visage. Je voulais lui faire du mal moi aussi. Une dizaine de photographes – des paparazzis, sans doute – étaient en train de nous prendre en photo. Chaque flash était un coup de fouet, chaque sifflet et rire étouffé un coup porté à mon âme.

Clic. Clic. Clic.

Moi, dévastée et désemparée.

Clic. Clic. Clic.

Lui, à moitié nu et coupable.

L'adrénaline pulsant en moi manqua de me faire tomber à la

renverse, mais Hunter me tira à l'intérieur du club et ferma la porte. Les photographes le suivirent jusqu'au seuil mais n'entrèrent pas.

— Lâche-moi ! hurlai-je en me débattant à toute force.

Hunter me souleva par la taille, mon dos pressé contre son torse musclé, et me porta jusqu'au bout du couloir, où ils ne pouvaient pas nous voir. Je me demandai où était Lana, et si cette scène lui procurait du plaisir.

Infiniment, à n'en pas douter.

Hunter me plaqua contre le mur, son souffle sur mon visage. Son haleine sentait la femme, un parfum sucré écœurant, et le gloss à la pastèque. Il avait des paillettes sur les lèvres. Colère, trahison et désespoir faisaient trembler mon corps, tant et si bien que lorsque Hunter me libéra je le giflai aussi fort que je le pus. Son visage partit dans la direction opposée, et il ferma les yeux, inspirant calmement, ses narines se dilatant.

— *Aingeal dian.*

— Appelle-moi encore une fois comme ça et je t'arrache les yeux avec une flèche.

— C'est un coup monté. Quelqu'un a appelé les photographes. Quelqu'un *voulait* me voir comme ça. Te voir comme ça.

— Et bien sûr, toi, homme si aisément tenté quand il est question de jolie fille, tu t'es laissé séduire ! m'écrai-je de manière dramatique, ma rage incontrôlable se transformant en sarcasme amer. Pauvre Hunter Fitzpatrick ! Si proche de la fortune de sa famille, et pourtant si loin.

— Je n'ai pas..., commença-t-il, mais je le repoussai.

Il ne pouvait pas nier ce que j'avais vu de mes propres yeux.

— Épargne-moi tes excuses et va-t'en.

Junsu arriva en courant dans le couloir, ses yeux lançant des éclairs.

— Écarte-toi d'elle ! aboya-t-il comme un chien enragé en agitant le poing en l'air, faisant preuve d'une vitalité que je ne lui avais pas connue depuis des mois. Ou je te botte les fesses !

Hunter leva les deux mains et nous regarda tour à tour, ses profondes respirations contractant ses abdos en parfaites tablettes de chocolat.

— Sailor, souffla-t-il. J'ai des choses à te dire, et il faut qu'on en parle seul à seule.

— Je me répète pour la dernière fois, dis-je en pointant un doigt vers lui. C'est fini entre nous. Pour toujours. Ne me parle plus. Ne m'approche plus. Je contacterai ton père pour les modalités concernant notre… arrangement.

Je restai vague, comme si je n'avais pas tout raconté à Junsu.

— Sam et mon père viendront récupérer mes affaires à l'appartement.

Sur ce, je filai vers la porte, que je passai comme une flèche. Quelques photographes traînaient encore sur le parking, en train de fumer et de consulter leur téléphone. Dès que je sortis, ils ramassèrent leurs appareils photo et me prirent en chasse.

J'aperçus Lana dans un coin du parking, tout habillée – elle portait un pull rose très chic à col Bardot, un jean moulant et des bottes cavalières –, en train de répondre aux questions d'un journaliste sportif, évoquant les rumeurs sur son nouvel amant, Hunter Fitzpatrick.

— Ce n'est encore que le début, dit-elle en riant, balayant sa chevelure dans un geste théâtral. Et comme vous pouvez le voir, malheureusement, cela attise la curiosité d'admiratrices indésirables.

Le journaliste éclata de rire en hochant la tête avec enthousiasme.

C'était moi. J'étais l'admiratrice. La harceleuse. L'idiote qui avait pété les plombs en les surprenant ensemble. L'envie d'étrangler Lana me brûla les doigts.

Tout ça à cause d'une erreur. Un accident. Une tragédie qui nous avait liées l'une à l'autre à jamais.

Je savais que les agents de sécurité étaient en train d'escorter Hunter hors du club sous la supervision de Junsu, et que mon entraîneur comprendrait que je ne puisse pas rester. Alors je commençai à courir. Je mis un pied devant l'autre jusqu'à gagner un bon rythme. Ma mère courait. Elle m'avait légué ses longues jambes athlétiques. Courir sur de longues distances, même sans entraînement, n'était pas un problème pour moi.

Ce fut lorsque le vent cingla ma peau que je me rendis compte que je pleurais. La chaleur de mes larmes sur mes joues glacées m'engourdit le visage. Mes larmes s'envolaient dans mon sillage tandis que je fendais l'air, courant de plus en plus vite en direction du centre-ville. Je téléphonerais pour qu'on vienne me chercher dès que j'aurais semé les photographes.

J'osai regarder par-dessus mon épaule à une quinzaine de rues du club. Aucun paparazzi en vue. Ils avaient déjà obtenu ce qu'ils voulaient – un scandale qu'ils pourraient déformer de millions de façons et des photos juteuses qui feraient parler.

Je m'arrêtai à un feu, les mains sur les genoux, à bout de souffle. Dès que j'eus retrouvé une respiration normale, je sortis mon téléphone. Dix appels manqués de Junsu. Douze de maman. Deux de papa. Quatre répartis entre Sam, Emmabelle et Persy. Trente et un de Hunter. Je n'avais presque plus de batterie.

Je rappelai maman.

— Coucou, maman, tu peux venir me chercher ?

J'essayai de garder la voix la plus neutre possible, même si j'étais consciente qu'elle savait que quelque chose n'allait pas. Sinon, elle n'aurait pas essayé à ce point de me joindre. Les photos devaient déjà être sur Internet, la nouvelle devait déjà circuler.

Je n'entendis qu'un reniflement à l'autre bout du fil, puis elle répondit :

— J'arrive.

Plus tard ce soir-là, les sites de ragots ajoutèrent une histoire tordue aux photos de moi en train de débouler du club et de Hunter me courant après, torse nu. Comme je m'y attendais, les gros titres allaient de « Le beau gosse largue l'archère Sailor Brennan pour la bombe Lana Alder » à « Le fils de milliardaire (oui, celui à la sextape !) surpris en train de tromper la sportive olympique canon. »

Un article affirmait même qu'un proche soutenait que Hunter et moi entretenions en réalité une relation arrangée pour lui éviter des ennuis. Je savais pertinemment qui avait orchestré tout ça : Lana. Dès qu'elle avait su que j'habitais avec lui, elle lui avait couru après et avait mis tout ce cauchemar en œuvre. La seule chose que je n'arrivais pas à comprendre, c'était comment elle avait découvert qui était mon colocataire. Qui lui avait donné l'info ?

— Au moins, ils disent que t'es canon.

Emmabelle me tendit un pot de glace, m'arrachant mon téléphone des mains pour que j'arrête de lire les spéculations sur ma relation avec Hunter. Belle, Persy et Aisling étaient perchées sur mon ancien lit, que mes parents étaient allés chercher au garde-meuble pour le remettre dans ma chambre quand ils avaient eu vent de toute l'histoire. Maman passait une tête dans ma chambre de temps en temps pour me proposer milk-shakes, cookies et glace. Non seulement j'avais le cœur brisé, mais voilà que j'allais mourir prématurément d'un diabète de type deux.

— Ils disent aussi que tu es une athlète olympique, fit timidement remarquer Aisling en se mordillant la lèvre.

Ce devait être bizarre pour elle d'être ici, en tant que sœur du coupable, mais elle restait stoïque et n'essayait pas de le défendre.

— Alors, tu vas nous dire les accusations qui pèsent contre Hunter ? demanda Emmabelle en plantant un doigt dans mes côtes. Il s'agit juste d'une rupture de contrat qui te met dans la merde avec son père, ce qui serait rageant mais réparable, ou il y a… autre chose ?

Mes amies me couvrirent de regards compatissants. Bien qu'elles aient presque été témoins de nos galipettes, je n'avais jamais confirmé ma relation avec Hunter, et elles n'avaient jamais essayé de me tirer les vers du nez.

La gorge serrée, je chassai des miettes imaginaires de la couverture posée sur mes jambes croisées. Je me sentais coupable de ne pas m'être confiée à elles plus tôt. Je ne cachais jamais rien à mes amies.

Je m'éclaircis la gorge.

— Vous me demandez si nous étions ensemble ?

Le pot de glace passa dans les mains de Persy quand Belle comprit que je n'en prendrais pas.

— On te demande si tu es amoureuse, dit doucement Persy en me pressant la cuisse.

— Et, conséquemment, si on doit aller lui botter le cul, ajouta Emmabelle en contractant son biceps non musclé. Ne t'inquiète pas, Aisling. Tu es dispensée de cette tâche.

— Oh ! je compte bien lui mettre un coup où je pense pour lui montrer de quel côté je suis, affirma-t-elle en faisant de gros yeux.

On éclata toutes de rire. Même moi.

Aisling secoua la tête et me tapota la jambe.

— Je n'oublierai jamais le jour où tu m'as acceptée dans ton cercle.

— Je sais, mais la famille, c'est sacré.

— Peut-être, mais la loyauté l'est plus encore, répondit Aisling. Nous formons une équipe maintenant. Une meute. Les Boston Belles, reines de Boston.

Le silence se fit dans la pièce. Le nouveau surnom sonnait bien. Il était vrai, doux. Je souris, principalement pour montrer à mes amies qu'elles progressaient dans leur tentative de me réconforter.

— Alors ? me demanda Emmabelle, recentrant la conversation. Tu es amoureuse du prince bien pourvu à la sextape ?

Cela lui ressemblait bien de dénicher la sextape et de la regarder en boucle.

— Oui, répondis-je dans un souffle, me surprenant moi-même. Bon sang, je suis amoureuse de lui. Merde.

— Merde, répétèrent-elles d'une même voix.

— En effet, ajouta Belle.

Elle me prit dans ses bras, me couvrant de son corps comme une seconde couverture. Persy me serra contre elle d'un côté, le pot de glace qu'elle tenait à la main me glaçant l'arrière de la tête, et Aisling grimpa dans le lit pour m'enlacer de l'autre côté. Mes amies m'enveloppaient de toutes parts.

Je me sentis aimée. Tellement aimée que je ne pus m'empêcher de me demander comment allait l'homme que je détestais tant.

Hunter n'avait pas d'amis ici.

Pas de groupe de soutien.

Tant mieux. Qu'il aille en enfer et croule sous le poids des conséquences de ses actes !

Le lendemain matin, je rendis visite à Gerald Fitzpatrick chez lui. L'horloge affichait une heure indécente, mais je voulais m'affranchir de toute cette affaire avant l'entraînement. Et puis, me rendre au siège de l'entreprise au risque de croiser Hunter était inenvisageable.

Papa était allé récupérer ma voiture et mes affaires à l'appartement de Hunter la veille au soir. Je ne lui avais pas demandé s'il avait vu mon ex-coloc, mais il m'informa que Hunter avait essayé de m'appeler plusieurs fois. « Plusieurs » voulait dire quatre-vingt-seize, pour être précis. À un moment, il m'avait même envoyé un SMS disant qu'il était en bas de l'immeuble de mes parents. Il y avait poireauté quatre heures, à en croire l'heure à laquelle il avait envoyé le message.

Après ça, je bloquai son numéro.

— J'imagine que vous êtes ici pour vous excuser de votre échec monumental, dit M. Fitzpatrick avec mépris, posté derrière son bureau en chêne sombre.

La pièce se composait d'une immense bibliothèque couvrant les murs du sol au plafond et dont les étagères débordaient d'ouvrages, d'un bureau et de ses trois fauteuils, et d'un minibar. D'onéreux tableaux de Picasso et Modigliani étaient accrochés aux rares portions de murs non occupées par des livres. Avec ces seules œuvres, on aurait pu acheter six maisons en ville.

— Pas tout à fait, dis-je, gardant mon calme et le dos droit.

J'étais encore debout, puisqu'il ne m'avait pas invitée à m'asseoir. C'était tout aussi bien. Je voulais que notre entrevue soit courte et professionnelle.

— Démentez-vous que mon fils ai couché avec cette Alder ?

Gerald haussa un sourcil, son index couvrant sa bouche sur toute sa longueur. Je haussai une épaule.

— Je ne les ai pas surpris pendant l'acte.

— Alors vous le *défendez* encore ? s'étonna-t-il, tandis que je secouais la tête, soutenant son regard.

— Non. Mais je ne peux pas le condamner pour un acte dont je ne suis pas certaine. Cependant, je sais que, *moi*, j'ai couché avec lui. Je ne veux pas que cela pèse sur ma conscience. C'est pour ça que je suis ici aujourd'hui, pour vous dire que j'ai trahi votre confiance, enfreint les termes de notre contrat, et que je n'irai pas au bout du dernier mois de notre accord. Je vous prie de m'adresser la facture des frais investis dans ma carrière afin que je puisse vous rembourser.

J'avançais d'un pas pour faire glisser sur le bureau une feuille comportant mes coordonnées. Mes doigts tremblaient.

— Pour ce que ça vaut, je sais que Hunter n'a été avec personne d'autre que moi-même, et peut-être Lana Alder, au cours des cinq derniers mois, et qu'il n'a pas bu une goutte d'alcool. Il a investi tous ses efforts dans son travail et ses études et a fait de son mieux.

Je passai sous silence les nuits consacrées au Projet Syllie, comme on l'appelait. Ce n'était pas à moi de lui en parler.

Gerald se pencha en avant, ignorant le document que j'avais posé entre nous.

— Voulez-vous dire qu'il mérite l'héritage, selon vous ?

Il m'adressait un regard noir, crachant chaque mot comme une injure.

J'avalai péniblement ma salive. J'avais le pouvoir de gâcher la vie de Hunter. Et au fond, je l'avoue, j'en avais envie. Parce que j'avais le cœur en miettes. Depuis la veille, j'avais beau prendre de profondes inspirations, jamais je n'avais la sensation que mes poumons étaient pleins. C'était comme si on m'avait arraché quelque chose de la poitrine, et que ce creux s'était répandu dans tout mon corps telle une maladie.

Mais tout foutre en l'air pour lui, c'était tout foutre en l'air pour moi.

Je ne voulais pas endosser la responsabilité d'avoir terni sa vie, même s'il avait brisé la mienne.

— Je pense qu'il mérite de faire partie de l'entreprise familiale et d'avoir sa part d'héritage, répondis-je d'un ton neutre. C'est un homme changé, malgré son faux pas.

Chaque mot était comme une épée dans ma bouche.

— Et vous êtes prête à payer vous-même votre campagne de pub ? À couvrir tous les frais ? insista-t-il, le visage insondable.

Acceptait-il mon offre de tout rembourser, ou allait-il secrètement me traîner en justice pour me dépouiller de tout ce que j'avais ?

Je m'humectai les lèvres, résistant à l'envie pressante de me ronger le pouce.

— Oui. Je paierai tout. J'aurai peut-être besoin de mensualiser mes paiements – je ne demanderai pas l'aide de mes parents –, mais je paierai. C'est promis.

Il m'adressa un regard dur.

— Sortez.

Je regardai autour de nous. La pièce était calme, vide et froide, comme son propriétaire.

— C'est tout ?

— Oui. Dégagez de mon bureau.

— Monsieur, je…

— *Dehors.* Avant que je change d'avis et que je fasse de votre vie un enfer, à tous les deux.

Je pivotai et regagnai la porte d'un pas décidé. Arrivée sur le seuil, cependant, je m'arrêtai. Quelque chose, ma dignité, peut-être, me poussa à me retourner une dernière fois vers lui.

— Je suis vraiment désolée, murmurai-je. Et je sais qu'il l'est aussi. Si Hunter pouvait être quoi que ce soit au monde, il serait votre fils. Votre *vrai* fils.

Il avait la tête baissée. Je n'aurais su dire s'il m'avait entendue, mais ses épaules frémirent presque imperceptiblement.

Pleurait-il ? Riait-il ? Secouait-il la tête ?

Une chose était certaine : qu'il l'admette ou non, Gerald Fitzpatrick ne détestait pas totalement son bâtard de fils.

Ma réputation était entachée.

Je le compris dès mon arrivée au club de tir à l'arc. Quelques journalistes musardaient devant la porte, jetant des mégots de cigarette et discutant entre eux. Je passai en force avant que leurs appareils photo puissent se braquer sur moi comme des armes.

Junsu s'empressa de m'ouvrir, de me tirer à l'intérieur et de leur claquer la porte au nez.

Il me conduisit dans son bureau, une main dans mon dos.

— Le garçon a tout gâché, comme je m'y attendais, marmonna-t-il, les cheveux en bataille, les yeux gonflés par le manque de sommeil. Les gens disent que tu n'es pas mentalement en état de gagner la compétition contre Lana pour déterminer qui ira aux jeux Olympiques.

— C'est n'importe quoi, dis-je, essoufflée.

Je suivais son pas cadencé, mais il avançait comme une tempête : à une vitesse démentielle en voulant tout détruire sur son passage.

— Hunter n'a rien à voir avec le championnat. Je suis prête.

Mais l'étais-je vraiment ? J'avais l'impression de flotter sur un nuage parallèle à ma propre vie. Je ne savais plus ce que je voulais, ce dont j'étais capable.

Junsu s'arrêta devant son bureau, m'enserrant les deux bras dans un geste paternel.

— Je ne veux pas que ça te brise.

Il m'étreignit plus fort, ses yeux me demandant quelque chose que je ne comprenais pas.

— Ça ne me brisera pas.

Je me libérai de son étreinte, une colère vive grandissant en moi.

— Tu as attendu ça trop longtemps, dit-il lentement. Et si tu t'effondres sur le stand de tir ?

— Je ne m'effondrerai *pas*.

Je serrai les dents et poussai la porte de son bureau pour entrer. Il me suivit, fermant la porte derrière nous. Je m'assis. La tirelire avait disparu. Peut-être que Hunter et Lana l'avaient brisée pour s'acheter des capotes. Il en avait utilisé un sacré paquet avec moi.

Sont-ils ensemble maintenant ? Alors que ça ne compte plus ? Alors que son père sait et que je ne suis plus dans sa vie ? Probablement.

— Alors, pourquoi tu voulais me voir hier ?

Je me tapai les cuisses pour me sortir le souvenir de Lana sur Hunter de la tête. C'était tout ce à quoi je pensais. Je ne dormais plus, ne mangeais plus, ne fonctionnais plus – je passais juste ce moment en boucle dans ma tête.

Junsu se pinça les tempes, debout près de la porte, puis secoua la tête, prenant conscience que je lui avais posé une question.

— Quoi ?

Qu'est-ce qui ne tournait pas rond chez lui ?

— Je t'ai demandé pourquoi tu voulais me voir hier, juste après mon atterrissage. Pourquoi tu m'as demandé de venir à ton bureau, répétai-je lentement.

— Oh ! Parce que j'ai eu l'occasion d'entraîner Lana pendant ton absence. Elle est très douée, Sailor. Je m'inquiète de tes chances de réussite.

Je lui adressai un sourire forcé. Junsu avait été assez nul en termes de préparation mentale ces derniers temps. J'avais l'impression que personne ne voulait que j'aille aux JO. Tout le monde pensait que j'avais sacrifié ma vie à cette cause en vain.

Ce fut la goutte d'eau.

— Je suis douée aussi. Je m'en sortirai.

— Une délégation du comité de sélection sera là après-demain.

Il lâcha une bombe nucléaire à mes pieds et la laissa m'exploser au visage. Je savais que ça arriverait bientôt, mais dans *deux jours* ?

Les deux autres membres de l'équipe olympique avaient décroché leur place grâce à leur classement national. Le comité de sélection serait le facteur déterminant entre nous.

Je me levai d'un bond.

— Quand l'as-tu appris ?

— Pendant le week-end.

Il toucha l'arc pendu au mur, le sien quand il avait gagné la médaille d'or à l'époque.

Je songeai au tir à l'arc. À la raison pour laquelle j'avais choisi ce sport. Pour apprendre à me défendre. Je ne voulais plus me laisser marcher sur les pieds.

— Pourquoi tu ne me l'as pas dit ?

— Tu étais occupée, en shooting, lâcha-t-il d'un ton accusateur, grimaçant en prononçant ce dernier mot comme s'il était fait de clous et de bris de verre.

J'avais envie de lui hurler dessus, de l'attraper par les épaules, de le secouer et de mettre à son compte la responsabilité de tout ce merdier. Comment avait-il osé me cacher une telle information ? Je serais restée pour m'entraîner plus dur si j'avais su.

— Tu tenteras les prochains JO, dit-il doucement, tandis que son visage tout entier se froissait, comme un mouchoir roulé en boule et laissé dans une poche de manteau tout l'hiver. Ce n'est que dans cinq ans, Sailor. Tu es encore si jeune.

Oh ! mais pas mon âme. Elle avait vu tant de choses. Elle était si vieille, si usée, rôdée à la déception.

Je le bousculai pour partir, en furie. J'étais une chasseuse, destinée à de grandes choses. Une navigatrice – comme le voulait mon prénom – qui traversait les océans et conquérait les mers étrangères.

J'affronterais Lana et j'irais au bout de notre duel, même si cela devait me mener droit chez Hadès.

Et si j'échouais, au moins, je saurais que j'avais essayé. Que je m'étais battue. Au moins, je saurais que j'étais une Brennan.

21

Sailor

Le matin précédant le jour de ma confrontation avec Lana, maman me réveilla comme elle le faisait quand j'étais petite. Elle écarta mes cheveux de mon visage, ses doigts froids caressant mes joues chaudes.

Elle m'embrassa sur la tempe et murmura à mon oreille :

— Je t'ai appelée Sailor parce que je veux que tu voies le monde, que tu arpentes les continents, que tu traverses les mers et les océans. Autrefois, les marins se tatouaient des moineaux sur la peau avant de quitter le port. Ils leur portaient chance, vois-tu. Et puisque je m'appelle Sparrow, « moineau », je veux te porter chance, à *toi*. Je veux que tu m'emportes partout avec toi dans ton cœur. Je serai toujours là pour toi. Seulement, je crains d'avoir échoué, ma fille si courageuse. Je crois que je t'ai lamentablement fait défaut. J'espère qu'il réussira. J'espère qu'il sait que tu es bien plus que belle. Tu es *vraie*.

Je battis des cils pour chasser le sommeil, laissant mes paupières s'ouvrir. Il faisait encore noir et froid dans la chambre, qui me paraissait étrangère malgré toutes les années où je l'avais occupée. Elle ne portait pas l'odeur de Hunter, de la nourriture que nous avions commandée et de nos corps en sueur s'aspirant l'un l'autre.

— Il ? demandai-je d'une voix rauque.

J'avais donné pour ordre à mes parents de ne pas laisser Hunter entrer. Je sentis le matelas bouger quand ma mère se leva.

— Regarde sur ta table de nuit.

Elle effleura mon front du bout des doigts et sortit.

Je m'assis, me frottant les yeux pour me réveiller. Sans surprise, j'y trouvai le porte-bonheur de Hunter, le cheval en bois qu'il ne quittait jamais – ce même cheval qui prétendument l'empêchait de tomber.

Une sensation de chaleur m'emplit la poitrine. C'était bon de savoir qu'au moins, même s'il nous avait essayées toutes les deux, Hunter avait la décence de soutenir sa pièce maîtresse et non Lana. Quand je pris le pendentif, une note tomba lentement au sol. Je la ramassai.

Si tu le veux, il est à toi.

Tu peux le garder. T'en servir. Le brûler.

Avec lui, tu ne tomberas jamais.

Hunt

Je souris avec amertume, laissant une larme rouler sur ma joue.

— Espèce d'idiot, murmurai-je. Je suis déjà tombée.

Hunter

Les jours qui suivirent la diffusion massive dans les tabloïds des photos de moi à moitié nu (tablettes de chocolat incluses), je n'allai pas au boulot, choisissant plutôt de courir après Sailor afin de m'excuser pour ce qui ne s'était pas passé avec Lana.

Enfin, techniquement, j'étais allé au boulot, mais seulement au beau milieu de la nuit pour mettre la main sur tous les documents en rapport avec la raffinerie auxquels Syllie avait eu accès. Le seul moyen de parvenir à l'étage de la direction était via le lecteur d'empreintes digitales de Cillian ou de mon père. J'avais dupliqué celles d'*Athair* à l'aide d'un adhésif acheté à Knox, qui me permit d'entrer par effraction dans les bureaux de ma propre entreprise, tout en sachant que la vidéosurveillance m'enregistrait. J'avais souri à la caméra en lui faisant un doigt d'honneur avant d'entrer. La liste des actes illégaux que je commettais s'allongeait à vue d'œil, mais il était trop tard pour que je me dégonfle.

Je voulais expliquer à Sailor que la raison de ma présence au club de tir à l'arc n'avait rien à voir avec Lana Gros-nibards. Mais je savais ce qu'elle avait vu et je devais bien admettre que ce n'était pas bon, pas bon du tout, putain. J'avais fini par me dire que, de toute façon, elle ne m'écouterait pas.

Voilà pourquoi, au lieu de ramper à ses pieds, de continuer de mendier un pardon qu'elle ne m'accorderait pas, je décidai de lui donner autre chose, une chose qu'elle apprécierait bien plus.

Voilà comment je me retrouvai, encore, au club de tir à l'arc, en pauvre harceleur que j'étais.

Cela faisait trois jours que je n'avais pas fermé l'œil, depuis que Sailor m'avait largué pour de bon. J'avais écouté les enregistrements jusqu'à avoir les oreilles qui sifflaient. J'avais donc une sale gueule alors que j'attendais devant le club qu'elle ait fini l'entraînement.

Quand elle sortit enfin, je bondis entre deux voitures pour lui bloquer le passage, comme un ninja fou.

Oubliez le preux chevalier dans son armure rutilante. J'étais le gros tas de merde couvert de papier alu.

— Punaise ! siffla-t-elle en me jetant son sac dessus par réflexe.

Je l'attrapai au vol et le jetai au sol, avant de la tirer par le bras.

Chanson du jour : *Creep*, de Radiohead.

— Je croyais t'avoir dit de me laisser tranquille.

Elle s'écarta de moi, non sans avoir essayé de me griffer au passage.

Bon sang, ce qu'elle me manquait !

— Je le ferai, mais d'abord écoute ça.

Je sortis mon téléphone de ma poche et fourrai un de mes AirPods dans mon oreille, l'autre dans la sienne, et fis défiler l'écran avec mon pouce pour trouver ce que je cherchais.

— Dégueu. J'ai pas besoin de ton cérumen dans mon corps.

— J'ai mis bien pire dans ton corps, et tu n'avais pas l'air si dégoûtée, la taquinai-je en grimaçant.

Elle était sur le point d'arracher l'écouteur pour me le jeter à la figure, mais j'attrapai sa main et embrassai sa paume, comme je le faisais chaque fois qu'elle essayait de me frapper (ce qui était fréquent, il fallait bien l'admettre).

Elle me lança un regard agacé, l'air de dire « ça a intérêt à valoir le coup ».

J'avais envie d'embrasser son petit nez parsemé de taches de rousseur et m'en voulus d'avoir perdu le privilège de le faire à cause d'un stupide malentendu.

— J'ai découvert qui nous a piégés, qui est à l'origine de la fuite de Lana, dis-je, prenant un moment pour apprécier le jeu de mots.

Sailor ne partagea pas mon admiration pour mon esprit supérieur. Elle leva les yeux au ciel, ramassa le sac que j'avais jeté et le hissa sur son épaule.

— Tu ne vas pas recommencer.

J'appuyai sur lecture avant qu'elle puisse dire quoi que ce soit d'autre. L'enregistrement débuta. Junsu et Lana discutaient dans un endroit bruyant. Un *diner*, à en croire le brouhaha de clients et la serveuse qui faisait éclater son chewing-gum et insistait pour leur resservir du café toutes les cinq minutes.

— *Écoutez, mademoiselle Alder, je ne sais pas ce qu'il faut pour que Sailor abandonne la compétition. Peut-être qu'elle n'abandonnera jamais. Elle le veut vraiment. J'ai bien essayé avec l'inflammation de son épaule, mais elle s'est fait soigner, elle a refusé de laisser la blessure empirer.*

— *Eh bien, tu aurais dû faire plus d'efforts, Junsu. C'est pour ça que mon équipe t'a payé – pour que je n'aie pas à l'affronter. Mes sponsors seront furieux si je ne vais pas aux jeux Olympiques, tu le sais ? Il y a beaucoup en jeu. Aux dernières nouvelles, nous t'avons donné de quoi payer toutes les études de tes enfants.*

— *Je sais. Je réfléchis à d'autres possibilités de l'arrêter.*

— *Je t'écoute, le vieux. Je suis prête à tout tenter à ce stade. Un contrat pour un film me passera sous le nez si je ne vais pas aux JO. C'est une clause suspensive exigée par la production. Tu y crois ? De vraies ordures.*

— *Il y a encore un moyen, je crois. Elle a passé un accord avec un garçon. Beau, riche. Un accord secret. C'est grâce à ça qu'elle fait plein de pubs depuis quelques temps. Je crois que ça pourrait marcher de jouer là-dessus. Elle habite avec lui maintenant.*

— *Quel garçon riche ? Quel accord ? Je le savais ! Je savais qu'il se passait un truc louche. Cette salope n'est pas apparue comme ça sur mon fil d'actu par hasard. Elle a quelqu'un derrière elle. C'est qui, ce mec ?*

— *J'ai son nom. Attendez. Il est venu au club. Je pense qu'ils sont en couple. Je pense qu'il est – comment on dit ? – son talon d'Achille. Je crois qu'il est la clé pour résoudre le problème.*

C'était le moment où Junsu avait dû donner son téléphone à Lana. Puis la conversation poursuivit.

— *Hmm. Hunter Fitzpatrick. J'ai entendu parler de lui. Ça ne me dérangerait pas de réchauffer son lit cet hiver. On y va, Junsu. Débrouille-toi pour que je puisse le rencontrer. J'apporterai la paperasse. Toi, fais le taf pour lequel on te paie.*

— *D'accord. Mais ne lui faites pas de mal. Ne faites pas de mal à Sailor. Elle peut encore aller aux prochains jeux Olympiques. D'accord ?*

— *D'ici les prochains JO, je serai une grande actrice multimilliardaire et ne serai plus dans la course. Sailor sera une vieille fille vierge avec le tir à l'arc pour seul compagnon dans sa vie. Elle pourra les avoir, ses JO.*

Je retirai l'écouteur de mon oreille et stoppai l'enregistrement. Le reste était dans la même veine – Lana crachant son venin sur Sailor. Elle n'avait pas besoin de l'entendre.

Sailor leva vers moi ses immenses yeux vert jade, l'or et le gris brillant dans ses iris. Chaque muscle de son corps semblait tendu, crispé, et je pris cet instant pour me poser la question la plus stupide qui soit – si nous avions des enfants un jour, de quelle couleur seraient leurs yeux, entre mon bleu profond et son vert sauvage ?

Et si tu te concentrais d'abord sur la tâche de faire disparaître son envie de te trucider, vieille branche ?

— Je ne sais pas comment il a appris pour notre arrangement, dis-je en secouant la tête. Mais voilà.

— Mon Dieu, Hunter ! C'est moi qui le lui ai dit. Pour notre accord. Pour…

Elle se mit à tanguer et posa la main sur sa bouche, comme si elle allait vomir.

— C'est ma faute. Je l'ai dit à Junsu. Et il s'en est servi contre moi. Lana l'a soudoyé. Bon sang ! Mon propre entraîneur…

Elle se tut, se redressa et se mit à faire les cent pas sur le parking en se triturant les cheveux.

C'était dur à encaisser. Sailor et Junsu travaillaient ensemble depuis longtemps. Je lui caressai le dos, surpris qu'elle ne me repousse pas. Il faut dire qu'elle était sous le choc. Elle n'arrêtait pas de répéter « il m'a trahie », en boucle. Puis le refrain se transforma en :

— Et toi aussi tu m'as trahie.

— Attends, une seconde.

Je l'attrapai par la taille et la soulevai pour l'asseoir sur le capot d'une voiture.

Elle me donna une tape sur les mains, me fusillant du regard.

— Je sais ce que j'ai vu.

— Non, tu sais ce que tu *crois* avoir vu. Quand tu étais blessée à l'épaule, j'ai commencé à soupçonner les motivations de Junsu. Son attitude semblait contraire à celle d'un entraîneur souhaitant sincèrement la réussite de son athlète. J'avais des systèmes d'enregistrement et tout le matos de Sherlock Holmes sous la main, alors je me suis dit : « Pourquoi ne pas ajouter une autre infraction sur la liste grandissante de mes violations de la vie privée ? » Je commençais à être doué pour jouer les super-espions. Je l'ai mis sur écoute à son insu, juste pour le fun, et je l'ai écouté régulièrement. Un micro dans la tirelire. Un autre dans une montre, réplique exacte de celle qu'il a posée sur son bureau l'espace d'une seconde pour essayer ma Rolex.

Elle écarquilla les yeux.

— Tu es venu voir Junsu ?

Je hochai la tête.

— J'ai fait semblant de me renseigner sur des cours privés. Je lui ai flanqué la trouille en disant que je voulais apprendre à tirer à l'arc pour pouvoir survivre après l'apocalypse.

Cela me valut un faible sourire. Public difficile.

Je poursuivis sans me démonter :

— Ces enregistrements ne valent rien dans un tribunal, *aingeal dian*, parce que je n'avais aucun droit de le mettre sur écoute. Le jour où tu as cru me voir en pleins ébats avec Lana, j'étais venu parce que Junsu m'avait dit qu'il avait quelque chose à me montrer. Ça ressemblait à une menace, et je m'inquiétais pour toi. Seulement, ce n'est pas Junsu qui s'est pointé dans le bureau. Mais Lana. Elle m'a surpris en train de fouiller dans les tiroirs. Ça se présentait mal.

Très mal. Elle a cru que j'essayais de déterrer des infos sur lui – ce qui était vrai. Elle me tenait par les couilles. Mais je savais que le micro dans la tirelire fonctionnait toujours, alors j'ai fait semblant de coopérer avec elle, sachant que je pourrais te prouver qu'il ne s'était rien passé. Et puis, elle m'a donné l'info que je cherchais.

Je lançai un autre extrait sur mon téléphone. L'AirPod toujours enfoncé dans l'oreille de Sailor joua l'enregistrement.

— *Pris la main dans le sac, beau gosse.*

— *Bordel, Lana, tu m'as foutu une de ces trouilles. J'allais sortir.*

— *Tu vas où comme ça ? On sait tous les deux que tu n'as rien à faire ici.*

— *Junsu m'a appelé.*

— *Pour que tu fouilles dans ses tiroirs ? Je ne crois pas, non.*

— *Et toi, qu'est-ce qui t'amène ici ? Tu as un faible pour les vieux ?*

— *Seulement s'ils me sont utiles.*

— *Eh ! qu'est-ce que tu fais ?*

— *J'envoie un message à mes amis journalistes pour leur dire où je suis. Et à Junsu, aussi, pour qu'il dise à ta nana de venir voir ça. On va faire scandale, bébé.*

— *Pourquoi Junsu te répondrait ? J'ai rencontré des briques moins dures que lui.*

— *Parce qu'on bosse ensemble sur un projet, inutile de te le cacher. Tu vas bientôt faire partie de mon plan. Retire ta chemise.*

— *Retire d'abord ton sourire condescendant de pouffiasse.*

— *Miaou. À ta place, je ne ferais pas le malin, beau gosse. Je suis une fille prête à tout pour obtenir ce qu'elle veut, et dans l'immédiat c'est toi.*

— *Putain, on croirait entendre une mauvaise adaptation porno des Power Rangers. Franchement, on pourrait croire que c'est le genre de truc qui m'excite, mais non.*

— *Retire. Ta. Chemise.*

— *Et si je refuse ?*

— *Tu quittes cet endroit avec des menottes aux poignets, et même ton papounet ne pourra pas expliquer pourquoi tu fouinais dans des tiroirs fermés à clé. D'autant que tu as déjà eu affaire à la police cette année. Accusation de viol, c'est ça ?*

— *Les charges ont été abandonnées. Et si j'accepte ?*

— *Sailor quitte la compétition, et je te laisse ramasser les miettes. Même si, je dois le dire, je vaux bien plus le coup.*

— *Nous resterons en désaccord sur ce point. Juste pour info, je ne vais pas te baiser, t'embrasser, ni te toucher. Que ce soit bien clair.*

— *J'ai tout ce qu'il me faut de ce côté-là (rires de Lana). Garde tes baises de charité pour quelqu'un qui en a besoin, comme Sailor. Faire semblant me suffit. Elle va bientôt arriver. Enlève ta chemise, beau gosse.*

J'arrêtai l'enregistrement et attendis, impatient. Si ce n'était pas une preuve suffisante que je ne m'étais pas tapé sa pire ennemie, je ne savais pas ce qu'il lui fallait. Le problème, c'était que je n'avais pas pu lui relater tout ça par téléphone ou par message. Il valait mieux éviter d'évoquer ouvertement mes magouilles d'écoute illégale.

Elle se rongea la peau du pouce, puis secoua la tête et ferma les yeux.

— Ça n'a pas d'importance. Rien de tout ça n'a d'importance. Un autre mois ensemble ne nous aurait rien apporté de plus. Pas à moi, en tout cas. Je suis déjà am…

Elle s'arrêta, le souffle court, se rendant compte de ce qu'elle s'apprêtait à dire.

— Tu es quoi ? insistai-je. Qu'est-ce que tu voulais dire ?

— Oublie. Et puis, ça ne change rien. Il nous restait un mois, et je n'en veux pas. Tu es libéré de tout engagement. Je suis sûre que ton père t'a déjà dit que ton héritage n'en pâtira pas.

Mon père ne m'avait rien dit, en réalité, puisque j'évitais ses appels et ceux de maman depuis tout ce merdier, mais peu importait. Je n'avais pas le temps de la corriger. J'avais tant de choses à lui dire. Pourtant, quand elle sauta du capot pour se diriger vers sa voiture, je ne pus l'arrêter.

Je ne pus l'arrêter, parce qu'elle avait raison. Quelques semaines supplémentaires n'auraient servi à rien.

Elle avait raison parce que, certes, je n'avais pas couché avec une autre, mais ça ne voulait pas dire que je ne m'étais pas comporté comme un salaud avec elle un million de fois.

Elle avait raison parce que, dans l'immédiat, elle avait d'autres chats à fouetter. En l'occurrence, Junsu et Lana.

Quand elle monta en voiture, je songeai à faire ce que j'avais menacé de faire il y avait des mois de ça, quand j'étais venu la chercher ici pour la première fois – me mettre sur sa route pour l'empêcher de partir. Je ne pensais plus qu'elle me roulerait dessus mais, pour la première fois depuis longtemps, je ne voulais pas être un connard égoïste.

Si elle ne voulait pas être avec moi, je ne pouvais pas la forcer.

Cette prise de conscience m'accabla.

Dès que sa voiture eut quitté le parking, je sortis mon téléphone pour lui écrire. Elle m'avait sûrement déjà débloqué, maintenant que je détenais des informations sur Lana et Junsu qui pourraient lui être utiles. Il s'avéra que j'avais vu juste.

HHH : Encore quelques semaines. Allez. En souvenir du bon vieux temps.

Sailor : Désolée. Tu n'as plus ta place dans mon monde.

HHH : Je suis pas un fauteuil, Sailor, putain.

HHH : Même si…

Sailor : Je sais, je sais, je peux m'asseoir sur ton visage quand je veux.

HHH : Sur ma bite aussi. <3

Sailor : Arrête de m'écrire.

22

Sailor

Sept ans plus tôt

Je courus à toute allure dans le bois, piétinant la mousse et la boue molles de l'hiver. À chaque pas, mes bottes s'enfonçaient un peu plus dans la gadoue, et je luttais contre la gravité, cherchant à m'enfuir à tout prix. J'entendais ses bruits de pas agiles et rapides derrière moi. Mon cœur tambourinait contre mes côtes, comme un prisonnier secouant les barreaux de sa cage. *Laissez-moi sortir !* criait-il.

C'était une erreur – une erreur déplorable, affreuse.

Le chien n'était pas censé être là. Le champ de tir était complètement désert avant que je décoche ma flèche, les yeux bandés, en train de rire.

Rire.

Rire.

Rire.

Je me repassais le moment en boucle. Les autres élèves me demandant si j'en étais capable. Moi disant que oui. Je savais que j'en étais capable. Quelqu'un avait noué son bandana autour de ma tête. Puis, quand je n'y voyais plus rien, ils l'avaient mis là. Ils l'avaient attaché à la cible avec des cordes volées à un ranch voisin. Son petit cri impuissant au moment où j'avais décoché ma flèche avait été mon premier indice. Puis ses pleurs, son dernier souffle alors qu'elle le clouait à la cible. J'arrachai le bandana de mes yeux et hurlai en découvrant le sang étalé au centre de la cible. Les morceaux de chair.

Les autres riaient.

Ils appelèrent Lana.

— Ton chien, dirent-ils. Elle l'a tué.

Je me mis à courir plus vite en imaginant son visage, ses larmes. J'entendis des bruits de pas résonner entre les grands arbres. Bottes. Éclaboussures. Cris.

D'autres personnes arrivaient.

Ma mère hurla mon nom, d'une voix aiguë et paniquée.

— Sailor !

Je me concentrai sur l'horizon, les immenses pins et la nature d'un vert profond. J'étais persuadée que mes parents cesseraient de m'aimer s'ils apprenaient ce que j'avais fait.

Mes mollets me brûlaient, mes quadriceps tremblaient, et mes larmes brouillaient ma vision. Je trébuchai sur une épaisse bûche cachée par les feuilles d'automne et fis un vol plané, tombant tête la première.

La boue m'avala tout le visage, et mes genoux heurtèrent quelque chose de dur. La chaleur humide d'une profonde entaille sanguinolente m'irradia la jambe.

Je recrachai la terre que j'avais dans la bouche, mais elle me resta sur la langue. Mes paumes me brûlaient d'avoir essayé – en vain – d'amortir ma chute. Vite, je rassemblai mes membres comme on rassemble ses affaires éparpillées et me relevai, les jambes tremblantes. J'étais sur le point de me retourner quand je sentis la pointe d'une flèche contre ma colonne vertébrale. La personne à l'autre bout, celle qui tenait l'arc et la flèche, m'accula contre un chêne. Mon visage contre le tronc. J'étais si tétanisée que j'étais incapable de respirer.

— Il était tout pour moi, dit-elle.

Mon cœur bondit dans ma poitrine, puis se serra, s'entortillant en des dizaines de nœuds qui l'empêchaient de battre correctement.

Lana Alder avait une petite voix discordante, avec un léger accent suisse.

— Mon père me l'a offert quand je suis arrivée ici de Zurich. Je ne connaissais personne. Je ne parlais pas anglais. C'était juste Spot et moi. C'était mon meilleur ami. Tu m'as pris mon meilleur ami. Je n'ai plus personne maintenant.

Elle planta sa flèche dans mon dos. Si elle la décochait, elle n'aurait pas assez d'élan pour me tuer, mais elle pouvait me condamner au fauteuil roulant. Papa et maman m'avaient forcée à regarder des tas de documentaires sur le tir à l'arc et ses dangers avant de m'autoriser à m'entraîner.

Et toi tu as laissé les autres te bander les yeux et tu as tué un chien.

Je voulais que la boue froide et humide qui s'accumulait encore dans ma bouche m'étrangle. Elle était salée, amère, cendreuse. Il se mit à pleuvoir, mais la forêt était si dense que je sentis à peine les gouttes sur ma peau. L'odeur de la terre humide vint me chatouiller les narines, et, pour la première fois depuis que j'étais née, j'aurais voulu être morte.

La voix de maman m'appela une nouvelle fois. Celle de papa, aussi.

— Je suis désolée, lâchai-je enfin d'une voix rauque. Je suis tellement désolée. Je ne l'ai pas vu. J'avais les yeux bandés. Je ne savais pas. Je n'ai pas… Je ne pouvais pas…

Le pire, c'est que j'avais entendu dire que Lana n'avait accepté de venir depuis le Nouveau-Mexique à ce camp d'entraînement dans le Massachusetts qu'à condition de pouvoir emmener Spot avec elle. C'est dire combien elle le voulait près d'elle. Ils avaient dû demander tout un tas de permis pour que le chien puisse se balader sans souci sur la propriété. La personne chargée de le surveiller avait manqué de vigilance.

Mon corps était raide, comme une statue de sel, dur mais dissoluble. Une fois le choc passé, je vomirais mes tripes. La voix de ma mère se rapprocha. Je savais qu'elle me trouverait. Il existait un lien puissant entre nous – que n'avaient pas tous les enfants avec leurs parents. C'était comme si une partie de moi était encore dans son ventre. On pouvait sentir la présence de l'autre à des kilomètres. Chaque fois que maman me prenait dans ses bras, on disait qu'on se rechargeait. On collait nos ventres l'un contre l'autre dans le lit et on faisait « bzzzz », comme un téléphone qu'on branche. Puis elle me disait qu'elle était heureuse que je sois sa famille, et c'était merveilleux parce que cela me donnait l'impression qu'elle m'aurait choisie même si je n'avais pas été sa fille.

Lana n'avait pas le choix.

Elle n'avait pas de mère, non plus. Ses parents avaient péri dans un accident de voiture, et le seul membre de sa famille qui lui restait avait accepté de la recueillir à contrecœur, et uniquement parce qu'elle venait accompagnée d'une jolie somme d'argent et d'actifs conséquents.

Lana vivait avec son oncle et sa petite amie bien plus jeune que lui, dont papa disait qu'elle comptabilisait autant de chirurgie esthétique que trois *housewives* du comté d'Orange réunies.

Des larmes coulèrent sur mes joues. Je ne pleurais jamais.

— Je te déteste, me souffla doucement Lana à l'oreille. Je te déteste, Sailor Brennan. Je n'aime même pas tant que ça le tir à l'arc. Je suis venue ici parce que mon oncle voulait emmener Mlle Deidre en vacances aux îles Cook et s'est dit que ce serait un bon moyen de se débarrasser de moi en m'envoyant dans un endroit où d'autres personnes pourraient me surveiller. Mais je te le promets, à compter d'aujourd'hui, je me donne pour mission de te prendre tout ce que tu as.

Je pensais à toutes les fois où elle m'avait traitée de moche ce week-end, où elle avait dit que mon visage la mettait de mauvaise humeur. Et je me rendis compte qu'elle ne pensait pas que c'était un accident. Rien ne pourrait le lui faire croire. Elle était persuadée que je lui avais délibérément pris ce qu'elle avait de plus cher au monde, comme un jeu. Et maintenant je devais payer.

— Tu veux être archère ? Je deviendrai meilleure que toi. Tu adoptes un animal de compagnie ? Je le tuerai. Tu as un petit ami ? Je te le piquerai. Quoi que tu aies dans la vie, Sailor, je te le prendrai. Parce que tu m'as pris tout ce qui me restait.

La flèche se planta un peu plus dans mon dos. Je me contorsionnai pour essayer d'échapper à cette douleur, mais elle me suivait partout. Lana appuya plus fort.

— Arrête, suppliai-je d'une voix rauque. S'il te plaît. Je suis désolée. C'était un accident. Tu me fais mal.

Lana ne se laissa pas dissuader. Je sentis la flèche me percer la peau, appuyer contre mon os. Je détestais supplier, détestais m'abaisser à implorer la pitié. Gémissante, je me retournai et la poussai de toutes mes forces. Un grognement féroce qui ne semblait même pas venir de moi m'échappa. Lana fit un vol plané et s'écrasa dans la boue. Je courus vers elle, me rendant compte que je l'avais poussée en me servant de sa flèche.

Qu'est-ce que j'ai fait ?

Elle était allongée sur un lit de feuilles jaunes et oranges, clignant des yeux de manière léthargique, le visage levé vers le ciel pluvieux – exactement comme j'avais vu le garçon du château le faire, il y avait bien longtemps –, défiant la pluie, la grêle et le vent. Tenant tête à l'obscurité.

La flèche était plantée dans le ventre de Lana. Une tache rouge commença à s'étendre autour à travers sa veste en polaire.

Non. Non. Non.

— Jamais… te… pardonner.

Ce furent ses derniers mots avant que mes parents nous trouvent.

Avant qu'elle soit emmenée d'urgence à l'hôpital.

Avant que papa fasse disparaître toute l'histoire, mettant tout en œuvre pour que personne ne sache ce qui s'était passé – la mort du chien, la blessure de Lana, une péritonite, c'est-à-dire qu'une partie du contenu de son intestin perforé s'était déversée dans son ventre, causant une infection qui dura plusieurs semaines. Semaines durant lesquelles elle était restée alitée, seule à l'hôpital, puisque son oncle ne rentra qu'à la fin de ses vacances, au cours desquelles il avait épousé sa petite amie.

Je savais que Lana tiendrait sa promesse de se venger.

Je n'avais jamais adopté d'animal de compagnie.

N'avais jamais eu le courage de tomber amoureuse et de m'attacher à des garçons.

Et j'avais attendu mon heure jusqu'à être certaine de gagner.

Le jour de mon match contre Lana, j'arrivai au stand de tir une heure en avance, sachant qu'elle serait en train de s'entraîner. J'avais raison. Je l'observai, tapie sous la tribune, tandis qu'elle bandait son arc et envoyait sa flèche, qui tourna comme une toupie pour se planter dans le cercle intérieur rouge du blason. Propre. Lana était bonne, du moins partout où elle n'était pas mauvaise.

Les quatre juges du comité olympique étaient déjà arrivés. Junsu et les autres discutaient avec eux à l'étage. Leurs sacs étaient restés à l'accueil. Avant d'aller sur le pas de tir, je demandai à Bill s'il pouvait sortir voir s'il y avait des photographes. Je lui promis de surveiller les sacs. Il accepta. Dès qu'il fut sorti, je glissai dans chacune des valises des juges ce que j'avais besoin d'y mettre. Quand Bill revint, je déposai un gros baiser sur sa joue.

— Merci d'être un si bon ami.

— Pas de souci. Merci d'être la guerrière la moins effrayante que je connaisse.

Je souris. Je savais que c'était un au revoir.

Pas lui.

J'avais passé la nuit à essayer de déterminer comment me servir de l'information que Hunter m'avait confiée sur Junsu et Lana sans l'incriminer, lui, et je n'avais pas fermé l'œil.

Sur le stand de tir, j'allai me planter devant la cible de Lana. Le sol était tendre sous mes pieds, mais je savais que cela n'empêcherait pas la chute d'être douloureuse.

Je ne m'arrêtai qu'une fois dos à la cible, debout face à Lana, la mettant au défi de tirer. Nous étions seules. Elle pourrait tirer, si elle le voulait.

Lana abaissa son arc, plissant ses yeux qui devinrent deux fentes soupçonneuses.

Sans un mot, je jetai un objet entre nous. Un simple bandana. Je lui proposai, un match retour.

Un sourire étira ses lèvres. Du genre moqueur.

— Désolée d'avoir dû essayer ton mec. Je ne supportais pas de ne pas savoir quel goût il avait, dit-elle d'un ton provocant.

J'avais beau croire Hunter, les mots de Lana touchèrent une corde sensible. Qu'elle ait l'audace de prononcer son nom me donna envie de lui sauter dessus et de lui arracher la tête. Hunter était à moi – même s'il ne l'était pas.

Je lui rendis son sourire. J'avais un plan.

— Prends le bandana.

— Je peux te tuer, même les yeux bandés.

— Je t'en prie. Il a été bon ? demandai-je, tandis qu'elle s'avançait vers le morceau de tissu.

— Alors tu ne sais pas ? Vous n'avez pas parlé tous les deux ?

Je secouai la tête. Elle pensait qu'il avait gardé le secret.

— Il a été super, dit-elle en repoussant sa chevelure brillante sur son épaule. Je vais peut-être dîner avec lui ce soir quand j'aurai fini de t'humilier. On verra. Le *quarterback* des Patriots aussi m'a proposé un rencard. C'est dur d'être moi.

— J'imagine bien.

Elle ramassa le bandana, retourna à sa place et le noua autour de ses yeux. Dressant son arc, elle me visa. J'avais la gorge serrée. Je voulais m'écarter, me mettre des baffes pour m'être mise dans une telle situation. Les mains de Lana étaient immobiles, mais sa poitrine se soulevait et s'abaissait rapidement.

— Idiote. Tu sais que je vais le faire, marmonna-t-elle, aveuglée par le bandeau.

— Alors vas-y. (Je déglutis.) Tue-moi comme j'ai tué Spot.

— Ne prononce pas son nom. Je te l'interdis.

— C'était un accident. Un terrible accident. Je le regrette à chaque instant depuis ce jour.

— Je sais ! s'emporta-t-elle en tapant du pied, baissant momentanément son arc. Il n'était pas seulement question de Spot, espèce d'idiote. Mais de tout. Tu avais des parents, une famille, du talent, une sécurité. Et tu étais une proie facile. Tu n'avais pas confiance en toi, tu t'excusais tout le temps et tu étais… tu étais… (Elle agita la main dans ma direction.) *Toi.*

Elle leva de nouveau l'arc en soufflant.

— Ne bouge pas.

Je ne bougeai pas. Un filet de sueur coula le long de ma colonne vertébrale, et je sentis mes jambes trembler. J'avais envie de vomir. Elle banda de nouveau son arc. Je pris une profonde inspiration et fermai les yeux.

Vas-y. Évacue ta haine avant que ce soit à moi de te faire du mal.

— Abandonne le match, et je t'épargne, proposa-t-elle.

J'ouvris les yeux.

— C'est beaucoup demander, dis-je d'une voix rauque.

— Je te rappelle que tu me sers de cible, là.

— Parce que je suis venue de mon plein gré. Est-ce que tout sera pardonné et oublié si je me retire de la compétition et que je ne me pointe pas dans une demi-heure ?

Elle ignorait que je portais un micro sous mon pull.

Qu'elle était sur écoute.

— Oui, répondit-elle, l'air grave. Mais tu dois leur dire maintenant.

— D'accord, murmurai-je.

— D'accord.

Elle abaissa son arc, retira le bandeau et le jeta au sol. Ses yeux, morts et ternes, m'examinèrent.

— Juste pour que tu saches...

Sa voix rauque s'enroula autour de ma gorge.

— Hunter était tout ce que les médias disent de lui, et plus encore. Je me suis beaucoup amusée à te voler ton mec. J'aimerais qu'on puisse poursuivre ce petit jeu. J'aurais adoré te torturer toute ma vie.

Je reculai. Je savais à présent toute l'étendue et la folie de son mensonge.

— Je sais.

Je me retournai pour découvrir Junsu dans l'ombre, sous la tribune couverte, l'air renfrogné. Je le dépassai, sans m'arrêter lorsqu'il chuchota mon nom.

Avant, il le criait. Maintenant, il avait peur.

Il savait.

J'avais Junsu aux trousses. À présent que j'avais pris la décision de ne pas participer à la compétition, il faisait semblant d'être investi. Dévasté, même. Il parlait, mais je n'enregistrais rien de ce qu'il disait. Je déverrouillai ma voiture et lançai mon sac sur le siège passager.

Junsu m'attrapa par l'épaule et me fit pivoter face à lui, l'air furieux.

— C'était quoi, ça ?

— J'imagine que c'est une question rhétorique.

Je chassai sa main.

C'était fini. J'avais perdu. Mon rêve olympique était aux oubliettes. Bon sang, c'était moi qui l'y avais enfermé ! Quelque part au fond de mon esprit, la panique commença à s'installer. Je savais que c'était la dernière fois que je mettais les pieds dans ce club. Après tout ce qui s'était passé – tout ce qui était *sur le point* de se produire – je ne pourrais pas revenir m'entraîner ici. Ni en tant que professionnelle ni en tant qu'amateur, comme passe-temps. Je trouverais certainement un autre endroit, ou peut-être que j'irais dans les bois ou à la ferme de mes parents, en dehors de la ville. Je continuerais à m'entraîner, mais pas professionnellement.

Il était temps de découvrir qui j'étais.

Quels étaient mes talents, ce que je voulais défendre.

Il était temps de sortir de ma coquille et de vivre. Et c'était terrifiant.

— Tu n'as même pas essayé. Tu as abandonné, gronda Junsu.

Je haussai les épaules.

— Et alors ? C'est ma carrière. Mon rêve. Mon choix.

— *Ma* réputation, rétorqua-t-il en se pointant lui-même du doigt. Tu pourrais te contenter de perdre de quelques points. Là, j'ai l'air incompétent.

— Ah. (Je souris.) Tu craches enfin le morceau. Alors tu *voulais* que je perde, mais seulement de quelques points.

Le visage de Junsu se décomposa.

— Quoi ? Non ! Je…

Je me penchai vers lui, frôlant son nez de mes lèvres. Je sentis la chair de poule se répandre sur sa peau. Nous n'avions jamais été aussi proches physiquement.

— Je sais ce que tu as fait, Junsu. Toi et Lana. Je suis au courant de votre petite alliance. Lana a tout avoué à Hunter quand elle a essayé de le séduire dans ton bureau. C'est toi qui t'es fait ça. J'ai un témoin, et une lettre de trois pages que j'ai glissée à chacun des quatre jurés du comité. Ils vont bientôt la trouver, si ce n'est pas déjà fait. Une lettre similaire a été envoyée aux comités olympique et paralympique. Maintenant, si tu veux bien m'excuser, je suis en route pour le commissariat. Hunter Fitzpatrick, alias le garçon, a déjà fait sa déposition officielle, à ma demande.

Je m'inclinai, comme il me l'avait appris quand il avait commencé à me coacher, détournant le signe de respect qu'il m'avait enseigné.

— Non ! hurla Junsu, désespéré.

Il se jeta sur moi pour essayer de m'attraper la main, mais je m'engouffrai dans la voiture et verrouillai les portières avant qu'il y parvienne. Il frappa à la vitre du plat de la main.

— Elle avait de l'argent ! s'écria-t-il, sa voix étouffée par la fenêtre fermée. J'avais besoin de payer les études de mon fils.

Je démarrai, sentant les larmes me piquer les yeux. Je n'osais pas les verser.

— Sailor ! Tu ruines ma carrière si tu fais ça ! Ma famille ! Ma réputation !

Je sortis du parking en trombe, puis avalai la route que j'empruntais tous les jours depuis si longtemps. Elle garderait des souvenirs, une fraction de mon cœur, et un rêve brisé que je laissais derrière moi.

Je savais que je ne serais plus jamais capable d'y remettre les pieds.

Le soir, les détails concernant la ruse de Junsu et Lana faisaient la une de tous les JT. On m'appela pour me demander si je voulais faire un match contre quelqu'un d'autre, puisque Lana n'aurait plus le droit de s'approcher de près ou de loin des JO après ce qu'elle avait fait. Je déclinai. La place dans l'équipe fut donnée par défaut à une mère de quatre enfants âgée de trente ans et vivant au fin fond de l'Indiana. Elle avait des statistiques impressionnantes.

J'assistai à son interview diffusée à la télévision avec maman, papa et Sam, pelotonnés autour de moi sur le canapé. Je sentais leurs mains posées sur mon dos, mes épaules, mes bras.

J'étais en sécurité au sein de ma famille.

J'étais chez moi.

23

Hunter

Lorsque j'entrai dans le bureau de mon père pour la première fois depuis quatre jours, je me dis que j'allais me faire tellement baiser que je pourrais me fourrer une pastèque entière dans le cul une fois qu'il en aurait fini avec moi.

Quatre jours.

Pas une seconde de sommeil.

Pas une seconde de travail.

Deux devoirs non écrits pour la fac.

Plein de débuts de piste concernant les méfaits de Syllie.

La victoire était à portée de main. Je pouvais la toucher du doigt et je voulais l'atteindre à tout prix. Peut-être que la soif de sang des Fitzpatrick coulait dans mes veines, après tout. Je n'avais jamais eu l'esprit de compétition avant de débarquer ici.

La visite de la raffinerie était prévue pour le lendemain, et devinez qui avait décidé de montrer signe de vie et de se pointer au bureau ?

Ding, ding, putain de ding ! Votre dévoué serviteur.

— Tu es en vie, fit remarquer mon père sans grand enthousiasme, et sans lever les yeux de son iPad.

Il était assis à son bureau, ses sourcils très haut sur son front, et Cillian avachi dans son fauteuil attitré en face de lui, en train d'écrire un message sur son téléphone.

— N'aie pas l'air si déçu.

J'entrai et posai mes fesses dans le fauteuil à côté de Cillian, avant de me tourner vers mon frère.

— Dégage.

Il leva brusquement la tête vers moi, l'air furieux. Il avait l'expression moqueuse de celui qui vous met au défi de lui déclarer la guerre.

— Tu as fumé ? demanda-t-il poliment.

— Je suis aussi sobre qu'une star malheureuse et bouffie après une cure de désintox. J'ai besoin de parler à papa. Seul.

Ils échangèrent un regard qui valait mille mots. *Athair* finit par hocher la tête. Mon frère se leva, les yeux jetant des éclairs menaçant : quand notre père aurait fini de s'occuper de mes fesses, il comptait y fourrer des explosifs.

La porte se ferma, et je me tournai vers mon père.

— J'ai des pistes prometteuses sur ce que Sylvester complote, commençai-je, mais il agita la main pour m'obliger à me taire et lança son iPad sur son bureau sans ménagement.

— Ton accord avec la petite Brennan vole en éclats, tu disparais quatre jours et tu crois que tes théories du complot m'importent ?

— Je crois que cette entreprise t'importe, dis-je, crispant la mâchoire. Et j'ai des infos.

— Arrête de me faire perdre mon temps, riposta mon père, et lâche le morceau. Tu es ici parce que tu as merdé et que tu n'avais pas le cran d'assumer les conséquences. Tu as enfreint les règles. Tu n'as pas respecté le principe de chasteté.

— Non. Je ne l'ai pas respecté, mais je n'ai pas couché avec cette autre fille, Lana. Et ce truc avec Sailor…

Je marquai une pause et soupirai.

— Ce n'était pas que du cul.

J'avais envie de retirer ce que je venais de dire, de tout retirer. Qu'est-ce que je racontais ? Je n'avais quand même pas des sentiments pour Carrot Top, si ? Seulement, elle n'était plus Carrot Top depuis longtemps. Elle était la fille à qui je voulais parler tous les jours, à longueur de journée, si possible. La fille qui me faisait rire. La fille qui me faisait bander, pas seulement dans l'intimité, mais quand je pensais à elle. Les seuls effluves de son parfum me donnaient envie de me frotter contre le carrelage de ma douche.

Cela me mettait hors de moi de tant tenir à Sailor Brennan, de l'avoir dans la tête en permanence, de m'inquiéter pour elle, d'être obnubilé par ce qu'elle était en train de faire, de penser, de commander à manger. La petite chasseuse avait réussi à conquérir mon cerveau tout entier, s'insinuant dans toutes mes pensées, et sans que je m'en rende compte – sans même demander la permission – elle s'était frayé un chemin jusqu'à mon cœur.

Mon père leva la main pour me couper.

— N'essaie pas de me faire croire que c'est ta petite amie. Je ne suis pas né de la dernière pluie.

— Je ne dis pas que c'était ma petite amie. Mais j'éprouve… des *trucs*, dis-je, vague, prononçant le mot « trucs » comme si c'était quelque chose de sale qu'il fallait que je crache au plus vite.

— Était ?

Athair m'adressa un regard sceptique.

— Elle m'a largué.

— Je n'y crois pas une seconde.

— Je me fiche de ce que tu crois.

Je lui adressai un sourire poli, croisai les jambes et posai les mains sur mon genou.

— C'est la vérité, et tu n'as pas le droit de la réfuter. J'imagine que c'est le moment que tu attendais tant, le moment où tu m'agites ton nouveau testament signé sous le nez. Vas-y. Fais-toi plaisir.

Sautant sur l'occasion de me blesser, il ouvrit son tiroir et sortit son putain de testament, prenant bien soin de tourner les pages en se léchant la pulpe du doigt (petite parenthèse : les gens qui font ça méritent de brûler en enfer. Deux fois), en paraphant chaque page.

Il leva la tête pour me sourire.

Chanson du jour : *Dead Bodies Everywhere*, de Korn.

— J'ai effectivement une proposition à te faire, dit-il en poursuivant sa signature.

— J'adore les propositions, répondis-je, étrangement calme. C'est ça qui m'a foutu dans ce pétrin à la base. À quoi tu penses ?

— Tu dis que tu ressens des « trucs » pour cette fille.

Il mima les guillemets du mot « trucs », son stylo Parker Jotter entre les doigts.

J'avais envie de le foutre entre quatre planches. Ça vaudrait bien la prison à perpétuité.

— Sailor, l'interrompis-je. Elle ne s'appelle pas « cette fille ». C'est Sailor.

— Oui. Elle. Et moi je dis que ce n'est qu'une tactique pour tenter de sauver ton héritage. Alors que penses-tu de ça ? Je te donne une seconde chance. Un nouveau départ. Une rédemption, en quelque sorte. Admets que c'était un mensonge, que tu n'as pas de sentiments pour Sailor, et je déchire ce document. Mais à une condition.

— Laquelle ?

— Tu coupes tout contact avec elle. Pour toujours.

Ces derniers mots restèrent en suspens entre nous, comme une bombe à retardement. Pour toujours, c'était long. Une heure, ça me semblait plus jouable.

— Gènes à part, nous sommes de la même trempe, n'est-ce

pas, *ceann beag* ? (Il pencha la tête sur le côté.) C'est ce que tu as essayé de me prouver. Que tu es un Fitzpatrick. Que tu es à ta place parmi nous.

— Si tu me demandes de choisir entre la fortune de ma famille et une fille, ma réponse est évidente, je choisis la fortune.

Je marquai une pause, voyant sa gorge tressauter derrière sa cravate en soie orange.

— Mais si tu me demandes de choisir entre la fortune familiale et Sailor Brennan je vais devoir dire adieu à ton argent et tirer ma révérence, que je sois un Fitzpatrick ou pas.

Son sourire s'effaça. Il ne s'attendait pas à ce rebondissement. Honnêtement, moi non plus. D'autant que Sailor m'avait fait part de sa non-volonté de rester en contact verbal, physique, par SMS ou toute autre sorte de communication, sauf peut-être par publicité aérienne. Ou peut-être m'avait-elle dit d'aller me faire voir en l'écrivant dans le ciel ? Je n'avais pas levé les yeux depuis longtemps.

Quoi qu'il en soit, c'était la vérité. Je ne pouvais pas abandonner la chance de lui courir après. Je ne pouvais pas renoncer au droit de la prendre dans mes bras, de commander à manger avec elle, de me chamailler avec elle pour savoir qui donnait le plus de pourboire, de lui raconter ma journée. Parce que je n'avais jamais été aussi heureux que dans ces moments-là et, chaque fois que je portais ma main à mon cou pour toucher mon cheval de Dalécarlie sans le trouver, je savais que c'était elle qui l'avait – ma seule possession qui ait de la valeur.

Si elle ne l'a pas déjà brûlé, bien entendu.

Mon père reprit ses esprits et lissa sa cravate.

— Tu refuses ma proposition ?

— Crois-moi, ça me fait autant chier que toi. J'imagine que ça veut dire que je suis viré ?

Je me levai. Il fallait encore que j'aille au bout de mon enquête sur Sylvester, quoi qu'il arrive. Je n'étais plus celui qui renonçait dès que les choses se compliquaient.

— Tu ne viens pas avec nous dans le Maine, confirma-t-il. Commence à chercher un autre boulot.

— Yep.

Je lui fis une révérence et un doigt d'honneur, pour bonne mesure. En sortant, je posai la main sur la poignée chromée de la porte en verre et me retournai vers lui pour lui adresser mes derniers mots.

— Au fait, est-ce qu'on peut parler de ta foutue porte ? Conçue par un masochiste. Elle met trois heures à se fermer. Là, ça devrait résoudre le problème.

Je donnai un coup de pied dans le cylindre du battant. Dégondée, elle tomba dans le bureau de mon père, s'écrasant au sol en un seul morceau.

Je levai les yeux vers lui et lui adressai un sourire dérangé, digne d'un super-méchant.

— Peut-être suis-je bel et bien un Fitzpatrick, après tout. La preuve : je suis doué pour tout gâcher. De rien.

Ce soir-là, je m'installai confortablement pour écouter comment se passait la soirée de Syllie. Je savais déjà que la réponse serait certainement : mieux que la mienne. Je voulus commander au restaurant chypriote qui avait ouvert à quelques rues de là, mais découvris que mon compte en banque avait été vidé par mon cher papa – toutes transactions actuelles et futures refusées.

L'ancien Hunter – le Hunter d'il y a six mois – aurait appelé la mère qu'il évitait pas-si-gentiment et lui aurait demandé de lui virer assez d'argent pour nourrir tout un continent. Mais le nouveau Hunter était trop orgueilleux pour supplier, surtout pour de la bouffe. J'ouvris donc une boîte de haricots, tentai de la réchauffer au micro-ondes, fis presque exploser la baraque (qui savait que le métal ne passait pas au micro-ondes ? Pas moi en tout cas), et me résignai à manger des biscuits et du fromage à tartiner périmé.

J'étais une vraie caricature. Putain de vie de merde.

Je me demandais comment j'allais continuer à payer Knox, littéralement assis dans un van en train de se les peler pour enregistrer Syllie en direct grâce à l'équipement qu'il m'avait vendu. Pourvu qu'il accepte le règlement en nature, parce que j'étais actuellement plus fauché qu'une actrice porno qui aurait décidé de se reconvertir en conseillère en chasteté. J'étais baisé, et ça n'avait rien d'orgasmique.

Ça faisait trois heures que j'enquêtais sur Syllie – il venait de finir son dîner en famille, au cours duquel sa femme et lui avaient discuté du sujet fascinant des pulls de Noël assortis – quand on frappa trois coups à ma porte.

Je posai mes biscuits, sourcils froncés. Si c'était Cillian venu me dispenser un de ses discours d'encouragement, ce ne seraient pas des mots que nous échangerions, mais des coups. Mais non. Cillian devait être dans l'avion pour le Maine à l'heure qu'il était. J'allai à la porte et l'ouvris à la volée.

Elle était là.

Aingeal dian.

Et elle avait apporté à manger. De la graisse tachait les bords du sac marron qu'elle tenait à la main. Sailor et la malbouffe. J'en eus l'eau à la bouche, et mes couilles se contractèrent.

Suis-je mort ? Est-ce le paradis ?

— Ceci n'est pas une offrande pour coucher avec toi, Hunt. Ce n'est même pas un gage de paix, m'avertit-elle. Mais je suis venue te faire une proposition. Tu m'as aidée à choper Lana. Laisse-moi t'aider à choper Syllie.

Je fermai les yeux et inspirai profondément par le nez.

— Tu peux redire « choper », s'il te plaît ? Ou, plus précisément,

« chope-moi, Hunter ». Tu l'as déjà presque dit, mais pas dans le bon ordre.

Elle éclata de rire alors que je l'attrapais par le revers de sa veste pour la tirer à l'intérieur. Soudain, ça m'était égal d'être fauché, sans emploi, et dans la merde jusqu'au cou.

— T'as acheté quoi ? demandai-je.

J'enroulai un bras autour de son épaule et l'embrassai au sommet du crâne tandis que nous avancions vers le salon. En un éclair, ce fut comme si elle n'était jamais partie. Une autre soirée divine avec ma coloc.

— Je me suis dit qu'on allait tester le nouveau resto chypriote. Il a des super avis.

Je me mordis le poing.

J'avais fait le bon choix.

Fuck le fric.

Inconsciemment, je savais que ma seule chance de coincer Syllie était qu'il commette une erreur. Mais Syllie était un type prudent. Alors, quand je découvris que c'était moi qui l'avais fait flancher, je faillis jouir dans mon froc.

C'était juste après que Sailor et moi eûmes fini nos wraps au souvlaki et au fromage halloumi. On l'entendit prendre un appel l'informant que je n'étais pas à bord de l'avion grande ligne dans lequel mon père et mon frère avaient embarqué pour se rendre dans le Maine.

— Comment ça, il n'est pas dans l'avion ? siffla-t-il à son correspondant.

Je n'entendis pas ce que l'autre répondit. Sylvester se servait d'un autre téléphone portable prépayé.

— Comment peut-il ne pas être dans l'avion ?

Sailor et moi nous regardâmes, penchés sur l'ordinateur, écoutant l'enregistrement en direct.

— Tout le plan s'écroule s'il n'y est pas ! Non, ne me dites pas de me calmer. Des mois de préparation, pour rien. Autant tout annuler s'il n'est pas là. Cet idiot reprendra les rênes une fois qu'on se sera débarrassés d'eux, et mes problèmes seront multipliés par trois.

— Qu'on se sera débarrassé d'eux ? lâcha Sailor à voix basse, incrédule. Il a vraiment dit ça ?

Plusieurs choses se produisirent à ce moment-là. Peut-être parce que Sailor me regardait comme si j'étais un être humain compétent et doué d'intelligence et non un gigolo fortuné. Comme si je pouvais résoudre cette énigme.

Et je me rendis compte… que j'en étais *capable*.

Je fis rapidement les calculs :

1. Syllie avait envoyé mon père et mon frère dans une raffinerie qui avait des vices de sécurité ;

2. La machinerie était défectueuse. Au moins trois machines l'étaient, en tout cas. C'était même la raison de notre déplacement ;

3. Syllie pouvait avoir et avait certainement prévu de mettre en scène un accident qui nous coûterait la vie, à papa, Cillian et moi. Tout ce qu'il fallait, c'était une explosion bien orchestrée. Même si maman et Aisling héritaient de la majorité des parts, elles ne reprendraient jamais les rênes de l'entreprise. Ce qui voulait dire que cette tâche reviendrait à Syllie.

Putain de merde. Il voulait nous tuer. Et j'avais foutu ses plans en l'air. La question qui se posait à présent était : irait-il jusqu'au bout malgré mon absence ou repousserait-il l'échéance ?

Sailor sembla lire dans mes pensées, puisqu'elle me fourra mon téléphone dans les mains.

— Il faut que tu les appelles.

J'appelai Cillian cinq fois. J'essayai trois fois de joindre mon père.

Je leur envoyai mille messages. Ils étaient soit dans l'avion, soit dans un endroit où il n'y avait pas de réseau. Je me souvins que Cillian s'était plaint que ça ne passait jamais dans cette région du Maine. J'étais certain que Syllie avait pris cette donnée en compte quand il avait fomenté ce plan.

— Je fais quoi maintenant ?

Je me levai et me mis à faire les cent pas.

— Je fais quoi pour sauver ma famille de salauds ?

— Maintenant, dit simplement Sailor, tu fais ce que les Fitzpatrick font de mieux : tu pars en guerre, et tu la gagnes.

24

Hunter

J'empruntai la voiture de Sailor pour la déposer chez ses parents (je ne voulais prendre aucun risque, au cas où Syllie aurait engagé des gros bras pour venir me supprimer chez moi), puis filai directement chez lui, en espérant qu'il y était encore. Je bénis les talents d'enquêteur de Knox. Il savait où Syllie habitait, travaillait, chiait, et même qui étaient ses call-girls préférées.

Je tentai de joindre mon père et Cillian pendant tout le trajet. Je finis par appeler maman pour lui dire d'essayer de les appeler sans s'arrêter jusqu'à ce qu'elle les ait au téléphone et leur dise de ne pas aller à la raffinerie.

— Mais pourquoi ? demanda-t-elle pour la millionième fois.

— Parce que. Arrête de poser des questions, maman, putain. Fais juste ce que je te demande !

Arrivé à Charleston, je me garai devant la maison de Sylvester, une demeure de style jacobéen avec dix chambres, une façade d'un blanc immaculé et des fenêtres noires, et un jardin luxuriant auquel j'avais envie de foutre le feu. Je claquai la portière et m'élançai vers l'entrée. Je tambourinai à la porte et appuyai cinq fois sur la sonnette.

Il était tard pour une visite de courtoisie mais, puisque je n'allais pas dormir ce soir, je ne voyais pas pourquoi sa famille le pourrait.

Syllie ouvrit la porte avec un air menaçant, dans une robe de chambre bordeaux. Je jure que ma libido décéda sur le coup.

Quand il me vit, son visage assassin se para d'une expression aimable en un éclair.

— Hunter, quelle bonne surprise ! Je te croyais en route pour le Maine ?

— Merde, ce que t'es mauvais acteur. Genre Harrison Ford dans *Le Rabbin au Far West*. Atroce. Il faut qu'on parle.

— Il s'est passé quelque chose ?

Il grimaça. J'avais envie de lui faire avaler ses dents ; au lieu de ça, je souris. J'avais demandé à Aisling de travailler maman au corps pour la convaincre de me laisser prendre le jet privé pour aller dans le Maine – non pas que ma mère puisse me refuser quoi que ce soit si je le lui demandais, mais si je pouvais éviter de lui parler je ne m'en porterais pas plus mal.

Je haussai les épaules.

— Je viens juste prendre des nouvelles.

— À minuit ?

Les yeux lui sortirent presque de la tête. Je penchai la mienne, gagnant du temps.

— Que veux-tu que je te dise. Tu m'as *tellement* manqué.

Il m'invita à entrer, non sans hésitation, et me fit signe de le suivre jusqu'à son bureau, au deuxième étage. Il ouvrit la porte-fenêtre du balcon après nous avoir servi deux verres de whisky. Je n'étais pas assez bête pour boire ce que Syllie me servait mais, jouant le jeu, je fis tourner le liquide ambré dans son verre.

— Je sais tout de ton plan.

Je laissai le liquide déborder du verre.

— Et je sais qui t'aide à le mettre en œuvre.

Cette partie-là était un mensonge, mais s'il y avait bien une chose dans laquelle j'excellais, c'était faire semblant. Cela m'avait sauvé plus d'une fois.

« Bien sûr que j'ai révisé pour le contrôle. »

« Bien sûr que tu es la seule fille à qui j'ai pensé cette semaine. »

« Bien sûr que je ne suis pas trop bourré pour piloter ce gros engin. »

— Je ne vois pas de quoi tu parles.

Il prit appui contre la rambarde du balcon et but une gorgée de whisky. C'étaient les petits détails qui le trahissaient : les perles de sueur sur ses tempes, le tic de ses lèvres, sa façon de s'appuyer contre le garde-corps. Il était nerveux.

Je me calai contre l'encadrement de la porte-fenêtre, à bonne distance de la rambarde, et le dévisageai.

— J'espère que tu auras une meilleure défense que ça quand tu te feras arrêter. Parce que, essayer de faire sauter une raffinerie avec des dizaines de personnes à l'intérieur, dont les trois actionnaires principaux de Royal Pipelines, ce n'est pas rien.

Je n'avais aucune certitude, mais son visage se tordit, horrifié, à mesure que les mots quittaient ma bouche, et je sus que j'avais visé juste. Il tenta de camoufler son trouble, posant son verre de whisky sur la balustrade en pierre.

— Qui t'a soufflé ces sottises, fiston ?

— Ton complice.

Un autre mensonge.

— Je n'ai pas de « complice ».

— Tu resterais sur cette version si je te disais que chaque fois que tu te servais de tes portables prépayés pour l'appeler, il vous enregistrait ?

Je l'interrogeai du regard.

Mensonges, mensonges, mensonges.

Son visage se décomposa.

Il pensait que j'étais en possession d'une chose que je n'avais pas.

— Boris devrait avoir plus de jugeote, grogna-t-il.

Boris, hein ? Le père de Sailor saurait à coup sûr de qui il s'agissait. Je notai mentalement de le vérifier.

Syllie poursuivit :

— Mais il y a une chose sur laquelle tu te trompes. Je savais que tu n'y serais pas. Je ne te veux aucun mal.

— S'il te plaît, ne le prends pas mal, mais c'est le truc le plus stupide que j'aie jamais entendu.

Il secoua la tête et voulut s'approcher moi. Je levai la main, lui faisant signe de s'arrêter là où il était. Il obtempéra.

— Écoute, je savais que ce truc avec ton père et ton frère volerait en éclats tôt ou tard. Je savais que tu ne les accompagnerais pas dans le Maine. Et tu n'y es pas allé. La vérité, fiston, c'est que je ne te ferai jamais aucun mal, parce que…

Non, pas ça.

— Parce que je suis ton père.

Il déglutit péniblement, les mots se déversant entre nous, toxiques.

— Mon père est un mannequin de l'Europe de l'Est, rétorquai-je.

— C'est ce que Gerald a fait croire à tout le monde pour pouvoir me garder dans l'entreprise, parce qu'il savait que j'étais trop important pour qu'il se sépare de moi. Et c'est malheureusement ce que ta mère a accepté de dire pour maintenir la paix au sein de la famille Fitzpatrick. Mais penses-y, fiston. Qui s'est occupé de toi, au fil des années ? Dans les bras de qui courais-tu quand tu avais besoin d'aide ? Qui a fait disparaître tous tes problèmes ? Moi. Toujours moi. J'étais presque un père pour toi *sans* être un père pour toi. J'ai veillé sur toi. Et aujourd'hui c'est le début d'une nouvelle ère. Nous pouvons reprendre cette entreprise et la diriger ensemble. Nous pouvons faire de grandes choses. Former une équipe. Ils ne te respecteront jamais, Hunter. Tu n'es pas un Fitzpatrick de sang bleu, un véritable héritier. Ton père a mis Cillian sur un piédestal, et jamais tu n'atteindras son niveau – pas parce que tu n'es pas aussi bon, mais parce que Gerald ne le permettra jamais. Ils te regardent de haut. Ils ne sont pas ta famille.

Il fit un autre pas en avant, et je le laissai faire. Il posa une main sur mon épaule. Je le laissai faire aussi.

— Trimballé d'école privée en école privée, puis exilé chez ton oncle et ta tante sur la côte Ouest – tu n'avais aucune chance. J'ai essayé de le dire à ton père, Hunter. Je l'ai *supplié*…

Il inspira fébrilement, détournant les yeux et secouant la tête, comme si c'en était trop.

— Écoute, je sais que je n'ai pas été le meilleur père pour toi jusqu'à présent, en te cachant la vérité. Je devais prendre soin de ma propre famille. J'ai trois filles. Mais je te le promets, à partir de maintenant, je serai là pour toi.

— Tu m'emmèneras aux matchs de softball ? demandai-je d'une voix rauque, nouée par l'émotion.

Il marqua une pause, me scrutant avec méfiance, avant d'acquiescer.

— Oui, fiston. Oui, on ira, si c'est ce que tu veux.

— Et on fera des repas de famille ? renchéris-je.

— Bien sûr.

Il ouvrit grands les yeux et me prit dans ses bras, soulagé.

— Bien sûr. Toutes les semaines. Je dirai à Dianne que tu seras toujours le bienvenu.

Dianne était sa femme. Après avoir fait mine d'essuyer une larme imaginaire au coin de l'œil, je repris :

— Et tu m'expliqueras pour la petite graine ? J'ai entendu des rumeurs, papounet, mais est-ce que les garçons font vraiment ça aux filles ? Ça a l'air de faire mal.

Il se détacha de moi pour sonder mon visage. J'éclatai de rire et le repoussai.

— Putain. Dégage. Je suis pas ton fils. Je suis peut-être beau et con, mais bordel, je *suis* beau. Toi, tu ressembles à Gargamel.

En le disant, je réalisai que j'avais – en partie – cessé de le croire. Je n'étais pas stupide. Je n'étais pas un abruti. J'étais juste un enfoiré à qui personne ne demandait de comptes. Jusqu'à présent.

— Espèce de sale…

Avant que Syllie puisse aller au bout de sa pensée, la porte d'entrée fut enfoncée, deux étages plus bas. Des « FBI » sonores s'élevèrent du rez-de-chaussée.

Je poussai un soupir exagéré, soulevai mon verre de whisky, et plantai les doigts dans ses joues pour lui ouvrir la bouche et y verser le contenu de mon verre.

— Tiens. J'ai comme l'impression que tu vas avoir besoin d'un peu de courage pour la suite.

Je savais que la police avait été envoyée à la résidence des Lewis. Je m'attendais à ce genre de politesse, puisque je les avais appelés pour tout leur raconter, mais sans preuve tangible à leur fournir. Le fait que le FBI soit là me laissait penser que quelqu'un d'autre était impliqué.

Troy Brennan, très certainement. Sailor lui avait sûrement demandé de l'aide, sachant que je ne réussirais peut-être pas seul. Elle avait demandé de l'aide à son père, alors qu'elle détestait tout ce qu'il faisait et représentait. Pour *moi*.

La rage déforma les traits de Syllie.

— Ce sont des hommes morts. Tu n'as aucun moyen de les joindre, petit con. Ils n'ont pas de réseau là où ils sont.

— Pourquoi tu as fait ça ? demandai-je.

Des pas précipités résonnaient dans l'escalier. Des dizaines, si j'en croyais mes oreilles. C'était le grand moment.

— J'ai toujours été traité comme un moins que rien. J'ai donné le meilleur de moi-même à Royal Pipelines sans jamais être augmenté.

La vérité, c'est que ton père a beaucoup de sang sur les mains, c'est pour ça qu'il a engagé Troy Brennan et son fils, pour leur déléguer le sale boulot. Cillian est un terroriste en costard, un démon prêt à semer le chaos à tout moment. Et toi ? Tu es un débile. J'ai essayé de sauver cette entreprise de ses fondateurs et d'une succession atroce et injuste.

Syllie m'attrapa par le col avec l'intention de me pousser par-dessus la balustrade.

Il me traitait d'idiot depuis que j'étais arrivé à Boston, mais il pensait pouvoir soulever un ex-joueur de polo d'un mètre quatre-vingt-treize et quatre-vingt-dix kilos uniquement constitué de muscles et de phéromones. Son effort me fit à peine vaciller. Je le poussai vers la rampe, le pliant en deux contre la pierre de telle sorte que le haut de son corps était suspendu dans les airs, entre la vie et la mort.

La maison était haute. L'air était rare et frais, c'était comme respirer des stalactites.

— T'es mort, Fitzpatrick ! cracha-t-il, cramoisi.

Les hommes en noir enfoncèrent la porte de son bureau (j'*adorais* quand ils faisaient ça ; les poignées, c'était pour les chochottes) et se ruèrent sur lui pour l'attraper par sa robe de chambre.

Je lui dis au revoir en agitant les doigts.

— On pourra toujours aller voir des matchs de softball amateur, lançai-je.

— Va te faire foutre ! hurla-t-il, bien malpoli. Je veux appeler mon avocat. Laissez-moi parler à mon avocat.

Je dus rester sur place une demi-heure pour donner ma version des faits à deux inspecteurs, puis demandai si je pouvais me mettre en route pour le Maine. Ils acquiescèrent. Je reçus un SMS au moment où je quittai la maison des Lewis.

Maman dit que tu n'auras rien à moins de venir lui parler en personne. Désolée.

J'allais tuer quelqu'un.

— Tu te rends bien compte que ton mari et ton fils sont à quelques heures à peine de se faire assassiner dans un endroit paumé sans aucun réseau ?

Ma mère hocha la tête. Je la suivis dans le couloir, jusqu'à son bureau, dans sa chambre privée – pas celle qu'elle partageait parfois avec papa.

— Oui. Mais tu es tout aussi important qu'eux, mon chéri.

Je ne répondis rien, parce que je n'en croyais pas un mot. Une fois que nous fûmes arrivés, elle ferma la porte et alla s'asseoir derrière son bureau. Je ne savais même pas pourquoi elle en avait un alors qu'elle n'avait jamais travaillé de sa vie.

Je restai debout. Je n'avais pas le temps.

— Dis ce que tu as à dire et donne-moi les clés du jet privé.

— Les jets privés n'ont pas de c…

— C'est une figure de style. (Je souris.) Parle, mère.

Elle secoua la tête et contempla ses doigts, posés sur la table.

— Je sais que tu es en colère contre moi, Hunter, et à juste titre. Tu es l'enfant illégitime que j'ai eu pour me venger de ton père, et je t'ai envoyé loin de chez toi quand tu avais six ans. Tu as tous les droits de me détester. Mais, mon chéri, il faut que tu comprennes. Ce n'est pas que j'étais une mauvaise mère pour toi. J'étais une mauvaise mère tout court. Quand j'ai découvert que j'étais enceinte de toi…

Elle prit une inspiration fébrile et détourna le regard en secouant la tête, comme si ce souvenir la submergeait.

Si c'était ça, son plan pour arranger tout ce bordel, elle n'était pas très douée.

— Je n'avais jamais été aussi heureuse. Tu veux savoir pourquoi ?

Pas vraiment.

— Bien sûr, grognai-je.

J'aurais dit n'importe quoi pour qu'elle me donne le jet.

Elle leva des yeux brillants vers moi.

— Parce que je savais que je t'aimerais plus que tout. J'étais folle amoureuse de ton père – ton vrai père – mais Filip ne m'a jamais aimée. D'ailleurs, il est rentré en Croatie dès qu'il a compris que je comptais quitter Gerald pour lui. Ton père l'a grassement payé pour le faire disparaître, j'imagine. Mais tu étais mon enfant né par amour, Hunter. Tu l'es encore. Tu es le seul que j'ai allaité, que j'ai nourri jusqu'à ses trois ans.

— Waouh, je suis touché, dis-je avec sarcasme.

Je ne comprenais pas où elle voulait en venir.

— Mais… j'ai été aux prises avec beaucoup de choses, y compris une sévère dépression. Je passais des semaines entières au lit. Parfois, ton père me forçait à sortir, et nous avions de violentes disputes. Je lui ai arraché les cheveux, un jour. Un autre, je lui ai brisé une côte. Je n'étais pas faite pour être mère, alors t'envoyer loin de moi avant que tu voies tout ça m'a semblé être la seule solution.

— Et donner naissance à Aisling, lui rappelai-je. C'était important aussi. Bousiller la vie d'un autre gosse.

— Aisling était mes excuses pour Filip.

— Putain, c'est moche, sifflai-je.

Elle se leva d'un bond pour se ruer vers moi. Chaque os de mon corps se glaça. Même quand elle s'arrêta à quelques centimètres de moi. Même quand elle se mit à genoux devant moi.

— Bon Dieu, Hunter, je ne peux plus supporter ça. Tu dois me pardonner.

— Sinon quoi ? demandai-je en fourrant les mains dans mes poches.

L'espace d'un instant, j'oubliai que je devais sauver ma famille de merde, trop accaparé par la volonté de ma mère de recoller les morceaux.

Elle leva les yeux vers moi.

— Sinon je ne te donne pas le jet.

— Ton mari et ton fils vont mourir, dis-je lentement, sondant son visage.

Elle était folle à lier. Elle me sourit, les yeux remplis de larmes. C'était un sourire triste, brisé, le sourire d'une personne qui n'avait plus rien à perdre.

— Tu me tues chaque jour où tu ne réponds pas à mes appels. S'il te plaît.

Elle baissa la tête sur mes baskets. Bon sang ! Est-ce qu'elle allait… oh, *bordel* ! Oui. Elle allait me baiser les pieds. Je ne pouvais pas le supporter. Je ne pouvais pas voir celle qui m'avait mis au monde perdre le peu de fierté qui lui restait.

— Lève-toi, grognai-je en la tirant par l'épaule. Je te pardonne.

— Vraiment ?

Voilà qu'elle chialait maintenant.

— Oui, vraiment. C'étaient des excuses merdiques, mais visiblement c'est important pour toi. Maintenant, maman, pour l'amour du ciel, envoie le jet.

— Il t'attend dans le hangar, le moteur tourne déjà. Oh, Hunter, je t'aime.

Je ne pus m'empêcher de passer les bras autour d'elle, tapotant maladroitement sa tête.

— Ouais, maman. Moi aussi, je t'aime.

Avant de sauter dans l'avion pour le Maine, je fis un crochet chez Sailor. L'appartement des Brennan étant dans un gratte-ciel, cela n'aurait servi à rien de klaxonner en bas pour qu'elle descende, je devais me traîner jusqu'à sa porte.

Elle ouvrit, l'air alerte, comme s'il n'était pas 2 heures du matin. Elle m'attendait.

— Alors ? demanda-t-elle, les yeux grands ouverts, impatiente.

— Tu l'as dit à ton père. Tu ne lui avais jamais demandé ce genre de faveur.

— Je devais t'aider d'une manière ou d'une autre.

Je savais combien cela lui avait coûté, combien cela allait à l'encontre de ses convictions personnelles, et je jurai que je lui revaudrais ça.

— Je peux me la jouer à la Christian Grey et t'inviter à faire un tour dans mon jet privé ?

Je lui offris mon plus beau sourire.

— On va dire que oui. Mais pas de BDSM.

— Bouh ! Tu sais vraiment pas t'amuser.

— Alors propose à quelqu'un d'autre, dit-elle en riant.

Je la tirai dehors, résistant à l'envie de l'embrasser.

— S'amuser, c'est surfait. Allons-y.

25

Hunter

Le jet était luxueux et faisait penser à un yacht, avec ses tons crème, ses meubles acajou et ses touches de cuivre. Je ne voulais pas imaginer tout le foutre Fitzpatrick que ces sièges faits sur mesure avaient vu, et j'en voulus à Cillian et *Athair* quand je songeai à toutes les chattes auxquelles ils avaient eu accès dans cet engin. D'ailleurs, j'hésitais presque à sauver ces deux ingrats qui n'avaient pas partagé leur jouet avec moi.

Presque.

Puis je me rappelai que les chattes ne comptaient plus, sauf s'il s'agissait de celle d'une certaine banshee rousse.

Je passai tout le vol à stresser. Syllie avait beau avoir eu ce qu'il méritait, je devais à tout prix prévenir mon frère et mon père que la raffinerie était sur le point d'exploser. Je ne savais pas exactement quand Syllie avait prévu de mettre son plan à exécution. Logiquement, j'avais au moins jusqu'au lendemain matin pour les avertir, et le vol était rapide. Mais si mon père souhaitait se rendre à la raffinerie dès l'atterrissage ? C'était l'occasion rêvée pour ces salauds de le faire sauter.

Mon paternel était typiquement le genre de personne à aller voir sa propriété dès que ses pieds touchaient le sol, même à 4 heures du matin.

Sailor parlait de tout et de rien pour détendre l'atmosphère. Elle me donna les tenants et aboutissants de sa confrontation avec Lana et Junsu, et m'annonça qu'elle cherchait un autre lieu pour s'entraîner mais qu'elle raccrochait son arc, pour ainsi dire.

— Alors tu vas faire quoi maintenant ? demandai-je, tapant nerveusement du pied sur le sol.

Une hôtesse de l'air en uniforme noir se pencha pour nous offrir à manger et à boire avec un sourire factice. Elle était plutôt jeune. Assez jeune pour me faire un clin d'œil pendant que Sailor était occupée à dévisser sa bouteille de jus de pomme tandis que j'ouvrais ma bouteille de *root beer*. L'hôtesse m'effleura l'épaule avec la main en repartant, me disant qu'elle était là si j'avais besoin de quoi que ce soit.

Sailor le remarqua, mais ne dit rien.

Je secouai la tête.

— Elle ne m'intéresse pas.

— Tu ne me dois aucune explication, répondit-elle en arrachant l'étiquette de sa bouteille froide, pleine de condensation. Notre contrat est rompu, tu peux faire ce que tu veux.

— C'est toi que j'aimerais me faire, dans ce cas, répliquai-je.

Elle soupira.

— Hunter. On est juste amis, tu te rappelles ?

Elle était exaspérante.

— Alors, tu vas faire quoi, si tu arrêtes le tir à l'arc ? insistai-je en m'adossant à mon siège, les paupières lourdes.

Je n'arrivais pas à croire que je ne la trouvais pas canon à peine quelques mois plus tôt. Aujourd'hui, j'étais accro à la moindre courbe de son visage.

— Tu promets de ne pas te moquer ?

Je secouai la tête. C'est elle qui se moqua. Je souris.

— Je veux faire des études de journalisme.

— Pourquoi ?

— Pour devenir critique gastronomique.

— Génial, dis-je.

Nous faisions comme si ma famille n'était pas sur le point d'exploser. J'appréciais qu'elle joue le jeu.

— N'est-ce pas ?

Elle se mordit la lèvre.

— Complètement.

— Hunter…

Elle s'arrêta. Porta son pouce à sa bouche.

Oh oh ! Il y avait une certaine inquiétude dans sa voix.

— C'est quand, la dernière fois que tu as dormi ?

— Putain, je me rappelle pas. (Je haussai les épaules.) Y'a quatre jours ?

Ce devait être ça. Je faisais bien des siestes de temps en temps, cela dit, récupérant pendant dix minutes par-ci par-là.

Elle tapota son épaule, m'invitant à la rejoindre, en disant :

— Je promets de te réveiller si tu reçois un message ou un appel.

Je me levai pour m'installer à son côté sur le canapé crème et bleu marine. Je posai la tête sur son épaule et fermai les yeux. Elle m'embrassa dans les cheveux.

Jamais je n'avais aussi bien dormi.

Il n'y avait vraiment aucun réseau sur la colline perdue où la raffinerie était implantée. Juste à côté se trouvaient les habitations des ouvriers, où mon père et Cillian logeaient par solidarité, et pour montrer, certainement, qu'ils ne se croyaient pas supérieurs à leurs employés. (Spoiler : en fait, si.)

Heureusement, il y avait du réseau sur la route, et j'eus le temps d'envoyer des messages à Troy, Sam, maman et Aisling pour leur dire que nous étions bien arrivés. Apparemment, Syllie s'était mis à table et essayait de faire porter le chapeau à ce Boris, puisqu'il pensait que la police en savait plus qu'elle n'en savait en réalité.

Il allait moisir en prison un bon bout de temps.

Mais ça n'en valait pas la peine si je ne retrouvais pas Cillian et mon père à temps.

Je tapais impatiemment du pied dans la Range Rover qui nous conduisait jusqu'à la raffinerie, les yeux fixés au-dehors. L'aurore pointait, illuminant de rose et de jaune les montagnes gelées.

Quand nous arrivâmes enfin aux immeubles voisins de la raffinerie, quelqu'un nous ouvrit et nous indiqua que mon père et Cillian étaient dans la chambre d'*Athair*, à l'étage. Je montai au pas de course tandis que Sailor remerciait notre chauffeur et allait parler au directeur. Je lui avais demandé de faire donner l'ordre d'évacuer la raffinerie et ses alentours. Même si nous n'y étions pas au moment de l'explosion, il était possible qu'elle souffle les appartements, voire le petit village de pêcheurs en contrebas de la route.

Je gravis les marches trois par trois. Arrivé devant la porte de la chambre, je l'ouvris brusquement sans prendre la peine de frapper. Je trouvai Cillian et mon père attablés à un bureau dans un coin de la pièce – une chambre très modeste avec un lit double recouvert d'une couette duveteuse orange. Les meubles semblaient propres, mais étaient vieillots. Mon père et Cillian étaient tous deux bien réveillés. Mon père buvait du scotch tandis que Cillian parcourait une liasse de documents, l'air peu concerné par mon arrivée impromptue.

Posé sur le bureau devant lui, le téléphone de Cillian s'illuminait à mesure qu'il recevait des messages.

Ce connard avait du réseau.

Incroyable.

Un nouvel élan de colère surgit en moi, trois fois plus fort qu'avant. Ils m'avaient *ignoré.*

J'entrai en trombe, pris son téléphone et le jetai à l'autre bout de la pièce. Il heurta un mur et se brisa en DEUX, ce qui était physiquement impossible – c'était du moins ce que j'avais cru jusqu'à ce jour. Bye-bye, le polo. Manifestement, j'étais un pro du base-ball qui s'ignorait.

— Vous allez me dire que vous n'avez pas eu de réseau au cours des douze dernières heures ? Que vous n'avez regardé ni vos mails ni vos téléphones pendant tout ce temps ? Vous vous foutez de moi ! J'ai essayé de vous appeler des dizaines de fois avant de rappliquer ici. Pourquoi vous n'avez pas décroché ?

J'étais penché sur eux, rugissant. Mes postillons leur éclaboussaient le visage.

Cillian tourna une page de son dossier, refusant de m'accorder le moindre intérêt. Mon père prit une autre gorgée de scotch.

Ne les tue pas de tes propres mains. C'est ce que Syllie veut.

— Tu lui dis ou je le fais ? demanda platement Cillian, les yeux toujours rivés sur le foutu document.

Mon père me regarda droit dans les yeux avec un sourire satisfait.

— Tu as réussi le test, fils.

J'eus alors des visions : de moi en train d'éclater le crâne de mon père contre le mur derrière lui.

De moi en train de plaquer Cillian au sol et de le frapper pour faire disparaître cet air suffisant de son visage.

Ce genre de visions. Mais je me contentai de leur adresser mon sourire forcé de doux dingue, annonce d'un épisode psychotique éminent.

— Vraiment ? Que. Du. Bonheur. Putain. Je t'en prie, éclaire-moi, cher papa.

Cillian eut enfin la courtoisie de lâcher le document qu'il était en train de lire. Il leva les yeux vers moi avant de déclarer :

— Quand tu es venu nous voir pour nous mettre en garde contre Syllie, *Athair* ne voulait pas le croire. Mais pour moi Syllie a toujours été une bombe à retardement. J'ai pris l'initiative de mettre Troy Brennan sur le coup pour voir ce qu'il mijotait dans sa marmite à catastrophes.

Cillian parlait de manière factuelle, comme s'il récitait une recette de soupe aux choux.

C'est pour ça que le FBI a débarqué chez Syllie. Troy avait déjà obtenu suffisamment de preuves légales contre lui.

— Nous avons découvert ce qu'il préparait dans le Maine avec Boris Omelniski et ses petits amis, son projet de faire sauter la raffinerie pendant que nous serions à l'intérieur. Nous avons fait évacuer l'usine et arrêter les machines défectueuses. On a perdu pas mal d'argent au passage, mais on ne pouvait prendre aucun risque.

Mon corps tout entier bouillonnait d'une rage qui menaçait de m'étouffer.

— Alors pourquoi vous m'avez fait vivre cet enfer ? sifflai-je. Rembarré chaque fois que j'essayais de vous avertir ? Fait passer des dizaines de nuits blanches à écouter ce connard, en plus de mes cours à la fac et du boulot à plein temps avec vous ? J'ai galéré et je n'ai pas dormi pendant des jours pour empêcher tout ce merdier… et vous me dites que vous étiez au courant depuis le début ?

Mon père se leva, contourna le bureau et écarta les bras. Je me rendis compte, avec une certaine rancœur, que malgré tout ce qu'il me faisait subir il était toujours « papa » pour moi.

— D'où : tu as réussi le test.

— Tu peux te le foutre au cul ton test ! crachai-je en pointant un doigt sur lui. Tu peux te le foutre bien profond. J'ai failli me tuer en essayant de vous sauver. Je me suis plié en quatre pour vous. Je suis parti en guerre pour vous. J'étais prêt à cramer, à mourir, à périr. Pour. *Vous.*

Cillian se leva à son tour.

— Comme je te l'ai dit, c'était à toi de nous extraire de ce problème. Ce que tu as fait, et juste à temps. Heureusement, c'est ton fort, d'extraire les choses juste à temps, à en juger par l'absence de femmes enceintes frappant à notre porte.

Je me passai la main dans les cheveux.

— Va brûler en enfer, Cillian.

— J'y suis déjà. Ça s'appelle la vie.

— Alors vous me faisiez assez confiance pour que je découvre la vérité, mais pas suffisamment pour vous reposer sur moi ?

Je me tournai de nouveau vers mon père.

Il n'existait pas plus impitoyable ni plus compétent que Troy Brennan, et Sam Brennan était l'enfant chéri de la pègre. Ces deux-là pourraient gagner une guerre froide avec un vieil ordinateur et un pistolet à billes. C'était leur métier. Bien sûr qu'ils avaient découvert les manigances de Syllie avant moi.

— Correct, dit mon père, un éclat de chaleur scintillant dans ses yeux. Inutile de dire que le testament sera modifié en conséquence. Tu es mon héritier. Mon fils. Un Fitzpatrick. Tu garderas ton poste chez Royal Pipelines. Et tu auras un vrai bureau, à côté de celui de Cillian. Tu as prouvé que tu étais un membre à part entière de cette famille, Hunter.

Il écarta les bras, s'attendant à ce que je… quoi ? Lui fasse un câlin ?

Je lui adressai un sourire pincé.

— Je vous emmerde, toi, ton argent et ton nom de famille, vieille branche. Si je dois mériter ma place dans ta famille pour en faire partie, ce sera sans moi.

26

Sailor

Dans la voiture qu'on loua pour nous ramener à Boston en quatre heures, Hunter me fit le récit de ce qui s'était passé avec son père et son frère, d'une voix détachée qui ne lui ressemblait pas.

— Voilà le peu de confiance qu'ils ont en moi.

— Tu ne leur as pas vraiment donné de raison de te faire confiance par le passé, cela dit.

Je défendais leur point de vue, pas parce que j'étais d'accord avec eux, mais parce que je savais que Hunter serait malheureux d'être en froid avec sa famille. Malgré la complexité de leurs relations, il adorait Cillian et Gerald. Il les admirait et avait toujours voulu être comme eux sans s'en croire capable.

— Tu parles comme eux.

— Parce que ce que je dis est sensé ?

Il pouffa.

— Tu savais, toi, que mon père avait engagé le tien ?

Il me jeta un regard en coin – noir, le regard – tout en filant sur le ruban d'asphalte.

— Qu'est-ce que tu crois ? Bien sûr que non.

— Et si tu l'avais su ? insista-t-il.

J'espérais qu'il ne poserait pas cette question. Je secouai la tête avant de lâcher :

— Je ne réponds pas aux questions hypothétiques.

— Flash info : tu vas répondre à celle-là.

— Il faut que tu te calmes.

— Ce qu'il me faut, c'est quelqu'un qui soit de mon côté.

— Je *suis* de ton côté, maugréai-je.

— Tu serais dans mon lit si c'était le cas, dit-il, sans culpabilité ni remords. Et pourtant, tu n'y es pas.

— C'est parce que je suis aussi de *mon* côté.

Il ricana.

— C'est-à-dire ?

— C'est-à-dire que je ne veux pas m'attacher davantage à toi que je ne le suis déjà, parce qu'il est évident que tu ne ressens pas la même chose pour moi.

Un lourd silence s'étira avant qu'il demande :

— Et si je ressentais la même chose ?

— Ce n'est pas le cas. Tu en es incapable. Tu es issu d'une longue lignée d'adultères. Tu ne connais rien d'autre !

Il s'appuya contre son dossier en secouant la tête, et je me rendis compte de la cruauté de mes paroles. Je devais être un monstre à ses yeux.

— Nous y voilà enfin. Alors, si je suis un adultère en série comme mes parents, ça veut dire que tu vas vider le crâne des gens comme des citrouilles, comme ton papa ? On joue au jeu des gènes ? Parce que sois tranquille, chérie, on n'est peut-être pas fêlés de la même façon, mais on est tous les deux bien loin d'une quelconque normalité.

Je ne dis rien. Il avait raison.

Il poursuivit :

— Qu'est-ce qu'il faudrait pour que tu comprennes que je suis sérieux ? À propos de nous. Un grand geste romantique ? Un contrat ? Une foutue bague ?

— Peut-être que tu cesses d'avoir honte de moi. De nous, rétorquai-je sèchement. Ça aurait pu suffire.

Je pensais à la soirée avec Knight et Luna, à toutes les fois où il avait minimisé ce que nous avions. J'étais persuadée qu'il voyait de quoi je voulais parler.

Hunter reçut un SMS. Il l'ouvrit.

— Merde, marmonna-t-il en jetant son téléphone sur le tableau de bord.

Il continua de recevoir des messages, qui allumèrent son écran. Son fond d'écran était une photo de fessier féminin disant « Baise-moi ou barre-toi ».

— Merde, merde, merde ! pesta-t-il en donnant des coups dans le volant. Il faut que je prenne l'avion pour Londres. Il s'est passé un truc.

— Quoi ? demandai-je, incrédule.

— C'est Vaughn, répondit-il, comme si ça expliquait tout. Je te dépose à la maison. Avec un peu de chance, j'arriverai à garder mon pantalon là-bas. Et toi, essaie de ne tuer personne, d'accord ?

Une semaine s'était écoulée depuis que Hunter m'avait attrapée par le bras pour sortir de cet immeuble dans le Maine. Jamais je ne l'avais vu aussi abattu – pas depuis ce petit garçon sous la pluie.

Je n'avais pas eu de nouvelles de lui depuis qu'il était parti pour Londres. Je m'étais interdit d'en demander à Aisling, mais, bien sûr, ce fut plus fort que moi. Elle me raconta qu'il était resté là-bas tout le week-end et qu'il ne répondait à personne. Quand je finis par craquer et à aller chez lui, il n'était pas là.

Ni il y a deux jours ni hier, alors qu'il aurait dû être rentré depuis longtemps, d'après Ash.

Hunter avait disparu et, avec lui, mon été préféré.

— Merci infiniment d'être là. Je sais à quel point vous *haïssez* les médias.

Vanessa Shieling de *Good Morning, Boston !* se pencha en avant pour me tapoter la cuisse, un sourire plaqué sur le visage.

Sa perfection améliorée au Botox avait un côté clownesque. Ses cheveux blonds soigneusement brossés étaient trop brillants, trop bien coiffés. Elle redressa le dos dans son siège, lissant un pli imaginaire sur sa robe rouge.

— Comment savez-vous que je n'aime pas les interviews ?

Elle n'avait pas tort. C'était là le plus grand avantage de ma retraite anticipée du tir à l'arc : je n'étais plus obligée de parler aux médias. Si la raffinerie de Royal Pipelines n'avait pas explosé, l'affaire Junsu/Lana explosa, elle. Les médias voulaient ma version des faits. J'avais refusé, mais Crystal, avec qui j'étais toujours sous contrat, avait argué qu'en gardant le silence je laissais libre cours aux rumeurs sur ma propre incartade.

— Tu n'as rien fait de mal. Tu as tué son chien, pas ses parents, cracha-t-elle au téléphone, me faisant grimacer.

Cependant, elle n'avait pas tort. Il fallait que je remette les pendules à l'heure une bonne fois pour toutes.

— Trente secondes, annonça le réalisateur de l'émission depuis les abysses obscurs faisant face au studio éclairé.

Il y avait tout un monde de l'autre côté de la scène qui affichait la ville de Boston en fond – un monde de caméras, de câbles, de gens avec des casques et d'assistants courant dans tous les sens, vivant dans les limbes du monde glamour de la télévision. Il y avait aussi un public. Les sièges étaient bondés, bourrés de spectateurs.

Vanessa leva le pouce à l'intention du réalisateur.

— On a tout ce qu'il nous faut ?

— Oui, répondit-il.

Tout ce qu'il leur fallait ? Ça ne me disait rien qui vaille.

— Prête ? me demanda-t-elle.

— Autant que faire se peut, marmonnai-je.

Une fois à l'antenne, Vanessa me questionna sur ma rivalité avec Lana et sa genèse. Je lui parlai de Spot et de la blessure de Lana, j'avouai ma part de responsabilité dans ce qui s'était passé. Puis on parla de tout ce que j'avais subi. Lana et Junsu faisaient face à des allégations sérieuses et ne pourraient certainement plus jamais travailler dans le monde du sport. Puis Vanessa orienta ses questions sur des sujets plus personnels.

— Parlons des photos des paparazzis, commença-t-elle en posant le menton sur ses doigts, l'air sérieux, concentré. Vous avez été aperçue en train de sortir à toute vitesse de votre ancien club de tir à l'arc, suivie par Hunter Fitzpatrick à moitié nu. Pour les téléspectateurs qui ne le connaîtraient pas, M. Fitzpatrick est le jeune héritier de Royal Pipelines et un play-boy notoire. L'année dernière, il a été impliqué dans un scandale autour d'une sextape qui…

Je levai la main.

— Non.

— Pardon ?

Elle eut un sourire pincé.

— Non. Vous ne pouvez pas le réduire à ce statut de play-boy, de… de mec qui a fait une sextape. Il a été filmé à son insu lors d'un acte qu…

Je voulais dire « qu'il regrette », mais Hunter n'en regrettait certainement pas une seule seconde.

— … un acte qui aurait dû se tenir de manière plus privée, certes. Mais ce n'est pas un héritier sans cervelle. Il travaille dur, c'est un homme honnête, généreux et attentionné. Il serait prêt à tout risquer pour ceux qu'il aime.

Je songeai à la bagarre qu'il avait déclenchée dans le pub alors qu'on se connaissait à peine, à tout ce qu'il avait fait pour sauver son père et son frère. Je songeai même à ce stupide gala de bienfaisance, quand j'avais craqué et qu'il m'avait prise dans ses bras, refusant de me lâcher avant d'être certain que j'allais bien.

— Hunter a fait des erreurs, oui, mais comme le reste de l'humanité, poursuivis-je. La seule différence, c'est que ses moindres faits et gestes ont toujours été scrutés par le grand public. Il n'a jamais eu l'occasion de découvrir qui il était en privé.

— Vous voulez dire que lui et vous êtes en couple ?

Vanessa sourit.

Sérieusement ? C'était tout ce qu'elle tirait de ce que je venais de dire ? Je me sentis rougir sous la couche de maquillage.

— Ce n'est pas du tout ce que je veux dire.

— Alors vous n'êtes *pas* en couple, insista-t-elle.

— C'est ça, admis-je, la gorge serrée. Nous sommes juste… amis.

Alors pourquoi ai-je l'impression de crever en disant ça ?

— Eh bien, fit doucement Vanessa en se frappant les genoux avec ses cartes. Il se trouve qu'il ne voit pas les choses du même œil. J'aimerais accueillir mon prochain invité, Hunter Fitzpatrick !

Mon cœur s'affola dans ma poitrine comme s'il avait été mordu par un serpent. Je retins mon souffle et clignai des yeux en le voyant apparaître. Il portait un élégant costume couleur camel – lequel était sublimé par ses pommettes incroyables, son sourire railleur et ses merveilleuses boucles blondes lissées en arrière. Ses yeux bleus si intenses se posèrent sur moi alors qu'il entrait sur le plateau, ne laissant plus aucun doute sur la situation.

Il était le chasseur.

J'étais la proie.

Il vint se poster nonchalamment au centre de la scène. Au lieu de s'asseoir dans un fauteuil bleu à côté de moi, face à Vanessa, il resta debout, prit un micro que lui tendit un membre de la production et le porta à ses lèvres.

— Putain de merde, dit-il en se passant une main dans les cheveux.

Dans ses yeux félins, si exotiques et si bleus qu'ils attrapaient chaque éclat de lumière dans la pièce, brillait une lueur malicieuse.

— Je viens de prendre conscience d'un truc déprimant, Vanessa.

— Quoi donc, monsieur Fitzpatrick ? Et je vous en prie, utilisez un langage adapté à une émission matinale.

Elle adressa un sourire éclatant à la caméra en guise d'excuses.

Il était évident qu'elle était à la fois heureuse de ce nouvel éclat qui allait certainement gonfler ses audiences et outrée qu'il jure à la télé, d'autant que la majorité de ses téléspectateurs étaient des femmes au foyer et des jeunes mamans.

J'essayai de réguler ma respiration, sentant mon cœur voleter dans ma poitrine ici et là.

— Je suis amoureux de Sailor Brennan. Merde. OK, c'est nul.

Il rit bêtement, faisant les cent pas sur le plateau avec le micro à la main, sourcils froncés.

— Achevez-moi, Vanessa. Je suis déjà cuit. C'est mille fois plus gênant que mon autre moment de gloire. À l'époque, j'avais la bite à l'air. Là, c'est mon cœur qui est en jeu. Mes potes vont s'en donner à cœur joie quand ils vont voir ça. J'étais le dernier sur la liste, vous savez. Je me croyais immunisé contre le mot avec un grand A. J'ai toujours mis une capote sur mes émotions avant de ne serait-ce que parler à une fille. J'ai été quitté par tellement de femmes au fil des ans que je me suis dit qu'il valait mieux que je les quitte le premier. Mais toi, Sailor, tu es celle que je ne laisserai pas partir.

Dans ses yeux brûlait un feu sombre et intense, et il les plantait dans les miens.

— Ça fait un peu tueur en série, hein ? Oui, mais c'est la vérité. Je ne te laisserai pas me quitter.

Les gens rirent dans le public, et le sourire pincé de la pauvre Vanessa s'évapora pour laisser place à une expression horrifiée.

J'avais du mal à comprendre ce qu'il disait. C'était comme vivre une expérience extracorporelle.

Hunter Fitzpatrick était en train de m'avouer son amour éternel.

En public.

Et avec des millions de gens collés derrière leur télé pour témoins.

Je lui avais dit que je pensais être son petit secret inavouable, alors il faisait une déclaration publique. Dans la voiture, en rentrant du Maine, il avait demandé ce qu'il faudrait. Une bague… un contrat… Et qu'est-ce que j'avais répondu ? Qu'il arrête d'avoir honte de nous. Il était en train de prouver qu'il n'avait jamais eu honte.

— Et bien sûr (Hunter écarta les bras, poursuivant son monologue) en bon Fitzpatrick, il a fallu que je tombe amoureux de la fille d'un…

Il marqua une pause quand il se rendit compte de ce qu'il s'apprêtait à dire, puis reprit :

— D'un homme d'affaires respectable, jusqu'à preuve du contraire.

Le public éclata de rire, et je rougis. Hunter se retourna, trouva mon regard et sourit. C'était un sourire que je ne lui connaissais pas. Il n'était ni moqueur, ni sexy, ni amusé. Il avait l'air gamin, presque penaud. Il y avait une délicieuse innocence dans ce sourire. J'avais envie de le capturer, de le prendre en photo, de l'encadrer et de le cacher sous mon oreiller.

— Bordel de merde, Sailor Brennan. Tu as vraiment joué un sale tour à mon cœur. Je crois que ce que je veux dire – en offensant au passage les oreilles de toutes les ménagères de l'État – c'est que c'est réel. Ça l'a toujours été. Tu as dit que je n'avais jamais voulu de toi mais, la vérité, c'est que je n'ai jamais voulu *que* toi. Mais je ne m'en suis pas rendu compte jusqu'à ce que tu partes. Et pour la première fois de ma vie j'ai été incapable de manger, de dormir, de respirer. Je te vois, *aingeal dian*, même quand tu essaies de te cacher. *Surtout* quand tu essaies de te cacher. Je ne peux pas t'effacer. Je suis comme ce gamin dans *Sixième sens*. Sauf que tu n'es pas morte et que je ne suis pas super chiant.

Nouvelle salve de rires. Je réalisai que le rire sortait aussi de ma gorge. Je réalisai également que j'étais émue, que mes yeux étaient remplis de larmes à travers lesquelles je le regardais, cet homme flou et rebelle et transformé, mais qui restait cet homme que j'avais appris à admirer.

Il s'approcha de moi, mettant un genou à terre dans une posture de pure soumission.

— Ange en colère. *Aingeal dian* veut dire « ange en colère ». La première fois que je t'ai prise dans mes bras, au gala de bienfaisance, j'ai compris deux choses. La première, c'est que je ne pouvais pas te laisser partir, même si tu le demandais très, vraiment *très* gentiment. La deuxième, c'est que je ne te méritais pas. Je t'ai fuie toute ma vie alors que je ne te connaissais même pas, Sailor. Mais dès que je t'ai rencontrée – d'accord, peut-être quelques semaines plus tard – j'ai pris conscience que ne pas t'avoir dans ma vie était inenvisageable. Alors me voilà, à te demander une seconde chance. Et du cul. Mais le cul peut venir plus tard. Je veux juste qu'on soit nous. Ensemble. De manière exclusive. Juste toi, moi, Deliveroo et Netflix à volonté. Comme un vrai couple et tout le bordel qui va avec.

— Monsieur Fitzpatrick ! s'indigna Vanessa en portant une main à sa poitrine, faisant mine d'être scandalisée. Pour l'amour du ciel, surveillez votre langage !

Hunter et moi échangeâmes un sourire complice.

— Désolé. Enfin bref, voilà. Je suis débilement amoureux de toi, Sailor Brennan. Acceptes-tu un idiot dans ta vie ? Défauts inclus. Et non échangeable.

— Je veux un délai de quatorze jours ouvrables pour échanger l'idiot susnommé, et la possibilité de récupérer mon cœur en un seul morceau si ta performance ne me satisfait pas.

Voilà que je marchandais avec lui à la télévision.

C'était notre façon d'être. On se charriait.

La malice pétilla dans ses yeux.

— Tu ne t'es jamais plainte de ma performance pendant ta période d'essai gratuite.

— Mouais, fis-je en haussant les épaules. C'était gratuit. Payer pour un truc incluant des cœurs et autres organes, c'est complètement différent.

— D'accord. Je crois en mon produit. Marché conclu.

Il se leva. Je tendis la main pour qu'on se la serre afin de sceller notre accord. Il l'attrapa et me tira à lui, m'enveloppant de ses bras musclés.

Puis il m'embrassa sur la bouche, un baiser digne de Hollywood – de ceux qu'on voit à la fin des films des années 1990, juste avant le générique de fin.

J'étais Julia Roberts dans *Pretty Woman*, héroïne improbable de ma propre histoire.

J'entendis le public se lever et nous acclamer, applaudir, siffler et rire de liesse. En fond, Vanessa parlait d'amour naissant et du bonheur de se reconnaître en l'autre. On aurait dit qu'elle lisait l'étiquette d'un produit de beauté Philosophy.

Les lèvres de Hunter quittèrent les miennes un instant, et je poussai un grognement en guise de protestation.

— Dis oui, souffla-t-il tout contre ma bouche. Promets de ne jamais partir.

— Jamais. Je t'aime tellement, Hunter. Je serais prête à tout pour toi, et ça me terrifie.

— Sache que j'irais encore plus loin pour toi.

Il m'embrassa encore, et l'univers bascula, changea, tout s'effaça – les gens, les arbres, les oiseaux, les immeubles. Il ne restait plus que lui et moi, enlacés l'un contre l'autre, sens dessus dessous, défiant la gravité. C'était surréaliste. *Irréel.*

Et c'est comme ça, pensais-je en me noyant dans ses baisers, *qu'on sait que c'est réel.*

Hunter

Trois jours plus tard, Sailor était au volant de sa voiture et nous conduisait à Avebury Court Manor.

J'avais autant envie de voir mon père et Cillian que de faire de la plongée sous-marine avec Scylla, monstre marin peu fréquentable de la mythologie grecque. Hélas, ma mère était venue frapper de nombreuses fois à ma porte, suppliant, pleurant, implorant. Après qu'elle m'avait avoué que j'étais son enfant préféré, il aurait été salaud de ma part de lui dire non. Et puis, Sailor avait déclaré que si je voulais qu'elle se réinstalle dans notre appartement il fallait que je me rabiboche avec ma famille. Pour elle, j'étais prêt à taper l'amitié avec des dictateurs de renommée internationale.

Mais je me répète, puisque mon père et Cillian n'avaient rien à envier à Bachar al-Assad.

Il y avait une autre chose que j'avais du mal à admettre : j'adorais bosser pour Royal Pipelines. J'avais toujours été persuadé que je détesterais ça parce que c'était mon destin, sans me rendre compte à quel point je serais comblé d'avoir ma place dans l'entreprise familiale.

Gagner de l'argent était ma vocation. Ça me faisait bander. Quelque part en chemin, je m'étais attaché à Royal Pipelines, et Cillian et *Athair* allaient de pair avec l'entreprise.

— Écoute ce qu'ils ont à dire, m'intima Sailor en pianotant sur le volant.

Je regardai par la vitre, contemplant d'un air maussade les arbres perdant leurs feuilles rouge et or. Au-dessus des bâtiments coloniaux en pierre, le ciel aussi gris qu'à Gotham déversait sa grêle. Je me rendis compte, horrifié, que j'aimais Boston et son ambiance côte Est – ses ruelles sales, ses quatre saisons et son caractère irlandais. C'était mon héritage, et je ne pouvais pas lui tourner le dos. J'avais vécu ces dernières années à me faire passer pour un Américain pur souche, un Californien qui aimait le sport, la plage et les filles qui mettaient des petits shorts fluo pour fréquenter l'église de Kanye West. Mais contrairement à eux je n'avais pas une âme en plastique dévouée à la grande consommation.

Boston était ancrée dans mon âme.

Pour la première fois depuis longtemps, je me sentais à ma place.

— Promis, répondis-je distraitement et sans grand optimisme à ma petite amie – oui, *petite amie*. Mais attention, spoiler : ils vont me dire que je peux récupérer mon boulot, je vais accepter, et puis on passera à table. On se barrera tous les deux avant le dessert pour que je te prenne par-derrière. Sans capote. Et j'éjaculerai partout sur toi. Espérons que tu n'auras pas la conjonctivite.

Sauf si Sparrow a fait son banoffee pie. *Le cul pourra attendre, et on restera pour le dessert. Je me convertirais au Culte sacré du banoffee s'il existait.*

— Ça me va, dit Sailor en faisant claquer ses lèvres. Tout ce que je demande, c'est que tu leur laisses une chance.

— D'accord.

— Et que tu me dises pourquoi tu es allé à Londres.

Je lui adressai un sourire narquois ; elle m'avait déjà posé la question mille fois. Je lui fis la même réponse.

— Désolée, chérie. Ce secret ne m'appartient pas. Sache seulement que je n'ai touché à personne là-bas, à part moi-même. Et je me suis branlé sur des photos de toi en train de tirer à l'arc trouvées sur Google.

Le portail électrique de mes parents s'ouvrit, et Sailor entra, avant de se garer le long de l'immense fontaine de la cour. Je sortis et allai lui ouvrir la portière. On avança main dans la main jusqu'à ce qu'elle s'arrête, juste avant de passer le seuil. Elle serra mes doigts et leva les yeux vers moi.

— Il y a six mois, j'étais décidée à aller aux jeux Olympiques, et tu étais déterminé à ne pas travailler pour ton père. Aujourd'hui, on a tous les deux changé complètement nos plans. Je ne sais pas où la vie va me mener, mais ce ne sera certainement pas aux JO, et tu es devenu un homme d'affaires talentueux, indépendant, avec une *petite amie*. Quoi qu'on ait accompli, Hunter, nous l'avons fait ensemble. Quoi qu'il se passe aujourd'hui, sache que nous avons tous les deux parcouru beaucoup de chemin. Je n'ai jamais été aussi fière d'être au bras de quelqu'un.

Je me penchai pour l'embrasser sur le bout du nez. Putain, elle était incroyable. Je comprenais enfin pourquoi Knight n'avait jamais pu toucher qui que ce soit d'autre, avant même que Luna et lui se mettent ensemble. Aucune autre fille ne pouvait me faire ressentir ce que Sailor éveillait en moi quand je la regardais. Pas même Adriana Lima.

— Juste par curiosité, à combien de bras tu t'es baladée ? lui soufflai-je dans le creux de l'oreille.

Cela lui donna la chair de poule – j'adorais ça.

— Un seul, murmura-t-elle. Le tien.

— Ça ternit un peu le compliment, dis-je en riant.

— Prends juste le compliment, Hunter.

— Mets-toi toute nue, proie.

À l'intérieur, on se laissa guider par les rires et l'animation qui nous parvenaient, de plus en plus sonores, depuis le salon. Nous nous arrêtâmes sur le pas de la double porte, enveloppant nos proches du regard.

Ils étaient tous là. Maman, papa, Cillian, Aisling, Troy, Sparrow, Sam, les sœurs Penrose, et tous les employés de maison.

Mes parents se tournèrent vers nous à l'unisson, sentant ma présence avant même que je me manifeste. Maman se leva d'un bond, comme si elle avait le feu aux fesses, et nous enserra Sailor et moi dans une étreinte vorace. Le silence se fit dans la pièce tandis qu'elle poussait un cri de soulagement.

— Tu es là. Oh, mon Dieu, tu es vraiment là ! Merci infiniment de l'avoir convaincu de venir, Sailor.

— Avec plaisir, Jane. Hunter est ravi, lui aussi.

Sailor me donna un coup de coude, puis se contorsionna pour se dégager de cette embrassade gênante, et je me retrouvai à faire un câlin à ma mère pour la première fois en dix ans.

Je lui tapotai le dos et maman se détacha de moi pour prendre mon visage entre ses mains. Elle m'observa longuement. Dans ses yeux brillaient des larmes, de l'espoir et de l'amour – tant d'amour que son poids m'étouffa presque. Je me demandai comment j'avais fait pour ne jamais le voir. Mais la réponse était claire : pour savoir à quoi ressemblait l'amour, encore fallait-il aimer. Je n'avais jamais aimé personne.

Pas vraiment.

Pas avant Sailor.

Je posai une main sur celle de ma mère, la serrant contre ma joue.

— Désolé d'avoir été un sale con.

Elle secoua la tête.

— Non, Hunter. C'est moi qui suis désolée. Tout ce que je veux, c'est une chance de recoller les morceaux.

— Accordée, répondis-je.

Si j'avais une seconde chance pour ne plus être un gigolo de série B, pourquoi pas elle ?

— Fils, lança mon père, assis dans un fauteuil au centre de la pièce. Viens t'asseoir. Nous avons à parler.

Cillian était installé à sa droite, Troy et Sam à sa gauche. Sparrow était assise si près de Troy qu'elle était presque sur ses genoux. Il y avait deux chaises vides face à mon père ; elles devaient être réservées à Sailor et moi. C'était inhabituel ; d'ordinaire, les Fitzpatrick préféraient gérer leurs affaires en privé. Comme pour les impôts, nous aimions que ces réunions arrivent le moins souvent possible et sans invité surprise.

Je pris Sailor par la main pour aller prendre place avec elle face à eux.

— Merci d'être venu, *ceann beag*.

Papa inclina la tête, poussant un soupir fébrile, soulagé. Il semblait affligé – ému, presque.

Cillian tapa sa main avec impatience, le ramenant à l'instant présent.

À ma grande surprise, ce fut Troy Brennan qui prit la parole en premier.

— Désolé d'interrompre vos émouvantes retrouvailles, mais certains d'entre nous doivent retourner à la mine après ça, donc j'imagine que je ferais mieux de commencer. J'ai rencontré ma femme, Sparrow, dans des circonstances assez peu ordinaires. Je l'ai épousée parce que je m'y sentais obligé, pas parce que j'avais une envie folle de me marier. (Il prit la main de Sparrow dans la sienne.) En toute honnêteté, je ne pensais pas que ça collerait. J'étais un loup solitaire, et ça m'allait très bien, ou c'est du moins ce que je pensais. En définitive, j'avais juste besoin d'un bon coup de pied aux fesses. Parfois, ce que nous voulons et ce dont nous avons besoin sont deux choses totalement différentes. Je l'ai appris de manière inattendue. Alors quand Gerald m'a approché avec une proposition à sept chiffres, qui de surcroît pouvait rendre ma fille heureuse, j'ai accepté.

Sailor et moi échangeâmes un regard. Je sentais son pouls palpiter sur son poignet, tout contre le mien. Elle, comme moi, se tourna vers mon père.

L'enflure…

— C'est vrai.

Gerald s'adossa à son fauteuil, lèvres pincées.

Tout le monde retenait son souffle. Nous étions au supplice.

Mon père reprit :

— J'ai rencontré Sailor Brennan il y a de ça plusieurs mois, quand j'ai pris un cours de tir à l'arc avec un client, après des années sans l'avoir vue. C'est l'entraîneur de Sailor, Junsu, qui nous a fait cours. Elle est venue s'entraîner au moment où nous allions partir. Nous avons décidé de rester pour la regarder. Elle était d'une précision et d'une concentration captivantes, divines ; quand elle a eu fini, nous l'avons félicitée. Nous étions debout sur le parking, en train de discuter, quand un voleur a arraché le sac à main d'une vieille dame dans la rue. Sailor lui a couru après comme une flèche alors que personne d'autre n'avait bougé. Elle l'a poursuivi et lui a sauté dessus, puis elle l'a plaqué au sol, a attrapé le sac, et l'a frappé à la tête avec pour lui donner une bonne leçon. Après avoir rapporté le sac à la dame, elle est revenue vers nous, nous a souri poliment et a demandé à Junsu si elle pouvait venir s'entraîner plus tôt le lendemain. Je me suis dit : « Voilà le genre de personne qui devrait exercer son influence sur Hunter. » – pas les parvenus dégénérés qu'il fréquente en Californie. Elle avait le tempérament de feu des Irlandais dans le sang, et je voulais que toi, Hunter, tu te rappelles que tu étais fait du même matériau : robuste, impitoyable, capable. J'admets t'avoir condamné à l'échec à deux égards. Un, je t'ai demandé de ne pas la toucher pendant six mois, sachant que tu échouerais parce qu'elle avait en elle le feu que tu avais cherché toute ta vie. Et deux, je ne t'ai pas aidé à résoudre l'affaire Sylvester. Mais *uniquement* parce que je savais que tu étais capable de le faire seul. Ce n'était pas à *moi* que j'essayais de prouver quelque chose, fils. Ce n'est pas ça, le test. Je te le prouvais à *toi*, je te montrais que tu pouvais le faire. Ce n'était pas un casting pour que tu puisses réintégrer la famille, tu en as toujours fait partie. Je voulais que tu révèles ta propre grandeur. Et devine quoi ? Tu as réussi.

Je sentis ma mâchoire se contracter, mais je gardai mon sang-froid. Sailor et moi avions été manipulés, ils avaient arrangé cette relation entre nous à notre insu, sans notre consentement. Et le pire, c'était que mon père et Troy avaient vu juste. Nous avions succombé l'un à l'autre. Et j'en avais beaucoup appris sur moi grâce au plan tordu de mon père.

Il se pencha en avant, les coudes sur les genoux, et planta les yeux dans mon regard noir, essayant de le déchiffrer.

— Je ne t'ai jamais exclu, *ceann beag*. Tu es mon fils. Le mien, et celui de personne d'autre. Je t'appelle « le petit » parce que tu as toujours été précieux à mes yeux. Dès ta naissance, tu étais si mignon, les gens te prenaient pour une fille dans la rue. Dieu t'a accordé un don, et j'avais hâte de voir ce que tu en ferais. Mon amour pour toi était entaché d'une certaine appréhension, parce que tu n'étais pas la chair de ma chair. Contrairement à Cillian et Aisling, tu n'étais pas programmé biologiquement pour m'aimer, et cela me troublait. Tu avais quelque chose de sauvage, d'étranger et de mystérieux, un continent inconnu plein de secrets et de choses que je ne savais pas, que je ne possédais pas. Tu étais malin comme un diable et incontrôlable, une véritable tornade. Quand tu as choisi d'utiliser à mauvais escient les dons que la vie t'avait offerts, cela m'a brisé le cœur, mais j'ai toujours su que tu l'avais, cette implacabilité qui est la nôtre. Il fallait seulement te pousser dans la bonne direction.

J'avais conscience que c'était à moi de parler maintenant, mais j'attendais encore que Kill s'exprime. Que Gerald Fitzpatrick m'aime ou non comme un fils, il était évident pour toute la ville de Boston que son héritier, le futur leader du clan Fitzpatrick, ne serait autre que Cillian. Il allait hériter des clés du royaume, et ma place au sein de ce royaume ne dépendait que de lui.

Cette vérité me bouleversa. J'étais un prince entre deux rois, et le serais toujours.

Mais pour la première fois je cessai d'en vouloir à mon frère d'être né pour régner, et moi pour gouverner à ses côtés.

Je me tournai vers lui.

— Rien à ajouter ?

Il croisa les jambes, m'étudiant avec une certaine lassitude.

— Nous allons avoir nos désaccords, nos différends, nos querelles. Je vais faire des choses qui te mettront hors de toi, et tu vas devoir te mordre la langue et avancer, comme un bon petit soldat. Moi, en retour, je promets de supporter tes écarts de langage, ta capacité à trouver des sous-entendus sexuels dans tout et n'importe quoi, et de ne pas toucher à ta petite amie.

— Si je peux me permettre, dit Sailor, mordant à l'hameçon, comme Kill s'y attendait.

Il s'adossa à son siège et lui sourit, attendant sa correction.

— Sur ce dernier point, tu n'as pas vraiment le choix. Sans vouloir t'offenser, je préférerais coucher avec un cadavre plutôt qu'avec toi.

— Je comprends. Un cadavre t'offrirait certainement plus d'affection que moi, admit Cillian.

— Peut-être parce que tu seras toi-même un cadavre, si tu parles encore une fois de ma sœur comme ça, intervint Sam avec un petit sourire vicieux.

Tout le monde rit, à l'exception de Cillian, qui reprit :

— Quoi qu'il en soit, je veux que tu sois mon bras droit. Je sais que tu en es capable. Tu t'es montré digne de confiance, honnête et appliqué. Tu seras mon sens moral. Dieu sait que j'en ai besoin. Je te veux à mes côtés, mon frère.

Je me levai, tirant Sailor par la main, lui signalant que, en ce qui me concernait, la conversation était terminée.

— Il me faudra un contrat détaillé garantissant que mon héritage est intact, et qu'en outre tu renonces au droit de me l'agiter sous le nez au moindre désaccord, dis-je à *Athair*, avant de regarder tour à tour mon père et mon frère. Je me suis bien fait comprendre ?

Mon père se leva d'un bond, me fusillant du regard.

— Nous venons de te dire que nous t'aimons, et tu exiges un document certifiant ton droit à l'héritage ?

Je lui adressai un sourire glacial avant de répondre :

— Je suis un Fitzpatrick.

Je suivis du regard Sailor, qui alla rapidement serrer Aisling et les sœurs Penrose dans ses bras avant de revenir près de moi. Puis nous entrâmes dans la salle à manger, et tous nous emboîtèrent le pas. Je choisis une chaise d'un côté de la table.

Mon père s'installa à ma droite, affirmant clairement sa position.

Cillian s'assit en bout de table, marquant le changement de génération.

Troy s'assit à l'opposé, Sam à ses côtés.

Mon père posa sa main sur la mienne. En face, maman sourit, des larmes silencieuses roulant sur ses joues poudrées.

Kill leva son verre de vin pour trinquer. Cette fois-ci, tout le monde se joignit au toast – moi y compris, et avec un verre de vin, s'il vous plaît.

— À notre royaume, qui restera toujours le nôtre, n'en déplaise à nos ennemis. À la famille Fitzpatrick.

Il marqua une pause, regardant les sœurs Penrose d'un air pensif, un petit sourire étirant ses lèvres.

— Et à Boston.

Épilogue

Sailor

Quatre ans plus tard

Des baisers légers comme des plumes atterrirent le long de ma gorge. Le tissu ample de la chemise de Hunter, que j'avais utilisée comme pyjama, me couvrait le visage. Je connaissais bien ces baisers : les bisous pré-pelotage du matin, qui marquaient le début d'une nouvelle journée.

Je me tournai sur le côté, remuant les fesses contre le sexe en érection de Hunter, les yeux toujours fermés.

— Trop fatiguée, murmurai-je.

— Trop excité, répondit-il d'un ton bourru en sortant son pénis de son caleçon pour le glisser entre mes fesses.

Je ne savais pas bien quand il m'avait débarrassée de ma culotte – je savais seulement que j'en portais une quand je m'étais couchée et que, dans l'immédiat, elle était portée disparue. Son sexe dur était chaud et doux contre ma peau. Ma bouche se remplit de salive.

Oui, s'il te plaît.

— Hunter Fitzpatrick. Non, c'est non.

— Et si je promets de te faire jouir avant même que tu ouvres les yeux ? murmura-t-il, tandis que je sentais son souffle dans mon cou.

Mentholé. Il s'était déjà douché et lavé les dents ; il devait être sur le point de partir au travail. Il était toujours le premier arrivé. Gerald Fitzpatrick commençait à évoquer sa retraite, ce qui ferait de Cillian le plus jeune P-DG d'une entreprise multimilliardaire de l'histoire des États-Unis. Cela impliquait aussi que Hunter travaillait davantage. Ça ne me dérangeait pas. On se retrouvait toujours dans un resto sympa après le boulot pour tester de nouveaux plats.

J'étais critique gastronomique désormais. *Sailor Savoure Boston* commençait à prendre. Je songeais même à lancer ma propre chaîne YouTube et mon site Internet. Mon Instagram (qui était vérifié, ce pour quoi Hunter avait coché « se taper une célébrité » sur sa liste imaginaire) avait déjà plus de soixante-dix mille abonnés, dont trois célébrités très en vue.

Aucun de ces abonnés n'était Lana Alder. Elle faisait profil bas depuis qu'elle avait été bannie de la fédération de tir à l'arc, en même temps que Junsu. J'avais entendu dire qu'elle était esthéticienne à Albuquerque. Et il y a quelques années, Sam m'avait dit avoir aperçu Junsu dans la rue, avec un uniforme de fast-food.

— Tu peux toujours essayer, monsieur l'étalon.

Je roulai sur le dos, sentant le visage de Hunter déjà niché entre mes cuisses. Je soulevai les hanches pour aller à la rencontre de ses lèvres et gémis lorsque sa langue chaude au goût de menthe se posa sur ma vulve. Je mouillais déjà beaucoup trop.

— Mon Dieu, soupirai-je.

— En chair et en os, dit Hunter, à *l'intérieur* de moi.

Je ris tandis que sa langue tournait autour de mon clitoris.

— Comment puis-je vous aider, ma fille ?

Sa voix était étouffée, puisqu'il avait la bouche plaquée contre mon intimité. Il imita un écho, lançant un « Au secours, au secours, au secours » de plus en plus faible. Je sentis mon corps vibrer de plaisir, de délice et de rire.

— Mon copain et moi avons des discussions sexuelles des plus inappropriées. Je ne sais pas quoi faire de lui.

— Eh bien…

Il me suça le clito, l'aspira entre ses lèvres, puis le relâcha tout en enfonçant deux doigts en moi. Son autre main se posa sur mon sein, titillant mon mamelon dur. Je frémis et me contractai autour de ses doigts, soupirant, le corps parcouru de fourmillements.

— Peut-être qu'il ne devrait pas être votre petit copain, alors, suggéra Hunter.

Sa bouche était libre de parler à présent – il se servait de ses mains pour me faire vibrer de plaisir – et, quand j'ouvris les yeux pour le dévisager, perplexe, il me fixait du regard, la tête toujours entre mes jambes. Il se redressa sur les genoux et glissa un troisième, puis un quatrième doigt en moi, sans jamais briser notre lien visuel. Je me sentis pleine, tendue, au bord de l'euphorie. Mon corps se préparait à l'orgasme, mais la panique m'envahit l'esprit.

— Tu trouves que c'est le bon moment pour me larguer ? demandai-je d'un ton aussi neutre que possible, vu mon pouls incontrôlable et ma légère hystérie.

Il se lécha les lèvres.

— Est-ce de l'inquiétude dans votre voix, mademoiselle Brennan ?

J'écarquillai les yeux. À quoi est-ce qu'il jouait ?

— Non. Bien sûr que non. Je m'en fiche complètement. Et puis, jamais tu ne me quitteras.

Au fil des années, Hunter et moi étions devenus des habitués des tabloïds – pour toutes les bonnes raisons. Nous allions ensemble aux galas de bienfaisance, toujours sur notre trente-et-un. On nous surprenait en train de flirter en maillot de bain lors de nos vacances en famille dans des endroits exotiques. Nous ne causions jamais de scènes et ne nous disputions jamais en public, et nous constituions un lot de consolation de choix, puisque le meilleur parti de tout Boston, Cillian, ne semblait pas vouloir se caser.

Nous étions un couple solide, au point que les gens oubliaient que Hunter avait un jour fait une sextape. J'avais foi en notre relation, en la personne qu'il était.

— Le truc, dit-il en appuyant sur mon clitoris avec son pouce pour le caresser doucement, ses doigts toujours en moi. C'est que je commence à me lasser de ce rôle de petit ami, je crois.

— Oh ! dis-je, entre gémissement et soupir.

Mon corps tout entier était secoué de tremblements, je me contractais très fort autour de ses doigts. L'extase était folle, délicieusement orgasmique, mais aussi pleine d'angoisse. Inquiète, je demandai :

— Hmm, tu veux… qu'on fasse une pause ?

— Non, je veux être ton mari.

Mon corps se crispa comme l'orgasme s'abattait sur moi. De sa main libre, Hunter fit apparaître une petite boîte de sous l'oreiller et me la lança.

Mes doigts tremblaient, et je fis tomber l'écrin sur ma poitrine avec un rire nerveux. Je le ramassai, peinant à l'ouvrir. Mon cœur battait à tout rompre. Je n'arrivais plus à respirer. Ma poitrine se remplit d'une joie pure et immense que j'étais incapable de contenir. Je crus qu'elle allait exploser.

— Hunter…

— Ouvre-la, ordonna-t-il d'une voix rauque, avant de s'éclaircir la gorge.

Je me rendis compte qu'il était nerveux, lui aussi.

Je l'ouvris, et ce que j'y découvris me mit les larmes aux yeux. Ce n'était pas juste une bague de fiançailles. Non. Les pierres – rubis et diamants – étaient serties en forme d'arc. Elle avait dû coûter une fortune. D'autant qu'elle avait été faite sur mesure. Je relevai la tête vers lui, les yeux écarquillés.

— Avant que tu dises quoi que ce soit…

Il se pencha, attrapa une autre boîte en velours sous l'oreiller et me la lança. Cette fois-ci, je l'attrapai sans problème.

— C'est la mienne, celle-ci. Tu sais, si tu dis oui.

J'ouvris le second écrin. La bague de Hunter était noire, avec trois rayures dorées en forme de flèche.

J'étais l'arc.

Il était la flèche.

Nous chassions ensemble. En équipe.

Nous étions chacun la proie de l'autre.

— Je te veux, dit-il, implacable. Hier. Aujourd'hui. Demain. Pour toujours. Je veux que tu sois mienne, Sailor Brennan. Jamais celle d'un autre.

— Oui, dis-je, la voix débordant d'émotion. Moi aussi, c'est ce que je veux.

Il glissa la bague à mon annulaire, se pencha et m'embrassa fougueusement, dans un mélange de passion, de larmes et de faim. Le baiser devint bestial. Puis il me retourna sur le ventre et fut en moi, comme il l'avait promis depuis qu'il m'avait réveillée. Ça m'était égal d'avoir mauvaise haleine, ou qu'il soit en retard pour le boulot.

— *Aingeal dian*, murmura-t-il contre ma nuque en me pénétrant.

— Mon chasseur préféré, soufflai-je.

Il ne saurait jamais.

Comment il m'avait attrapée.

Comment il m'avait capturée.

Pourquoi je lui appartenais.

Le garçon qui laissait la grêle le noyer.

Qui ne se débattait pas.

Qui avait baissé les bras autrefois.

Il ne saurait jamais, parce qu'à ses yeux c'était moi qui l'avais attrapé.

Hunter

— Tu lui as envoyé quoi cette fois ? demanda Cillian, debout à son bureau, en train de parcourir une énorme pile d'enveloppes.

Qui envoyait encore du courrier par la poste ? Les gens n'en avaient rien à foutre de la forêt tropicale ou quoi ? Bon, d'accord, je travaillais pour une entreprise qui produisait des carburants – je saisissais bien l'ironie de mon propos –, mais le carburant était essentiel pour faire fonctionner les voitures et les avions. C'était vital pour faire marcher les chauffages et construire des routes. Le papier était inutile à ce stade. Vous voulez lire ? Achetez une Kindle. Envoyer une lettre ? Rédigez un mail. Écrivez sur Messenger. WhatsApp. Gravez votre message dans une putain de grotte.

Je m'assis, faisant tourner la bague que je portais déjà à mon annulaire.

— Juste deux-trois photos de nous à la Barbade. Quelques souvenirs de notre week-end à Porto Rico.

Deux fois par an, j'envoyais à Syllie des nouvelles de l'entreprise et lui racontais comment on s'en tirait sans lui – super bien – et ce que nous faisions dans le monde extérieur. C'était devenu un vrai hobby. Je lui avais adressé des photos de moi en vacances, à ma remise de diplôme, en pleine recherche d'appartement avec Sailor. J'y prenais beaucoup de plaisir, sachant qu'il allait moisir en prison à perpétuité pour tentative de meurtre pendant que je profitais de la vie avec la femme que j'aimais.

Cillian ne vouait pas une haine aussi personnelle à Syllie. Ne vous y méprenez pas, il était prêt à tout pour gâcher la vie des autres, mais il avait besoin qu'ils puissent se défendre. Pour lui, Syllie était une affaire réglée, et Cillian n'aimait pas jouer avec sa nourriture.

Moi ? J'étais le couillon qui provoquait la bataille à la cantine.

— Joli, dit sèchement Cillian en rassemblant toutes les enveloppes que sa secrétaire avait triées pour lui par ordre alphabétique avant de les jeter à la corbeille. Maintenant, sors de mon bureau. Ta satisfaction me gâche l'appétit.

— Tu es sûr que c'est ma satisfaction et pas une réaction allergique à la vie ?

— Parfaitement.

— Y'a rien de parfait chez toi, enfoiré, dis-je en éclatant de rire.

— Tu embrasses notre mère avec cette bouche ? Tss, fit-il, désapprobateur, en s'asseyant pour prendre un appel.

— Jurer est le truc le moins sale que je fais avec ma bouche, fiston. Je fis claquer ma langue en pointant deux doigts sur lui, comme un pistolet.

— Tu m'appelles fiston encore une fois, et il te faudra une paille pour manger. Ne laisse pas la porte te botter le cul à la sortie.

— Ohhh ! tu as dit « cul » ! lançai-je en plaquant une main sur ma bouche, feignant d'être choqué. C'est un mot caca. Va mettre un dollar dans la tirelire.

Cillian prit sur son bureau une petite statue dorée qu'il me jeta à la figure. Je l'évitai de quelques centimètres, et elle alla heurter le mur en verre. J'éclatai de rire, et tout le monde dans l'open-space leva les yeux pour voir ce qui se passait.

Il m'adressa un sourire suffisant, une lueur perfide dans les yeux.

— *Dehors.*

— N'oublie pas, 20 heures. On dîne avec Sailor et ses parents.

Je pointai un doigt sur lui. Il secoua la tête.

— *Great leat.*

Voilà qu'il me chassait en gaélique.

— J't'aime, frangin.

— J'appelle la sécurité, répliqua-t-il d'un ton menaçant.

Il ne plaisantait pas. Nous avions souvent fait appel aux agents de sécurité lors de nos désaccords au cours des quatre dernières années. Je sortis de son bureau pour regagner le mien – à deux pas. J'avais ma propre assistante maintenant, depuis que j'avais obtenu mon diplôme, en fait. Mon opinion comptait pour de vrai ici.

J'étais chef du département des relations publiques et du marketing de Royal Pipelines. J'aimais cet aspect relationnel, user de mon charme pour me faire bien voir de mes collaborateurs. Je canalisais ma personnalité extravertie pour la bonne cause : je gagnais un bon pactole et tirais l'entreprise dans le sens que je voulais qu'elle prenne, vers une politique plus écolo. Plus respectueuse de l'environnement. Certes, Greenpeace n'allait pas nous proposer de boire des coups de sitôt mais, grâce aux projets que je mettais en place, Royal Pipelines n'était plus le grand méchant de l'océan.

J'avais commencé par stopper le forage dans l'Arctique, en Alaska. Dans son communiqué officiel, Cillian avança que le coût élevé du forage n'en valait pas la peine pour le peu de pétrole trouvé. C'étaient des conneries, mais cela apaisa sa précieuse fierté. On ne faisait plus joujou avec le climatiseur naturel du monde et on ne tuait plus les petits poissons.

Et puis, j'avais des *amis* maintenant. Pour de vrai. En chair et en os.

Certes, je ne les aimais pas comme des frères, comme Knight et Vaughn, mais pour ça j'avais un vrai frère.

— Hunter ! cria mon père à l'autre bout de l'étage.

Il émergeait de l'ascenseur et se dirigeait vers son bureau.

— Viens, fils.

Je fis demi-tour pour aller le rejoindre. Il ferma la porte (la nouvelle, qui ne mettait pas une plombe à se fermer), parce que maintenant on se retrouvait tout le temps pour parler de tout sans Cillian pour jouer le rôle de tampon.

— Quoi de neuf ?

Je m'appuyai contre une des parois en verre, plongeant les mains dans les poches de mon costume. Il contourna son bureau et s'assit en lissant sa cravate.

— Elle a dit quoi ?

Il fronça les sourcils.

Son fils aîné avait autant de chances de se marier que le Joker de recouvrer sa santé mentale, et Aisling était encore jeune. Dans l'immédiat, j'étais sa meilleure chance d'avoir des petits-enfants.

Je feignis de ne pas comprendre.

— Qui ?

— Je suis trop vieux pour jouer à ce petit jeu-là. Qu'a dit Sailor ?

— Elle a besoin de plus de temps.

Je le dévisageai calmement, guettant sa réaction. Son visage se décomposa un instant, puis il se reprit en m'adressant un soupir, l'air de dire « qu'est-ce que tu veux faire ? ». Il tentait de rester neutre, mais qu'il ait pris son mouchoir pour se tamponner le front trahissait son désespoir.

— Achète-lui une bague plus grosse. Ça fera l'affaire.

— Elle n'est pas comme ça.

Je secouai la tête sans le quitter des yeux. Il grogna.

— Probablement. C'est une dure à cuire.

— Je suis plus dur encore.

Je souris, lui montrant la bague à mon annulaire.

— Je ne vais pas vous laisser attendre longtemps, maman et toi. Je veux la mettre sous verrous avant qu'elle se rende compte qu'elle peut faire mieux.

Mon père leva les yeux, secoua la tête et murmura :

— Non, elle ne peut pas.

Je le croyais – il ne disait pas forcément vrai, mais je savais qu'il le pensait.

— Je t'aime, *ceann beag*. Plus que ce royaume.

Papa me sourit, un sourire sincère et mesuré, réprimant la fierté qui menaçait de le faire exploser.

Je lui rendis son sourire en triturant le cheval de Dalécarlie pendu à mon cou. Sailor me l'avait rendu le jour où elle était revenue à l'appartement. Mais il n'était plus couleur bois. Elle l'avait peint en orange – comme ses cheveux.

— Je t'aime, vieille branche. Plus que les cha…

— *Non.*

— Les chatons ! Détends-toi.

Je tournai les talons et regagnai mon bureau en riant.

J'étais carrément sur le point de lui dire « chattes ».

Remerciements

Écrire ce livre a été une expérience très spéciale pour moi. Hunter Fitzpatrick était censé n'être qu'un personnage secondaire d'All Saints High. Je n'avais pas prévu de lui consacrer son propre livre, et encore moins d'écrire toute une série sur sa famille. Mais son charme m'a envoûtée, et j'ai été incapable de résister à cette histoire.

J'ai tant de monde à remercier, toutes ces personnes qui m'ont aidée à faire de ce livre ce qu'il est aujourd'hui.

Tout d'abord, Tijuana Turner, ma mamanager, ma personne préférée au monde et la première paire d'yeux sur tous mes livres. Merci du fond du cœur pour tout l'amour que tu as donné à Hunter et Sailor. Mes bêta-lectrices, Sarah Grim Sentz, Lana Kart, Vanessa Villegas, Amy Halter et Ava Harrison. Merci beaucoup.

Charleigh Rose, Helena Hunting et Parker S. Huntington, merci d'être les meilleurs êtres humains au monde. Littéralement. Les meilleurs. Votre amitié compte tellement pour moi !

Mes éditrices, Jessica Royer Ocken et Paige Maroney Smith. Je suis si reconnaissante de travailler avec vous !

Ma conceptrice géniale (et patiente), Letitia Hasser, merci de résister à l'envie de t'ôter la vie quand tu travailles sur les couvertures avec moi.

Mon équipe de terrain – mes SUPER-HÉROÏNES ! – je n'y arriverais pas sans vous. Je le sais. Lin, Ratula, Vane, Marta, Yamina, Rebecca, Jacquie, Avivit, Sarah (Kellogg et Grim !), Amy, Nadine, Ariadna, Nina, Isa, Chele', Betty, Sher, Lisa, Leeann, Brittany, Sophie, Stacey, Amanda, Summer, Sheena, Samantha, Tanaka, Vickie, Keri, Zafi et Jodie. Vous êtes les meilleures, les filles !

Candi Kane, merci d'être la reine des relations publiques et merci à Kimberly Brower, mon agente au top.

Merci aux Sassy Sparrows, mon groupe de lecteurs, que j'aime tant. Et merci à vous, d'avoir donné une chance à ce livre. Je suis honorée que vous ayez choisi de prendre du temps pour lire mon œuvre et vous serais très reconnaissante si vous pouviez prendre quelques minutes pour laisser un avis honnête.

Avec mes remerciements,

L.J. Shen

Découvrez la nouvelle série de L.J. Shen :
Boston Belles

Tournez-vite la page pour découvrir
un extrait du tome 2

Prologue

Perséphone

Mon histoire d'amour commença par un décès.

Par le son de mon âme qui se brise comme de la porcelaine sur le sol de l'unité de soins palliatifs.

Et tata Tilda, flétrissant dans son lit médicalisé, son souffle n'étant guère plus qu'un râle.

Je trempais sa blouse d'hôpital de larmes, agrippant le tissu entre mes petits poings, ignorant maman qui me demandait de lâcher sa sœur malade.

— Ne pars pas, tata. S'il te plaît, suppliai-je d'une voix rauque.

Le cancer avait contaminé ses poumons, son foie et ses reins ; il lui devenait insupportable de respirer. Depuis quelques semaines, elle dormait assise, oscillant entre conscience et inconscience.

J'avais douze ans, la mort était un concept abstrait pour moi. Réel mais étranger, lointain. Une chose qui arrivait aux autres familles, aux autres gens.

Je comprenais ce que cela voulait dire maintenant.

Ma tante Tilda ne me prendrait jamais plus dans ses bras en faisant semblant de me gratter avec ses doigts comme si j'étais une guitare.

Extrait

Elle ne viendrait plus nous chercher à l'école, Belle et moi, quand nos parents travaillaient tard, avec des sacs congélation remplis de morceaux de pommes et de fraises.

Elle ne me tresserait plus jamais les cheveux en me murmurant des contes magiques sur des dieux grecs et des monstres à trois têtes.

Ma tante coinça mes boucles blondes derrière mon oreille. La maladie, si tangible que j'en sentais le goût sur ma langue, faisait briller ses yeux.

— Partir ? (Elle toussa grassement.) Mon Dieu, c'est un bien grand mot ! Jamais je ne ferais ça, Persy. Morte, vivante, et entre les deux, je serai toujours là pour toi.

— Mais comment ? demandai-je en tirant sur sa blouse, me cramponnant à sa promesse. Comment saurai-je que tu es là si ton corps est parti ?

— Il suffit de lever les yeux en l'air, petite bécasse. Le ciel nous appartiendra toujours. C'est là qu'on se retrouvera, entre le soleil et les nuages.

Les jours d'été chauds et collants, tata Tilda et moi nous allongions dans l'herbe près de la rivière Charles pour observer les nuages. Ils allaient et venaient tels des passagers dans une gare. D'abord, on les comptait. Puis on choisissait ceux qui avaient une forme étrange, les plus cotonneux. À ceux-là, on donnait des noms.

Cassius et Fergus Cumulus.

Neige et Orage Nuage.

Tante Tilda croyait à la magie, aux miracles. Et moi ? Je croyais en elle.

Pendant que ma grande sœur, Emmabelle, courait après les écureuils, jouait au foot avec les garçons et grimpait aux arbres, Tilda et moi admirions le ciel.

— Tu m'enverras un signe ? demandai-je dans la chambre lugubre. Que tu es là dans le ciel ? Un éclair ? De la pluie ? Oh ! je sais ! Peut-être qu'un pigeon peut me faire caca dessus.

Maman posa une main sur mon épaule. Comme le dirait ma sœur, Belle, il fallait que je me relaxe, et vite.

— On va passer un marché, proposa ma tante dans un petit rire essoufflé. Comme tu le sais, les nuages sont plus fiables que les étoiles filantes. Communs mais magiques. Quand le temps viendra et que tu auras grandi, demande ce que tu veux – une chose que tu veux *vraiment* –, tu verras alors un nuage solitaire dans le ciel, et j'exaucerai ton souhait. C'est comme ça que tu sauras que je te regarde de là-haut. Tu n'as droit qu'à un seul miracle, Perséphone, alors fais bien attention à ce que tu désires. Mais je te le promets, quel que soit ton vœu, je te l'accorderai.

J'avais gardé mon Vœu Nuage pendant onze ans, le préservant tel un précieux héritage.

Je ne m'en étais pas servie quand mes notes avaient baissé.

Ni quand Elliott Frasier avait inventé le surnom Perséfolle Pénisrose en seconde, qui m'avait suivie jusqu'à la fin du lycée.

Ni même quand papa s'était fait virer et que les McDo et l'eau chaude étaient devenus des luxes rares.

Finalement, j'ai gâché mon Vœu Nuage en un instant, en toute imprudence.

Pour un désir voué à l'échec, un béguin stupide, un amour non réciproque.

Pour l'homme que tous les médias américains appellent Le Méchant.

Pour Cillian Fitzpatrick.

Trois ans plus tôt

J'étais ivre avant midi le jour où Sailor, ma meilleure amie, s'est mariée.

D'habitude, j'avais l'alcool heureux. Responsable. J'étais la fille bourrée qui parlait un peu plus fort, riait en grognant comme un cochon et dansait comme si personne ne la regardait, mais aussi celle qui appelait un Uber, évitait des mauvais plans drague à ses amies et ne laissait jamais personne dans son entourage se faire un tatouage qu'il regretterait le lendemain.

Pas cette fois-ci.

Cette fois-ci, j'étais torchée, genre « monte-le-son-DJ ». Le genre d'état à cause duquel tu peux finir à l'hôpital avec une intraveineuse, un invité indésirable dans l'utérus et un casier judiciaire.

J'étais ivre pour tout un tas de raisons, que j'aurais pu pointer du doigt si mes mains n'avaient pas tremblé autant.

Problème : c'était le pire moment pour être indisposée. J'avais des devoirs de demoiselle d'honneur. À vingt-trois ans, ma mission était de – *roulements de tambour* – semer des pétales de fleurs jusqu'à l'autel.

Était-ce étrange de confier ça à une adulte ? Bien sûr que non. C'était un honneur.

OK, c'était *un peu* gênant.

Et par « un peu gênant », je veux dire que c'était incroyablement humiliant.

Mais il était hors de question de dire non.

J'étais Perséphone.

L'amie facile à vivre, placide, qui encaisse.

Celle qui maintenait la paix et laissait tout tomber si quelqu'un avait besoin d'aide.

Aisling, qui était sur le point de devenir la belle-sœur de Sailor, était chargée de tenir la traîne de plus de deux mètres, telle Pippa Middleton, et ma sœur, Emmabelle, était responsable des alliances.

Thorncrown Chapel était un lieu de noces somptueux sur la côte du Massachusetts. Se dressant au bord d'une falaise au sein d'un domaine s'étendant sur vingt hectares, le château médiéval pouvait se targuer d'une architecture ancienne en pierre calcaire importée de France, de jardins privés et d'une vue sur l'océan. La suite nuptiale était un appartement aux tons grèges avec une baignoire sur pieds, un porche et quatre salles d'eau.

Tous les frais de ce mariage luxueux étaient payés par le marié, Hunter Fitzpatrick, et sa famille. Sailor épousait un membre d'une classe sociale supérieure, gravissant ainsi l'échelle sociale.

Les Fitzpatrick étaient au coude-à-coude avec les Rockefeller, les Kennedy et les Murdoch. Ils étaient riches, puissants, influents, et – à en croire les rumeurs – ils avaient assez de squelettes dans leurs placards pour ouvrir un cimetière.

C'était fou de penser que la fille avec qui j'avais joué à la marelle et qui me laissait lui couper la frange allait devenir une princesse américaine dans moins d'une heure.

C'était encore plus fou qu'elle soit celle qui m'avait présenté l'homme qui occupait désormais quatre-vingts pour cent de ma capacité cérébrale et presque tous mes rêves.

Le Méchant, qui me brisa le cœur sans même se rendre compte de mon existence.

J'étais en train de faire les cent pas dans la chambre pour essayer de dessoûler. Soudain, je m'arrêtai pour me pencher à la fenêtre, levant la tête vers le ciel estival. Un nuage solitaire glissait paresseusement autour du soleil, promesse d'une journée radieuse.

— Tata Tilda, quelle surprise de te voir ici ! Comment vas-tu ?

Ce n'était pas la première fois que je parlais à un nuage comme si c'était ma chère tante, je ne pouvais donc pas mettre cette extravagance sur le compte de mon état d'alcoolémie.

— La météo est bonne. Sailor va apprécier. Comment tu me trouves ?

Je tournai sur moi-même devant la fenêtre dans ma robe vert sapin en repoussant mes cheveux.

Extrait

— Tu crois qu'il va enfin me remarquer ?

Le nuage n'avait pas besoin de répondre pour que je le sache – non.

Il n'allait pas me remarquer.

Il ne me remarquait jamais.

Je doutais même qu'il sache que j'existais.

Cela faisait cinq ans que je le connaissais, et il ne m'avait jamais adressé un mot.

Poussant un soupir, j'attrapai les fleurs cueillies plus tôt devant la suite nuptiale et les collai à mon nez pour inspirer avidement leur parfum. Elles sentaient le chaud et la fraîcheur, comme le printemps.

Les fleurs étaient roses et en forme de cœur. J'en plantai quelques-unes dans mes cheveux, partiellement relevés.

Une épine me piqua le doigt, que je portai à ma bouche pour sucer le sang. En plus du goût ferrugineux de mon sang, je sentis de la sève visqueuse sous ma langue et je pestai, léchant mes doigts pour m'en débarrasser.

— Je sais, je sais, je devrais l'oublier. Passer à autre chose. La frontière est mince entre le romantisme et la stupidité. Je crois que je suis restée entre les deux quatre ans de trop.

Cela faisait cinq ans que je nourrissais cette obsession pour l'aîné des Fitzpatrick. Une demi-décennie, bon sang ! J'avais comparé tous les mecs avec qui j'étais sortie à ce magnat inaccessible, je le regardais avec des étoiles plein les yeux et j'avais lu tout ce qui se disait de lui dans les médias. Ça ne suffisait pas de décider de l'oublier. J'avais déjà essayé.

C'était tout ou rien.

Je devais utiliser le vœu de tante Tilda pour tourner la page.

J'ouvris la bouche pour formuler mon souhait mais, alors que je commençais à prononcer les mots, ma gorge se serra.

Je lâchai les fleurs que j'avais à la main et m'approchai du miroir d'un pas mal assuré. Une rougeur s'étirait sur mon cou, semblable à la paume possessive d'un homme. La tache cramoisie s'étendait vers le sud, descendant la vallée entre mes seins. Chaque centimètre carré de ma peau était en train de virer à l'écarlate.

Comment pouvais-je faire une réaction allergique ? J'avais été trop nerveuse pour avaler quoi que ce soit de toute la matinée.

C'était peut-être la jalousie. Un monstre vert à dents pointues en train de s'extirper de mon cœur à coups de griffe pour me rappeler qu'être une mariée était *mon* rêve, pas celui de Sailor.

Bien sûr, ce n'était ni féministe, ni exemplaire, ni progressiste, mais ce n'en était pas moins la vérité. Ma vérité.

Je voulais me marier, avoir une clôture de piquets blancs, des bébés qui gloussent et se baladent librement dans mon jardin, et des labradors qui puent en train de leur courir après.

Quand je m'autorisais à y penser (c'est-à-dire pas souvent), l'injustice de tout cela me faisait manquer d'air. Sailor était la créature la plus asexuelle au monde jusqu'à ce qu'elle rencontre Hunter.

Et pourtant c'était la première de nous toutes à se marier.

Un coup frappé à la porte me sortit de ma transe.

— Pers ? fredonna ma grande sœur, Emmabelle – ou Belle, son diminutif –, de l'autre côté. La cérémonie commence dans vingt minutes. Qu'est-ce que tu fabriques ?

Eh bien, Belle, je ressemble à s'y méprendre à un Cheetos, tant au niveau de la couleur que de l'aspect.

— Tu ferais mieux de te bouger les fesses. Notre fiancée a déjà vomi deux fois dans la poubelle de la limousine, maudit son futur époux comme une marchande de poissons parce qu'ils ne se sont pas enfuis à Las Vegas pour se marier, et un de ses ongles en acrylique se la joue à la Amelia Earhart.

— Comment ça ? criai-je à travers la porte.

— Il a disparu. J'espère qu'il n'est pas dans sa crinière, répondit ma sœur avec un sourire perceptible dans la voix. Au fait, tu peux prendre l'alliance de Hunter si son frère ne vient pas la récupérer ? Techniquement, c'est le job de Cillian, mais il est probablement dans les jardins, en train de dépecer une employée pour se faire un manteau avec sa peau.

Cillian.

Mon ventre se noua quand j'entendis son nom.

— Bien reçu. J'arrive dans cinq minutes.

J'entendis les talons de ma sœur résonner dans le couloir comme elle s'éloignait pour regagner la limousine.

Je parcourus la pièce du regard.

Comment faire disparaître cette stupide rougeur ?

Claquant mentalement des doigts, je cherchai le sac d'Aisling, « Ash », Fitzpatrick des yeux, que je repérai sur le lit. Je fouillai dedans, écartant des pansements, un couteau suisse et un kit de maquillage miniature. Elle devait bien avoir du Benadryl et des antihistaminiques. C'était une girl-scout, parée à toute éventualité, que ce soit une éruption cutanée, un ongle cassé, une guerre mondiale ou une subite pandémie.

— *Bingo.*

Je tirai un tube de baume apaisant du sac Hermès serti de diamants. J'appliquai la lotion sur ma peau, fière de mon sens pratique malgré ma gueule de bois, quand la porte s'ouvrit à la volée derrière moi.

— Cinq minutes, Belle, dis-je, les yeux rivés sur mes bras marbrés. Et non, je n'oublie pas la bague de Hunter…

Je levai la tête. Ma mâchoire se décrocha, et la fin de ma phrase se ratatina dans ma gorge. Le tube me glissa des doigts.

Cillian « Kill » Fitzpatrick se tenait dans l'embrasure de la porte.

Le grand frère de Hunter Fitzpatrick.

Le célibataire le plus convoité des États-Unis.

Un héritier au cœur de pierre et au visage sculpté dans le marbre.

Aussi inatteignable que la lune, et tout aussi froid et flottant.

Et surtout : l'homme que j'aimais en secret depuis le jour où j'avais posé les yeux sur lui.

Ses cheveux auburn étaient lissés en arrière, ses yeux ressemblaient à deux pierres d'ambre fumée aux contours de miel, mais sans aucune chaleur. Il portait un smoking édouardien, une grosse Rolex, et avait l'air légèrement renfrogné d'un homme qui considérait comme un désagrément toute personne qu'il ne pouvait pas baiser ou dont il ne pouvait pas tirer de bénéfice financier.

Il était toujours calme, discret et réservé, n'attirant jamais l'attention sur lui, tout en régnant sur chaque pièce dans laquelle il pénétrait.

Contrairement à son frère, Cillian n'était pas beau.

Pas dans le sens conventionnel, en tout cas. Son visage était trop sévère, ses traits trop acérés, son rictus trop moqueur. Sa mâchoire puissante et ses yeux aux paupières tombantes n'étaient pas harmonieux. Mais il y avait chez lui une décadence plus séduisante à mes yeux que la simple perfection apollonienne de Hunter ou la beauté d'Aisling, aussi pure et innocente que Blanche-Neige.

Cillian était une berceuse obscène, m'invitant à plonger entre ses griffes et à me blottir dans sa noirceur.

Et moi, qui portais bien le nom de la déesse du printemps, je mourais d'envie que le sol s'ouvre pour m'aspirer dans ses Enfers dont je ne ressortirais jamais.

Waouh ! Mon dernier verre de mimosa a vraiment éradiqué le peu de neurones qui me restaient.

— Cillian, lâchai-je avec difficulté. Bonjour. Salut. Hey.

Tellement d'éloquence, Pers.

J'agrémentai ma salutation d'un grattage de cou. C'était bien ma veine, de me retrouver seule avec lui pour la toute première fois alors que je m'étais transformée – extérieurement et intérieurement – en boule de lave.

Cillian s'avança tranquillement vers le coffre-fort, avec l'élégance indolente d'un fauve, exsudant un danger pur qui me fit recroqueviller les orteils. Face à son indifférence je doutais souvent de ma présence dans la pièce avec lui.

— Trois minutes avant le départ de la limousine, Penrose.

J'existais bel et bien.

— Merci.

Ma respiration devint plus lente, pénible. J'avais peut-être besoin d'appeler une ambulance.

— Tu as hâte ? demandai-je avec peine.

Pas de réponse.

La porte en métal du coffre-fort se déverrouilla avec un « clic » métallique. Il en sortit la boîte en velours noir contenant l'alliance de Hunter, marqua une pause pour m'observer, faisant glisser ses yeux de mes bras vers mon visage rouges, s'arrêtant sur les fleurs blanc et rose accrochées dans mes cheveux. Il afficha une expression étonnée, eut un moment d'hésitation, puis secoua la tête avant de regagner la porte.

— Attends ! m'écriai-je.

Il s'arrêta, mais ne se retourna pas.

— J'ai besoin… j'ai besoin… (*De plus de vocabulaire, manifestement.*) J'ai besoin que tu appelles une ambulance. Je crois que je fais une réaction allergique.

Il pivota pour me jauger du regard. Chaque seconde passée sous ses yeux scrutateurs faisait descendre ma température de cinq degrés. Partager un espace avec Cillian Fitzpatrick était une expérience. Comme être assis dans une cathédrale vide et obscure.

À cet instant, j'aurais aimé être ma sœur, Emmabelle.

Elle lui aurait dit de se foutre son attitude là où je pense. Puis elle l'aurait entraîné dans les jardins privés après la cérémonie pour s'asseoir sur son visage.

Mais je n'étais pas Belle. J'étais Perséphone.

Extrait

Persy la timide, la gentille, la sainte-nitouche.

Pers missionnaire-lumière-éteinte.

La romantique gauche.

La bonne poire.

La fille chiante.

Il y eut un moment de silence, puis il revint dans la pièce et ferma la porte derrière lui.

— Il n'y a pas grand-chose dans cette jolie petite tête, hein ?

Il soupira, jeta sa veste sur le lit, puis défit ses boutons de manchette. Remontant sa chemise sur ses avant-bras musclés, il me toisa avec mécontentement.

Mon corps avait décidé que c'était le moment parfait pour s'effondrer au sol, et ce fut ce qui se passa. Je m'écrasai sur la moquette, haletante.

Voilà donc ce qu'a ressenti tata Tilda.

Nullement perturbé par ma chute, Cillian ouvrit le robinet de la baignoire sur pieds qui trônait au centre de la pièce, tournant le mitigeur côté bleu pour que l'eau soit glaciale.

Satisfait de la température, il avança vers moi, me fit rouler sur le ventre du bout de ses mocassins, comme si j'étais un vulgaire sac de sable, puis il se pencha et posa sa paume à la base de ma colonne vertébrale.

— Qu'est-ce que tu…

— Ne t'inquiète pas.

D'un seul geste, il arracha la robe bustier de mon corps. Le bruit sec du tissu qui se déchirait et des boutons qui sautaient fendit l'air.

— Les petites filles ne m'intéressent pas.

Il existait une différence d'âge entre nous. Douze ans, ce n'était pas un écart dont on pouvait aisément faire abstraction. Cela dit, ça ne me dérangeait pas du tout.

En revanche, ce qui me mettait mal à l'aise, c'était mon nouvel état de nudité. Je tremblais comme une feuille à ses pieds.

— Qu'est-ce que tu fous ? m'écriai-je.

— Tu es empoisonnée, annonça-t-il d'un ton neutre.

Cela me fit dessoûler instantanément.

— Je suis quoi ?

Pour toute réponse, il donna un coup de pied dans les fleurs roses posées à côté de moi, les faisant voler à l'autre bout de la pièce.

Ma respiration devint plus superficielle, plus difficile. Toute vitalité quittait mon corps. L'écho monotone du gargouillis de l'eau qui se déversait dans la baignoire m'apaisait et, soudainement, je fus épuisée. J'avais envie de dormir.

— Je les ai trouvées dans le jardin, murmurai-je, les lèvres pâteuses.

Puis j'écarquillai les yeux en prenant conscience de ce qui s'était produit :

— J'ai avalé de la sève sans faire exprès.

— Évidemment.

Sa voix dégoulinait de sarcasme. Il me hissa sur son épaule et me porta jusqu'aux toilettes. Après avoir laissé tomber mon corps flasque à côté de la cuvette, il me releva la tête en m'empoignant les cheveux. Mes genoux gémirent de douleur. Il n'était pas tendre.

— Je vais te faire vomir, annonça-t-il.

Et, sans plus de précisions, il me fourra deux doigts dans la gorge. Loin. J'eus un haut-le-cœur et vomis tandis qu'il me tenait la tête.

Pour citer Joe Exotic, je ne m'en remettrai jamais. Cillian me tenant les cheveux pendant qu'il me fait vomir.

Je vidai mon estomac jusqu'à ce que Cillian soit certain que tout était sorti. Alors seulement il m'essuya le visage avec la main, ne se laissant pas décourager par les résidus de vomi.

— C'est quoi ces trucs, d'abormmm ? marmonnai-je, mangeant mes mots, la tête posée sur la cuvette des toilettes. Les fleurs.

Il me souleva dans ses bras avec une effrayante facilité, traversa la pièce et me laissa tomber sur le lit. J'étais entièrement nue, à l'exception d'un string couleur chair.

Je l'entendis fouiller dans les placards. Je battis des paupières et le vis ouvrir un kit de premiers secours, dont il sortit un petit flacon de médicament et une seringue. Étudiant les instructions écrites en tout petit, il fronça les sourcils et me répondit :

— Cœurs saignants. Beaux, rares et toxiques.

— Comme toi, murmurai-je.

Étais-je vraiment en train de faire des blagues sur mon lit de mort ?

Il ignora ma remarque pertinente.

— Tu étais sur le point d'empoisonner toute une chapelle, Emmalynne.

— Moi c'est Perséphone, dis-je en le fusillant du regard.

Je pouvais à peine respirer, mais j'arrivais quand même à m'offusquer qu'on me confonde avec ma sœur.

— Et ma sœur s'appelle Emmabelle, pas Emmalynne.

— Tu es sûre ? s'enquit-il sans lever les yeux, plantant la seringue dans le flacon pour y aspirer le liquide. Je ne me rappelais pas que la plus jeune était si insolente.

J'étais étiquetée comme « la plus jeune » dans son cerveau. *Génial.*

— Tu me demandes si je suis sûre de savoir comment je m'appelle ou si je connais bien le prénom de ma sœur ? lâchai-je en me remettant à me gratter, aussi pudique qu'un ogre sauvage. Dans les deux cas, la réponse est oui. J'en suis certaine.

Ma grande sœur était celle dont on se souvenait.

Elle était plus exubérante, plus grande, plus voluptueuse, et ses cheveux, couleur champagne, étaient éclatants. D'habitude, cela ne me dérangeait pas d'être éclipsée. Mais le fait que Kill se souvienne d'Emmabelle et pas de moi, même s'il s'était trompé de prénom, me mettait hors de moi.

C'était la première fois de ma vie que j'en voulais à ma sœur.

Extrait

Kill s'assit au bord du lit et se tapa la cuisse.

— Sur mes genoux, Fille aux Fleurs.

— Non.

— Ce mot ne devrait même pas faire partie de ton vocabulaire avec moi.

— Il s'avère que je suis pleine de surprises.

Ma bouche remuait contre le drap en lin. Je savais que je bavais. À présent que je respirais mieux, je sentais la puanteur du vomi dans mon haleine.

Je tournai la tête de l'autre côté. Peut-être que mourir n'était pas une si mauvaise idée. L'homme qui m'obsédait depuis des années était en fait un parfait connard qui ne savait même pas comment je m'appelais.

— Je m'en fous de mourir, dis-je d'une voix rauque.

— Idem, trésor. Malheureusement, tu devras mourir sous la surveillance de quelqu'un d'autre.

Il enroula ses bras autour de moi et m'allongea en travers de ses jambes. Mes seins s'écrasèrent sur sa cuisse musclée, mes tétons effleurant son pantalon. J'avais les fesses en face de son visage, lui offrant une vue parfaite. Heureusement, j'étais trop faible pour ressentir une quelconque gêne.

— Ne bouge pas.

Il enfonça l'aiguille dans ma fesse droite, injectant lentement le liquide dans mon sang. Les stéroïdes pénétrèrent aussitôt mon système. Je gémis de soulagement, la bouche contre sa cuisse, et mon dos se cambra. Je sentis une bosse longue et dure sous mon ventre, sur presque toute sa largeur. Ce machin avait sa place dans un étui à fusil, pas dans un vagin.

Le mystère s'épaissit.

Et il n'était pas le seul.

On resta ainsi pendant dix secondes, je reprenais mon souffle, avalant de précieuses goulées d'air, tandis qu'il retirait les fleurs de mes cheveux avec une étonnante délicatesse. Il les enveloppa dans un mouchoir, qu'il replia sur lui-même. Puis il posa une main sur ma fesse et retira lentement la seringue, envoyant des ondes de désir dans mon corps tout entier.

Ma tête retomba sur le lit.

J'étais très – trop – près de l'orgasme.

— Merci, dis-je doucement en posant mes paumes sur le lit pour me relever.

Il plaqua sa main contre mon dos pour me faire redescendre sur ses genoux.

— Ne bouge pas. Ton bain devrait être prêt d'une minute à l'autre.

Il avait l'étrange et énervante capacité de me traiter comme de la merde tout en me sauvant la vie. Coincée dans un état d'ébriété, de reconnaissance et de honte ultime, je me pliai à ses instructions.

— Alors. *Perséphone.*

Il fit rouler mon nom sur sa langue, tout en descendant mon string le long de mes jambes de ses longs doigts puissants.

— Tes parents savaient que tu serais insupportable et ils t'ont punie en avance en te donnant un nom de strip-teaseuse, ou ils étaient dans un délire mythologique ?

— C'est ma tante Tilda qui m'a baptisée. Elle s'est longtemps battue contre un cancer du sein. La semaine où je suis née, on lui a annoncé qu'elle était tirée d'affaire après son premier cycle de chimio. Ma mère l'a laissée choisir mon prénom en cadeau.

Avec le recul, ils avaient célébré sa rémission un peu trop vite. Le cancer était revenu en force quelques années plus tard pour réclamer la vie de ma tante. Au moins, j'avais connu quelques belles années avec elle.

— Ils ne pouvaient pas dire non, dit Cillian en jetant mon string au sol.

— J'adore mon prénom.

— Il est vulgaire.

— Il a un sens.

— Rien n'a de sens.

Je tournai vivement la tête pour le fusiller du regard, les joues rouges de colère.

— Comme tu voudras, Dr Seuss.

Cillian me retira mes escarpins, me laissant complètement nue. Il me jeta sur le lit pour se lever et aller fermer le robinet, puis il s'assit sur le rebord de la baignoire.

— La dame au bain.

Il fit tourner son doigt dans l'eau pour vérifier la température. Je l'observai, curieuse.

— En anglais, on appelle aussi cette fleur « *lady-in-bath* », « la dame au bain », expliqua-t-il, l'air pensif. Viens.

Il me tourna le dos pour m'offrir un peu d'intimité. J'entrai dans la baignoire, retenant mon souffle. L'eau était glaciale.

Cillian envoya des messages sur son téléphone pendant que l'eau froide apaisait ma peau. J'avais beau avoir vomi presque tout ce que j'avais mangé et bu ce matin-là, j'étais encore bourrée. Le silence s'étendit entre nous, ponctué par les cris des employés et des *wedding planners* qui aboyaient des ordres de l'autre côté des murs de la suite. Je savais que, bien que la situation soit gênante, c'était ma seule opportunité de lui dire ce que je ressentais. Les probabilités étaient contre moi et, malgré son érection lorsque j'étais nue sur ses genoux, Cillian semblait dégoûté par ma simple présence.

Pourtant, c'était maintenant ou jamais, et jamais, c'était trop long pour vivre sans l'homme que j'aimais.

— Je te veux.

Je posai la tête contre l'émail frais de la baignoire. Les mots imprégnèrent les murs et le plafond, et la vérité emplit l'air, le chargeant d'électricité. Prononcer le mot avec un grand A était trop intime. Trop effrayant. Je savais que c'était de l'amour que je ressentais pour lui – malgré sa rudesse – mais je savais aussi qu'il ne me croirait jamais.

Ses mains s'affairaient sur son téléphone. Peut-être ne m'avait-il pas entendue.

— Je t'ai toujours voulu, dis-je, plus fort.

Pas de réponse.

Avide de ses châtiments, je continuai, ma fierté et mon assurance s'effondrant brique par brique.

— Parfois, je te veux tellement que c'est douloureux de respirer. Parfois, cette douleur est une distraction bienvenue face au désir que j'ai pour toi.

On frappa à la porte, et il se leva d'un bond. Aisling se tenait sur le seuil, avec à la main une réplique de la robe de demoiselle d'honneur que nous portions toutes.

— Tu as dit que tu avais besoin de ma robe de secours ? Pourquoi tu…

Elle se tut, m'apercevant derrière l'épaule de son frère, et écarquilla les yeux.

— Sainte Marie, Mère de Dieu ! Est-ce que tous les deux vous avez… ?

— Jamais de la vie, répliqua sèchement Cillian en arrachant la robe de la main de sa sœur. Retarde la limousine. Elle sera prête dans cinq minutes.

Sur ce, il lui claqua la porte au nez, puis la ferma à clé.

Jamais de la vie.

Une angoisse incandescente mêlée à cette bonne vieille honte coula dans mes veines.

La réalité me heurta de plein fouet.

Je m'étais empoisonnée.

J'avais divagué comme une ivrogne devant Cillian.

Extrait

L'avait laissé me déshabiller, me faire vomir, me piquer, me porter jusqu'à la baignoire.

Puis je lui avais confessé mon amour éternel avec des morceaux de vomi au coin de la bouche.

Kill me jeta un peignoir entre les mains ; il ne plaisantait plus.

— Sèche-toi.

Je me levai d'un bond, obéissante.

Puis il s'approcha de moi avec la robe de secours d'Aisling pour m'aider à la mettre.

— Je ne veux pas de ton aide, crachai-je, sentant mes joues s'embraser.

Stupide, stupide, stupide.

— Ce que tu veux m'importe peu.

Fronçant les sourcils, j'observai sa silhouette sombre dans le miroir alors qu'il attachait mon corset, plus vite et plus efficacement que n'importe quelle couturière. C'était perturbant. Ses doigts maniaient le ruban comme par magie, le faisant passer dans les œillets avec expertise pour me ficeler comme un gros cadeau.

Soudain, je compris qu'il me savait empoisonnée dès qu'il était entré dans la chambre et avait vu les fleurs dans mes cheveux, mais il n'avait pas proposé de m'aider avant que je lui demande d'appeler une ambulance.

J'aurais pu mourir.

Il ne plaisantait pas quand il avait dit qu'il m'avait sauvée uniquement parce qu'il ne voulait pas que je meure sous sa responsabilité – il n'en avait strictement rien à faire.

Cillian tira sur les cordons en satin de ma robe, la resserrant autour de mon corps.

— Tu me fais mal, sifflai-je en le fusillant du regard dans le miroir face à nous.

— C'est ce qui arrive quand on a un cœur saignant.

— La fleur, ou l'organe ?

— Les deux. L'un d'eux est un poison rapide. L'autre est lent, mais tout aussi destructeur.

Je le scrutai dans notre reflet. Élégant et sûr de lui. Il se tenait droit et fier, ne jurait jamais et était la personne la plus méticuleuse que je connaisse.

C'était ce que j'admirais le plus chez lui ; ce vernis « bien comme il faut » enveloppant le chaos qui bouillonnait en lui. Je savais que sous cet extérieur parfait se cachait une bête sauvage et dangereuse.

C'était notre secret, en quelque sorte. Le parfait Cillian Fitzpatrick n'était pas si parfait, en réalité. Et tout ce que je voulais c'était découvrir ses failles.

— Tu n'avais pas l'intention de m'aider. Tu allais me laisser mourir.

Mon ton était effroyablement léger. Je devenais plus sobre à chaque seconde qui passait.

— Pourquoi m'as-tu secourue ?

— Une demoiselle d'honneur empoisonnée, ça fait mauvaise presse.

— Et on dit que la galanterie est morte, répliquai-je avec sarcasme.

— La galanterie est peut-être morte, mais pas toi, alors tais-toi et sois reconnaissante.

Il n'avait pas tort. Non seulement Cillian m'avait sauvé la vie ce matin, mais il n'avait pas tenté de coup tordu et était aussi en retard que moi à présent parce que l'idiote que j'étais avait décidé de cueillir des fleurs empoisonnées.

À contrecœur, je marmonnai :

— Merci.

Il haussa un sourcil, comme pour demander « pour quoi ? ».

— D'avoir été un gentleman, clarifiai-je.

Nos regards se croisèrent dans le miroir.

— Je ne suis pas un gentleman, Fille aux Fleurs.

Extrait

Il tira une dernière fois sur le ruban, puis il s'écarta et récupéra sa veste sur le lit. Je devais réfléchir vite. Je posai les yeux sur la fenêtre. Le nuage solitaire était encore là.

À me regarder.

Me narguer.

Attendant que je me serve de lui.

Tu n'as droit qu'à un seul miracle.

Celui-ci en valait la peine.

Je pris une profonde inspiration et prononçai les mots à voix haute : je ne voulais pas faire les choses à moitié, au cas où il y aurait des conditions cachées et que j'aie besoin de faire tout un rituel magique.

— Je souhaite que tu tombes amoureux de moi.

Les mots surgirent de ma bouche comme un blizzard, figeant Kill sur place alors qu'il se dirigeait vers la porte. Il se retourna : son visage était un masque parfait de cruauté impitoyable.

Prenant une inspiration, je poursuivis :

— Je souhaite que tu tombes si fou amoureux de moi que tu seras incapable de penser à quoi que ce soit d'autre. De manger. De respirer. Quand ma tante Tilda est morte, elle m'a accordé un miracle. C'est le vœu que je choisis. Ton amour. Il existe un monde au-delà de tes murs de glace, Cillian Fitzpatrick, et il est rempli de rires, de joie et de chaleur.

Je fis un pas vers lui, les genoux tremblants.

— Je vais te rendre ta faveur. Je vais te sauver la vie à ma manière.

Une malédiction.

Un sort.

Un espoir.

Un *rêve.*

Pour la première fois depuis qu'il était entré dans la pièce, je vis sur son visage quelque chose qui ressemblait à de la curiosité. Même mon corps nu étalé sur ses genoux ne l'avait pas fait sourciller. Mais je venais de fendiller sa façade, même si ce n'était qu'une minuscule fêlure. Il fronça les sourcils, puis il s'avança vers moi, réduisant l'espace qui nous séparait en trois enjambées décidées. Dehors, Belle et Aisling tambourinaient à la porte, hurlant que nous étions en retard.

Ma vie entière devint floue à cet instant précis. Et mon fantasme soigneusement élaboré se transforma en cauchemar.

Cillian me releva le menton d'un doigt les yeux durement plantés dans les miens, avant de déclarer :

— Écoute-moi bien, Perséphone, parce que je ne le dirai pas deux fois. Tu vas sortir de cette pièce et oublier que tu me connais, tout comme j'ai parfaitement réussi à ne pas remarquer ton existence jusqu'à présent. Tu rencontreras un mec bien, sain, *soporifique*. Parfait pour toi qui es bien, saine, *soporifique*. Tu l'épouseras, tu lui feras des enfants et tu remercieras le ciel que je n'aie pas été suffisamment excité pour accepter ton offre loin d'être subtile. Je te fais le cadeau de te rejeter. Prends-le et fuis.

Il sourit pour la première fois, et son sourire était si déplaisant, si tordu, qu'il me coupa le souffle. Ce sourire me disait qu'il n'était pas heureux. Qu'il ne l'avait pas été depuis des années. Des décennies, même.

— Pourquoi me détestes-tu ?

Ma vue se brouilla, mais je refusai de pleurer.

— Te détester ?

Il essuya mes larmes rebelles du revers de la main.

— Je n'ai pas de sentiments, Perséphone. Ni pour toi ni pour personne. Je suis incapable de te détester. Mais jamais je pourrai t'aimer non plus. *Jamais*.

Également disponibles

Harper Collins
POCHE

Composé et édité par HarperCollins France.

Achevé d'imprimer en décembre 2022.

CPi
FIRMIN-DIDOT

à Mesnil-sur-l'Estrée (Eure)

Dépôt légal : janvier 2023.

Pour limiter l'empreinte environnementale de ses livres, HarperCollins France s'engage à n'utiliser que du papier fabriqué à partir de bois provenant de forêts gérées durablement et de manière responsable.

Imprimé en France